Jeremias und Horst-Dieter Radke,
Ralf Jürgen Kraft, Raffael Vieser

Windows 7 für XP-Umsteiger

APOLLO

Impressum

Fast alle Hard- und Software-Bezeichnungen, die in diesem Buch erwähnt werden, sind gleichzeitig auch eingetragene Warenzeichen und sollten als solche betrachtet werden. Der Verlag folgt bei den Produktbezeichnungen im wesentlichen den Schreibweisen der Hersteller.
Der Verlag hat alle Sorgfalt walten lassen, um vollständige und akkurate Informationen in diesem Buch bzw. Programm und anderen evtl. beiliegenden Informationsträgern zu publizieren. Apollo Medien GmbH, Köln, übernimmt weder die Garantie noch die juristische Verantwortung oder irgendeine Haftung für die Nutzung dieser Informationen, für deren Wirtschaftlichkeit oder fehlerfreie Funktion für einen bestimmten Zweck. Ferner kann der Verlag für Schäden, die auf eine Fehlfunktion von Programmen, Schaltplänen o.ä. zurückzuführen sind, nicht haftbar gemacht werden, auch nicht für die Verletzung von Patent- und anderen Rechten Dritter, die daraus resultiert.

ISBN: 978-3-8155-0597-7
Autoren: Jeremias und Horst-Dieter Radke, Ralf Jürgen Kraft, Raffael Vieser
Fachlektorat: Sven-Ole Grossklaus
Sprachlektorat: Brigitte Hamerski
Cover: Guido Krüsselsberg
Satz: Renate Felmet-Starke
Projektmanagerin: Simone Fischer

Gedruckt in Europa

Dieses Buch ist keine Original-Dokumentation zur Software der Firma Microsoft. Sollte Ihnen dieses Buch dennoch anstelle der Original-Dokumentation zusammen mit Datenträgern verkauft worden sein, welche die entsprechende Microsoft-Software enthalten, so handelt es sich wahrscheinlich um Raubkopien der Software. Benachrichtigen Sie in diesem Fall umgehend Microsoft GmbH, Konrad-Zuse-Str. 1, 85716 Unterschleißheim – auch die Benutzung einer Raubkopie kann strafbar sein. Der Verlag und Microsoft GmbH.

Die Apollo Medien GmbH ist ein Unternehmen der VEMAG Verlags- und Medien AG, Köln.

Vorwort

Viele eingefleischte Windows XP-Anwender haben sich den Umstieg auf Windows Vista gespart. Einige Kritikpunkte sprachen gegen den Umstieg, wie der große Bedarf an Ressourcen, den Vista benötigte. Viele von Ihnen starten deshalb jetzt direkt von Windows XP mit dem Umstieg auf Windows 7. Es lohnt sich! Sie werden von vielen Neuerungen und Verbesserungen begrüßt, entdecken Altbekanntes aus XP im neuen Gewand, stellen fest, dass andere Dinge nicht mehr an Bord und wiederum andere völlig neu sind. Damit der Umstieg leicht fällt, hält dieses Buch wertvolle Anleitungen, Tipps und Tricks parat.

Sie lernen hier nicht einfach Windows 7 kennen wie in einem „normalen" Einsteigerbuch, denn das würde bedeuten, dass Sie nicht erfahren würden, was sich im Vergleich zu XP geändert hat. Statt dessen lernen Sie Windows 7 hier so kennen, dass Sie die Unterschiede zu Windows XP entdecken: Was gibt es noch und funktioniert das jetzt anders? Was ist weggefallen und gibt es dafür etwas anderes? Und was gibt es ganz neu, wozu nutze ich das und wie geht das?

Immer im Vergleich zu Windows XP lernen Sie, wie Sie mit Windows 7 umgehen. Dabei erfahren Sie, wie Sie Windows 7 optimal einrichten und was Sie dabei als XP-Umsteiger beachten sollten. Sie lernen die Dateistruktur von Windows 7 kennen, mit Ordnern und Dateien umzugehen und diese optimal zu organisieren. Sie richten Ihren PC für die Familie ein und lesen, wie im Vergleich zu Windows XP Benutzerkonten angelegt und verwaltet werden. Sie entdecken, welche Software Windows 7 an Bord hat, welche Programme Sie schon von XP kennen, welche weggefallen, welche neu sind und wie Sie diese nutzen. Sie lernen die Internetfunktionen von Windows 7 und den Internet Explorer 8 sowie das neue Windows Live Mail kennen. Sie erlernen, ein Netzwerk unter Windows 7 einzurichten und den PC abzusichern, indem Sie Firewall, Virenscanner & Co. nutzen. Ein weiterer Teil des Buchs ist den Multimedia-Anwendungen von Windows 7 gewidmet. Lesen Sie, wie Sie Bilder und Fotos bearbeiten und drucken und mit dem Media Player Musik und Filme genießen.

Damit Ihnen der Umstieg leicht fällt, lesen Sie im direkten Vergleich, wie etwas unter XP funktionierte und wie man es jetzt unter Windows 7 macht. Die Bilder zeigen die Schritte einmal unter XP und einmal unter 7 – so finden Sie sich nicht nur schnell zurecht, so fällt auch der Umstieg leicht.

Viel Spaß mit Windows 7 wünschen die Autoren und der Verlag.

Kapitel 1: Windows 7 installieren

Der Installationsvorgang von Windows ist mit der Version 7 im Vergleich zu XP deutlich einfacher und schneller geworden. Sie werden von einem Assistenten begleitet, der Sie Schritt-für-Schritt durch die Installation führt.

Zuerst bekommen Sie hier einen kleinen Überblick über die sechs verschiedenen Windows 7-Versionen und die Systemvoraussetzungen. Lesen Sie sich diesen Abschnitt vor der Installation aufmerksam durch.

Die Windows 7-Versionen im Überblick

Microsoft liefert sein Betriebssystem traditionell in verschiedenen Versionen aus. Mit Windows 7 bietet Microsoft sechs verschiedene Versionen an. Nachdem es mit Windows XP zwei Versionen gab und mit Windows Vista die Palette auf fünf erweitert wurde, entschied man sich bei Microsoft, Windows 7 um die Starterversion für Netbooks zu erweitern, um eine große Spannbreite an Einsatzmöglichkeiten abzudecken.

Durch die immer populärer werdenden Netbooks und die leistungsfähigeren High-End-Rechner muss ein Betriebssystem eine große Bandbreite an Leistung darbieten. Ein Betriebssystem ist dann erfolgreich, wenn es viele Funktionen und ein ansprechendes Design zu Verfügung stellt. Da die zwar sehr mobilen, aber leistungsschwachen Netbooks mit dem Leistungsanspruch von Windows 7 nicht zurechtkommen, entschied sich Microsoft für die so genannte Windows 7 Starter-Lösung.

Außerdem wird Windows neben dem Heim-PC oder Notebook auch in großen Firemennetzwerken eingesetzt. Hierfür sind viele Funktionen zum Beispiel im Bereich Netzwerk notwendig, auf die ein Heimanwender getrost verzichten kann. Eine zu große Fülle an Funktionen macht ein Betriebssystem schnell unübersichtlich.

Einsatzgebiete der einzelnen Versionen

Die sechs Versionen von Windows 7 haben alle eine verschiedene Aufgabe. Bei Windows XP ist die Zielgruppe relativ deutlich definiert. Die Home-Version ist für Privatanwender gedacht, die vor allem mit Officeanwendungen und im Internet arbeiten. Die Professional-Version dagegen ist für professionelle Anwender oder Firmen mit großen Netzwerken geeignet.

Da die Einsatzgebiete von Windows 7 immer weiter gefächert werden und der Funktionsumfang stetig wächst, entschied sich Microsoft, Windows 7 in sechs verschiedenen Versionen anzubieten.

Windows 7 Starter

Windows 7 Starter ist die kleinste Version von Windows 7. Sie wird nur in leistungsschwachen Computern wie zum Beispiel einem Netbook (Mini-Notebook) als so genannte OEM-Version verkauft. Weil die Starter-Version nur die notwendigsten Funktionen mitbringt und maximal drei Anwendungen gleichzeitig ausführen kann, ist ein flüssiges Arbeiten mit einem Netbook unter Windows 7 gewährleistet.

Windows 7 Home Basic

Windows 7 Home Basic wird Microsoft nur in aufstrebenden Märkten und Schwellenländern anbieten. Sie ist in ihrem Umfang so klein gehalten, dass sie unproblematisch auf älteren Computern eingesetzt werden kann. Interessante Features wie die Aero-Oberfläche oder das Media Center fehlen aber.

Windows 7 Home Premium

Windows 7 Home Premium wird die kleinste Version von Windows 7 sein, die es in Deutschland frei zu kaufen gibt. Bei einem Kauf eines neuen Notebooks oder Computers wird Windows 7 Home Premium meistes als OEM-Version vorinstalliert sein. Sie unterstützt Features wie die Aero-Oberfläche oder das Media Center und kann auf einem Multi-Touch fähigen Computer eingesetzt werden. Windows 7 Home Premium ist vor allem geeignet für Privatanwender, die im Internet surfen oder mit Office arbeiten möchten. Sie ist zu vergleichen mit der Windows XP-Home-Version oder mit Windows Vista Home Premium.

Windows 7 Professional

Windows 7 Professional hat einen größeren Funktionsumfang als Windows 7 Home Premium. Durch die Möglichkeit, ein verschlüsseltes Dateisystem zu verwenden ist mehr Sicherheit gewährleistet. Aber auch die Remote-Desktop-Funktion, also das Arbeiten an einem entfernten Computer über das Netzwerk, machen diese Version für kleine Firmen oder professionelle Anwender interessant. Sie ist im freien Handel oder als vorinstallierte OEM-Version bei einem Neukauf eines Computers erhältlich.

Windows 7 Enterprise

Windows 7 Enterprise ist, wie es schon der Name sagt, für Firmen und Unternehmen geeignet. Sie bietet den vollen Funktionsumfang von Windows 7 an. Es sind mehr Sicherheitsfunktionen wie der Applocker (Mit dieser Funktion kann der Administrator bestimmen, welche Programme der Anwender ausführen darf.) oder eine Unterstützung mehrerer Sprachen gleichzeitig enthalten. Windows 7 Enterprise ist nur im freien Handel erhältlich.

Windows 7 Ultimate

In Windows 7 Ultimate sind auch wie in Windows 7 Enterprise alle Funktionen erhältlich, die Microsoft für sein Betriebssystem entwickelt hat. Im Vergleich zu Windows 7 Enterprise wird Ultimate nur als vorinstallierte OEM-Version, wohl meist auf High-End-Rechnern erhältlich sein. Sie ist mit Windows XP Professional oder mit Windows Vista Ultimate zu vergleichen.

32 oder 64 Bit?

Windows 7 wird in zwei Varianten angeboten. Es wird eine 32-Bit- und eine 64-Bit-Version geben. In modernen Computern werden meist 64-Bit-Prozessoren verbaut, die deutlich schneller als ihre 32-Bit-Vorgänger arbeiten. 64-Bit-Prozessoren sind zum Beispiel der AMD Athlon X2/Phenom oder die Intel Core 2 Duo, Core 2 Quad oder die neuen Intel Core i3, i5 und i7.

Sollten Sie einen 64-Bit-Prozessor in Ihrem Computer verbaut haben, ist es auf jeden Fall lohnenswert, die 64-Bit-Variante von Windows 7 zu kaufen, um alle Vorteile, wie etwa die Unterstützung von mehr als 4 GB Arbeitsspeicher des Systems nutzen zu können.

Um herauszufinden, ob Sie ein 32- oder 64-Bit Windows 7-System haben, drücken Sie die Tastenkombination [Windows]+[Pause], um die Systemübersicht zu öffnen. Unter *Systemtyp* können Sie erkennen, welche Version Sie auf Ihrem Computer installiert haben.

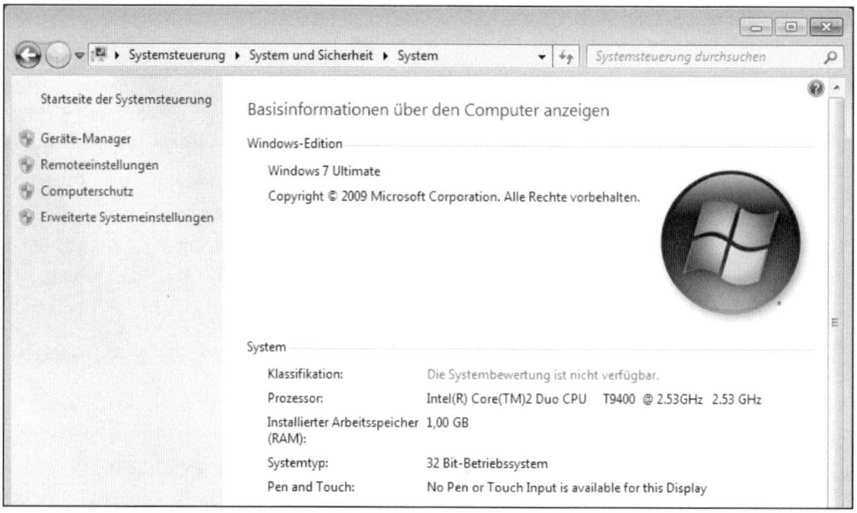

Windows 7

Unter Systemtyp *können Sie erkennen, ob es sich um eine 32- oder 64-Bit-Version handelt.*

Systemvoraussetzungen

Wie bei jedem Betriebssystem, gibt es für Windows 7 auch Systemvoraussetzungen. Die Systemvoraussetzungen geben an, welche Eckdaten Ihr Computer mindestens aufweisen sollte. Unterschreitet Ihre Computer-Konfiguration die Systemvoraussetzungen, ist es unter Umständen zwar möglich, Windows 7 zu installieren, ein flüssiges Arbeiten kann man hingegen nicht erwarten.

Im Vergleich zu Windows XP ist eine deutlich leistungsstärkere Hardware erforderlich. Ein drei bis vier Jahre alter Computer sollte aber meistens so leistungsstark sein, dass er die Systemvoraussetzungen erfüllt.

Das häufigste Problem dürfte der Arbeitsspeicher (RAM) sein. Dieser ist aber relativ billig und oftmals einfach gegen einen größeren auszutauschen.

Eine kleine Gegenüberstellung der Systemvoraussetzungen von Windows 7 und Windows XP finden Sie im nächsten Abschnitt.

Die Systemvoraussetzungen im Überblick

Anhand folgender Daten können Sie überprüfen, ob Ihr Computer für Windows 7 geeignet ist. Interessant ist der Vergleich zu Windows XP. Die Systemanforderungen sind deutlich gestiegen.

	Windows 7	Windows XP
Prozessor	1 GHz Prozessor mit 32- oder 64-Bit	Pentium 233-MHZ-Prozessor oder schneller (300 MHz werden empfohlen)
Arbeitsspeicher (RAM)	1 GB RAM (2 GB bei 64-Bit)	Mindestens 64 MB RAM (128 MB werden empfohlen)
Festplattenplatz	16 GB verfügbarer Festplattenspeicher (20 GB bei 64-Bit)	Mindestens 1,5 GB Speicherplatz auf der Festplatte
Optisches Laufwerk	DVD-R/W-Laufwerk	CD-ROM- oder DVD-ROM-Laufwerk
Grafikkarte	DirectX 9-fähige Grafikkarte mit mindestens 128 MB Speicher, die WDDM 1.0 unterstützt, um die Aero-Oberfläche nutzen zu können	Videoadapter und Monitor mit Super VGA (800 x 600) oder höherer Auflösung
Sound	erforderlich	erforderlich
Internetverbindung	erforderlich	nicht erforderlich

Die Systemvoraussetzungen für XP und Windows 7

Falls Ihre Grafikkarte die Systemvoraussetzungen nicht erfüllt, heißt das nicht, dass Windows 7 nicht auf Ihrem Computer installiert werden kann. Es wird lediglich die Aero-Oberfläche nicht unterstützt. Alternativ bietet Windows Designs an, die nicht grafikintensiv sind.

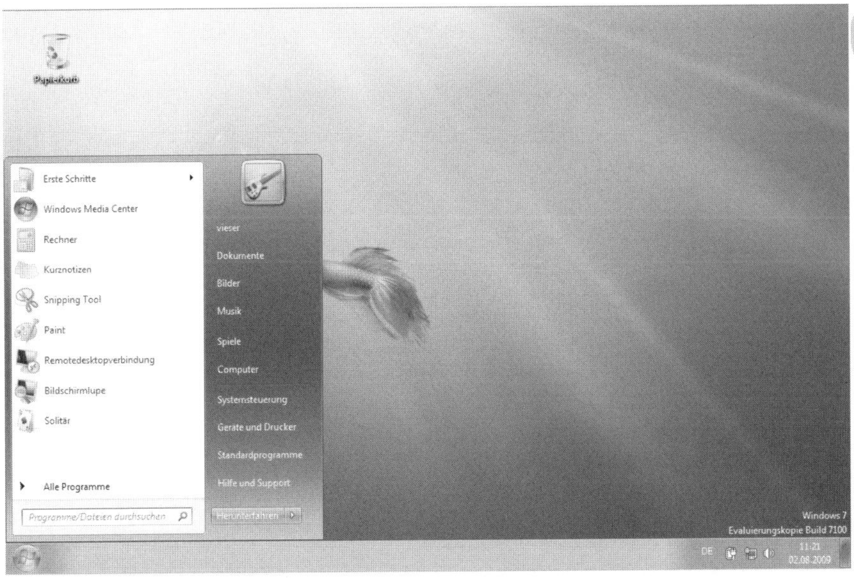

Die Windows-Oberfläche, wenn die Aero-Oberfläche nicht unterstützt wird

Welche Hardware ist in meinem Computer verbaut?

Welche Hardware in Ihrem Computer verbaut ist, können Sie in dem Handbuch zu Ihrem Computer nachlesen. Alternativ können Sie die verbauten Komponenten unter Windows XP nachlesen.

1. Klicken Sie mit der rechten Maustaste auf *Arbeitsplatz* > *Einstellungen*. Es öffnen sich die *Systemeigenschaften*.
2. Unter dem Reiter *Allgemein* können Sie nachlesen, welcher Prozessor und wie viel Arbeitsspeicher in Ihrem Computer verbaut sind.

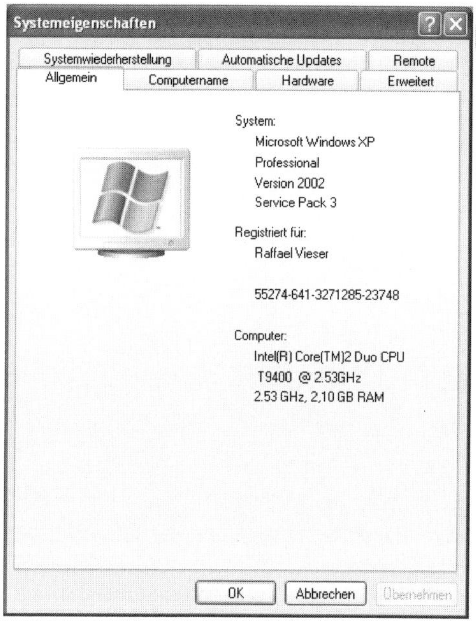

Windows XP

In den Systemeigenschaften *können Sie nachlesen, welcher Prozessor und wie viel Arbeitsspeicher in Ihrem Computer verbaut wurden.*

3. Um eine genauere Auflistung der in Ihrem Computer verbauten Komponenten zu bekommen, klicken Sie auf *Start* > *Ausführen*.

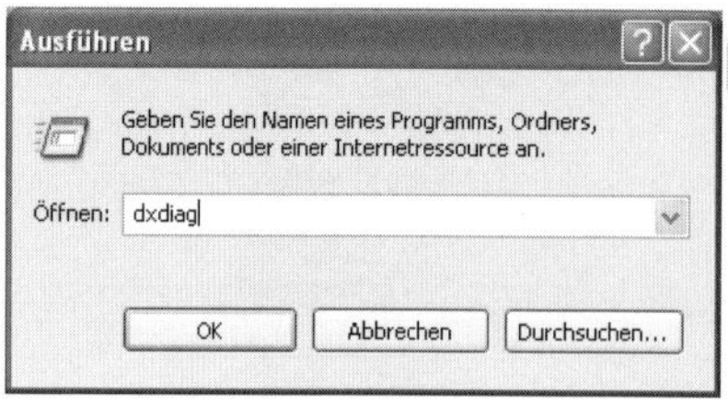

Windows XP

Geben Sie in das Formular den Befehl dxdiag *ein.*

4. Geben Sie in das Formular den Befehl *dxdiag* ein und drücken Sie die Taste Enter.
5. Es öffnet sich ein kleines Programm namens *DirectX-Diagnoseprogramm*. Hier können Sie Informationen zu allen verbauten Komponenten in Ihrem Computer entnehmen.

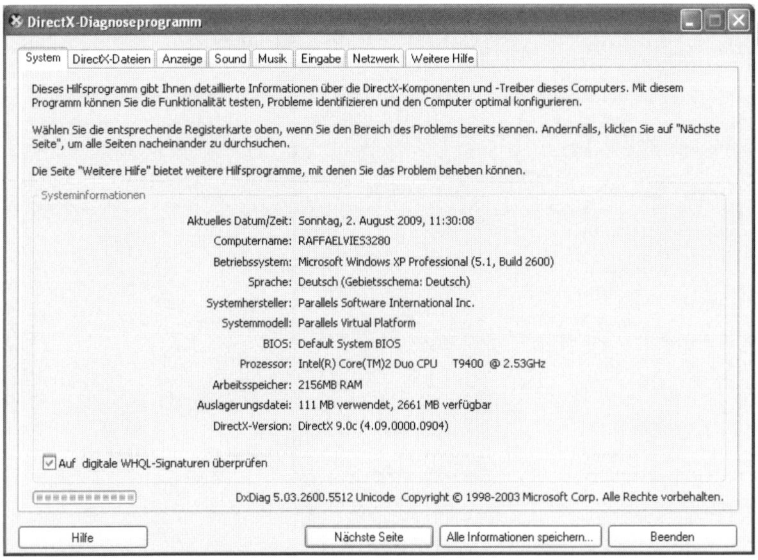

Dieses Programm listet alle verbauten Komponenten Ihres Computers auf.

Das System mit dem Upgrade Advisor testen

Microsoft bietet ein kleines, englischsprachiges Programm an, das Ihren Computer auf die Tauglichkeit von Windows 7 analysiert.

1. Öffnen Sie unter Windows XP Ihren Webbroser.
2. Geben Sie in die Adresszeile des Webbrowsers folgende Adresse ein: *http://tinyurl.com/pwzy8c*.
3. Bestätigen Sie den Download des Upgrade Advisors, indem Sie auf *Speichern* klicken.
4. Beginnen Sie die Installation und folgen Sie dem Assistenten.

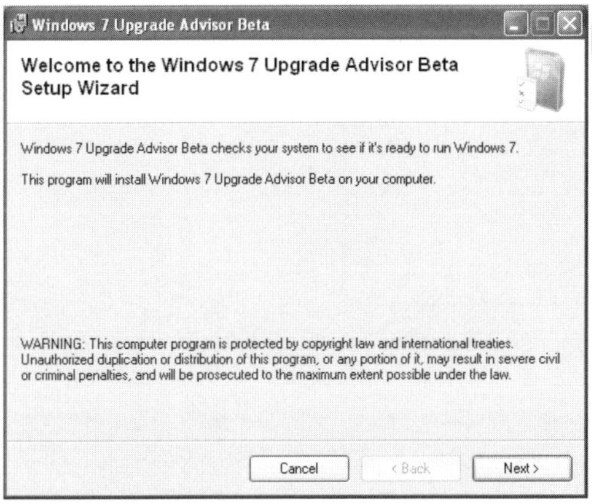

Upgrade Advisor *installieren*

5. Nach der Installation von *Upgrade Advisor* wird das Programm automatisch gestartet.

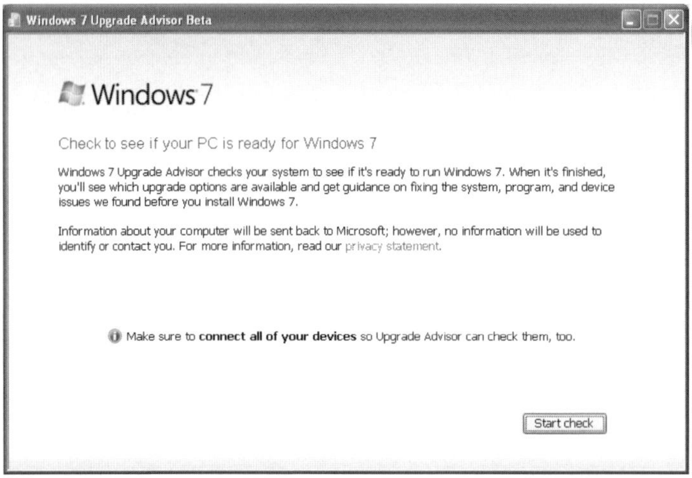

Windows XP

Starten Sie den Upgrade Advisor.

6. Klicken Sie auf *Start check*. Das Programm analysiert nun Ihre Konfiguration. Dieser Prozess kann einige Minuten in Anspruch nehmen.
7. Wenn der *Upgrade Advisor* fertig ist, gibt er Ihnen einen Report. Ist Ihre Computer-Konfiguration nicht ausreichend, können Sie in dem Report lesen, welche Komponente zu schwach ist. Sie haben gegebenenfalls die Möglichkeit, Ihren Computer aufzurüsten.

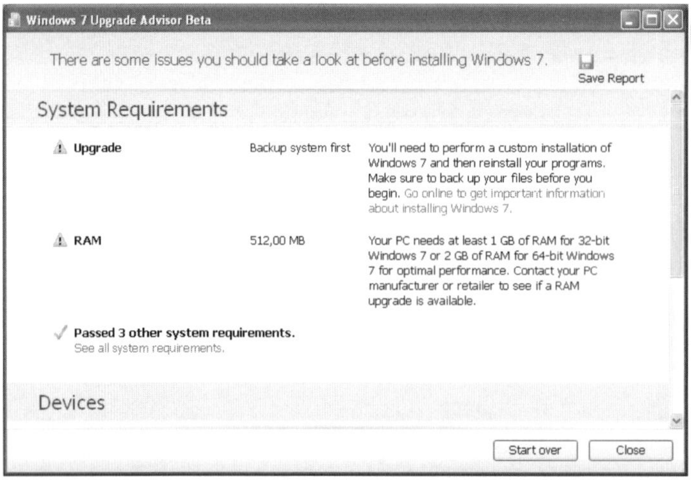

Windows XP

Ausgabe von Upgrade Advisor, *wenn Ihre Computer-Konfiguration nicht ausreichend für Windows 7 ist*

8. Wenn Ihre Computer-Konfiguration ausreichend für die Installation für Windows 7 ist, gibt *Upgrade Advisor* trotzdem einige Hinweise. Sie sollten auf jeden Fall ein Systembackup (Datensicherung) durchführen. Außerdem weist Sie Advisor darauf hin, dass einige Programme nicht unter Windows 7 funktionieren können. Da es sich meist um Systemprogramme wie den Messenger handelt, der bei der Installation von Windows 7 automatisch in einer aktuellen Version installiert wird, ist die Warnung oftmals hinfällig.

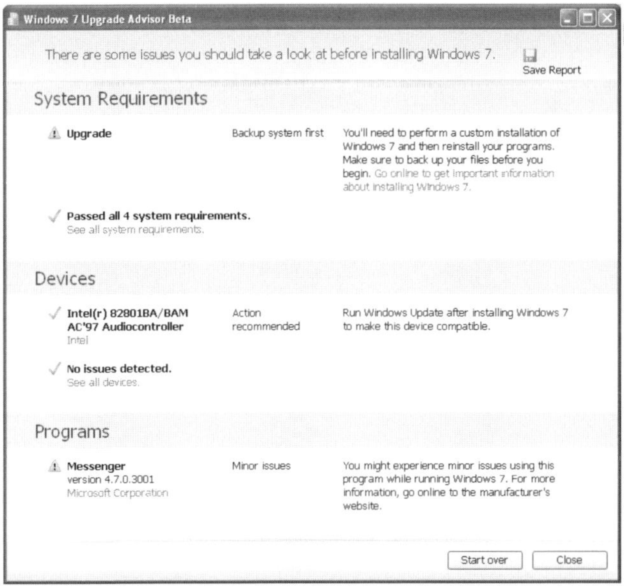

Windows XP

Ausgabe von Upgrade Advisor*, wenn Windows 7 auf Ihrem Computer installiert werden kann*

Der *Upgrade Advisor* ist ein wichtiges Programm für Ihren Computer, um zu testen, ob eine Installation von Windows 7 möglich ist. Nach dem Test, der nur wenige Minuten dauert, können Sie sicher sein, dass Windows 7 problemlos auf Ihrem Computer läuft und beruhigt die Installation starten.

Windows 7 komplett neu installieren

Was viele Neueinsteiger bei Windows 7 wirklich begeistert, ist, wie einfach es ist, das 'neue' Windows zu installieren. Mit wenigen Klicks hat man Installationsart, Sprache und Standort ausgewählt und schon werden die Dateien auf die Festplatte kopiert. Bei vielen Rechnern geht die Installation sogar schneller als die Installation von Windows XP. Wenn man nun noch bedenkt, dass die Installation von Windows XP im Jahre 2001 auf typischen Rechnern damaliger Zeit meist mehr als eine Stunde gedauert hat und die Installation von Windows 7 heute meist kaum mehr als 20 Minuten benötigt, dann beeindruckt das umso mehr.

Warnung

Der Weg von Windows XP nach Windows 7 ist in den meisten Fällen eine Einbahnstraße. Windows 7 bietet zwar eine Upgradeinstallation von Vista nach 7 an, aber wenn Sie noch Windows XP benutzen, muss Windows 7 komplett neu installiert werden. Nachdem Sie Windows 7 installiert haben, ist Ihnen der Weg zurück zu XP meist verwehrt. Zwar beschreibt Microsoft selbst in diesem Artikel *http://support.microsoft.com/kb/971760/* eine Möglichkeit, aber dieser Weg ist fehleranfällig und birgt einige Risiken. Bevor Sie Windows 7 installieren, sollten Sie also ein Komplettbackup Ihres Rechners starten.

Im nächsten Abschnitt lernen Sie, was Sie beachten müssen, wenn Sie Windows 7 komplett neu installieren möchten.

Windows 7	**Windows XP**
Installationszeit:	
20–60 min.	30 min–3 h
Vollautomatische Installation	Assistentengesteuerte Installation
Neue Imagetechnologie für die Installation im Netzwerk	

Die Unterschiede in der Installation unter Windows XP und Windows 7

Zuvor sollten Sie jedoch einige Dinge beachten. Das wichtigste Stichwort ist Datensicherung. Falls die Festplatte, worauf Windows 7 installiert werden soll, zuvor schon genutzt wurde, ist es unbedingt notwendig, eine Datensicherung durchzuführen. Während der Installation wird Ihre Festplatte formatiert, das heißt, alle Dateien und Einstellungen werden unwiderruflich gelöscht. Im Abschnitt *Dateien und Einstellungen von XP übernehmen* erfahren Sie, wie Dateien, Programme und Einstellungen gesichert und anschließend in das neue System integriert werden können.

Legen Sie die Windows-DVD in Ihr DVD-ROM-Laufwerk und starten Sie den Computer neu. Folgen Sie dem Befehl *Drücken Sie eine beliebige Taste, um von CD oder DVD zu starten,* indem Sie eine beliebige Taste drücken. Beachten Sie, dass Sie innerhalb der ersten drei Sekunden eine Taste drücken müssen, um die Installation zu starten.

Falls die Meldung nicht erscheint, ist vermutlich im BIOS Ihres Computers der Autostart von CDs oder DVDs deaktiviert. Um den Autostart zu aktivieren, starten Sie den Computer neu und drücken Sie kurz nach dem Start die [Entf]- oder [F12]-Taste. Wechseln Sie im BIOS in das Menü *Boot Sequence* und definieren Sie die Bootreihenfolge so, dass der Computer beim Einschalten von CD bzw. DVD startet.

Wenn die Installation erfolgreich von der DVD gestartet wurde, startet ein Assistent, mit dessen Hilfe die Installation mit nur wenigen Klicks durchgeführt werden kann.

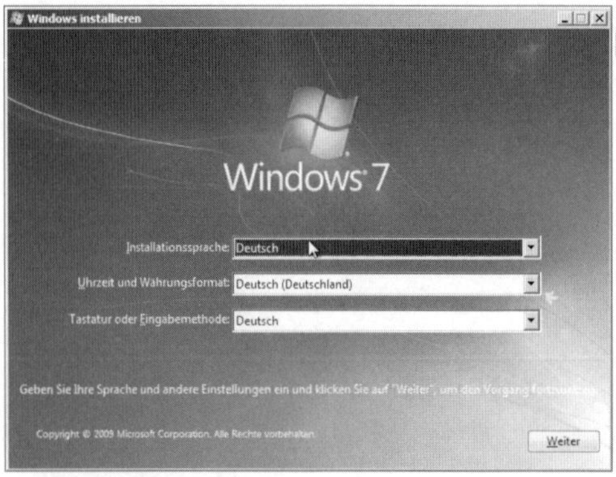

Windows 7

In diesem Fenster wählen Sie Ihre Sprache.

Im ersten Schritt legen Sie die Installationssprache fest. Beachten Sie, dass unter *Tastatur oder Eingabemethode* die Sprache steht, aus welchem Land Ihr Computer kommt. Ist dies nicht der Fall, stimmen die Bezeichnungen nicht mit dem Tastaturaufdruck überein. In der Regel werden die richtigen Angaben vom Assistenten erkannt. Klicken Sie auf *Weiter.* Bestätigen Sie die Lizenzbestimmungen und klicken Sie auf *Weiter.* Im nächsten Schritt wählen Sie die Installationsart.

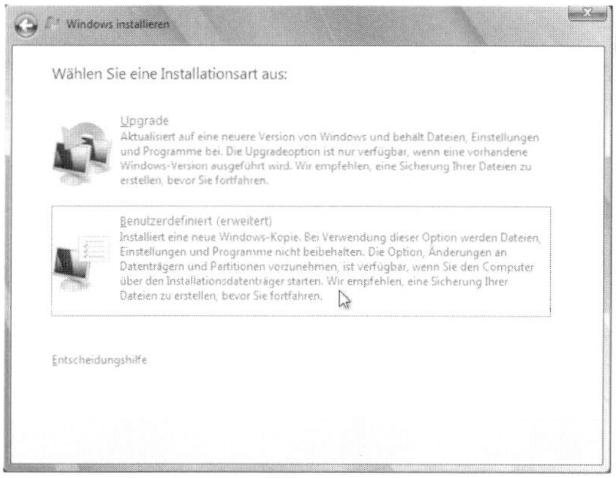

Windows 7

Bitte wählen Sie hier die Installationsart.

Da Sie Windows komplett neu installieren, klicken Sie auf das Feld *Benutzerdefiniert*. Hier noch einmal der Hinweis: Falls Sie auf dieser Festplatte bereits eine Kopie von Windows installiert haben, gehen bei einer Neuinstallation alle Dateien, Einstellungen und Programme verloren. Es ist zwingend notwendig, zuvor eine Datensicherung durchzuführen. Im nächsten Schritt wählen Sie Ihren Speicherort. Ihre Festplatte wird als *Nicht zugewiesener Speicherplatz* erkannt. Mit einem Klick auf *Weiter* wird die Festplatte formatiert.

Tipp

Unter *Laufwerkoptionen* können Sie bei Bedarf die Festplatte partitionieren oder vorhandene Partitionen löschen.

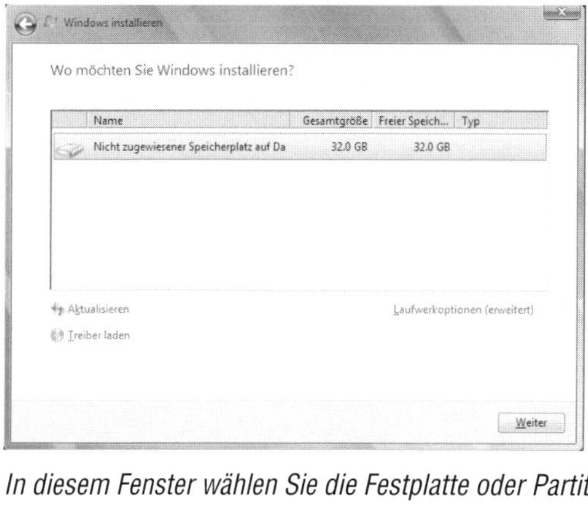

Windows 7

In diesem Fenster wählen Sie die Festplatte oder Partition, auf die Windows 7 installiert werden soll.

Windows 7 wird jetzt installiert. Dieser Vorgang kann einige Minuten in Anspruch nehmen. Nach einem selbstständigen Neustart des Computers werden einige Dienste installiert und die Installation abgeschlossen. Der Computer startet wiederholt neu.

Windows 7 ist jetzt installiert. Sie müssen es nur noch einrichten. Dabei hilft Ihnen wieder ein Assistent.

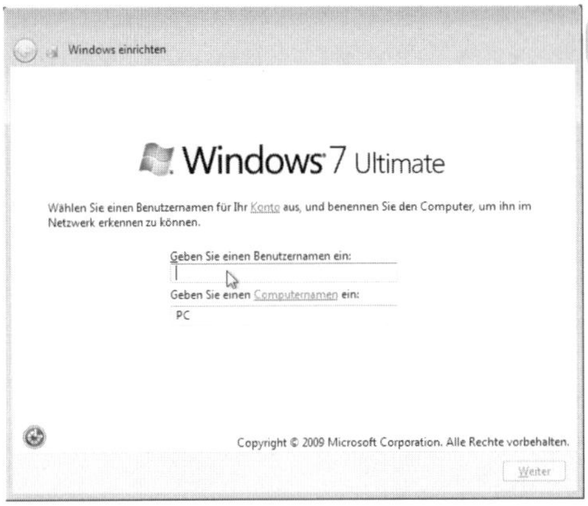

Wählen Sie einen Benutzer- und Computernamen.

Wählen Sie einen Benutzernamen. Er kann zum Beispiel aus Ihrem Namen bestehen. Unter *Computername* wählen Sie einen Namen, der den Computer etwas beschreibt – wie beispielsweise Max's PC oder PC-Arbeitszimmer. Klicken Sie auf *Weiter*. Bestimmen Sie ein Kennwort. Achten Sie darauf, dass es sicher ist. Es sollte aus Groß- und Kleinbuchstaben bestehen, eine Ziffer enthalten und mindestens acht Zeichen lang sein. Klicken Sie auf *Weiter*. Im nächsten Fenster müssen Sie Ihren *Windows-Produkt Key* eingeben. Der Produkt Key ist auf einem Etikett im Lieferumfang enthalten. Möglicherweise befindet sich das Etikett auch am Gehäuse Ihres Computers. Klicken Sie auf *Weiter*. Der Assistent rät Ihnen, Ihren Computer zu schützen. Diesem Rat sollten Sie auf jeden Fall folgen. Klicken Sie daher auf *Empfohlene Einstellungen verwenden.* Windows wird sich zukünftig selbstständig aktualisieren. Diese Einstellungen lassen sich jederzeit ändern.

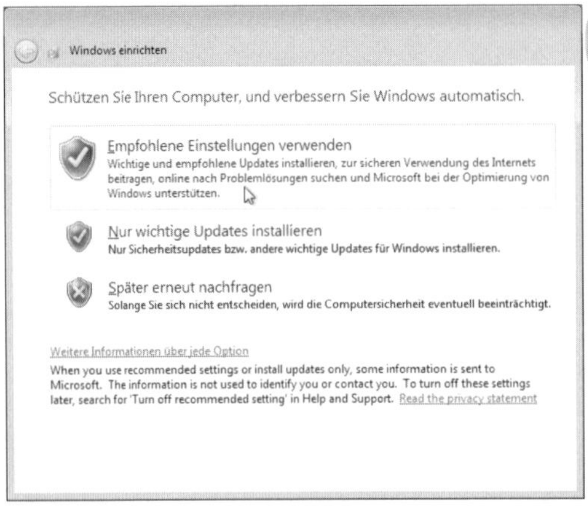

Mit der Option Empfohlene Einstellungen verwenden *schützen Sie Ihren Computer am wirkungsvollsten.*

Überprüfen Sie, ob die Zeit- und Datumseinstellungen richtig sind. Klicken Sie auf *Weiter*. Die Einstellungen werden abgeschlossen und Ihr System gestartet. Windows 7 wurde erfolgreich installiert. Wie Sie gemerkt haben, ist der komplette Installationsprozess im Vergleich zur Installation von Windows XP einheitlich gehalten.

Windows 7 mittels Boot Camp auf dem Mac installieren

Mit der Umstellung von PowerPC- zu Intel-Prozessoren im Jahr 2006 ist es möglich, Windows nativ, das heißt ohne Gastbetriebssystem auf dem Mac auszuführen.

Windows nativ auszuführen, ist vor allem für Anwender wichtig, die rechenintensive Programme ausführen. Auch Computerspiele werden erst zum Genuss, wenn sie nativ ausgeführt werden.

Starten Sie Ihnen Mac unter Mac OS X. Legen Sie die Windows 7-DVD in Ihr DVD-Laufwerk am Mac. Öffnen Sie den Finder, wechseln Sie zu dem Ordner *Programme > Dienstprogramme* und öffnen Sie den Boot Camp-Assistenten. Bestätigen Sie die Einführung, indem Sie auf *Fortfahren* klicken. Als Nächstes müssen Sie die Festplatte Ihres Mac partitionieren, damit Sie Platz für Windows 7 machen. Es ist sinnvoll, mindestens 32 Gigabyte für Windows 7 zu verwenden. Je mehr, desto besser.

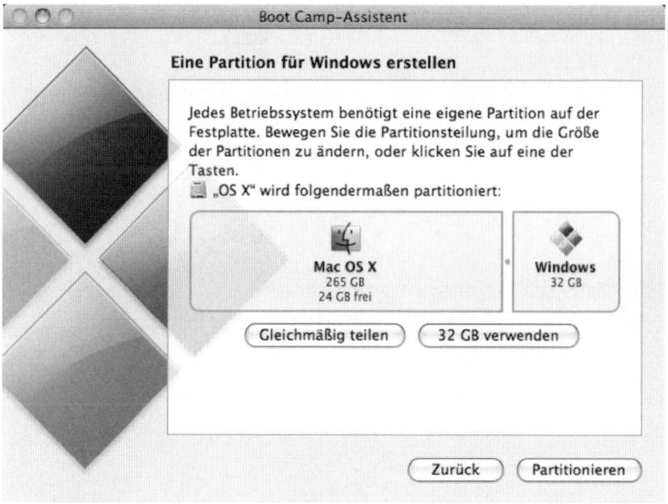

Windows 7

Der Boot Camp-Assistent *hilft Ihnen beim Vorbereiten der Windows 7-Installation.*

Hinweis

Es kommt öfters vor, dass sich die Festplatte nicht partitionieren lässt. Öffnen Sie das Festplatten-Dienstprogramm und reparieren Sie die Zugriffsrechte.

Der Vorgang der Partitionierung kann einige Minuten in Anspruch nehmen. Wenn Ihre Festplatte partitioniert ist, können Sie die Installation starten.

Warnung

Während der Installation wird der Mac mehrmals neu gestartet. Sie müssen aber bei jedem Neustart die □-Taste gedrückt halten, sodass der Bootmanager gestartet wird. Wählen Sie dann die Windows-Partition aus.

Im ersten Schritt legen Sie die Installationssprache fest. Beachten Sie, dass unter *Tastatur oder Eingabemethode* die Sprache steht, aus welchem Land Ihr Computer kommt. Ist dies nicht der Fall, stimmen die Bezeichnungen mit dem Tastaturaufdruck nicht überein. In der Regel werden die richtigen Angaben vom Assistenten erkannt. Klicken Sie auf *Jetzt installieren*. Bestätigen Sie die Lizenzbestimmungen und klicken Sie auf *Weiter*. Im nächsten Schritt wählen Sie die Installationsart.

Windows 7

Bitte wählen Sie hier die Installationsart.

Da Sie Windows komplett neu installieren, klicken Sie auf das Feld *Benutzerdefiniert*. Hier noch einmal der Hinweis: Falls Sie auf dieser Festplatte bereits eine Kopie von Windows installiert haben, gehen bei einer Neuinstallation alle Dateien, Einstellungen und Programme verloren. Es ist zwingend notwendig, zuvor eine Datensicherung durchzuführen. Im nächsten Schritt wählen Sie Ihren Speicherort. Die Partition Ihrer Festplatte wird mit dem Namen *Boot Camp-Partition* benannt. Sie müssen diese zuerst formatieren. Klicken Sie dazu auf *Laufwerkoptionen*. Wählen Sie die Partition für die Windows 7-Installation und formatieren Sie diese.

Warnung

Wenn Sie versehentlich die falsche Partition formatieren, sind alle Daten auf der Festplatte gelöscht. Seien Sie vorsichtig. Am besten Sie merken sich die Größe der Partition. So kann man sie nicht verfehlen.

Die neu formatierte Partition können Sie jetzt nicht mehr an dem Namen erkennen. Sie kann nur durch ihre Größe zugeordnet werden. Wählen Sie die Windows-Partition an und klicken Sie auf *Weiter*. Windows 7 wird jetzt installiert. Dieser Vorgang kann einige Minuten in Anspruch nehmen. Nach einem selbstständigen Neustart des Computers werden einige Dienste installiert und die Installation abgeschlossen. Der Computer startet wiederholt neu. Windows 7 ist jetzt installiert. Sie müssen es nur noch einrichten. Dabei hilft Ihnen wieder ein Assistent.

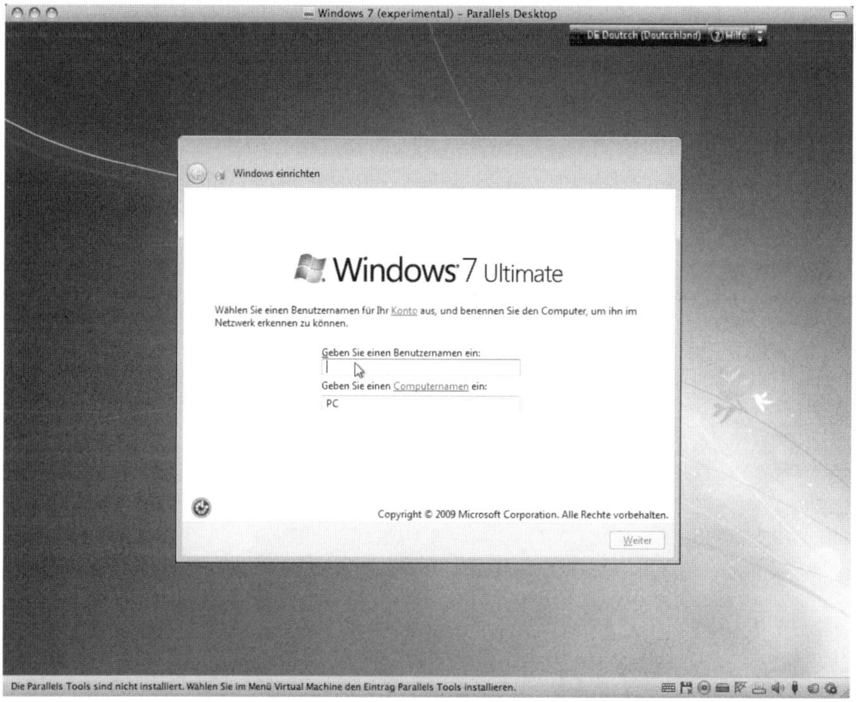

Wählen Sie einen Benutzer- und Computernamen.

Folgen Sie dann den Anweisungen des Assistenten, wie in Abschnitt *Windows 7 komplett neu installieren* beschrieben. Als letzten Schritt der Einrichtung müssen Sie die Treiber Ihres Macs installieren. Legen Sie die Mac OS X-DVD in Ihr DVD-Laufwerk und folgen Sie den Anweisungen. Mittels *Boot Camp* lässt sich der Mac als vollwertiger Windows-Computer nutzen. Bei Bedarf kann mithilfe einer Virtualisierungssoftware auf die Windows-Installation der Boot Camp-Partition zugegriffen werden.

Windows 7 in einer virtuellen Umgebung installieren

Wer einen Mac besitzt, der über einen Intel-Prozessor verfügt, kann sich mit so genannter Virtualisierungssoftware Windows 7 unter Mac OS X virtualisieren lassen.

Eine solche Virtualisierungssoftware ist *Parallels 4*. Sie bietet einen großen Funktionsumfang und hilft Windows, sich fast nahtlos in Mac OS X zu integrieren.

Sie benötigen eine Windows 7-DVD oder Windows 7 Image-Datei mit gültigem Produkt Key, die Virtualisierungssoftware *Parallels* und einen Mac oder Windows-PC mit Intel-Prozessor.

Legen Sie die Windows-DVD in Ihr CD-ROM-Laufwerk und starten Sie den Computer neu. Folgen Sie dem Befehl *Drücken Sie eine beliebige Taste, um von CD oder DVD zu starten,* indem Sie eine beliebige Taste drücken. Beachten Sie, dass Sie innerhalb der ersten drei Sekunden eine Taste drücken müssen, um die Installation zu starten.

Hinweis

Falls die Meldung nicht erscheint, ist vermutlich im BIOS Ihres Computers der Autostart von CDs oder DVDs deaktiviert. Um den Autostart zu aktivieren, starten Sie den Computer neu und drücken Sie kurz nach dem Start die Entf- oder F12-Taste. Wechseln Sie im BIOS in das Menü *Boot Sequence* und definieren Sie die Bootreihenfolge so, dass der Computer beim Einschalten von CD bzw. DVD startet.

Wenn die Installation erfolgreich von der DVD gestartet wurde, startet ein Assistent, mit dessen Hilfe die Installation mit nur wenigen Klicks durchgeführt werden kann.

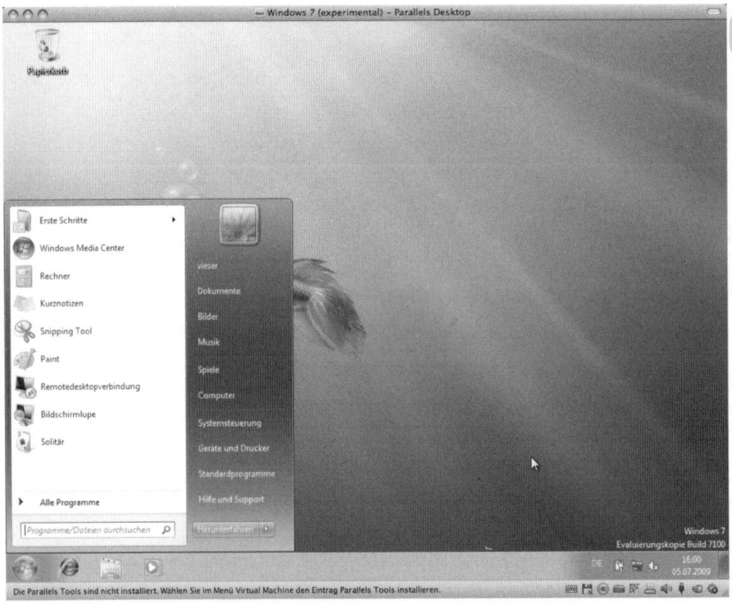

Windows 7

Windows 7 wurde erfolgreich in Parallels *installiert.*

Zum Schluss müssen Sie noch die *Parallels Tools* installieren. Die *Parallels Tools* helfen Windows, sich nahtlos in OS X zu integrieren. Nach der Installation ist der volle Funktionsumfang von *Parallels 4* verfügbar.

Klicken Sie in der Mac OS X-Menüleiste auf *Virtual Machine > Parallels Tools installieren*. Folgen Sie dem Installationsassistenten. Nach dem Ende der Installation wird Windows neu gestartet.

Dateien und Einstellungen von XP übernehmen

Microsoft liefert mit Windows 7 ein kleines Programm namens *Windows Easy-Transfer*, mit dem Sie problemlos und ohne viel Aufwand Dateien, Einstellungen und Programme übernehmen können.

Warnung

Bitte beachten Sie, dass dieses Programm nur Dateien, Einstellungen und Programme von Ihrem Benutzerkonto (zum Beispiel *Eigene Dateien* und *Eigene Musik*) sichert und überträgt. Falls Sie außerhalb des Benutzerkontos Dateien gespeichert haben (zum Beispiel direkt auf dem Festplattenlaufwerk *C:*), werden diese nicht gesichert.

Dateien und Einstellungen speichern

Zuerst müssen Sie die Dateien und Einstellungen in einer Datei, der *Easy-Transfer*-Datei speichern. Bedenken Sie, dass Sie eine externe Festplatte oder einen weiteren Computer in Ihrem Netzwerk brauchen, auf dem Sie die Daten zwischenspeichern können.

Legen Sie unter Windows XP die Windows 7-DVD ein. Öffnen Sie den *Arbeitsplatz* und klicken Sie mit der rechten Maustaste auf das DVD-ROM-Laufwerk und wählen Sie *Öffnen*. Wechseln Sie in den Ordner *Support > migwiz* und starten Sie das Programm *Windows Easy-Transfer* mit dem Dateinamen *migwiz* mit einem Doppelklick. Es öffnet sich ein Assistent.

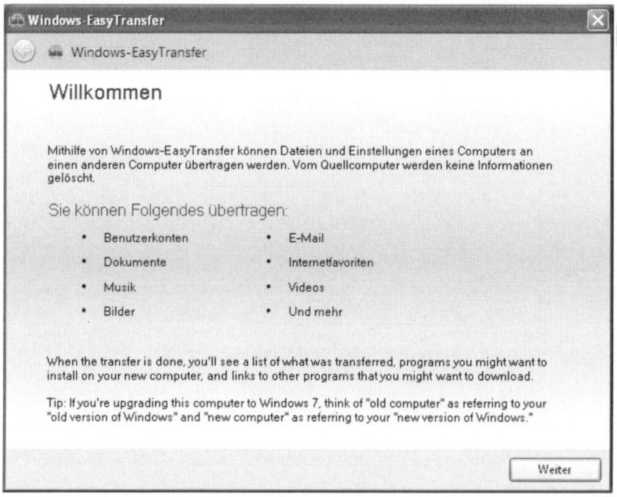

Windows XP

Mit migwiz *übertragen Sie Dateien, Einstellungen und Programme zu Windows 7.*

Klicken Sie auf *Weiter*. Wählen Sie im Folgenden ein Medium, auf dem Sie die Daten speichern möchten. Am sinnvollsten ist eine externe Festplatte oder ein USB-Flashlaufwerk. Klicken Sie den entsprechenden Button an. Bedenken Sie, dass die Datei – je nachdem wie viele Daten Sie auf Ihrem Computer gespeichert haben – einige Hundert Gigabyte groß werden kann. Bestätigen Sie, dass dieser Computer der Quellcomputer ist und klicken Sie auf *Weiter*. Im Folgenden werden Informationen über die Dateien, Einstellungen und Programme auf Ihrem Computer gesammelt. Wählen Sie aus, was von Ihrem Computer übertragen werden soll. Klicken Sie auf *Weiter*.

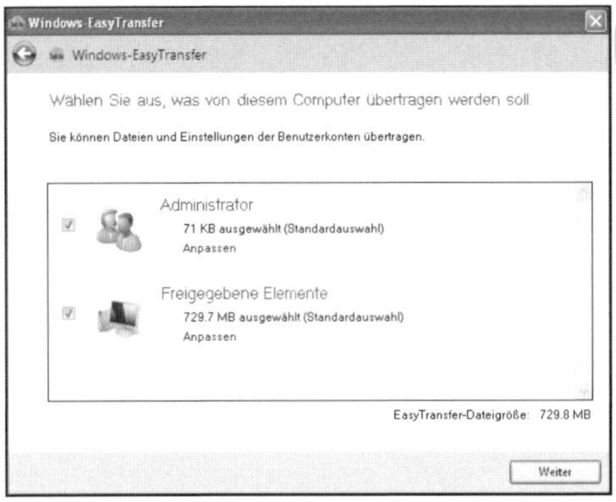

Wählen Sie aus, was von diesem Computer übertragen werden soll.

Sie können die Windows Easy-Transfer-Datei mit einem Kennwort sichern, damit niemand unbefugten Zugriff auf Ihre Daten hat. Bestätigen Sie dieses und klicken auf *Weiter*. Wählen Sie Ihren Speicherort. Zum Beispiel eine externe Festplatte und bestätigen Sie die Wahl mit *Speichern*. Die Dateien und Einstellungen werden im Folgenden gespeichert. Dieser Vorgang kann einige Zeit in Anspruch nehmen. Wenn alle Dateien und Einstellungen gespeichert sind, beenden Sie den Assistenten mit einem Klick auf *Weiter*.

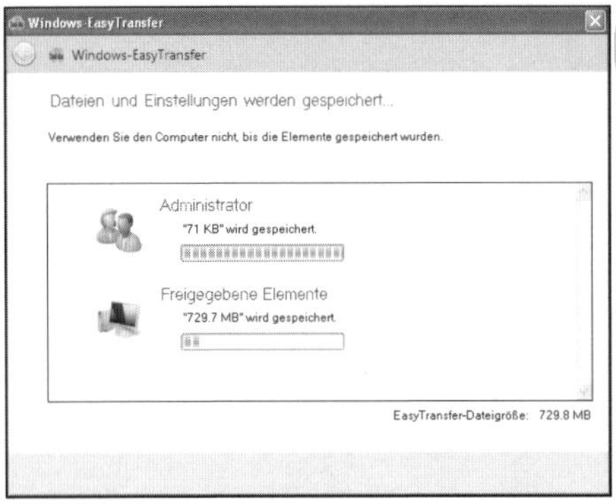

Ihre Dateien und Einstellungen werden in einer Windows Easy-Transfer-*Datei gespeichert.*

Das Programm *Windows Easy-Transfer* bietet Ihnen eine einfache Lösung, Dateien, Einstellungen und Programme Ihres Benutzerkontos zu speichern und wieder einzuspielen. Auch für gelegentliche Backups, also Datensicherungen kann das Programm genutzt werden, so dass Sie auf eine komplexe Software zur Datensicherung verzichten können.

Dateien und Einstellungen wiederherstellen

Nachdem Sie Ihre Dateien und Einstellungen in einer Windows Easy-Transfer-Datei auf einer externen Festplatte gespeichert haben, müssen Sie diese unter Windows 7 wiederherstellen.

Starten Sie Windows 7 und schließen Sie die externe Festplatte oder das USB-Flashlaufwerk an Ihrem Computer an. Öffnen Sie die Windows Easy-Transfer-Datei mit einem Doppelklick. Es öffnet sich wieder ein Assistent, der Ihnen bei dem Widerherstellungsprozess hilft.

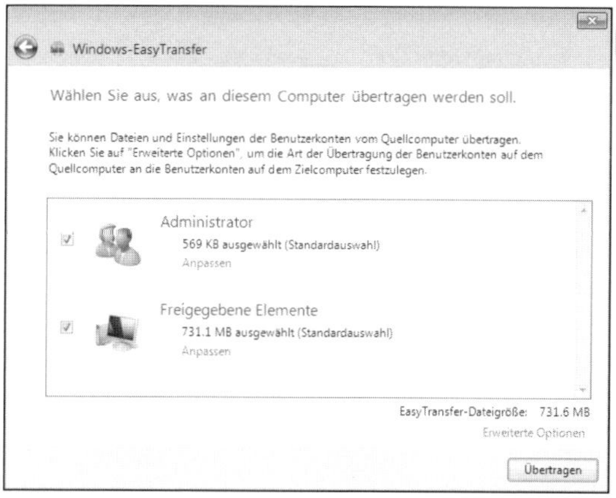

Windows 7

Dateien und Einstellungen mithilfe der Windows Easy-Transfer-*Datei wiederherstellen*

Klicken Sie auf *Weiter*. Geben Sie im nächsten Fenster Ihr Kennwort ein und bestätigen Sie dieses mit *Weiter*. Jetzt können Sie wählen, was wiederhergestellt werden soll. Es empfiehlt sich, alle Dateien und Einstellungen von der Sicherungsdatei zu übernehmen. Man kann die Daten im Nachhinein immer löschen.

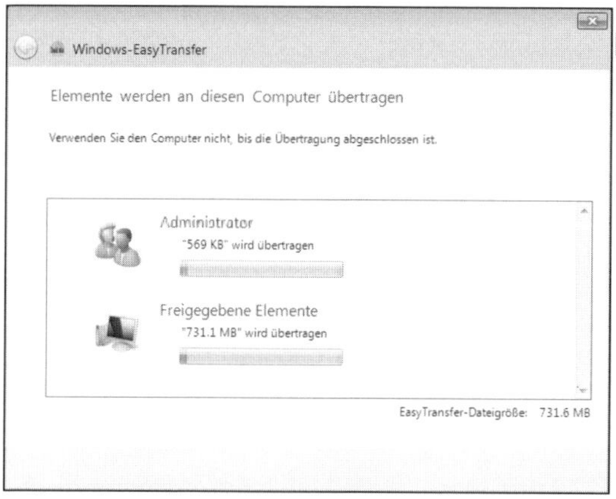

Windows 7

Wählen Sie aus, was auf diesen Computer übertragen werden soll.

Bestätigen Sie Ihre Wahl mit *Übertragen*. Dieser Vorgang kann einige Zeit in Anspruch nehmen. Abschließend können Sie sich die übertragenen Elemente anzeigen lassen. Beenden Sie den Assistenten.

Kapitel 2: Windows 7 kennen lernen und einrichten

Mehr als acht Jahre Entwicklungszeit liegen zwischen der Erstveröffentlichung von Windows XP im Jahre 2001 und der Präsentation von Windows 7 im Herbst 2009. Diese acht Jahre sind nicht spurlos an dem bisherigen Meisterwerk von Microsoft, dem als stabil und ressourcenschonend bekannten und immer noch beliebten Windows XP, vorübergegangen: Gegenüber dem modern ausschauenden und mit vielen Zusatzfunktionen ausgestatteten Windows 7 wirkt es altbacken und irgendwie langweilig. Der schicke Aerolook, die coole, neue Taskleiste, die nun Superbar heißt und die vielen Minianwendungen, mit denen man wichtige – und unwichtige – Informationen jederzeit im Blick hat, lassen den bekannten und beliebten Urahn des neuesten Redmondsprößlings ganz schön alt aussehen.

Windows 7

Herzlich Willkommen bei Windows 7

Dieses Kapitel gibt Ihnen einen Überblick darüber, was sich alles in Windows seit 2001 verändert hat und was neu dazu gekommen ist. Außerdem erfahren Sie, an welchen Stellen Sie Hand anlegen können, um Windows 7 an Ihre persönlichen Bedürfnisse anzupassen. Lernen Sie die Vorteile der Aero-Oberfläche und der Superbar zu schätzen und holen Sie das Beste aus Ihrem Rechner, indem Sie die passenden Minianwendungen installieren und verwalten.

Windows XP vs. Windows 7: Das hat sich geändert

Eigentlich ist es nahezu unmöglich, alle Änderungen aufzuführen, die Windows XP von Windows 7 unterscheiden. Zu viele Jahre liegen zwischen den beiden Programmen. Nahezu in jedem Bereich hat sich unglaublich viel geändert und verbessert. Dieses Kapitel versucht die wesentlichen Unterschiede aufzulisten.

Hardware-Unterstützung

Nicht nur Betriebssysteme entwickeln sich weiter, sondern natürlich auch die verwendete Hardware. Eine der entscheidenden Änderungen im letzten Jahrzehnt war der Wechsel zur Unterstützung der 64-Bit-Architektur. Grund für diese neue Ausrichtung war, dass es wieder einmal eng geworden war in den Computern: Mit 32 Bit kann man exakt 4.294.967.296 Bytes erreichen und ansprechen, also die so oft diskutierten 4 GByte. Da Software und Anwender aber nach immer mehr Leistung rufen, wurde es Zeit für einen Ausbau. Ab dem Jahre 2004 begann sich dann die 64-Bit-Architektur durchzusetzen, mit der man 16 Exabyte ansprechen kann.

Windows XP wurde dafür entworfen, die zur Zeit seiner Erstveröffentlichung, noch recht junge 32-Bit Architektur der PC-Rechner zu unterstützen. Zwar veröffentliche Microsoft später noch einige 64-Bit-Versionen von Windows XP, diese konnten sich aber am Markt nicht durchsetzen und sind heute auch nicht mehr erhältlich. Der Grund dafür: Viele Programme liefen einfach nicht auf dem 64-Bit Betriebssystem und die alten 32-Bit-Programme liefen zum Teil sogar langsamer mit 64-Bit als unter dem originalen Windows XP.

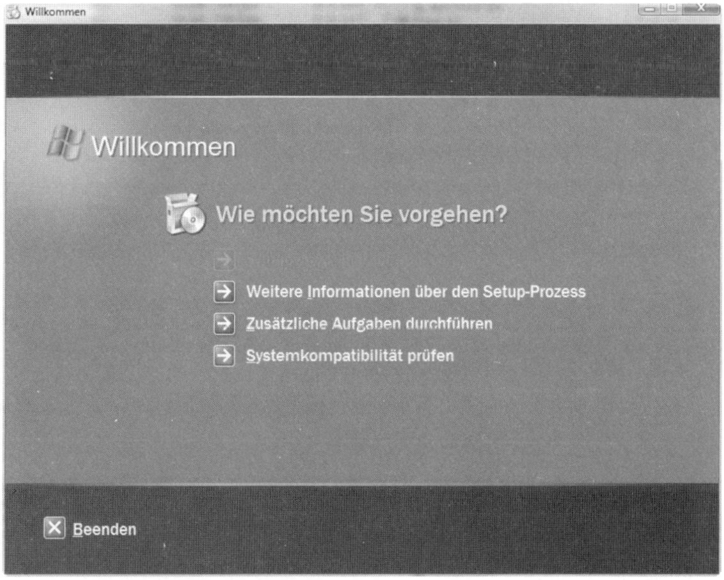

Windows XP

Der Setupbildschirm von Windows XP

Das hat sich mit Windows 7 grundlegend geändert: Für die meisten Geräte sind heute 64-Bit-Treiber verfügbar und die Programme laufen wenn nicht schneller, dann doch zumindest gleich schnell wie unter Windows.

Tipp

Wer keine Uraltgeräte (z. B. alte SCSI-Scanner, Faxkarten, Soundkarten, Drucker mit Centronicsschnittstelle usw.) an seinen PC anschließt oder einbaut und auch keine DOS-Programme oder 16-Bit-Programme laufen lässt, also Programme die für Windows 3.1 oder früher konzipiert sind, der kann und sollte, wenn er die Möglichkeit hat, zu den 64-Bit-Versionen von Windows 7 greifen. Nur mit diesen Betriebssystemen können Sie den Speicher, der im Rechner installiert ist vollständig nutzen. Da diese 64-Bit-Versionen auch nicht teurer sind als ihre 32-Bit-Verwandten, sollten Sie beim Kauf eines neuen Rechners darauf achten, dass diese Versionen installiert oder aber als Upgrade-Versionen dem Rechner beiliegen.

Nicht immer ist der wesentliche Fortschritt eines Betriebssystems sofort ersichtlich: Während man bei Windows XP meist darauf angewiesen war, dass ein Hardwarehersteller seine Treiber für ein Gerät mitlieferte, kennt und liefert Windows 7 zahlreiche Hardwaretreiber gleich mit. Allein mehr als 70.000 Druckertreiber sollen auf der Installations-DVD mit dabei sein. Die Geräte, die Windows 7 nicht kennt, sucht und installiert es – meist erfolgreich – sobald eine Internetverbindung besteht.

Desktop und Bedienung

Unmittelbar nach dem Start macht der Anwender Bekanntschaft mit der *Aero-Oberfläche*. Der neue Look mit den transparenten Fenstern, die nun erahnen lassen, was darunter liegt, ist nicht nur todschick – er beinhaltet auch viele Bedienungserleichterungen: *Aero Peek* zum Beispiel, ermöglicht es, mit einem speziellen Bereich der Superbar, der sich rechts vom Infobereich befindet, alle Fenster temporär komplett transparent zu machen, um so schnell die Lage von verdeckten Fenstern sehen zu können oder einen Blick auf die Minianwendungen werfen zu können. *Aero Snap* dagegen vereinfacht die Anordnung der Fenster. Auch der neue *Taskumschalter*, der die offenen Anwendungen wie bei einer Diashow dreidimensional vorbeigleiten lässt, weiß zu begeistern. Er wird übrigens mit [⊞] + [⇆] aufgerufen.

Die bereits erwähnte *Superbar* krempelt die seit Windows 3.0 (und auch schon davor) bekannte und nahezu unveränderte Taskleiste komplett um und stattet sie mit vollkommen neuen Fähigkeiten aus. Sprunglisten, Vorschaufunktionen und Minifenster sind die neuen Highlights. Und auf die Möglichkeit, Programme auf der Taskleiste selber anordnen zu können, haben viele Anwender schon sehr lange gewartet.

Aero in Aktion

Seit Vista kennt Windows nun auch so genannte *Minianwendungen*. Mit diesen Gadgets haben Sie die Möglichkeit, Dinge, die Sie ständig im Auge oder im Zugriff haben möchten, auf Ihrem Desktop abzulegen. Aber während die kleinen Programme unter Vista noch in einer speziellen Leiste, der Sidebar, abgelegt werden mussten, ist Windows 7 wesentlich flexibler und erlaubt es Ihnen, die Minianwendungen überall auf dem Desktop abzulegen.

Die *Suchfunktion* von Windows XP hat wahrscheinlich schon viele Anwender zur Verzweiflung gebracht. Entweder war die Suche zu langsam oder aber der 'schnüffelnde' Hund hat die gesuchte Datei nicht zum Vorschein gebracht. Außerdem wurden auch keine Kontakte gefunden und keine E-Mails – und erst recht keine Programmverknüpfungen. Außerdem hat die Indizierung der Festplatte(n) sehr viel Rechenleistung gekostet. Mit allen diesen Problemen ist bei Windows 7 Schluss! Windows 7 findet fast immer das Gesuchte. Sie können auf Wunsch ganz genau vorgeben, welche Ergebnisse angezeigt werden sollen und bei der Suche auch ganz genau spezifizieren, welche Kriterien die gesuchte Information erfüllen muss. Und die Indizierung des Rechners geht vollkommen unmerklich vonstatten.

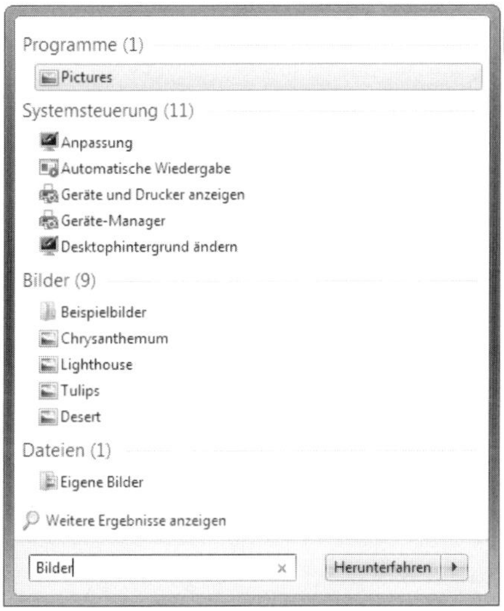

Windows 7

Die Suche in Windows 7 bringt nicht nur Dateien ans Tageslicht, sondern auch Programme und andere nützliche Informationen.

Windows XP

Suche mit dem Hund

Das *Wartungscenter* ist eine dieser kleinen, aber extrem feinen Erweiterungen die man bei Windows 7 entdecken kann und die man von Windows XP nicht kennt. Die Idee: Dinge, die vom Anwender als thematisch zusammengehörend angesehen werden, auch zusammenzuführen. Das Wartungscenter informiert den Anwender, wenn bestimmte Ereignisse am PC sein Eingreifen erfordern. Das könnte zum Beispiel ein nicht installierter oder veralteter Virenscanner sein, wenn ein Backup nicht ordnungsgemäß durchgeführt werden konnte oder neue Updates vorliegen. Alle diese Nachrichten kommen aus verschiedenen 'Ecken' des Betriebssystems – sie werden aber im Wartungscenter gesammelt und dem Benutzer zentral präsentiert. Eine sinnvolle und höchst effiziente Art, wie das Betriebssystem mit dem Anwender kommuniziert.

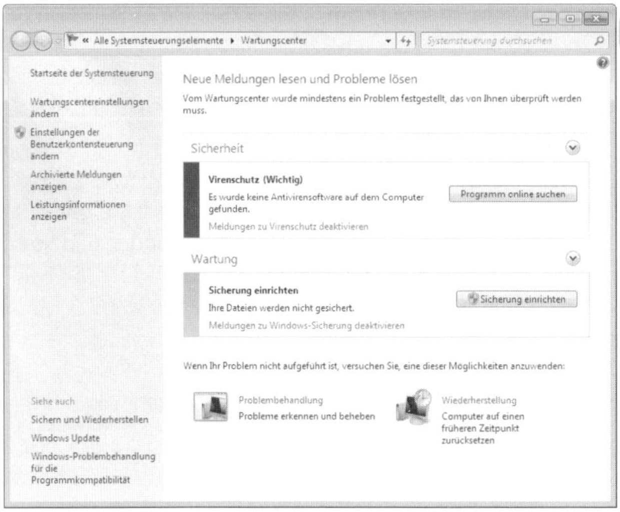

Das Wartungscenter

Das Programm zur Problemaufzeichnung von Windows 7

Das *Programm zur Problemaufzeichnung* ist ein Tool, mit dem man das, was man gerade auf dem Computer macht, in einem kleinen Video festhalten kann. Die einzelnen Schritte kann man nachträglich noch beschriften und in übersichtliche Aktionen unterteilen. Obwohl das Werkzeug in erster Linie dazu gedacht ist, dem Support von Microsoft und anderen Softwareherstellern zu helfen, ist es auch eine große Hilfe, wenn man seinen Bekannten genau erklären möchte, wie man zum Beispiel ein bestimmtes Programm bedient. Um eine gleiche Funktionalität unter Windows XP zur Verfügung zu haben, musste man bislang auf Software von anderen Anbietern zurückgreifen – zum Teil recht teure Lösungen.

Windows 7	**Windows XP**
Aero-Oberfläche	Startmenü verbessert
Aero Peek	Tablet PC-Unterstützung
Aero Snap	
Aero Shake	
Superbar	
Infobereich	
Minianwendungen	
Verbesserte Sofortsuche	Dateiindizierung

Das unterscheidet XP und Windows 7 bei den Benutzeroberflächen.

Sicherheit

Bei der Entwicklung von Windows 7 stand Sicherheit für Microsoft ganz oben auf der Todo-Liste. Daher verfügen das Betriebssystem auch über sehr viele neue Ansätze und Lösungen für dieses Aufgabengebiet. Der *Windows Defender* schützt den Anwender recht zuverlässig vor unerwünschter Software. Diese Art von Software, meist so genannte Spyware (Schnüffelprogramme), wird oft zusammen mit aus dem Internet geladener Software mitinstalliert.

Tipp

Wenn Sie noch Windows XP verwenden und der Defender auf Ihrem Rechner nicht installiert sein sollte, so haben Sie die Möglichkeit, diesen auf den Seiten von Microsoft kostenlos herunterzuladen. Gehen Sie einfach auf die Microsoft-Seite (*http://www.microsoft.de*) und geben Sie in das Suchfeld 'Defender' ein.

Wenn bei Ihnen eingebrochen wird oder das Laptop am Flughafen entwendet wird, dann ist das Ärger genug: Aber wenn auf diesem Weg die Verbrecher auch noch an alle Ihre Kontodaten und E-Mails kommen, dann kann das eine Katastrophe sein. Mit der *Bitlocker1-Laufwerksverschlüsselung* sind Sie wenigstens vor diesem Ärger geschützt: Alle Daten auf den Festplatten werden damit für Angreifer uneinsehbar.

Warnung

Auch Windows 7 verfügt immer noch nicht über einen eingebauten Virenscanner. Der in Windows 7 integrierte Defender ist kein Ersatz für ein Antivirusprogramm. Daher sollten Sie, bevor Sie ausgiebige Ausflüge ins Internet unternehmen, unbedingt einen Virenscanner installieren. Es gibt einige sehr gute und dennoch kostenlose Angebote im Netz. Der bekannteste dürfte sicherlich der Avira-Virenscanner sein, den Sie unter der Webadresse *http://www.free-av.de/* im Internet finden.

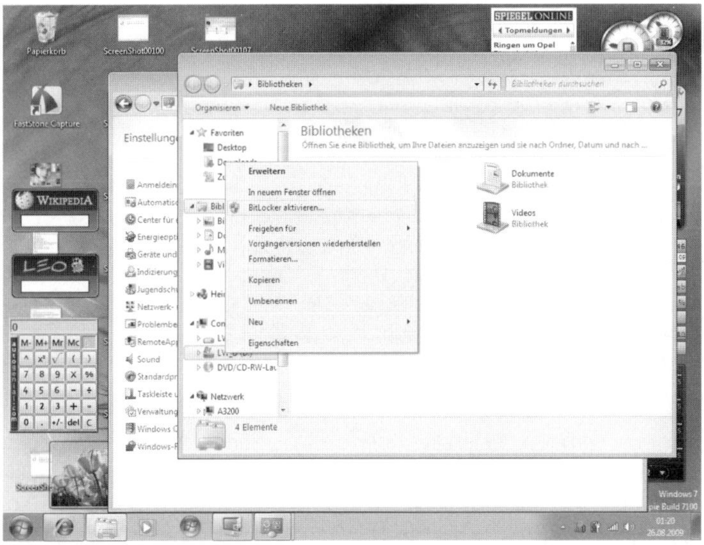

Windows 7

So können Sie die Bitlockerverschlüsselung für ein Laufwerk aktivieren.

Während *Bitlocker1* auch unter Windows Vista schon verfügbar ist, ist *Bitlocker to Go* brandneu mit Windows 7 eingeführt worden. Mit *Bitlocker to Go* können nun auch USB-Sticks und externe Festplatten verschlüsselt werden, was mit Bitlocker1 bislang nicht möglich war.

Möchten Sie nur einzelne Dateien oder Verzeichnisse verschlüsseln, dann steht Ihnen auch das *Encrypting File System* (EFS) zur Verfügung. Um die Verschlüsselung für Dateien und Ordner zu aktivieren, muss sie über die erweiterten Eigenschaften ausgewählt werden.

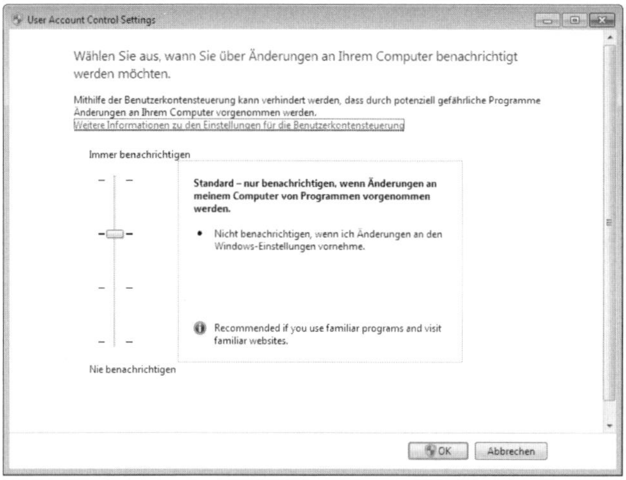

Windows 7

Das kennen Sie nicht von XP: Die Benutzerkontensteuerung von Windows 7

Die *Benutzerkontensteuerung* war wohl das meist gehasste Feature von Windows Vista. Unter Windows XP gibt es keinen vergleichbaren Schutz vor unerlaubten Änderungen am Betriebssystem. Programme haben nahezu auf alle Bereiche des Rechners unbegrenzten Zugriff. Mit der Benutzerkontensteuerung wollte Microsoft das unterbinden und so mehr Sicherheit in den Computer bringen. Das ist ihnen zwar gelungen, allerdings zu einem Preis, der vielen Anwendern zu hoch war und die Benutzerkontensteuerung kurzerhand deaktivierten. Bei Windows 7 wurde dieser Schutz nun deutlich anwenderfreundlicher gestaltet. Wesentlich seltener fragt Windows 7 nach, ob diese oder jene Aktion nun wirklich zugelassen werden soll.

Warnung

Auch wenn Sie über Windows Vista zu Windows 7 gekommen sind und dadurch die Benutzerkontensteuerung zu hassen gelernt haben: Deaktivieren Sie die Benutzerkontensteuerung nicht! Sie verlieren damit einen Großteil des integrierten Sicherheitskonzepts. Ein Beispiel: Was nützt Ihnen ein Virenscanner, wenn ein Virus ihn deaktivieren oder sogar deinstallieren kann. Das sind Aktionen, die ein Virus durchführen könnte, wenn die Benutzerkontensteuerung deaktiviert ist.

Die *Firewall* gibt es auch schon unter Windows XP. Allerdings ist sie erst mit dem Servicepack 2 von XP überhaupt zugänglich geworden. Vorher mussten Sie über die Netzwerkadapter-Einstellungen die Firewall recht umständlich bedienen. Die Firewall unter Windows 7 ist jetzt deutlich komfortabler zu bedienen. Darüber hinaus kann nun der Funktionsumfang der Firewall durch externe Programme erweitert werden. Auch wenn mehrere Netzwerkkarten im Rechner installiert sind, bietet die 7er-Firewall deutlich mehr Möglichkeiten der Konfiguration.

Windows 7

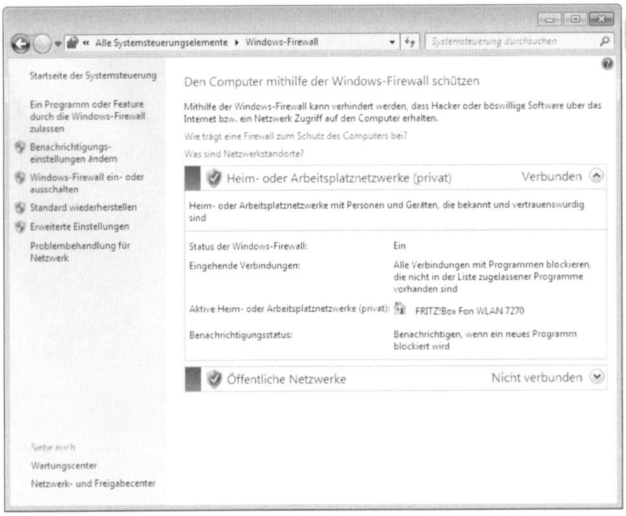

Die Firewall von Windows 7 lässt sich jetzt noch besser anpassen.

Die *Biometrie* ist nun integraler Bestandteil von Windows 7. Wenn Sie z. B. einen Fingerabdrucksensor an Ihren Computer anschließen, um ihn vor unbefugtem Zugriff zu sperren, so waren Sie bislang auf Software von Dritten angewiesen. Nun, da diese Funktionen fester Bestandteil des Betriebssystems sind, ist der Computer deutlich besser geschützt.

Der *Credential-Manager* hat in der deutschen Version von Windows 7 den etwas sperrigen Namen *Anmeldeinformationsverwaltung* bekommen. Er speichert an zentraler Stelle Ihre Passwörter, Zugangsdaten und andere sicherheitsrelevanten Informationen und Dateien ab. Diese Daten werden verschlüsselt abgelegt und können (und sollten!) auf externe Laufwerke als Backup gelegt werden. Ein sehr nützlicher Tresor für alle wichtigen Daten, für den es unter Windows XP keine Entsprechung gibt!

Windows 7

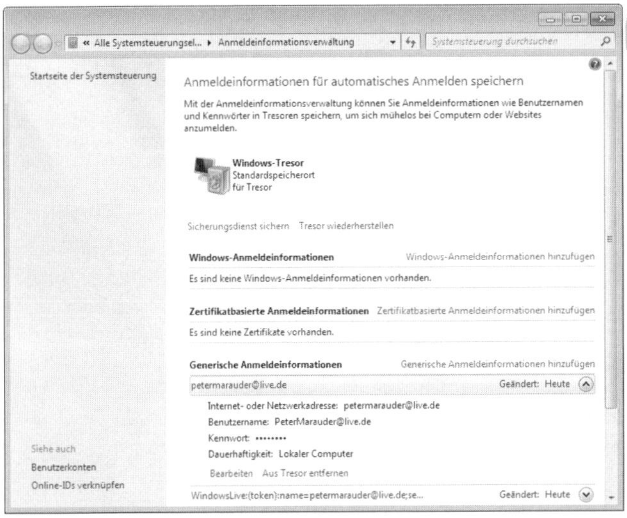

Die Anmeldeinformationsverwaltung

Die Erstellung einer *Systemreparatur-CD* ist eine hilfreiche Erfindung für den Fall der Fälle: Wenn Ihr PC tatsächlich einmal streiken sollte, können Sie mithilfe dieser CD Ihre Systempartition restaurieren oder verschiedene andere Tools aufrufen, um dem Fehler auf die Schliche zu kommen. Windows 7 bietet Ihnen die Möglichkeit, ein solche CD anzufertigen.

Windows 7	Windows XP
Windows Defender	Automatische Updates
Bitlocker Laufwerkverschlüsselung	
Bitllocker To Go	
Encrypting File System (EFS)	
Benutzerkontensteuerung	Benutzerverwaltung
Vollständige Firewall	Vereinfachte Firewall
Biometrie	
Anmeldeinformationsverwaltung	
Systemreparatur-CD	Systemwiederherstellung

Die Sicherheitsaspekte unter beiden Betriebssystemen

Netzwerk und Internet

Die Einrichtung eines Netzwerks und das Verbinden mit dem Internet hat in Windows 7 unglaublich an Leichtigkeit gewonnen. Was bei XP nur mit richtigen Kenntnissen der Netzwerktechnik zu erledigen war, schafft Windows 7 nun quasi im Alleingang: Die Verbindung mit dem Internet wird ohne Ihr Zutun erledigt. Und auch die Errichtung eines eigenen privaten Netzwerks ist mit wenigen Mausklicks erledigt – inklusive aller notwendigen und sinnvollen Freigaben. Der *Fehlerassistent* versucht eventuell auftretende Probleme im Netzwerk zu analysieren und eigenständig zu lösen.

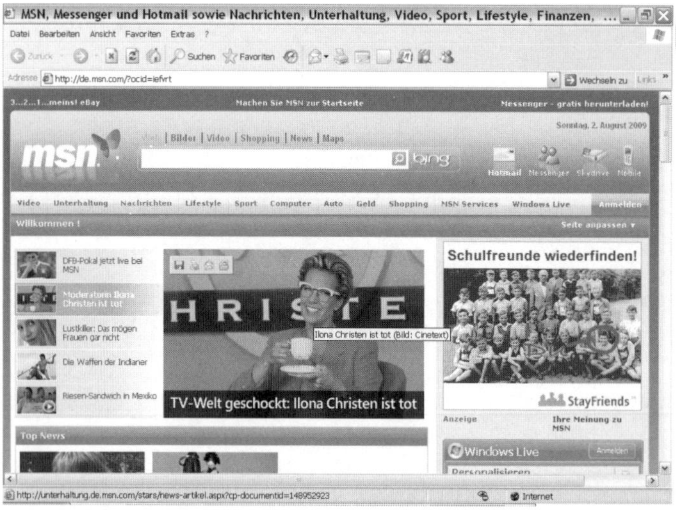

Windows XP

Der Internet Explorer 6

Der zu Windows 7 gehörende Internetbrowser ist der *Internet Explorer 8* (IE 8). Er ist sicherlich der beste Browser, den Microsoft bis dato auf den Markt gebracht hat. So bietet er beispielsweise deutlich mohr Schutz gegen Phising, also dem Ausspähen von Benutzerdaten und Passwörtern. Außerdem ist er schneller und vor allem kompatibler als sein Vorgänger, der noch bei Windows XP zum Einsatz kam. Die vielen Komfortfunktionen, wie die vollständige Unterstützung von RSS-Feeds und das gleichzeitige Öffnen vieler Internetseiten in Registerseiten (Tabbed Browsing) haben den Internet Explorer inzwischen wieder zu einer attraktiven Alternative zu Firefox, Opera & Co. gemacht.

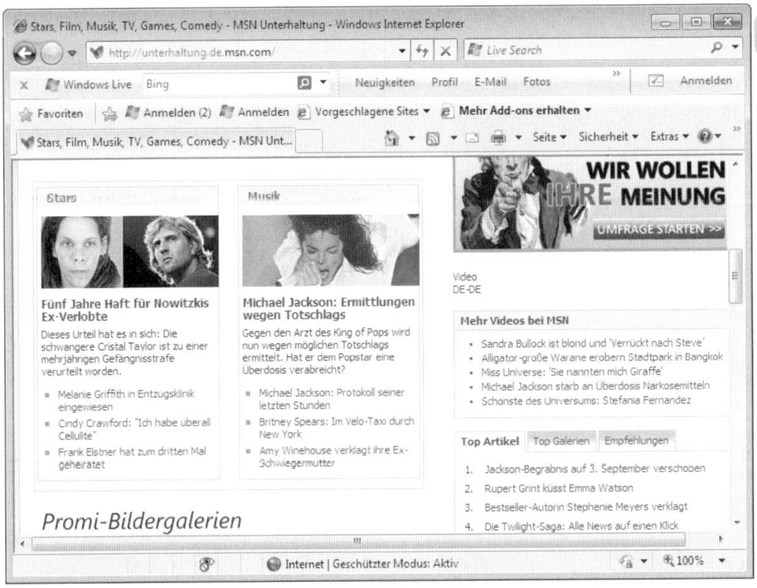

Windows 7

Der Internet Explorer 8

Tipp

Der Internet Explorer 8 ist natürlich nicht nur den Besitzern von Windows 7 vorbehalten. Auch wenn Sie weiterhin Windows XP nutzen wollen, ist der Internet Explorer 8 eine gute Wahl. Vor allem, wenn Sie noch die Vorgängerversionen Internet Explorer 6 oder 7 verwenden, sollten Sie ein Update unbedingt in Erwägung ziehen, da die neue Programmversion deutliche Sicherheitsvorteile mit sich bringt und auch in Sachen 'Internetkompabilität' deutlich gereift ist. Sie erhalten den Internet Explorer 8 auf den Seiten von Microsoft oder über die Update-funktion von Windows XP.

Windows 7	Windows XP
Vollkommen automatische Verbindung mit dem Internet	Assistengesteuerte Verbindung mit dem Internet
Beitreten eine Netzwerks mit wenigen Klicks möglich	Vollständige, aber komplexe Unterstützung aller Netzwerkkarten
Internet Explorer 8	Internet Explorer 6

Die Themen Netzwerk und Internet für beide Betriebssysteme im Vergleich

Backup

Windows XP brachte in der Pro-Version schon ein Backupprogramm mit, das für die grundlegenden Aufgaben die notwendige Funktionalität mitbrachte. In der 'kleineren' Ausgabe von XP, nämlich XP Home, war das Backupprogramm sehr gut versteckt, da es nicht automatisch mitinstalliert wurde. Es befindet sich zwar mit auf der Setup-CD von Windows, die Installation musste von dort aber manuell gestartet werden.

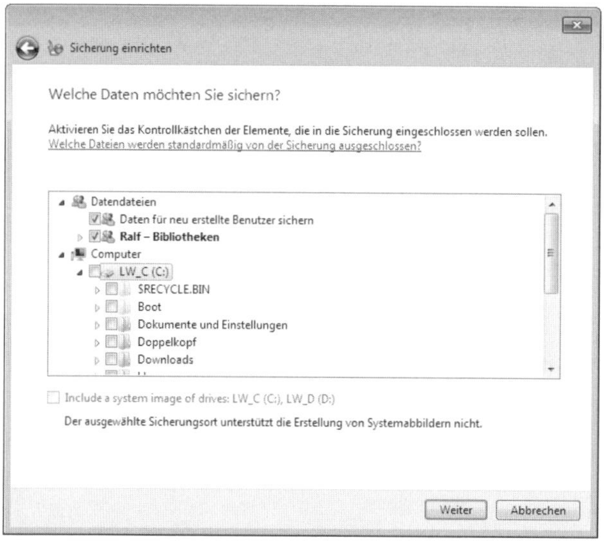

Windows 7

Backup unter Windows 7

Die Backupfunktionalität unter Windows 7 geht allerdings sehr viel weiter als das Backupprogramm unter Windows XP. Der Nutzer kann z. B. automatisch alle Systemdateien und benutzerdefinierte Ordner sichern lassen. Darüber hinaus können so genannte Schattenkopien erstellt werden. Das ist sinnvoll, um z. B. von selbst erstellten Dateien, wie Office-Dokumenten oder Programmversionen, ältere Versionen wiederherstellen zu können.

Tipp

Mit dem neuen Backuptool unter Windows 7 hat auch ein neues Dateiformat für Backups Einzug gehalten. Das bedeutet aber auch, dass Windows 7 auf die unter XP erstellen Backupdateien nicht mehr zugreifen kann und ein Zurückholen alter Dateien nicht möglich ist. Microsoft hält hier aber auf seinen Seiten ein eigenes Tool bereit, um diesem Problem zu begegnen. Suchen Sie auf *http://www.microsoft.de* nach dem Programm 'NtBackupRestore'. Damit sind Sie in der Lage, auch auf 'alte' Backups zuzugreifen.

Windows 7	Windows XP
Vollständige Backuplösung inklusive Sicherung der Systembereiche	Einfacher Backupassistent für die Sicherung von Benutzerdaten

Backup unter Windows XP und 7

Multimedia und Spiele

Windows 7 beinhaltet den *Windows Media Player* mit der Versionsnummer 12. Wie Sie in Kapitel 8: *Mehr Spaß mit Multimedia* erfahren werden, ist der neue Media Player, obwohl er sich optisch kaum von seinem Vorgänger unterscheidet, deutlich leistungsfähiger und 'multimedialer' geworden. Die Verwaltung sämtlicher Medien, wie Bilder, Videos und Musik, ist nun bequemer und transparenter geworden. Mit den Streamingmöglichkeiten des Windows Media Player 12 ist es sogar möglich, von überall auf der Welt auf Ihre private Medienbibliothek zuhause auf Ihrem Rechner zuzugreifen.

Windows 7

Neu in Windows 7: Das Windows Media Center *ist jetzt integraler Bestandteil des Betriebssystems* .

Das *Windows Media Center* hat nun seinen festen Platz im Betriebssystem gefunden: Musste der Kunde sich zu Windows XP-Zeiten entscheiden, ob er Windows XP oder die XP Media Center Edition erwerben möchte, so ist ihm diese Entscheidung nun abgenommen worden, da das Media Center in jeder Windows 7 Edition enthalten ist. Ausgenommen davon sind nur die Starter-Editionen, die aber auch nur mit fertigen Kleinstrechnern in den Handel kommen.

Der *Windows DVD Maker* ist ein einfach zu bedienendes, aber höchst effektives Programm, um eigene DVDs zu erstellen. Er konvertiert Bilder in attraktive Bilderschauen mit netten Überblendeffekten und Musikuntermalung, erstellt anpassbare DVD-Menüs und natürlich lassen sich auch die eigenen Videos auf der DVD unterbringen. Für Windows XP-Nutzer ist der DVD Maker leider unerreichbar, da er dort nicht läuft.

Ebenso ist für Windows XP-Besitzer der Spiele-Explorer vollkommenes Neuland: Dieses kleine Tool verwaltet, wenn vom Anwender gewünscht, die installierten Spiele. Vorteil für den Nutzer: Er hat jederzeit den Überblick darüber, welche Spiele installiert sind und muss sich nicht darum kümmern, wo die Programmsymbole versteckt sind. Außerdem informiert der Spiele-Explorer den Spieler, falls ein Update für ein Spiel verfügbar ist.

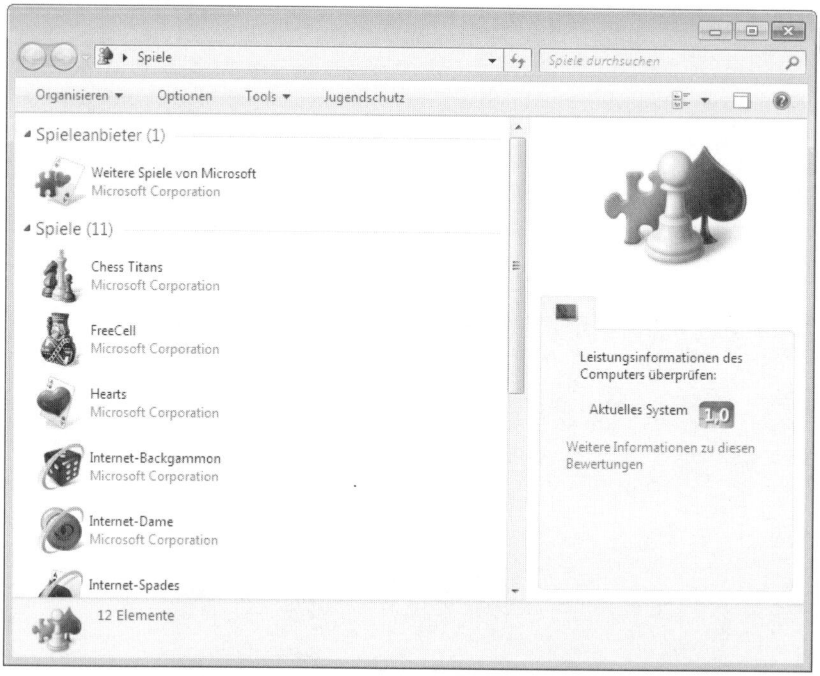

Neu in Windows 7: Der Spiele-Explorer *verwaltet alle in Windows 7 installierten Spiele.*

Alle Manager und PowerPoint-Anhänger werden das neue *Anzeige und Projektionsfenster* lieben, das Sie mit [Win] + [P] aufrufen. Mit einem Klick wählen Sie, ob das Bild, das Sie gerade auf Ihrem Bildschirm sehen, nur dort zu sehen sein soll oder auch auf dem Beamer. Schneller konnten Sie noch nie mit einer Präsentation beginnen.

Windows 7	**Windows XP**
Windows Media Center	Media Center nur in spezieller Edition
Windows DVD Maker	
Windows Media Player 12	Windows Media Player 11
Spiele Explorer	
Umfangreicher Taschenrechner	Standardtaschenrechner
Neue Spiele (z. B. Schach)	Einfache Spiele (Solitär)

Das gibt es unter Windows 7 und XP im Bereich Multimedia *und* Spiele.

Leistung

Die Generation Notebook und Netbook hat uns ja schon längst erobert – und Windows 7 geht mit dieser Generation vorneweg. Mit dem Drücken von [Win] + [X] öffnet sich das *Mobilitätscenter*. Hier passen Sie Ihr mobiles Gerät schnell und bequem an alle möglichen Situationen an: Sie möchten mit dem Notebook eine Präsentation machen? Ok – ein Klick auf die entsprechende Schaltfläche und der Bildschirmschoner wird ausgeschaltet, Ihr Desktophintergrund wird durch einen neutralen ersetzt und der Messenger wird auf stumm geschaltet. Von hier aus synchronisieren Sie auch Ihr Handy oder verbinden sich mit dem nächsten Netzwerk.

Wenn Sie von Windows XP auf Windows 7 umsteigen, werden Sie voraussichtlich kaum einen Unterschied feststellen, was *Geschwindigkeit und Performance* angeht – und das ist ein großes Kompliment an Windows 7. Denn anders als sein direkter Vorgänger, Windows Vista, ist Windows 7 deutlich schneller und reagiert direkter auf jede Benutzereingabe. Auch auf Maschinen, von denen man nicht erwartet, dass Windows 7 darauf vernünftig laufen könnte, zeigen eine ansprechende Leistung. Nicht umsonst wird Windows 7 auch auf Netbooks verwendet – während Windows Vista auf keinem Netbook in akzeptabler Geschwindigkeit zum Laufen zu bekommen war.

Das Mobilitätsfenster präsentiert alle für Notebooks relevanten Informationen und Einstellmöglichkeiten in einem Fenster.

Das ganz persönliche Windows 7 einrichten

Windows 7 macht einfach Freude! Doch damit aus der Freude damit arbeiten zu können, auch wirklich Spaß wird, ist eine gehörige Portion Individualismus notwendig. Es ist überhaupt nicht schwierig, Windows 7 an Ihren Geschmack anzupassen. In diesem Abschnitt erfahren Sie, wie's gemacht wird.

Designänderungen

Das Erste, was an einem Computer auffällt, wenn man auf den Monitor schaut, ist immer die Darstellung der Fenster, das Hintergrundbild, der Mauszeiger und die Symbole, die auf dem Bildschirm zu sehen sind. Microsoft fasst alle diese Elemente unter dem Begriff 'Design' zusammen. Windows 7 liefert einige sehr schöne Designs mit dem Betriebssystem aus. Es ist sehr einfach, ein neues Design auszusuchen und zu aktivieren.

Klicken Sie eine leere Stelle des Desktops mit der rechten Maustaste an. Wählen Sie den Menüpunkt *Anpassen.* Nun selektieren Sie, in dem neu geöffneten Fenster, den Eintrag *Design*. Wählen Sie aus der Auswahlliste das Design aus, das Ihren Vorstellungen am ehesten entspricht. Bestätigen Sie Ihre Auswahl mit *OK*.

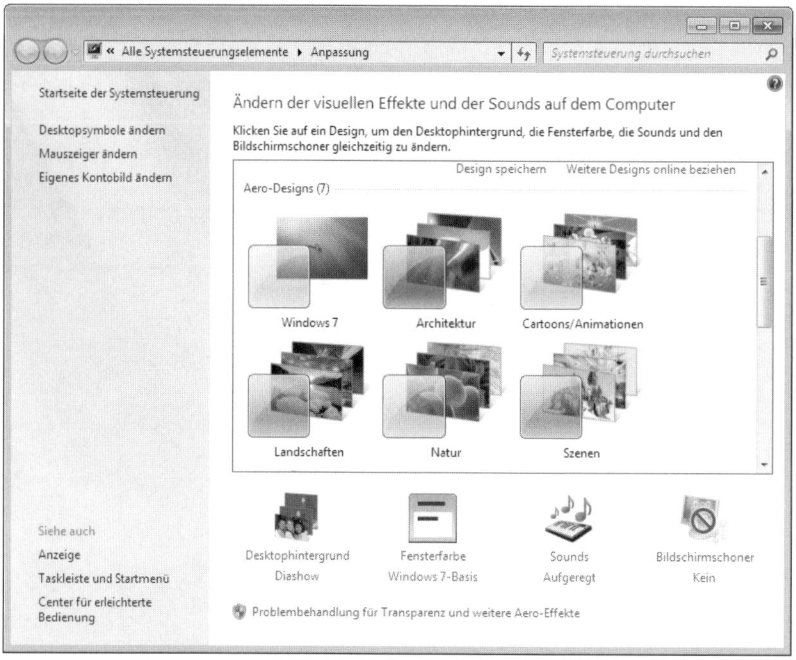

Windows 7

Die Auswahl des passenden Designs

Unter XP geht es ähnlich einfach, jedoch sind die Designs bei Weitem nicht so ansprechend.

Ein Klick mit der rechten Maustaste auf einen freien Bereich des Desktops und dann auf den Eintrag *Eigenschaften* im aufklappenden Kontextmenü führt zum Fenster *Eigenschaften von Anzeige*. Dort wählen Sie den Reiter *Designs* aus und können mit Klick auf den Pfeil das Design ändern.

Windows XP

Design-Änderung unter XP

Tipp

Die Auswahl an vorgestalteten Designs in Windows 7 ist deutlich umfangreicher als noch in Windows Vista. Trotzdem können Sie natürlich auch eigene Designs entwerfen: Wenn Sie z. B. ein neues Hintergrundbild einfügen, die Fensterfarbe anpassen und Systemklänge abgepasst haben, dann ist es sinnvoll, all diese Einstellungen und Änderungen in dem oben gezeigten Fenster als ein neues Design zu speichern. Klicken Sie einfach auf die Schaltfläche *Speichern* und schon können Sie auf das eigene Design mit allen seinen Einstellungen jederzeit wieder zugreifen.

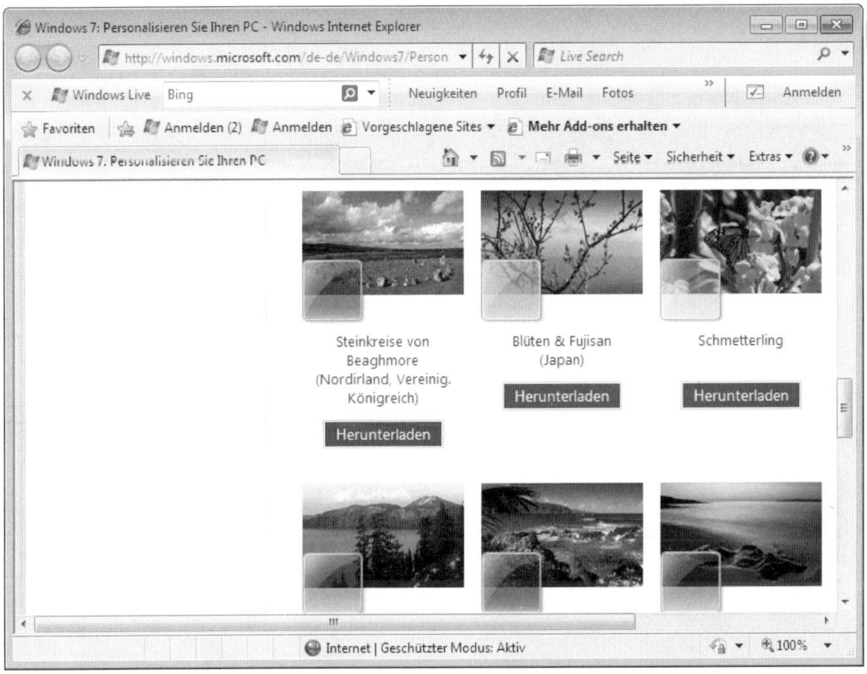

Neue Designs gibt's im Internet.

Zusätzlich zu den bereits installieren Designs hält Windows 7 noch eine sehr schöne Auswahl an weiteren Designs im Internet für Sie bereit. Um sich diese anzusehen und ggfs. zu installieren, folgen Sie diesen Schritten:

Öffnen Sie das Fenster *Anpassung der visuellen Effekte.* Klicken Sie auf den Text *Weitere Designs online beziehen*. Es öffnet sich Ihr Standardbrowser (z. B. IE 8) mit einer Webseite, die Ihnen viele neue Designs präsentiert. Wählen Sie Ihr Wunschdesign aus und klicken Sie auf *Herunterladen.* Im Fenster *Dateidownload* können Sie auf die Schaltfläche *Öffnen* klicken. Nicken Sie den Sicherheitshinweis mit einem Klick auf *Zulassen* ab. Ihr neues Design ist installiert.

Wechselnder Desktophintergrund mit Ihren Bildern

Mit Windows 7 ist es endlich möglich, den Desktophintergrund dynamisch zu gestalten. Das bedeutet für Sie, dass Windows 7 auf Wunsch Ihre Bilder auf den virtuellen Schreibtisch projiziert: Egal, ob Ihre Fotos aus dem letzten Urlaub, Scans von Kunstwerken Ihrer Kinder oder aber Bilder aus dem Internet – der Desktophintergrund kann nun dazu genutzt werden, vergessen geglaubte Ereignisse in die Erinnerung zurückzurufen. Und hier die notwendigen Schritte:

Klicken Sie mit der rechten Maustaste auf einen leeren Bereich des Desktops und wählen Sie den Eintrag *Anpassen*. Klicken Sie mit der linken Maustaste auf *Desktophintergrund*. Es erscheint das Fenster *Anpassung > Desktophintergrund.* Wählen Sie über die *Durchsuchen*-Schaltfläche das Verzeichnis aus, das die Bilder enthält, die auf dem Desktop angezeigt werden sollen.

Warnung

Windows 7 nimmt nur Bilder aus dem angewählten Verzeichnis und nicht aus eventuell darunter liegenden Ordnern!

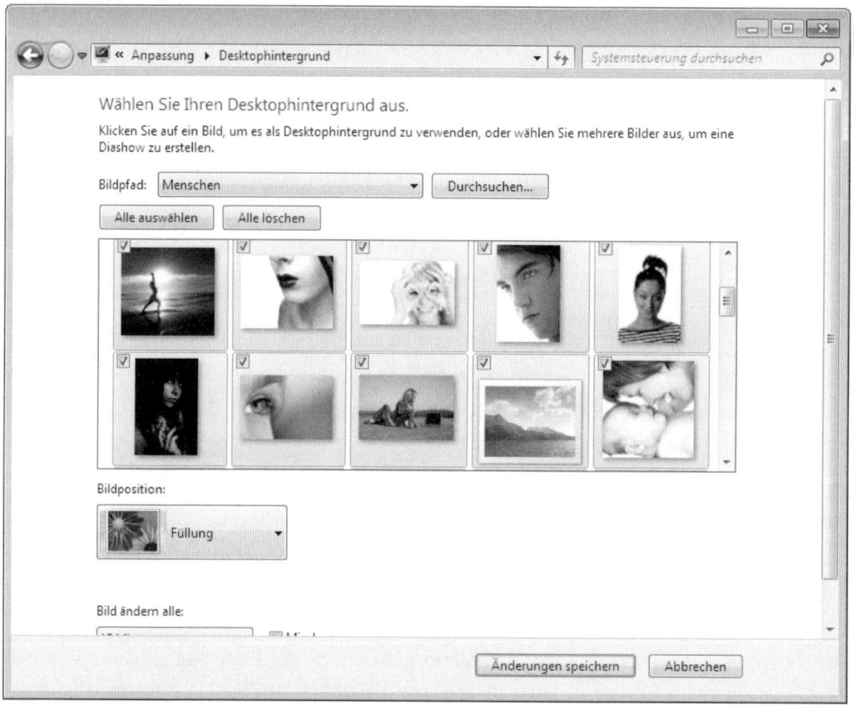

Windows 7

Den Desktophintergrund mit eigenen Bildern gestalten

Wählen Sie im Auswahlfeld die geeignet *Bildanpassung*. Dabei bedeutet:

- ***Füllung:*** In das Bild wird so lange hineingezoomt, bis der Ausschnitt für das Monitorformat passt.
- ***Anpassen:*** schneidet nichts von den Bildern ab, sondern füllt eventuelle leere Flächen schwarz auf.
- ***Gestreckt:*** zieht das Bild unabhängig vom tatsächlichen Bildformat so in die Länge oder Breite, bis es das Fenster komplett ausfüllt.
- ***Nebeneinander:*** Bilder werden nicht angepasst, sondern so lange wiederholt, bis der Desktop voll ist mit den Duplikaten.
- ***Mitte:*** Das Bild wird mittig auf dem Desktop zentriert. Es erfolg keine Anpassung.

Die unterschiedlichen Bildpositionen im Überblick

Stellen Sie nun noch die Zeit ein, nach der sich das Bild ändern soll. Bei der Schaltfläche *Mischen* hat der Übersetzungsteufel bei Microsoft wieder zugeschlagen: Typischerweise würde die Bezeichnung *Zufällig* deutlich besser diese Funktion beschreiben. Wenn Sie Windows 7 auf dem Notebook betreiben, sollten Sie die letzte Option auf dieser Seite aktivieren (*Wenn Sie den Computer im Akkubetrieb ...*). Denn jedes Mal, wenn ein neues Hintergrundbild geladen wird, muss die Festplatte anlaufen, was die Akkulaufzeit unnötig verkürzt. Mit *Änderungen speichern* ist Ihr neuer Desktop fertig eingerichtet.

Ganz anders unter XP: Zwar hat XP einige nette Desktophintergründe an Bord, diese sind aber statisch. Das bedeutet, dass Sie einen Hintergrund auswählen und dieser dann verbleibt, bis ein anderer festgelegt wird. Das Wechseln des Hintergrunds unter XP ist einfach:

Klicken Sie mit der rechten Maustaste auf einen freien Bereich des Desktops und dann auf den Eintrag *Eigenschaften* im Kontextmenü. Im zum Fenster *Eigenschaften von Anzeige* wählen Sie den Reiter *Desktop* aus. Aus der Liste der enthaltenen Hintergründe suchen Sie dann einen aus, klicken auf *OK*, und schon ist der Dektophintergrund geändert.

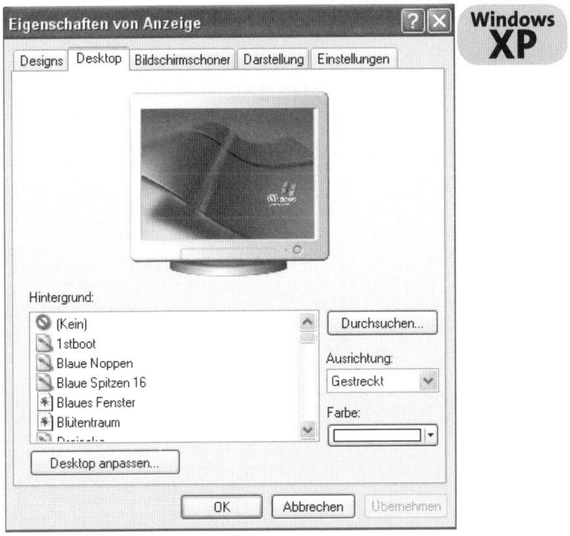

Änderung des Desktophintergrunds

Fensterfarben individualisieren

Windows XP bietet schon die Möglichkeit, die Fensterfarben anzupassen. Die Standardfarben sind Blau, Olivgrün und Silber – keine große Auswahl also. Mit Klick auf die Schaltfläche *Erweitert* können Sie allerdings die Farben anpassen.

Windows XP

Farbschema anpassen

Windows 7 lässt es neben dem Design und den Desktophintergründen auch zu, dass Sie die Fensterfarben und die Transparenz der Fenster individuell einstellen können. Transparenz kennen Sie von XP nicht. Klicken Sie auf die Schaltfläche *Fensterfarbe* des Anpassungsfensters. Hier können Sie nicht nur die Farbe ganz nach Belieben einstellen, sondern auch, ob und wie transparent der Fensterrahmen sein soll. Wenn die vorgegebenen Farben nicht ausreichen sollten, können Sie zusätzlich den Farbmischer einblenden, um so Ihre ganz persönliche Lieblingsfarbe zusammenzumischen.

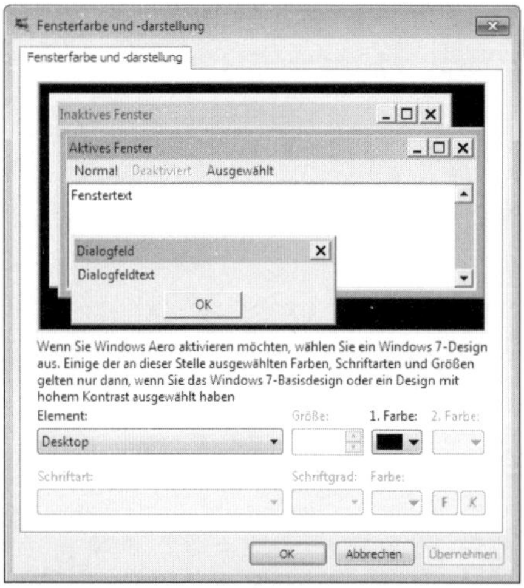

Windows 7

Die Einstellung der Fensterfarben auf einem PC, der kein Aero *beherrscht, ist leider etwas trist.*

Warnung

Wie Sie wahrscheinlich bereits wissen, ist die Transparenz der Fenster nur auf Rechnern verfügbar, die über eine verhältnismäßig moderne Grafikkarte verfügen. Auf älteren Computern oder Laptops ist das genannte Fenster in dieser Form nicht vorhanden und es wird stattdessen ein angepasstes Fenster angezeigt.

Windows-Sounds konfigurieren

Interessanterweise denken die meisten Nutzer bei der Individualisierung ihres Betriebssystems meist nur an die optischen Elemente: Zwar werden oft Fensterfarben und Hintergründe ausgetauscht oder Bildschirmschoner installiert, aber der Bereich der Geräusche gerät oft in Vergessenheit. Vollkommen zu unrecht, wie Sie hier lernen werden. Windows 7 bringt eine Menge fix-und-fertiger Soundsets mit, die Sie sofort einsetzen können und die Ihrem Computer sofort ein neues Bild geben – wenn auch 'nur' in akustischer Hinsicht.

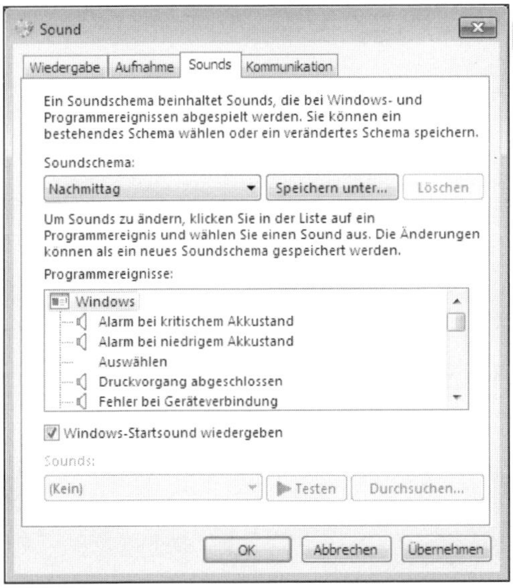

Windows 7

Die Windows-Klänge an den eigenen Geschmack anpassen

Öffnen Sie erneut das Fenster *Anpassungen* und klicken Sie dieses Mal auf *Sounds*. Über das Auswahlfeld *Soundschema* können Sie eines der mehr als 20 verschiedenen fertigen Geräuschkulissen auswählen. Einen Einblick in das jeweilige Thema erhalten Sie, wenn Sie ein Programmereignis anklicken und dann auf *Testen* drücken. Um einen ganz individuellen Soundteppich zu erstellen, klicken Sie wieder ein Ereignis an und benutzen dann die Schaltfläche *Durchsuchen*. Sie landen im Windows Media Ordner, wo Sie aus den Hunderten von Soundeffekten, mit denen Windows ausgeliefert wird, auswählen können. Natürlich können Sie auch einen beliebigen Sound von Ihrer Festplatte verwenden. Achten Sie nur darauf, dass er im WAV-Format vorliegen muss. MP3 wird hier leider nicht unterstützt. Wenn Sie Ihre Änderungen vorgenommen haben, sollten Sie Ihr Sounddesign noch mit der Schaltfläche *Speichern unter* sichern. Mit *OK* wird Ihre neue Geräuschkulisse aktiviert.

Bildschirmschoner

Die Technik für die Bildschirmschoner unter Windows hat sich seit vielen Jahren nicht geändert. Das liegt u.a. daran, dass Bildschirmschoner technisch gesehen nichts anderes sind als kleine (oder große) Programme, die für die Dauer Ihre Laufzeit Zugriff auf den Bildschirm haben. Mit dieser verhältnismäßig simplen Technik sind quasi alle nur erdenklichen Bildschirmschoner möglich. Weiterer Vorteil: Die Bildschirmschoner, die unter Windows XP funktioniert haben, funktionieren auch weiterhin unter Windows 7.

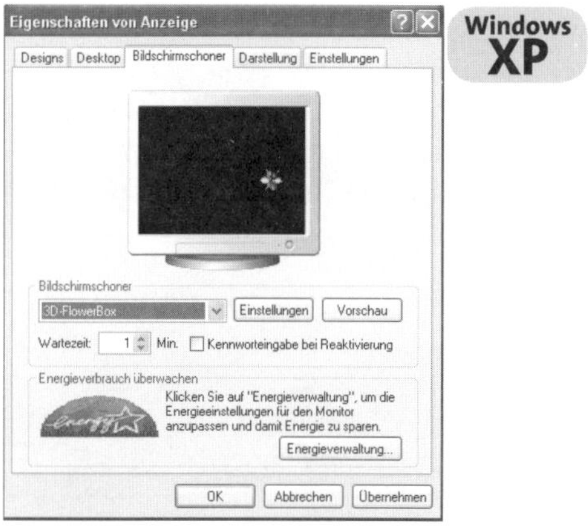

Bildschirmschoner in Windwos XP

Hier stellen Sie den Bildschirmschoner für Windows 7 ein.

Um einen neuen Bildschirmschoner zu aktivieren, öffnen Sie in Windwos 7, das *Anpassen*-Fenster. Klicken Sie dann auf *Bildschirmschoner*. Wählen Sie einen der bereits installierten Bildschirmschoner aus.

Warnung

Windows 7 ist bei der Anzeige von Bildschirmschonern etwas kritischer als seine Vorgänger. Die vorinstallierten Bildschirmschoner funktionieren praktisch alle nicht, wenn die Aero-Oberfläche nicht aktiv ist oder mangels Leistung nicht aktiviert werden konnte.

Natürlich können Sie auch auf die Bildschirmschoner zurückgreifen, die es zu Tausenden im Internet gibt. Die meisten von ihnen kommen mit einem eigenen Installationsprogramm, das Ihnen den jeweiligen Bildschirmschoner direkt in das richtige Verzeichnis installiert.

Warnung

Laden Sie Bildschirmschoner nur von Seiten herunter, denen Sie vertrauen können, z.B. von Heise (*http://www.heise.de/software*) und ähnlich sicheren Seiten. Andernfalls laufen Sie Gefahr statt eines Bildschirmschoners, einen Virus zu installieren.

Die Vorteile und Neuerungen von Aero & Co.

Wenn im Allgemeinen von der neuen Windows-Oberfläche Aero gesprochen wird, dann steht meist nur das, zugegebenermaßen sehr ansprechende, Äußere im Vordergrund. Doch die Benutzeroberfläche von Windows 7 mit Superbar, Aero Snap und Aero Peek hat einiges mehr zu bieten: Der neue Komfort offenbart sich nicht auf den ersten Klick, sondern will entdeckt werden. Aber schon nach wenigen Stunden werden Sie die neue Bequemlichkeit nicht mehr missen wollen.

Da Sie diese Dinge von Windows XP nicht kennen, hier eine Übersicht:

Aero Snap

„Ja, warum ist das denn nicht schon immer so gewesen?", möchte man ausrufen, wenn man Aero Snap zum ersten Male für sich entdeckt hat. Probieren Sie es doch gleich einmal aus: Ziehen Sie ein beliebiges Fenster an den rechten oder linken Bildrand. Wenn Sie dem Rand nahe genug kommen, wird die Hälfte des Bildschirms eingefärbt. Wenn Sie nun die Maus loslassen, Nimmt das Fenster exakt die Hälfte des Bildschirms ein. Ein zweites Fenster können Sie so passend auf die andere Seite ziehen und haben so schnell und übersichtlich zwei Fenster nebeneinander angeordnet. Ziehen Sie ein Fenster an den oberen Desktoprand, dann wird es automatisch maximiert. Diesen Effekt erzielen Sie aber auch, wenn Sie die Titelleiste eines Fensters doppelt anklicken.

Windows 7

Aero Snap *in Aktion*

Aero Peek

Aero Peek ist die Powerausgabe des bekannten Icons *Desktop anzeigen*. Wenn Sie mit dem Mauszeiger über das kleine Feld rechts neben dem Infobereich fahren, werden alle Fenster unsichtbar gemacht. Nur die Fensterrahmen bleiben als Umriss erhalten. Nur die Minianwendungen werden nicht minimiert oder unsichtbar gemacht. Wenn Sie also zwischendurch einfach mal sehen wollen, wie spät es auf der Desktopuhr ist oder ob neue E-Mails vorliegen, fahren Sie mit der Maus über dieses kleine Feld.

Windows 7

Aero Peek *in der Zusammenarbeit mit der neuen Superbar*

Aero Peek fristet aber nicht nur als ein winziges Feld am rechten unteren Bildschirmrand sein Dasein, sondern wird auch in der Superbar benutzt: Wenn Sie dort mit der Maus über ein Vorschaufenster fahren, verschwinden auch alle sichtbaren Fenster, bis auf jenes über dessen Vorschaufenster sich die Maus gerade befindet.

Aero Shake

Es gibt Funktionen, von denen man glauben könnte, dass es sie nicht gibt. Aero Shake gehört mit Sicherheit dazu. Die Idee: Manchmal sind einfach zu viele Fenster auf dem Desktop offen. Die Lösung – jedenfalls nach Meinung der Windows-Entwickler: Schütteln Sie ein Fenster frei. Ganz im Ernst! Probieren Sie es einfach aus: Öffnen Sie einige Fenster auf dem Desktop und greifen Sie das Fenster, das für Sie momentan wichtig ist, an der Titelleiste. Und jetzt bewegen Sie die Maus mindestens dreimal hin und her – also z. B. Links-Rechts-Links oder Unten-Oben-Unten – und schon sind alle anderen Fenster minimiert. Verrückt? Wahrscheinlich! Aber irgendwie auch putzig!

Die neue Superbar

Die neue Taskleiste, die von Microsoft geadelt wurde und sich nun *Superbar* nennen darf, ist eine Mischung aus Schnellstartleiste und Taskleiste. Einerseits kann man in ihr wie von der Schnellstartleiste bekannt Programme starten, indem man das entsprechende Symbol anklickt. Auf der anderen Seite kann man minimierte Programme mit einem Klick auf das gleiche Symbol das bereits geöffnete Programmfenster wieder zum Vorschein bringen. Anfänglich ist das sehr verwirrend, zumal man sich als Anwender in den letzten fast 20 Jahren doch sehr an die 'herkömmliche' Taskleiste gewöhnt hat. Um zu unterscheiden, ob ein Programm schon geöffnet ist oder ob es als einfaches Symbol auf der Superbar nur abgelegt ist, muss man schon genauer hinsehen: Nur an einem Farbsaum kann man erkennen, welche Funktion das Symbol gerade wahrnimmt.

Windows 7

Die Superbar *ist eine Kombination aus Taskleiste und Schnellstart.*

Dass die neue Superbar ihr Aussehen so verändert hat, liegt darin begründet, dass die Ära der Touchscreens, also Bildschirme, die man berühren darf, unmittelbar bevorsteht. Auf einem Touchscreen dürfen die Symbole nicht zu klein sein, damit sie von einem durchschnittlichen Finger noch berührt werden können. Daher mussten die Symbole in der Superbar wachsen, was insgesamt allerdings weniger Platz für die verbleibenden Symbole lässt. Das ist auch der Grund, warum der Infobereich nun nicht mehr ins Uferlose wachsen kann. Insgesamt kann man aber sagen, dass nach einer gewissen Gewöhnungszeit die neue Superbar sehr übersichtlich erscheint und viel Platz für das Wesentliche lässt.

Darüber hinaus wartet sie mit einigen sehr interessanten Neuerungen auf: Wenn Sie z. B. mehrere Word-Dokumente geöffnet haben, erscheint in der Superbar dennoch nur ein Word-Symbol. Wenn Sie aber mit der Maus über dieses Word-Symbol fahren, werden alle offenen Word-Dokumente in einer Minivorschau angezeigt. Wenn Sie jetzt mit der Maus über eine dieser Minivorschauen fahren, wird das Dokument, über dem sich die Maus befindet so anzeigt, als wäre es alleine geöffnet. Sie sehen so sofort, wie das Dokument aussieht.

Windows 7

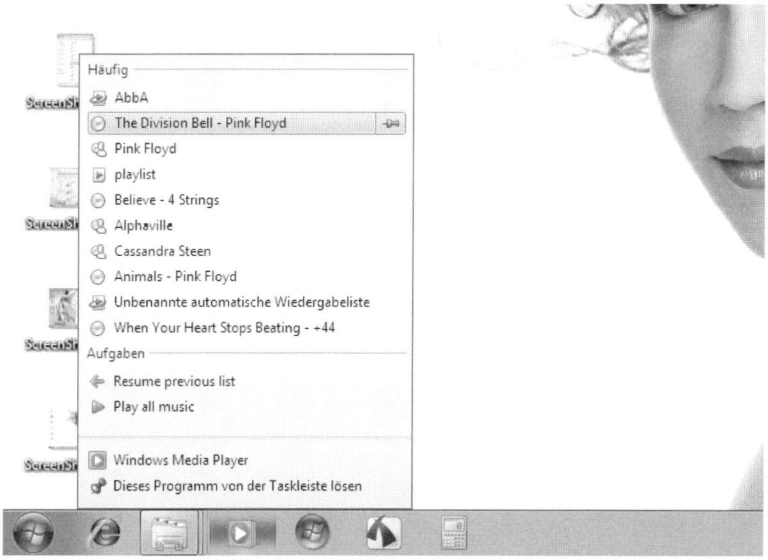

Die Sprungliste der Superbar: Einzelne Elemente können sogar dauerhaft fixiert werden.

Darüber hinaus ist die Minivorschau vollständig steuerbar. Sie verhält sich wie eine Miniaturausgabe des 'richtigen' Fensters. Das bedeutet, Sie können von hier aus das Fenster auch schließen oder z. B. im Windows Media Player das nächste Lied ansteuern.

Doch die Superbar hält noch ein 'cooles' Feature für Sie bereit: Wenn Sie ein Symbol in der Superbar mit der rechten Maustaste anklicken, erscheint die so genannte Sprungliste (Jumplist) dieser Anwendung. Hier werden alle Dateien aufgelistet, die mit dieser Anwendung geöffnet wurden: Der Mediaplayer zeigt hier also die letzten Songs und Videos an, das Word-Icon die letzten Textdokumente und Paint die Bilder, in denen Sie letztens etwas verändert haben. Diese Sprungliste ist wesentlich ausführlicher als die bisherige Historie der Dokumente innerhalb einer Anwendung. Darüber hinaus ist diese Sprungliste auch erreichbar, wenn die Anwendung noch gar nicht geöffnet ist.

Minianwendungen nutzen, laden und installieren

Seit Vista kennt Windows die Minianwendungen. Das sind kleine Programme, die es dem Anwender, also Ihnen, ermöglichen sollen, je nach Interesse und Neigung, auf wichtige Informationen oder Tools jederzeit zugreifen zu können. Welche Anwendungen Sie installieren, bleibt ganz alleine Ihnen überlassen. Es gibt für nahezu jeden Anwendungsfall ein Miniprogramm: Mit manchen 'Prográmmchen' haben Sie ständig das Wetter im Blick, einige fungieren als kleiner Internetradioempfänger und wieder andere helfen bei der Übersetzung oder der Umrechnung.

Im Gegensatz zu Windows Vista, wo die Minianwendungen noch eingepfercht in der Sidebar Platz nehmen mussten, können Sie Ihre Anwendungen überall auf dem Desktop positionieren. Der Grund für das Verschwinden der Sidebar ist, dass viele Anwender zwar die Minianwendungen durchaus zu schätzen wussten, dem Platz, der durch die ständig eingeblendete Sidebar verloren ging, aber nachtrauerten. Deswegen haben die Minianwendungen in Windows 7 Ihren Platz zwar behaupten können, die Sidebar aber musste den Weg alles Irdischen nehmen.

Die mit Windows 7 mitgelieferten Minianwendungen

Und so funktionieren die Minianwendungen:

Klicken Sie mit der rechten Maustaste auf einen freien Platz auf dem Desktop. Wählen Sie den Menüeintrag *Minianwendungen.* Das Fenster zeigt Ihnen die Minianwendungen an, die bereits auf Ihrem Rechner installiert sind. Wenn Ihnen eines dieser Miniprogramme gefallen sollte, klicken Sie dieses mit der rechten Maustaste an und wählen Sie aus dem Menü den Eintrag *Hinzufügen.* Wenn Sie nicht die passende Minianwendung gefunden haben, klicken Sie im Fenster der Miniprogrammauswahl auf den Textlink *Weitere Minianwendungen online beziehen*. Es öffnet sich Ihr Standardbrowser (z. B. der Internet Explorer 8) mit der Microsoft-Seite, auf der Ihnen mehrere Hundert weitere Minianwendungen präsentiert werden.

Wenn Ihnen in diesem Angebot ein Programm gefällt, klicken Sie auf die Schaltfläche *Download* unter dem jeweiligen Vorschaubild. Es erscheint eine Warnmeldung, die Sie darauf hinweist, dass Sie ein Programm herunterladen, das nicht von Microsoft entwickelt wurde. Dennoch dürfen Sie dem Ladevorgang zustimmen, indem Sie auf *Installieren* klicken.

Windows 7

Im Internet gibt es zahlreiche weitere Minianwendungen.

Klicken Sie auf *Öffnen,* um die Datei direkt zu installieren. Noch einmal werden Sie gefragt, ob die Anwendung wirklich installiert werden soll. Klicken Sie erneut auf *Installieren.* Das Gadget (der englische Name für die Minianwendung) ist installiert und erscheint auf Ihrem Desktop.

Eine typische Minianwendung hat drei immer wieder vorkommende Bedienelemente:

- Mit dem ***X*** kann die Minianwendung geschlossen werden. Das Programm wird dadurch nicht deinstalliert, sondern nur aus dem Speicher entfernt. Es erscheint allerdings erst wieder auf dem Desktop, wenn Sie es im Minianwendungsauswahlfenster erneut zum Desktop hinzufügen.
- Der ***Schraubenschlüssel*** öffnet in der Regel das Optionenfenster der Minianwendung. Hier können Sie alle für die Minianwendung wichtigen Einstellungen vornehmen.
- Der ***Anfasser*** gibt Ihnen die Möglichkeit, die Minianwendung an jeden beliebigen Platz des Desktops zu bewegen.

Um eine Minianwendung dauerhaft vom Rechner zu entfernen, klicken Sie diese erneut mit der rechten Maustaste an und wählen Sie den Menüpunkt *Deinstallieren.*

Wie viele Minianwendungen Sie auf Ihrem Desktop installieren, bleibt ganz alleine Ihnen überlassen.

Windows 7 per Sprache steuern

Windows 7 enthält eine Spracherkennung. Diese Spracherkennung kann zwei unterschiedlichen Aufgaben dienen:

- Mit der Spracherkennung kann längerer Text auf einfache und bequeme Weise eingegeben werden.
- Außerdem kann der Computer mit der Sprachsteuerung ähnlich wie mit einer Maus oder einer Tastatur gesteuert werden.

Tipp

Die Spracherkennung, die in Windows 7 integriert ist, bietet sehr viele Möglichkeiten und ist im Allgemeinen sehr 'verständnisvoll'. Ob sie allerdings für Ihre Bedürfnisse die richtige Lösung ist, können nur Sie selbst entscheiden. Unser Tipp: Investieren Sie ruhig einmal ein paar Stunden in das Training mit der Spracherkennung und in sich, um das Konzept der Spracherkennung sinnvoll anwenden zu können. Es ist durchaus möglich, dass für Ihren Anwendungsfall die Spracherkennung eine sehr sinnvolle Chance ist.

Bevor Sie die Spracherkennung das erste Mal verwenden können, müssen Sie einige Einstellungen vornehmen und Ihre Hardware kalibrieren. Wir zeigen Ihnen, wie es geht:

Geben Sie in das Suchfeld des Startmenüs das Schlagwort *Spracherkennung* ein. Klicken Sie das Suchergebnis *Windows-Spracherkennung* an und starten Sie damit das Spracherkennungsprogramm. Es öffnet sich der Assistent, der sich um die Einrichtung der Hardware kümmert. Klicken Sie auf *Weiter.* Wählen Sie aus, welche Art von Mikrofon an Ihren PC angeschlossen ist.

Windows 7

Der Assistent zur Einrichtung des Mikrofons für die Spracherkennung

Tipp

Für die Spracheingabe und -steuerung empfiehlt sich in jedem Fall ein Headset – und zwar ein hochwertiges. Nur diese Geräte erzeugen selbst keine störenden Nebengeräusche und können die Stimme des Anwenders klar und sauber für den Computer umwandeln.

Klicken Sie zweimal auf *Weiter.* Die Spracherkennung von Windows bittet Sie nun einen Satz vorzulesen. Danach ist das erste Sprachtraining schon beendet und Sie gelangen mit der Schaltfläche *Weiter* in den nächsten Bildschirm.

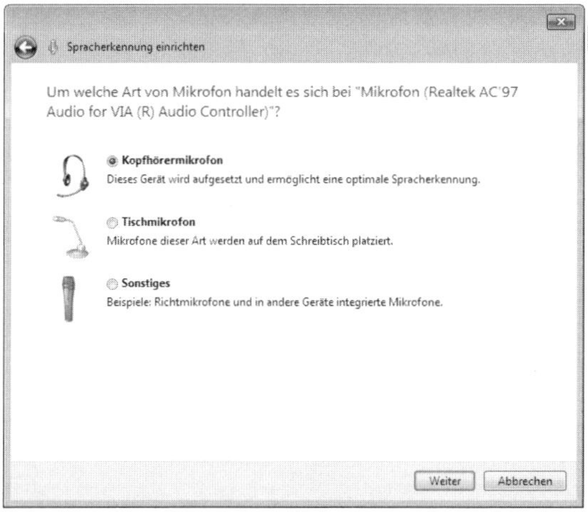

Windows 7

Welches Mikrofon verwenden Sie?

Damit ist die Einrichtung des Mikrofons abgeschlossen. Klicken Sie erneut auf *Weiter.*

Der *Spracherkennungsassistent* bietet Ihnen nun an, Dokumente und E-Mails zu überprüfen, um die Spracherkennung zu verbessern. Wählen Sie eine der beiden Optionen. Für einen ersten Test können Sie diese Option ruhig deaktivieren, da Sie sie immer noch später wieder einschalten können. Klicken Sie auf *Weiter.*

Der Assistent bietet Ihnen die Möglichkeit, eine Referenzkarte auszudrucken, auf der die wichtigsten Befehle der Sprachsteuerung aufgefürt sind. Dieses Angebot sollten Sie durchaus in Anspruch nehmen, da einige Befehle etwas verklausuliert erscheinen. Nach dem Ausdruck klicken Sie auf *Weiter.*

Windows 7

Es ist empfehlenswert, die Referenzkarte auszudrucken.

Wenn Sie möchten, dass die Spracherkennung automatisch beim Windowsstart geladen wird, können Sie hier die entsprechende Option aktivieren. Für einen ersten Blick in die Software ist dies allerdings nicht unbedingt ratsam.

Auf der folgenden Seite können Sie ein 'richtiges' Lernprogramm zur Spracherkennung starten. Dieses Lernprogramm zeigt Ihnen sehr viel Wissenswertes über Bedienung und Konzept der Spracherkennung. Wenn Sie sich etwas intensiver mit der Spracherkennung beschäftigen möchten, sollten Sie dieses Angebot unbedingt annehmen. Nach einem letzten Klick erscheint nun das eigentliche *Spracherkennungsfenster* auf dem Desktop.

Tipp

Alle fortgeschrittenen Einstellmöglichkeiten für die Spracherkennung finden Sie in der *Systemsteuerung*. Dort gibt es extra ein besonderes Symbol *Spracherkennung*. Wenn Sie dieses Symbol doppelt anklicken, haben Sie alle erweiterten Funktionen der Spracherkennung sofort im Blick. So können Sie von hier aus die Spracherkennung durch Training verbessern. Hier haben Sie auch Zugang zur Referenzkarte, die die wichtigsten Befehle im Umgang mit der Sprachsteuerung zusammenfasst.

Auf die Steuerung von Spielen im Vollbildmodus werden Sie allerdings noch eine Weile verzichten müssen. Die Zeiten, da Sie 'World of Warcraft' mittels Spracheingabe steuern können, sind noch nicht in Sichtweite. Typische Windowsspiele wie Solitäre oder Schach lassen sich aber heute schon mittels Sprache spielen.

Tipp

Die Texteingabefunktion funktioniert nicht nur bei typischen Office-Programmen wie Word oder Wordpad, sondern quasi in allen Programmen, in denen man Text eingeben kann. Sie müssen sich vorstellen, dass die Texteingabe mittels Spracheingabe für die Software nicht von der Texteingabe mittels Tastatur oder der Eingabe über Touchscreen zu unterscheiden ist.

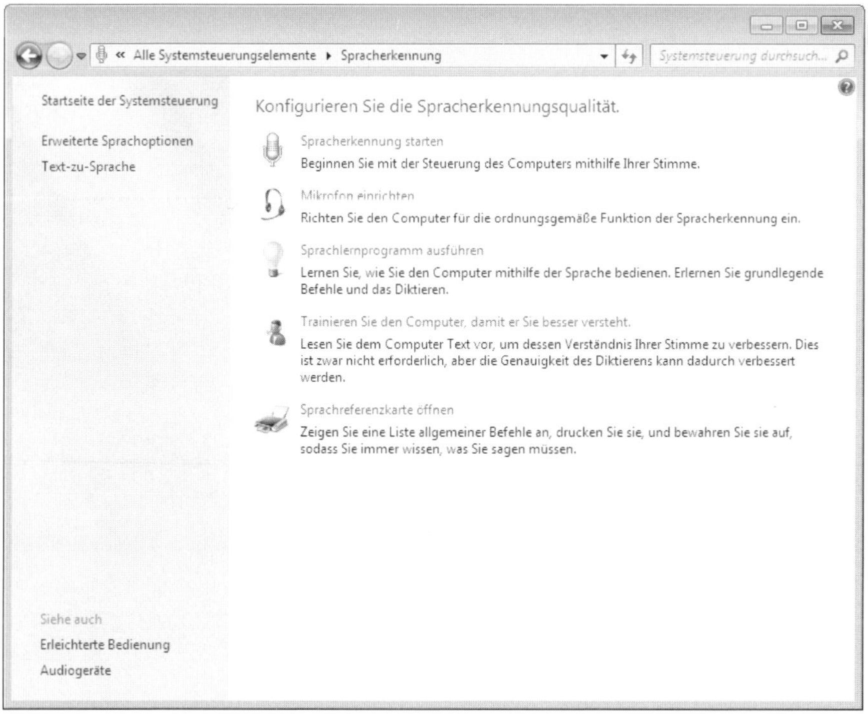

Die Spracherkennung in der Systemsteuerung

Kapitel 3: Benutzerkonten und Jugendschutz

PC ist die Abkürzung für 'Personal Computer'. Trotzdem ist es kein seltener Einzelfall, wenn sich mehrere Personen einen solchen PC teilen. Das kommt sowohl im beruflichen Umfeld vor (zum Beispiel, wenn zeitversetzt mehrere Personen an einem Arbeitsplatz arbeiten) als auch im privaten (wenn mehrere Familienmitglieder sich einen PC teilen). Problematisch kann das werden, wenn jeder Zugriff auf die Daten des anderen hat. Um diese Problematik zu umgehen, können Benutzerkonten eingerichtet werden.

Dass Kinder und Jugendliche mit einem PC umgehen können, gehört heute zum Alltag. Das Thema Jugendschutz darf dabei aber nicht aus dem Auge gelassen werden. Leicht verlieren sie sich beim Spielen am Computer und der Bezug zur Realität geht verloren. Beim Surfen im Internet drohen noch ganz andere Gefahren. Unter Windows kann Vorsorge getroffen werden, sowohl was die Zeiten anbelangt, die sie am Computer verbringen können, als auch was die Erreichbarkeit von Webseiten anbelangt.

Benutzerkonten einrichten

Benutzerkonten sorgen nicht nur dafür, dass jeder Benutzer sicher von anderen Anwendern des PCs getrennt sind, Sie ermöglichen auch die jeweils individuelle Konfiguration. So arbeitet jeder mit eigenen Bildschirmhintergründen, Programmen (oder Programmeinstellungen) und wenn der Administrator dafür sorgt – auch mit individuellen Rechten.

Bereits Windows XP brachte ein brauchbares Benutzerkonten-Konzept mit. Die Einstellungen dazu werden erreicht über die *Systemsteuerung*.

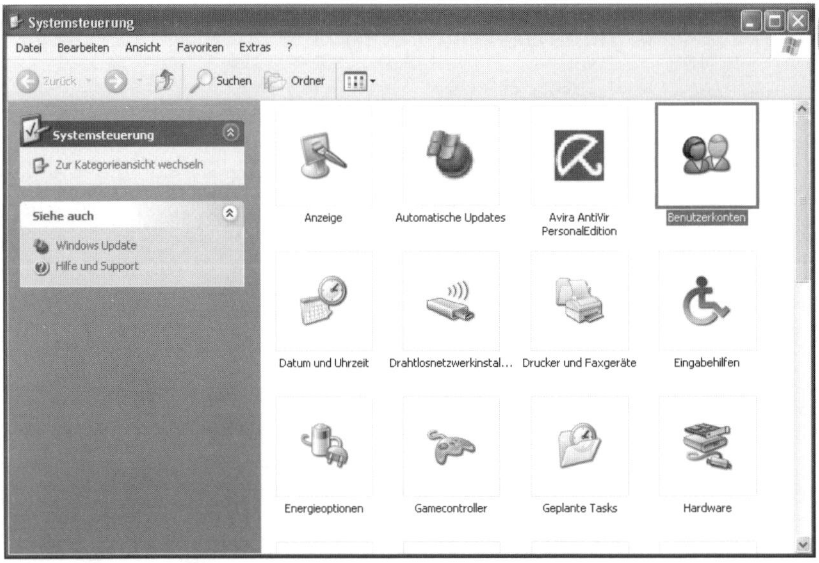

Windows XP

Die Benutzerkonten-Einrichtung wird über die Systemsteuerung *erreicht.*

Wie bei Windows XP wird auch die Benutzerkonten-Verwaltung von Windows 7 über die *Systemsteuerung* erreicht. Wählen Sie *Start > Systemsteuerung* und klicken Sie auf *Benutzerkonten und Jugendschutz*. Anschließend klicken Sie auf *Benutzerkonten*.

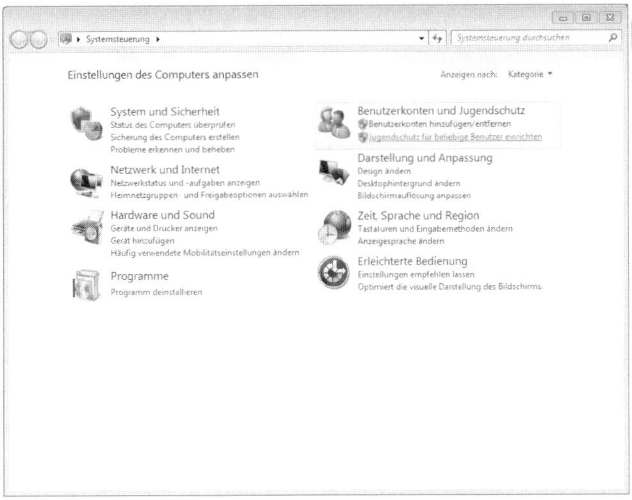

Windows 7

Die Benutzerkonten-Verwaltung ist auch in Windows 7 über die Systemsteuerung *zu erreichen.*

Die Benutzerkonten-Verwaltung von Windows 7 weicht etwas von der in Windows XP ab. Zunächst sind da die fünf Optionen zur Änderung des eigenen Benutzerkontos (*Änderungen am eigenen Konto durchführen*). Danach kommen zwei weitere Optionen:

- Anderes Konto verwalten
- Einstellungen der Benutzerkontensteuerung ändern

Benutzerkonto anlegen

Um ein neues Benutzerkonto anzulegen, geht man unter Windows XP folgendermaßen vor:

1. *Start* > *Systemsteuerung* > *Benutzerkonten* wählen.
2. Auf die Aufgabe *Neues Konto erstellen* klicken.
3. Einen Namen für das neue Konto eingeben und auf *Weiter* klicken.
4. Einen Kontotyp auswählen. *Computeradministrator* sollte nur einer sein. Im Normalfall wird *Eingeschränkt* ausgewählt.
5. Mit *Konto erstellen* wird das Konto angelegt.

Anschließend steht ein neues Benutzerkonto zur Verfügung, mit dem der zugehörige Anwender ohne größere Beschränkungen arbeiten kann. Nur wenn Administratorrechte erforderlich sind (etwa bei der Installation spezieller Programme, beim Ändern der Systemeinstellungen etc.), dann verweigert Windows XP die Gefolgschaft. Außerdem kann ein Benutzer nicht auf die Dokumente anderer Benutzer zugreifen, wenn diese nicht im Ordner *Gemeinsame Dokumente* abgelegt wurden.

Warnung

Es ist ratsam, als Administrator nicht dauernd aktiv zu sein. Solch ein Benutzer sollte nur dazu dienen, administrative Aufgaben zu erledigen, da damit weitgehend in das System eingegriffen werden kann. Für die normale Arbeit mit dem PC sollte sich der Administrator ein zweites, eingeschränktes Benutzerkonto anlegen.

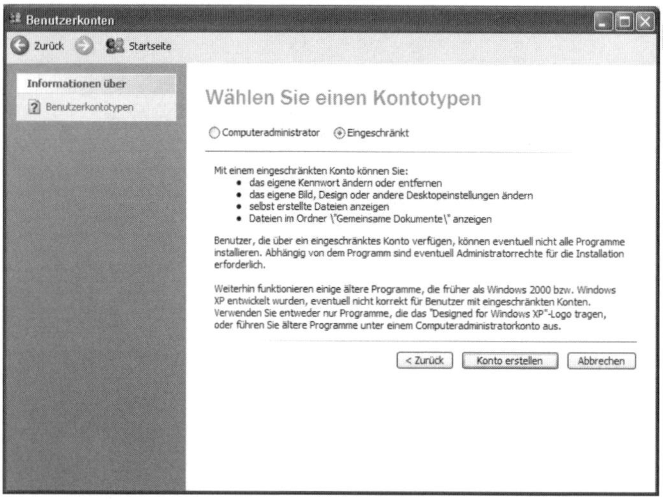

Windows XP

Ein Klick mit der Maus – und ein neues Benutzerkonto ist angelegt.

Um ein neues Benutzerkonto in Windows 7 anzulegen, gehen Sie folgendermaßen vor (ausgehend davon, dass die Benutzerkontenverwaltung schon geöffnet ist):

1. Klicken Sie auf *Anderes Konto verwalten.*
2. Klicken Sie auf *Neues Konto erstellen*.
3. Geben Sie einen Kontonamen ein.
4. Entscheiden Sie sich für einen Kontotyp. Für die allgemeine Arbeit mit dem PC empfehlen wir wieder den *Standardbenutzer.*
5. Klicken Sie auf *Konto erstellen*.

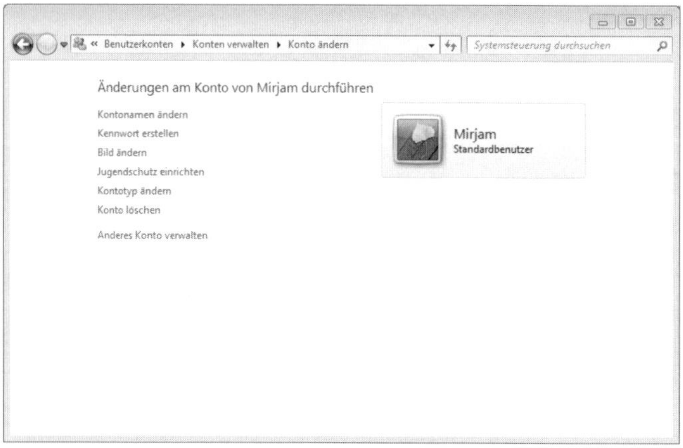

Windows 7

Ein neues Konto wurde unter Windows 7 angelegt.

Für das neue Konto stehen dem Administrator wieder mehrere Optionen offen. *Jugendschutz einrichten* ist hinzugekommen, das gab es so bei Windows XP noch nicht. Zu diesem Thema gibt es einen eigenen Abschnitt in diesem Kapitel.

Die Bearbeitung eines Benutzerkontos unterscheidet sich – außer in der Optik der Fenster – kaum von der unter Windows XP. Klicken Sie beispielsweise auf *Konto löschen*, so werden Ihnen in einem Dialog drei Optionen angeboten:

- *Dateien löschen*
- *Dateien behalten*
- *Abbrechen*

Im ersten Fall wird das Benutzerkonto komplett mit allen Dateien, die der Benutzer angelegt hat, von der Festplatte entfernt. Im zweiten Fall wird das Benutzerkonto gelöscht, aber die Dateien bleiben erhalten und werden auf dem Desktop in einem Ordner mit dem Namen des Benutzers abgelegt. Das ist eine gute Option, wenn jemand den PC wechselt (z. B. von einer Abteilung in die andere) und seine Dokumente, Bilder etc. mitnehmen möchte.

Die Option *Abbrechen* verlässt den Dialog *Konto löschen*.

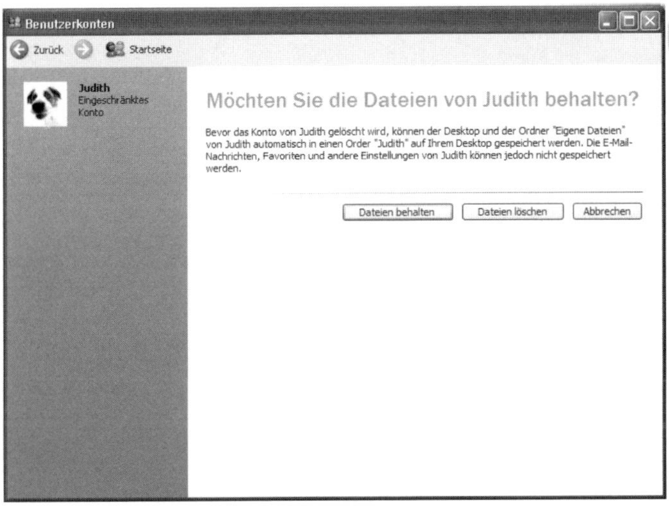

Windows XP

Die Option Löschen eines Kontos *unterscheidet sich nicht in Windows XP …*

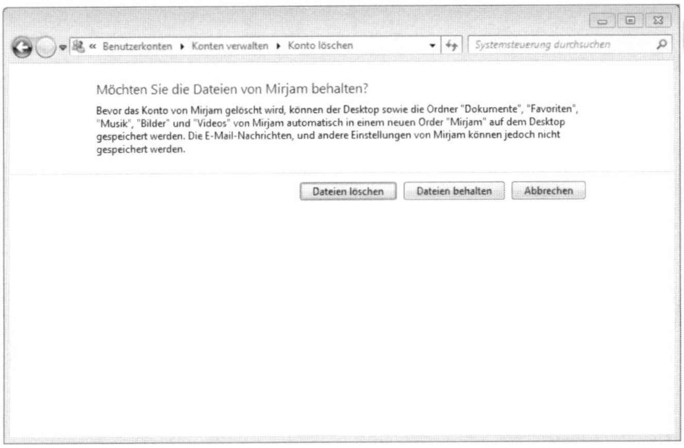

Windows 7

… und Windows 7

Benutzerkonten verwalten

Die Verwaltung der Benutzerkonten ist sowohl unter Windows XP als auch unter Windows 7 recht einfach.

Benutzerkonten ändern oder löschen

Ein angelegtes Benutzerkonto kann unter Windows XP geändert oder gelöscht werden. Dazu genügt es, im Fenster *Benutzerkonto* das gewünschte Konto anzuklicken. Es öffnet sich ein neues Fenster. Der Administrator – der das Benutzerkonto angelegt hat – kann nun

- den Kontonamen ändern
- ein Kennwort für das Benutzerkonto erstellen
- das Bild, das dem Benutzerkonto zugeordnet ist ändern
- den Kontotyp ändern (also aus einem eingeschränkten Konto ein Administratorkonto machen)
- das Konto löschen

Dem Benutzer selbst stehen nur drei Optionen offen:

- Kennwort erstellen
- eigenes Bild ändern
- eigenes Kennwort für .NET-Passport einrichten

Windows XP

Der Administrator kann nicht nur Änderungen am Benutzerkonto vornehmen, sondern das Konto sogar löschen.

Auch unter Windows 7 ist die Änderung oder Löschung eines Benutzerkontos einfach. Klicken Sie im Startmenü auf Ihr persönliches Symbolbild, oder gehen Sie über *Start > Systemsteuerung > Benutzerkonten und Jugendschutz > Benutzerkonten* auf die *Benutzerkontenverwaltung.*

Der Administrator – der das Benutzerkonto angelegt hat – kann nun:

- den Kontonamen ändern
- den Kontotyp ändern
- ein anderes Konto verwalten (mit den gleichen Möglichkeiten wie beim eigenen Konto, also Bild ändern, Kennwort erstellen etc.)

- das Konto löschen
- den Jugendschutz einrichten

Windows 7

Dem Administrator stehen alle Möglichkeiten in der Verwaltung der Konten offen.

Dem Benutzer selbst stehen auch hier nur drei Optionen offen:

- das eigene Kennwort ändern
- das eigene Kennwort entfernen
- das eigene Bild ändern

Benutzer wechseln

Beim Start bietet Windows XP die angelegten Benutzer zur Auswahl an, so dass sich der am PC befindliche Anwender gleich in der richtigen Umgebung wiederfindet. Aber auch während des laufenden Betriebs kann ein Wechsel des Benutzers stattfinden. Das geschieht unter Windows XP folgendermaßen:

- *Start* > *Abmelden* wählen
- Benutzer auswählen
- Einloggen (ggf. mit Kennwort)

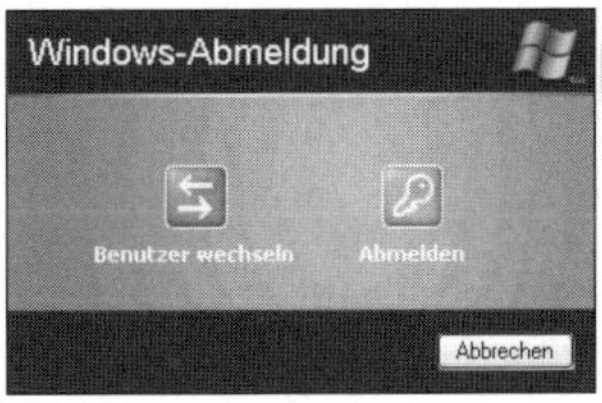

Windows XP

Der Benutzer lässt sich während des laufenden Betriebs wechseln.

Das ist im Prinzip auch schon alles, was an Bearbeitungs- und Beeinflussungsmöglichkeiten unter Windows XP zur Verfügung steht. Offiziell. Unter der Oberfläche mit der Eingabeaufforderung sind noch ein paar Einflussmöglichkeiten mehr gegeben.

Auch bei Windows 7 erscheint beim Start eine Liste aller verfügbaren Benutzer. Um sich einzuloggen, wählt der Benutzer sein Konto aus und gibt gegebenenfalls sein Kennwort ein. Um sich während des laufenden Betriebs abzumelden, gehen Sie über das *Startmenü* zum Befehl *Abmelden.* Der Wechsel eines Benutzers geht ähnlich einfach:

- *Start > Herunterfahren > Benutzer wechseln*
- Benutzer auswählen
- Einloggen (ggf. mit Kennwort)

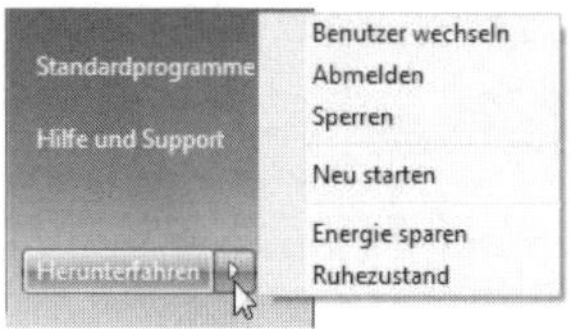

Windows 7

Benutzerwechsel unter Windows 7

Einstellungen der Benutzerkontensteuerung in Windows 7 ändern

Neu ist in Windows 7 die Möglichkeit, über ungewollte Änderungen am Computer informiert zu werden. Klicken Sie dazu auf *Einstellungen der Benutzerkontensteuerung ändern*.

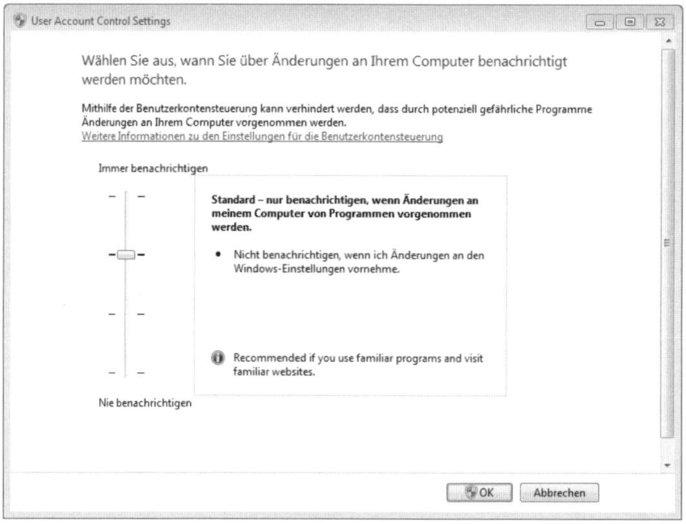

Windows 7

Die Benutzerkontensteuerung *kann ein Auge auf Systemänderungen werfen.*

Hier haben Sie nun die Möglichkeit, festzulegen, welche Aktivitäten gemeldet werden. Schieben Sie den Regler ganz nach unten (*Nie benachrichtigen*), so bekommen Sie auch nie mitgeteilt, wenn sozusagen im Hintergrund ein Programm an den Systemeinstellungen etwas ändert oder überhaupt ein Programm versucht, irgendwelche Änderungen vorzunehmen.

Schieben Sie den Regler ganz nach oben (*Immer benachrichtigen*), so bekommen Sie jedes Mal eine Mitteilung, wenn sich irgendetwas ändert. Das ist sehr sicher – aber auch sehr lästig.

Empfohlen ist die Einstellung mit den etwas fetter markierten Strichen. Sie wird auch als *Standard* bezeichnet. Hier werden Sie immer benachrichtigt, wenn irgendwelche Änderungen an den Windows-Einstellungen vorgenommen werden. Übernehmen Sie die Einstellungen mit *OK*, so bekommen Sie gleich einen ersten Eindruck von dieser Funktion, denn Sie müssen mit *Ja* bestätigen, sonst werden die Einstellungen verworfen.

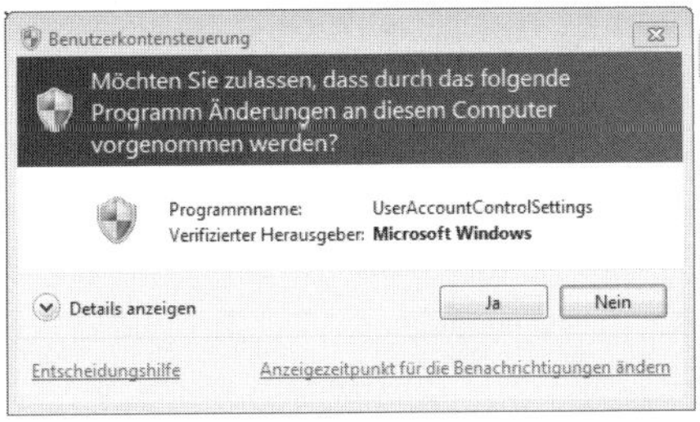

Windows 7

Hier sollen Änderungen vorgenommen werden. Dazu ist aber Ihre Bestätigung nötig.

Kennwortschutz für Benutzer

Arbeiten mehrere Benutzer an einem PC, so ist es ratsam, einen Kennwortschutz einzurichten. Sonst wäre es möglich, dass jeder sich bei einem anderen Benutzerkonto anmeldet. Das Vorgehen ist bei Windows XP und Windows 7 weitgehend identisch. Ausgangssituation ist wieder die *Benutzerverwaltung* in der *Systemsteuerung*.

1. Wählen Sie, nachdem der Benutzer ausgewählt wurde, die Option *Kennwort erstellen* aus.
2. Geben Sie ein Kennwort ein und wiederholen Sie es im folgenden Eingabefeld.
3. Wenn Sie wollen, können Sie einen Satz eingeben (oder ein Wort), der Ihnen hilft, sich an das Kennwort zu erinnern.
4. Bestätigen Sie mit *Kennwort erstellen*.

Warnung

Diesen Satz können übrigens alle sehen. Deshalb ist eher anzuraten, auf diesen 'Erinnerungssatz' zu verzichten. Überhaupt ist ein Kennwort so zu wählen, dass es keinen logischen Begriff ergibt. Weder der Name der Freundin noch den Familiennamen der Großmutter sollte man auswählen und auch nicht die Lieblingsfernsehserie. Ein gutes Kennwort, das nicht leicht zu knacken ist, besteht aus Buchstaben, Zahlen und Sonderzeichen und ergibt keinen verständlichen Begriff. Je länger das Kennwort ist, um so sicherer ist es auch. Ein gutes Kennwort wäre zum Beispiel: *x7_ark314o*.

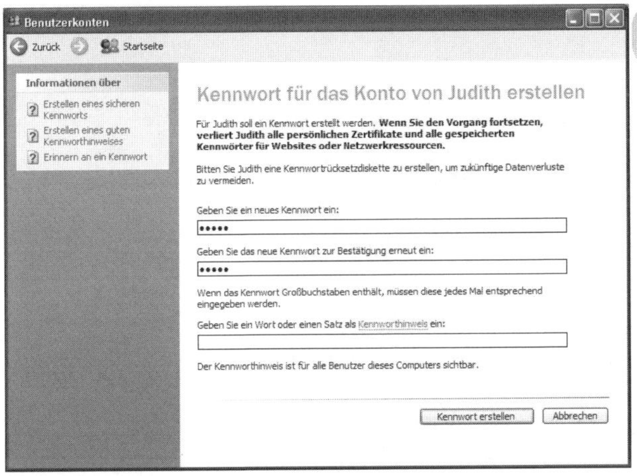

Windows XP

Kennwortfestlegung für ein Benutzerkonto unter Windows XP …

Windows 7

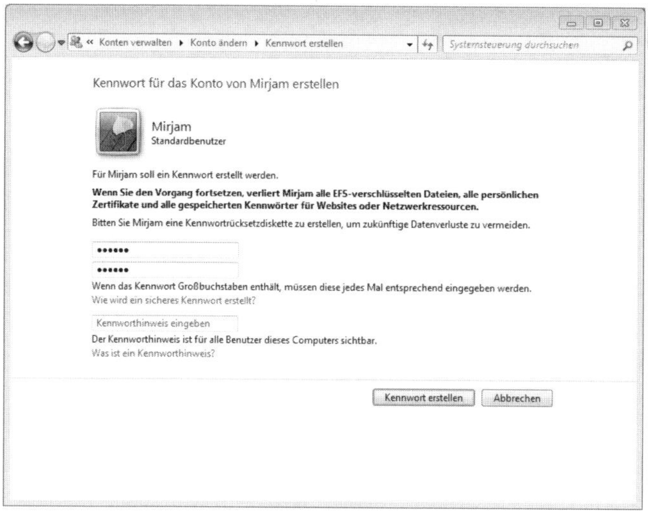

... und Windows 7

Benutzerkonten-Verwaltung 'unter der Haube'

Sowohl Windows XP als auch Windows 7 können über die Eingabeaufforderung beeinflusst werden. Diese starten Sie bei beiden Betriebssystemen über *Start > Alle Programme > Zubehör > Eingabeaufforderung*.

Benutzer finden und entfernen

Welche Benutzer es auf dem PC gibt, lässt sich leicht in der Eingabeaufforderung feststellen. Geben Sie unter Windows XP den Befehl

net user

ein. Sie werden aber bei genauer Begutachtung eine Überraschung erleben.

Sie finden die von Ihnen angelegten Benutzer, den Gast und den Administrator. Außerdem ist da der Hilfeassistent. Diesen können Sie ignorieren, weil er Ihnen nicht gefährlich wird. Aber da ist noch der Benutzer *SUPPORT_388945a0*. Wer ist das?

Windows XP

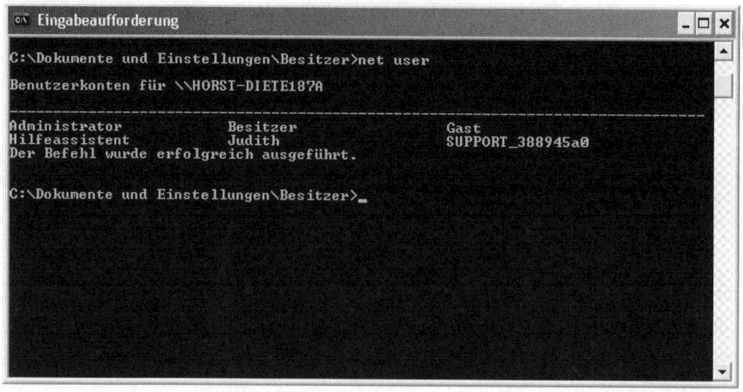

In der Eingabeaufforderung lässt sich feststellen, wen das Betriebssystem alles als Benutzer erkennt.

Es handelt sich um den Zugang für den Support von Microsoft. Falls Sie auf den verzichten wollen, weil Sie sowieso keinen Anspruch (mehr) darauf haben und auch niemand Fremdes auf Ihren PC lassen wollen, dann können Sie den auch einfach beseitigen. Geben Sie dazu den Befehl

net user SUPPORT_388945a0 /Delete

ein. Dieser heimliche Benutzer ist danach vom System verschwunden.

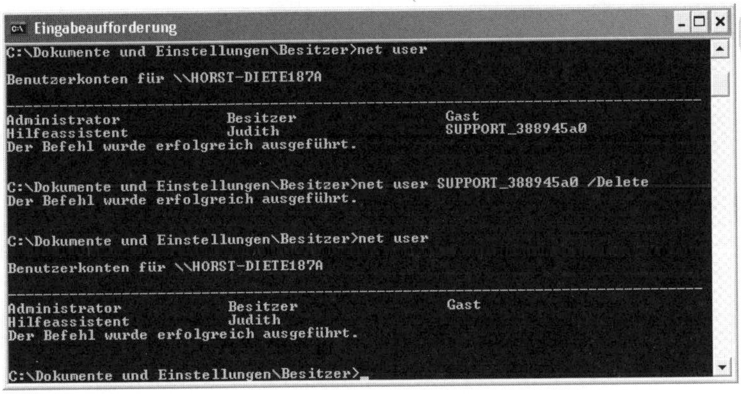

Windows XP

Der Benutzer SUPPORT_388945a0 *wurde rückstandsfrei entfernt.*

Unter Windows 7 gibt es diesen Support-Benutzer übrigens nicht mehr und auch der Hilfeassistent wurde entfernt.

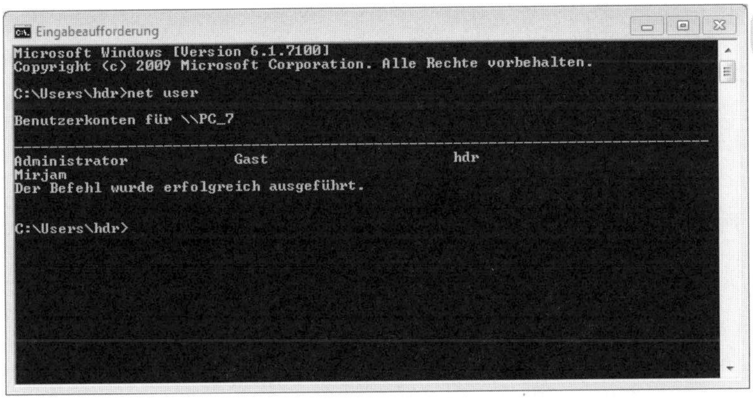

Windows 7

Unter Windows 7 sieht die Benutzerverwaltung auch unter der Haube sehr aufgeräumt aus.

Möchten Sie feststellen, wie die Syntax des Befehls

net user

komplett lautet, so geben Sie (unter Windows XP und Windows 7) den Befehl

net user /?

ein. Sie bekommen sofort ein vollständiges Syntaxdiagramm. Bei Windows XP wird allerdings die Option */times* unterschlagen. Sie funktioniert aber trotzdem.

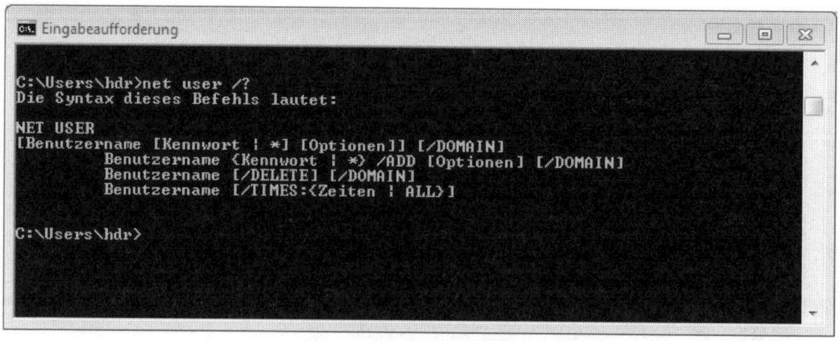

Windows 7

Ausgabe der Befehlssyntax von net user

Jugendschutz am Computer

Kinder, die tagelang Computerspiele spielen, Jugendliche, die nächtelang im Internet surfen – das sind Vorstellungen, bei denen es Eltern im Allgemeinen nicht sehr behagt. Die Frage nach Schutz und Beschränkung wird schnell gestellt. Anzuraten ist aber grundsätzlich, die Fragestellungen zu versachlichen. Kinder werden nicht allein zu gewalttätigen Monstern, nur weil sie Computerspiele spielen. Und ein Internetjunkie wird ein Jugendlicher nicht allein von der Berührung mit dem World Wide Web. Beschränkungen sind durchaus sinnvoll, sollten aber gut überlegt eingesetzt werden.

Jugendschutz unter Windows XP

Unter Windows XP sind in den Benutzereinstellungen oder in der Systemsteuerung keine Einstellmöglichkeiten vorgesehen, die irgendwie zum Jugendschutz beitragen. Über die Eingabeaufforderung ist allerdings doch etwas zu machen.

Es ist wieder das *net user*-Kommando, das weiterhilft. Dazu kommt der (unter Windows XP) undokumentierte Parameter */times:*, mit dem die Zeiten festgelegt werden.

Als Beispiel: Ich habe auf meinem PC einen Benutzerzugang für unsere Tochter Judith angelegt. Um zu vermeiden, dass sie am PC zu einer (unkontrollierten) Nachteule wird, gebe ich in der Eingabeaufforderung ein:

Net user Judith /times:Mo-So,9-22

Kommt die Meldung

Der Befehl wurde erfolgreich ausgeführt

hat alles geklappt. Andernfalls sollten Sie Ihre Eingabe auf Tippfehler oder Auslassungen überprüfen.

Über

net user Judith

können Sie sich anzeigen lassen, wie es jetzt um diesen Benutzer bestellt ist. Unter *Erlaubte Anmeldezeiten* sehen Sie, dass es vor 9:00 Uhr in der Früh und nach 22 Uhr abends (10:00 PM) keinen Zugang zum Computer und auch keinen Zugang ins Internet mehr gibt.

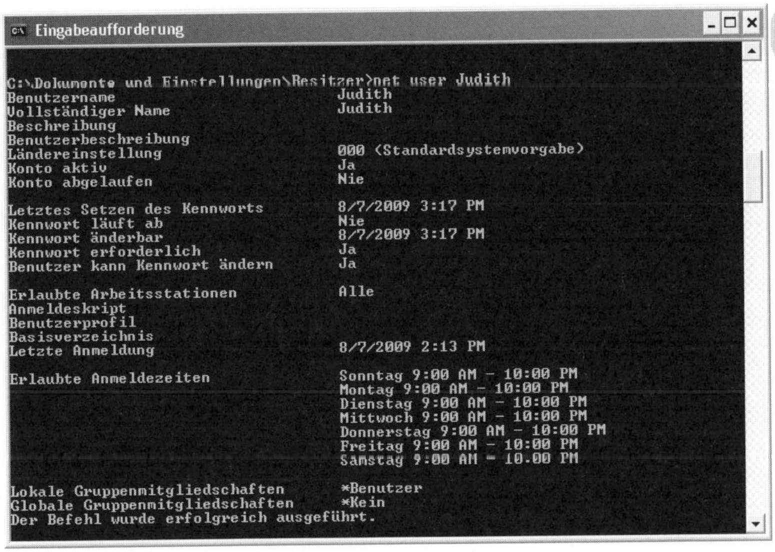

Dem Benutzer wurden 'Erlaubte Anmeldezeiten' zugeordnet.

Das ist allerdings nicht ganz optimal, da sie in der Woche vormittags sowieso in der Schule ist. Und am Wochenende ist auch die Begrenzung auf 22 Uhr nicht leicht zu begründen.

Mit

net user Judith /times:all

kann die Einstellung zurückgesetzt werden. Jetzt gibt es keine zeitlichen Einschränkungen mehr.

Damit lässt sich die Zeitenbegrenzung differenzierter eingeben:

net user Judith /times:Mo-Fr,14-22;Sa,9-24;So,9-22

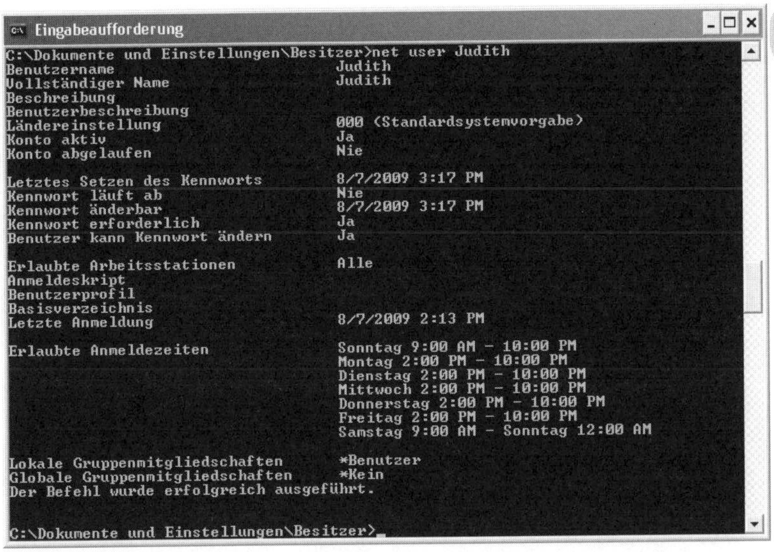

Es lassen sich auch differenzierte Anmeldezeiten für unterschiedliche Tage festlegen.

Das Prinzip dürfte klar sein: Dem Parameter */times:* werden ohne Leerzeichen die Tage und Uhrzeiten getrennt durch ein Komma angefügt. Uhrzeiten sind nur mit vollen Stunden anzugeben. Wenn es nötig ist, können Sie für jeden Tag andere Zeiten festlegen. Sie trennen die Einstellungen für die Tage mit einem Semikolon.

Jugendschutz unter Windows 7

Unter Windows 7 funktioniert die Zeitbegrenzung für Benutzer über das nun offiziell dokumentierte */times:*-Kommando ebenfalls. Aber es ist nicht nötig, so vorzugehen. Es ist ein viel bequemerer und besserer Weg vorgesehen.

Wählen Sie *Start > Systemsteuerung > Benutzerkonten und Jugendschutz > Jugendschutz*. Klicken Sie auf den Benutzer, für den Sie die Jugendschutzeinstellungen festlegen möchten. Damit Jugendschutzeinstellungen möglich sind, müssen Sie unter *Jugendschutz*: die Option *Ein – Einstellungen erzwingen* auswählen. Klicken Sie auf *Zeitlimit* und legen Sie in der Matrix die Zeitvorgaben fest. Sie können mit dem Mauszeiger einfach über die Kästchen ziehen, um die Zeiten festzulegen, an denen der Computer nicht benutzt werden darf. Mit *OK* übernehmen Sie die markierten Zeiten. Um Beschränkungen für Computerspiele festzulegen, klicken Sie auf *Spiele*. Klicken Sie auf *Spielfreigaben festlegen*, um generelle Beschränkungen einzurichten. Wird *Freigegeben ab 16 Jahren* markiert, lassen sich keine Spiele starten, die *Freigegeben ab 18 Jahren* sind. Übernehmen Sie die Vorgaben mit *OK*.

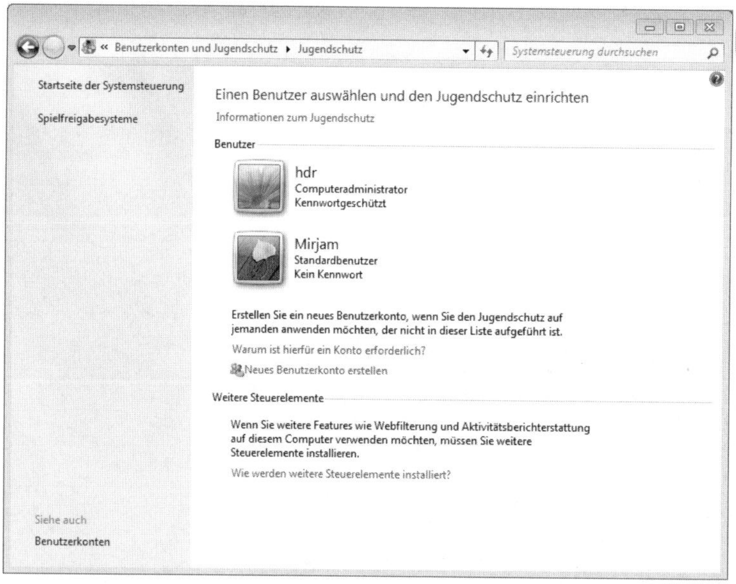

Windows 7

Jugendschutzeinstellungen müssen sich immer auf ein bestimmtes Benutzerkonto beziehen.

Tipp

Spiele können generell untersagt werden, wenn die Option *Darf <Benutzer> Spiele spielen?* mit *Nein* belegt wird. Beachten Sie, dass generelle Verbote in der Regel immer kontraproduktiv sind und eher die Ausnahme sein sollten.

Windows 7

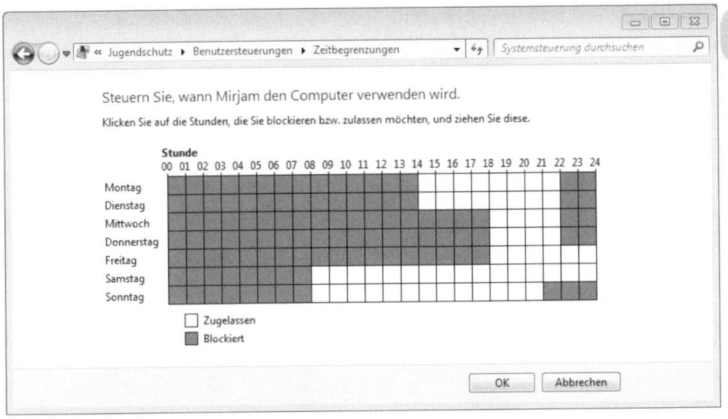

Benutzerzeiten können mit der Maus markiert werden.

Tipp

Über *Bestimmte Spiele zulassen oder blockieren* können Sie festlegen, wie mit installierten Spielen verfahren werden soll. Standardmäßig sind die Spiele alle als *zugelassen* markiert, wenn sie nicht bereits mit der Altersbeschränkung schon ausgesondert wurden.

Übernehmen Sie die Einstellungen zu Spielen mit *OK*. Übernehmen Sie sämtliche Beschränkungen der Option *Jugendschutz* ebenfalls mit *OK*.

Windows 7

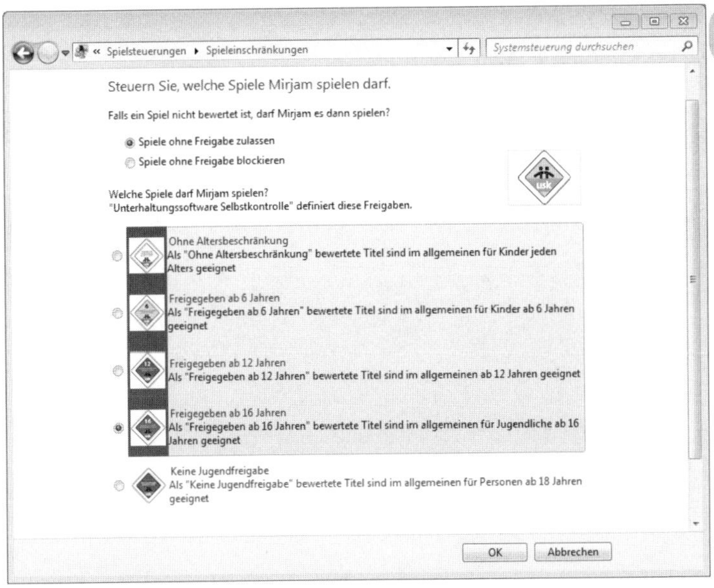

Spielbeschränkungen sollten möglichst sinnvoll vorgenommen werden.

Ebenso wie bei Spielen können auch bei Programmen Beschränkungen festgelegt werden. Allerdings sind Beschränkungen hier mühsam umzusetzen. Die Vorgabe ist, dass alle Programme erlaubt sind. Will man das nicht, muss man alle Programme definitiv als erlaubt markieren, die nicht ausgeschlossen werden sollen. Um ein Programm auszunehmen, sind so unzählig viele Klicks zu setzen, damit der Rest funktioniert. Das sollte man sich also gut überlegen.

Windows 7

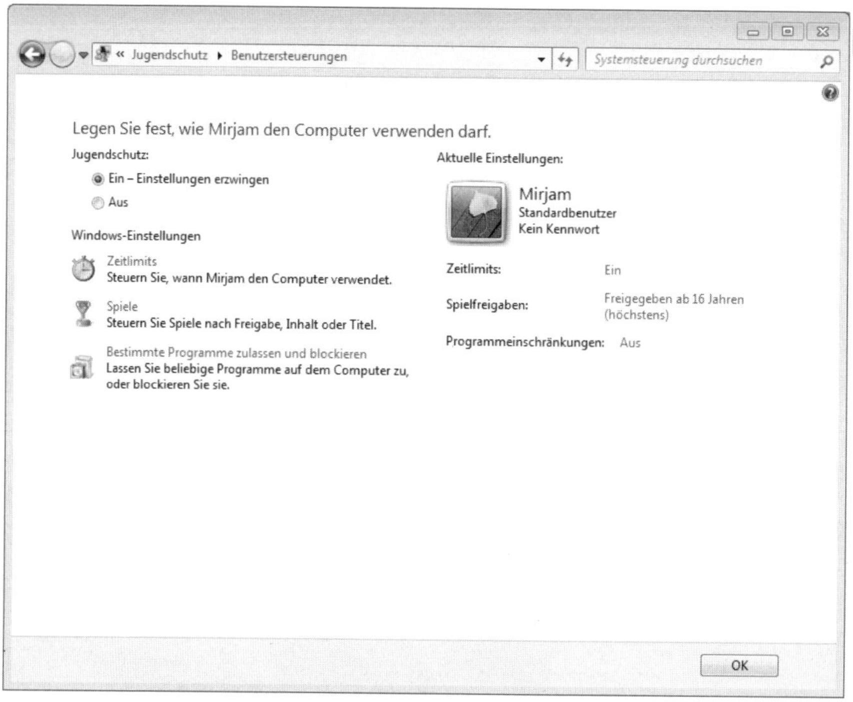

Für den Benutzer wurden einige Beschränkungen festgelegt.

Ob der Jugendschutz aktiviert ist, können Sie übrigens neben dem Symbol in der Übersicht sehen.

Kapitel 4: Alles über Software und Anwendungen

Das Betriebssystem ist eine Sammlung von Programmen, die für die Zusammenarbeit mit dem Computer sorgen, beginnend bei den grundlegenden Routinen für Zugriffe auf Daten und Hardware bis hin zur Benutzeroberfläche, die es dem Anwender ermöglicht, nach seinen Vorstellungen zu verfahren.

Zu einem modernen Betriebssystem gehören heute in der Regel aber bereits einige kleine Anwendungen, die grundlegende Arbeiten ermöglichen, wie Texterfassung und -bearbeitung, Bildbearbeitung, Hilfen zum (Be)Rechnen und anderes. Weitere Programme können hinzugefügt werden.

In diesem Kapitel erfahren Sie, was Windows XP und 7 an nützlichen Tools von Haus aus mitbringen und wie man damit umgeht. Außerdem lernen Sie, wie weitere Programme hinzugefügt werden können.

Das ist schon dabei: Standardprogramme von Windows XP und Windows 7 im Vergleich

Die Ausstattung von Windows mit Anwendungsprogrammen ist nicht gerade üppig. Immerhin sind aber doch einige Programme vorhanden, die ein erstes Arbeiten mit dem Computer erlauben.

Sie finden die Anwendungen unter *Start > Alle Programme > Zubehör* und zwar sowohl bei Windows XP als auch bei Windows 7.

Textverarbeitung

Texte können mit Editoren erfasst werden oder mit so genannten Textverarbeitungsprogrammen. Erstere erlauben die komfortable Eingabe von Text, aber kein (oder wenige) Textformatierungen. Sie werden in der Regel von Programmierer benutzt, um Programmcode zu erfassen, eignen sich aber auch dafür, schnell und unkompliziert eine Notiz zu erfassen. Die Programme gleichen sich in Windows XP und 7, es reicht also, sie einmal zu erklären.

Editor

Die Hinweise zum Editor gelten sowohl unter Windows XP als auch unter Windows 7.

Wählen Sie *Start > Alle Programme > Zubehör > Editor,* um das Programm zu starten.

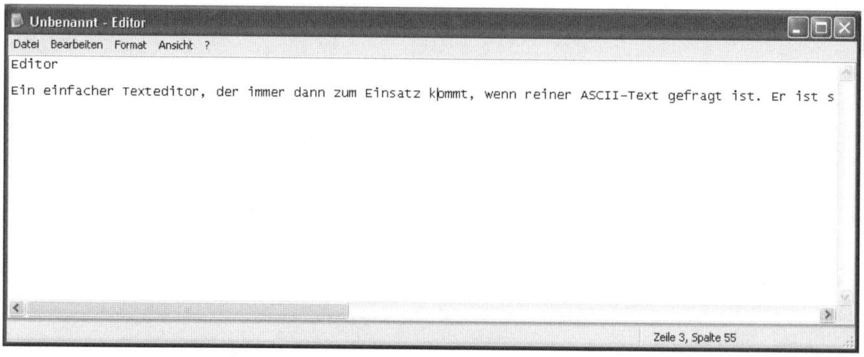

Windows XP

Text wird im Editor *als eine fortlaufende Zeile dargestellt.*

Geben Sie Text in den Editor ein, reagiert er zunächst wie eine Schreibmaschine. Die Zeile wird endlos fortgeführt. Einen Zeilenumbruch muss man mit der ↵-Taste erzeugen. Man erzeugt also einen so genannten harten Zeilenumbruch. Das ist für die Programmierung erwünscht, nicht aber, wenn der Text weiterverarbeitet werden soll. Um einen weichen Zeilenumbruch zu erzeugen, wählen Sie *Format > Zeilenumbruch*. Sofort bricht der Editor die Zeilen an der rechten Fensterbegrenzung um.

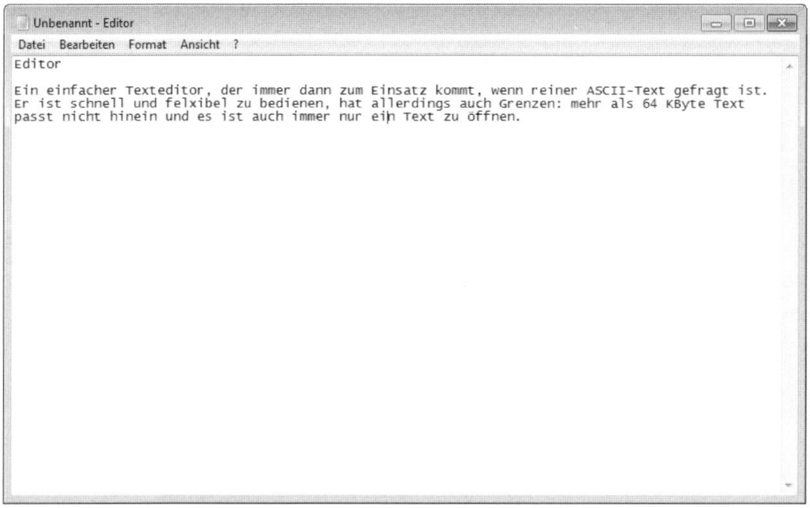

Windows 7

Ein Zeilenumbruch ist über das Menü schnell erzeugt.

Über das Menü *Datei* werden Textdateien gespeichert, geöffnet und gedruckt. Über den Menüeintrag *Seite einrichten* wird ein Dialog geöffnet, in dem Papiergröße, Orientierung (Hoch- oder Querformat), Ränder und sogar Kopf- und Fußzeilen eingegeben werden können.

Das Menü *Bearbeiten* enthält alle Werkzeuge, um komfortabel mit Texten zu arbeiten. Es können Textstellen kopiert, ausgeschnitten, eingefügt oder gelöscht werden. Das Suchen in Texten ist möglich und auch das Ersetzen von Zeichen oder Wörtern. Über den Befehl *Gehe zu* kann eine Zeile angesprungen werden. Ermitteln kann man die Zeilennummern über die Statusleiste. Dort wird ständig angegeben, an welcher Zeilen- und Spaltenposition der Schreibcursor sich gerade befindet. Leider ist diese Information nicht verfügbar, wenn man den Zeilenumbruch eingeschaltet hat.

Tipp

Beachten Sie die Tastenkombinationen neben den Menüeinträgen. Sie können damit Befehle ausführen, ohne erst mit der Maus das Menü ansteuern zu müssen. Strg + A markiert zum Beispiel den kompletten Text und mit F5 setzen Sie die aktuelle Uhrzeit und das aktuelle Datum in den Text ein. Eine wichtige Tastenkombination, die Sie sich merken sollten ist Strg + Z. Damit machen Sie den letzten Befehl rückgängig.

Über *Format > Schriftart* rufen Sie einen Dialog auf, der es Ihnen ermöglicht, eine andere Schriftart, einen anderen Schriftstil oder eine andere Schriftgröße auszuwählen. Allerdings wirkt sich diese Auswahl immer auf den kompletten Text aus. Es ist nicht möglich, ein einzelnes Wort oder Zeichen zu markieren und dann mit einer anderen Schrift zu versehen.

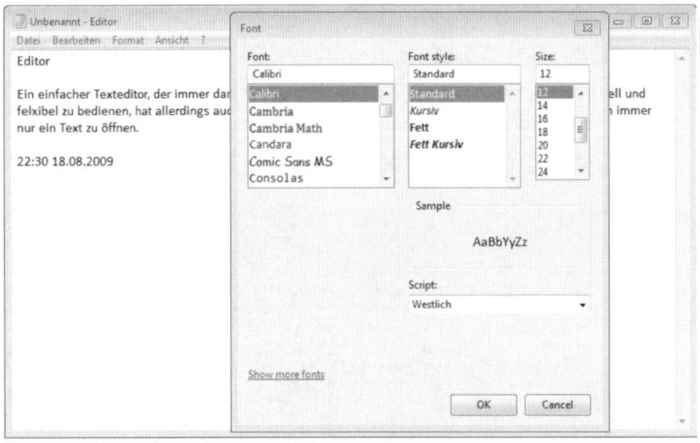

Auch Schriftarten können im Editor *ausgewählt werden, immer aber für den gesamten Text.*

Sie sehen, dass zwar schnell Text erfasst werden kann und auch eingeschränkte Textbearbeitung möglich ist. Die Grenzen sind aber schnell erreicht, wenn man vorzeigbaren Text generieren will. Dazu ist eine Textverarbeitung besser geeignet und auch die hat Windows mit im Gepäck.

Der Editor ist ein kleines Programm, mit dem sich schnell ein paar Notizen erfassen lassen oder in dem schnell ein Skript geschrieben ist. Für mehr eignet er sich allerdings nicht. Für anspruchsvollere Textverarbeitung bietet er zu wenig.

Kurznotizen

Windows 7 stellt Ihnen über *Start* > *Alle Programme* > *Zubehör* > *Kurznotizen* ein Programm zur Verfügung, das Ihnen gelbe Notizzettel auf den Desktop klebt. Die sind recht einfach zu bedienen, denn es stehen nur zwei Schaltflächen zur Verfügung. Ein Plus links oben lässt ein neues Notizzettelchen auf dem Desktop erscheinen. Das *X* oben rechts lässt den Notizzettel wieder verschwinden – allerdings mit der Notiz. Sie ist danach nicht wiederzubeschaffen. Über das Kontextmenü (Klick mit der rechten Maustaste in den Notizzettel) wenden Sie nicht nur die üblichen Befehle (*Ausschneiden*, *Kopieren*, *Einfügen*, *Löschen*) auf den Text des Notizzettels an, sondern können auch die Farben nach eigenen Vorlieben festlegen.

Notizzettelchen sind so schnell auf den Desktop geklebt, wie man sie von dort wieder verschwinden lassen kann.

Über die Größe müssen Sie sich keine Gedanken machen. Es passt immer alles drauf, was Sie schreiben. Denn kann es nicht mehr dargestellt werden, vergrößert sich der Notizzettel von alleine. Sie können aber auch rechts unten in der Ecke mit dem Mauszeiger anfassen und das virtuelle Zettelchen größer ziehen.

Die Kurznotizen eignen sich allerdings nur für Informationen, die vorübergehend benötigt werden. Für langfristige Aufbewahrung sind sie nicht geeignet, denn sie stören schnell auf dem Desktop, wenn sie sich zu schnell vermehren. Sollte eine Information einmal so wichtig werden, dass sie aufgehoben werden soll, so kopieren Sie den Inhalt der Kurznotiz in die Zwischenablage und fügen sie in ein anderes Programm (Textdokument, Datenbank o.Ä.) ein.

WordPad

Anders als der Editor unterscheiden sich die WordPad-Fassungen von Windows XP und Windows 7 deutlich. Einmal im Aussehen – WordPad in Windows 7 ist deutlich an Word 2007 angelehnt – und auch in wesentlichen Details – das *.doc*-Format lässt sich mit WordPad in Windows 7 weder lesen noch schreiben.

WordPad in Windows XP sieht wie eine radikal vereinfachte Fassung von Word 2000 aus. Es gibt zwei karge Symbolleisten, eine halbvolle Menüleiste und neben Lineal und Statuszeile nur noch das Fenster, in dem geschrieben wird.

Windows XP

WordPad *in Windows XP*

Anders als im Editor sind in WordPad detailliertere Textbearbeitungen möglich und vor allem gelingt auch die Textgestaltung. Jedes einzelne Zeichen lässt sich formatieren. Über *Datei > Senden* kann das WordPad-Dokument auch direkt in eine E-Mail geladen und verschickt werden. In WordPad für Windows 7 finden Sie den Befehl, indem Sie das erste Register anklicken.

WordPad von Windows 7 erinnert eher an Word 2007, bei dem Microsoft von der alten Menüstruktur abgerückt ist und in so genannten Multifunktionsleisten (Ribbons) aufgabenorientiert die Befehle zusammengestellt hat. In WordPad gibt es aber nur die Register *Start* und *Ansicht* sowie ein erstes Register, das lediglich mit einem Symbol bestückt ist. Ausgeklappt liefert es alle Befehle, die sonst im Menü *Datei* zu finden sind. Das Register *Start* liefert sämtliche Werkzeuge zur Textbearbeitung und das Register *Ansicht* Einstellungsmöglichkeiten für die Darstellung des Textes auf dem Bildschirm.

Tipp

In der Titelzeile finden sich links neben dem Dokumentnamen noch einige kleinere Schaltflächen: die Diskette zum Speichern des Dokuments und die beiden Symbole zum Rückgängigmachen und Wiederholen. Daneben eine kleine Pfeilschaltfläche, mit der sich weitere Schaltflächen dieser Symbolleiste für den Schnellzugriff zuordnen lassen.

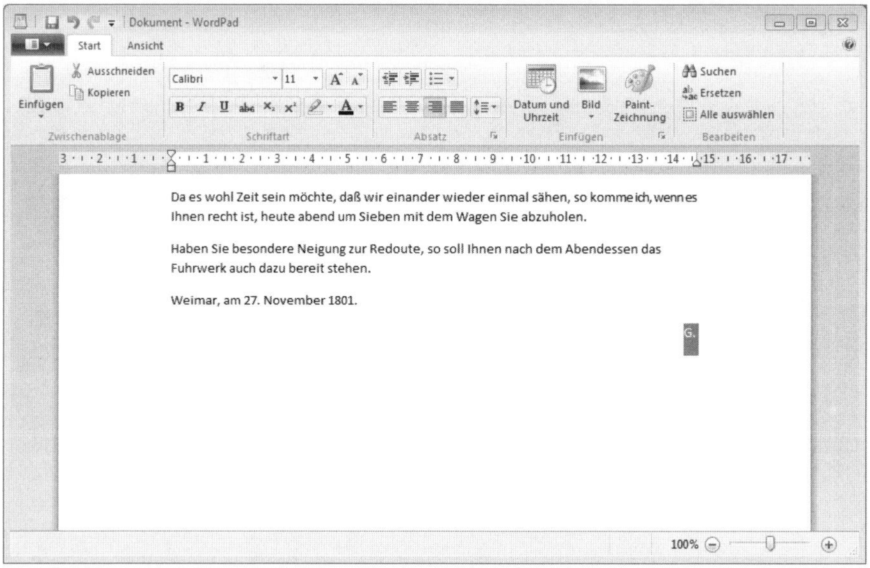

Windows 7

WordPad *in Windows 7*

Beim Umstieg von WordPad XP auf WordPad 7 werden Sie sich ein wenig umorientieren müssen – aber viel Aufwand ist dafür nicht nötig. Sie werden beim Ausprobieren auch feststellen, dass es hier und da kleine Erweiterungen gegeben hat. Öffnen Sie beispielsweise in WordPad XP über *Format > Absatz* den gleichnamigen Dialog, so können Sie dort die Einzüge für *Links*, *Rechts* und die *Erste Zeile* festlegen sowie die *Ausrichtung* des Absatzes. WordPad 7 bietet Ihnen darüber hinaus noch die Anpassung des Zeilenabstands und die Festlegung eines zusätzlichen Abstands am Absatzende. Außerdem können Sie über diesen Dialog die Tabstopps erreichen, die in WordPad XP über *Format > Tabstopps* extra angewählt werden müssen.

Windows XP

Absatzeinstellungen in WordPad XP

Windows 7

Absatzeinstellungen in WordPad 7

Über *Ansicht > Optionen* erreichen Sie in WordPad XP einen kleinen Dialog, der es in sich hat. Sie können hier auf 6 Registerkarten unterschiedlichste Einstellungen und Anpassungen vornehmen:

- ***Optionen:*** Sie legen die Maßeinheiten fest, die für das Dokument gelten sollen. Voreingestellt sind Zentimeter.
- ***Text:*** Für normalen (ASCII-)Text wird der Zeilenumbruch definiert (Standard: Kein Umbruch) und die Symbolleisten bestimmt, die angezeigt werden sollen. Formatierungen sind nicht nötig, also kann auch die Symbolleiste entfallen.
- ***Rich Text:*** Der Zeilenumbruch findet am (rechten) Fensterrand statt und die Symbolleisten werden alle eingeblendet.
- ***Word:*** Zeilenumbruch findet am Lineal statt. Symbolleiste sind alle eingeblendet.
- ***Write:*** Das Format der früheren Windows-Textverarbeitung entspricht in den Einstellungen Word.
- ***Eingebettet:*** Die Statusleiste entfällt. Sie ist auch nicht nötig, wenn es sich um ein in eine andere Anwendung eingebettetes WordPad-Dokument handelt.

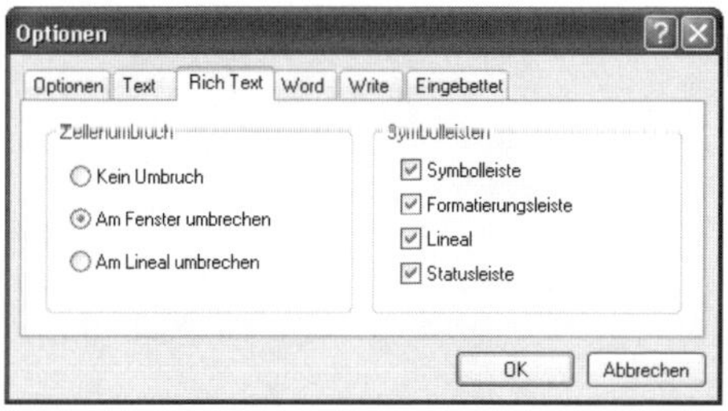

Windows XP

Optionen, die im Menü Ansicht *zu finden sind*

In WordPad suchen Sie diesen Dialog vergebens. Sie finden allerdings die Einstellmöglichkeiten für *Lineal*, *Statusleiste*, *Zeilenumbruch* und *Maßeinheiten* auf der Registerkarte *Ansicht*.

Warnung

Dokumente der Word-Versionen bis Word 2003 kann WordPad 7 nicht mehr öffnen und speichern. Allerdings versteht es nun nicht nur das hauseigene *.docx*-Format (Office Open XML-Dokument), sondern auch das *.odt*-Format (OpenDocument-Text), das u. a. von OpenOffice benutzt wird.

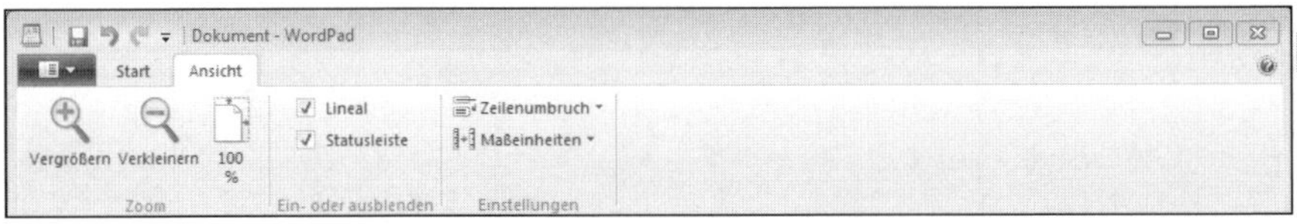

Windows 7

Die Registerkarte Ansicht *enthält in WordPad 7 die Einstellungen für das Fenster und die Maßeinheiten des Lineals.*

Auch der Dialog *Seite einrichten* ist weitgehend identisch, bis auf zwei Ausnahmen: In WordPad XP sind über diesen Dialog auch die Druckereinstellungen (*Drucker*) zu erreichen, in WordPad 7 nicht. Dort muss man über das Menü *Drucken* gehen, um über die Schaltfläche *Einstellungen* die Einstellungen des Druckers beeinflussen zu können. Andererseits kann im Dialog *Seite einrichten* von WordPad 7 durch ein Häkchen vor *Seitennummern drucken* dafür gesorgt werden, dass der Ausdruck Seitenzahlen bekommt.

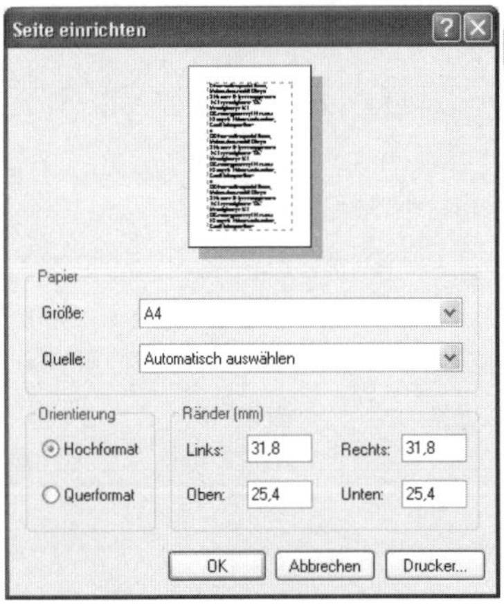

Windows XP

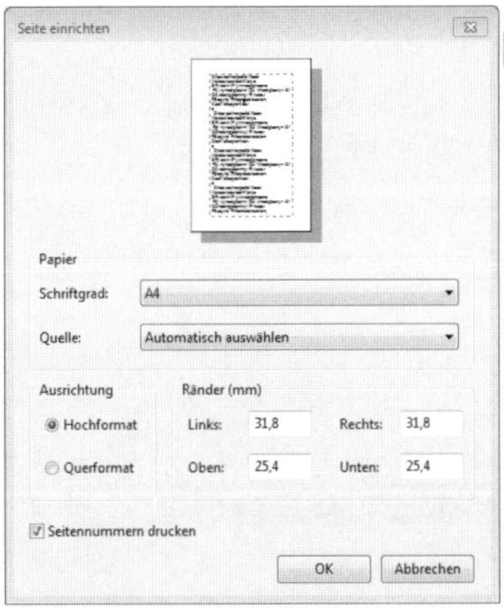

Windows 7

Seite einrichten *in WordPad XP*

Der Dialog Seite einrichten *in WordPad 7*

Einfügen von Objekten in das Textdokument realisieren Sie in WordPad XP über *Einfügen > Objekt*. Im Dialog *Objekt einfügen* können Sie wählen, ob Sie ein Objekt *Neu erstellen* wollen (bei *Objekttyp* wählen Sie dann aus, mit welchem Programm) oder ob Sie aus einer Datei das Objekt in den Text einfügen möchten.

Leider werden nur *.bmp*-Dateien (Bitmap-Grafiken) tatsächlich im Text angezeigt und gedruckt. Wird beispielsweise eine *.jpg*-Datei über diesen Dialog eingefügt, so ist nur der Dateiname zu sehen, nicht das Bild selbst.

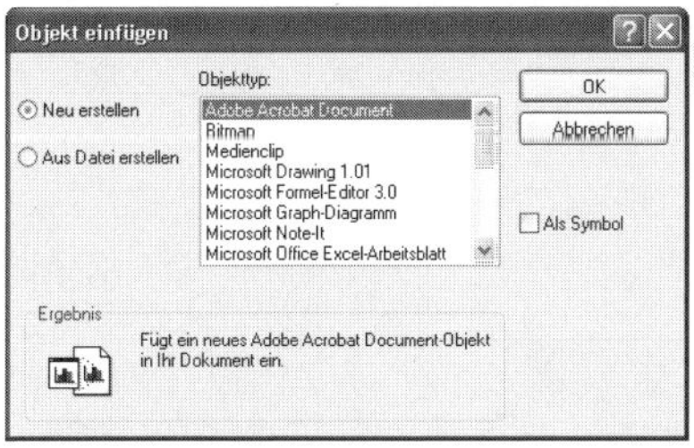

Windows XP

Es können direkt im WordPad-Dokument Objekte anderer Programme erstellt werden.

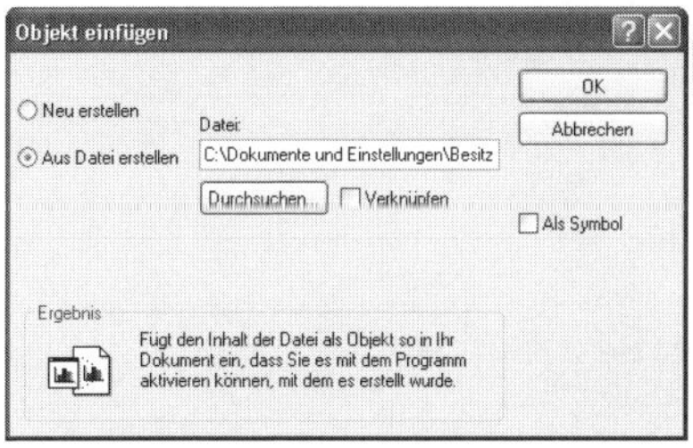

Windows XP

Dateien lassen sich zwar integrieren, aber nicht immer in einer sinnvollen Form.

In WordPad 7 sieht es auf den ersten Blick nicht viel anders aus. Was eingefügt werden kann, ist im Register *Start* der Multifunktionsleiste vermerkt: *Datum und Uhrzeit*, *Bild*, *Paint-Zeichnung*. Klicken Sie auf die kleine Pfeilschaltfläche direkt neben der Bezeichnung *Einfügen*, öffnet sich ein Dialog, wie Sie ihn ähnlich aus Windows XP kennen.

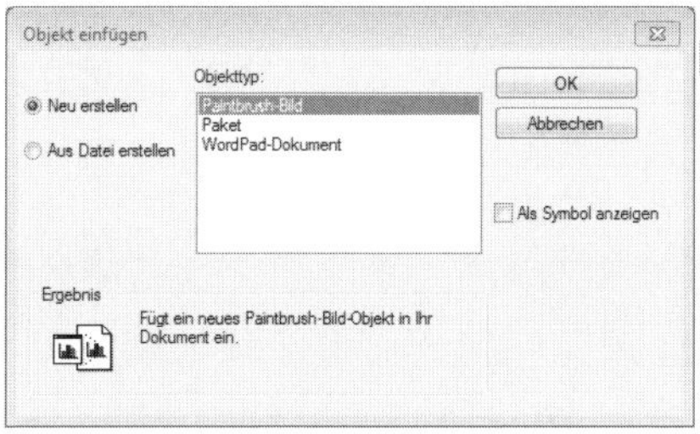

Windows 7

Objekte lassen sich auch in WordPad 7-Dokumente einfügen.

Interessanter wird es, wenn in der Multifunktionsleiste das Menü bei *Bild* ausgeklappt wird. Da zeigt sich nämlich unter dem Menüpunkt *Bild*, dass neben *.BMP (Bitmap) auch *.JPG; *.GIF; *.EMF; *.WMF; *.TIFF; *.PNG und *.ICO geladen und angezeigt werden können. Und ein Bild mit diesen Dateiformaten wird auch in einem WordPad 7-Dokument angezeigt. Mit den beiden Befehlen *Bild ersetzen* (ein anderes, als das vorhanden Bild an dieser Stelle einsetzen) und *Bildgröße ändern* können die Bilder im Dokument auch noch angepasst werden.

Windows 7

Nun lassen sich auch Bilder in einem WordPad-Dokument einfügen.

Über *Einfügen > Datum und Uhrzeit* lassen sich an der Cursorposition im Dokument das aktuelle Datum und/oder die aktuelle Zeit einsetzen. Dabei kann aus mehreren Formaten ausgewählt werden. In WordPad 7 werden diese Formate über die gleichlautende Schaltfläche in der Multifunktionsleiste erreicht. Sonst unterscheiden sich die Programme in dieser Hinsicht kaum.

Windows XP

Für das Einsetzen von Datum und Uhrzeit stehen in WordPad XP mehrere Formate zur Verfügung.

Neu ist in WordPad 7, dass die Einzüge über Schaltflächen in der Multifunktionsleiste gut zu erreichen sind. Quasi per Mausklick regeln Sie die Einzüge des Absatzes, in dem der Cursor steht. Möchten Sie mehrere Absätze gemeinsam mit Einzügen versehen, so markieren Sie die Absätze und klicken dann auf die Schaltfläche, um einen Einzug zu erzeugen (oder zu verringern).

Tipp

Aus einer Schaltfläche neben den Schaltflächen für Absatzausrichtungen lassen sich auch die Zeilenabstände auswählen.

WordPad 7 bietet die gleiche Funktionalität in neuem Gewand.

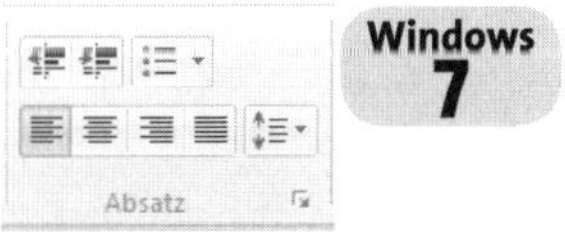

Absatzformatierung ist in WordPad 7 nur eine Sache von wenigen Mausklicks.

Eine schöne Neuerung bieten die Aufzählungszeichen. In WordPad XP steht nur ein Typ zur Verfügung, der über die gleichnamige Schaltfläche (die letzte in der Formatierungsleiste) einem Absatz zugewiesen wird. WordPad 7 bringt eine Liste, aus der aus sechs Varianten ausgewählt werden kann.

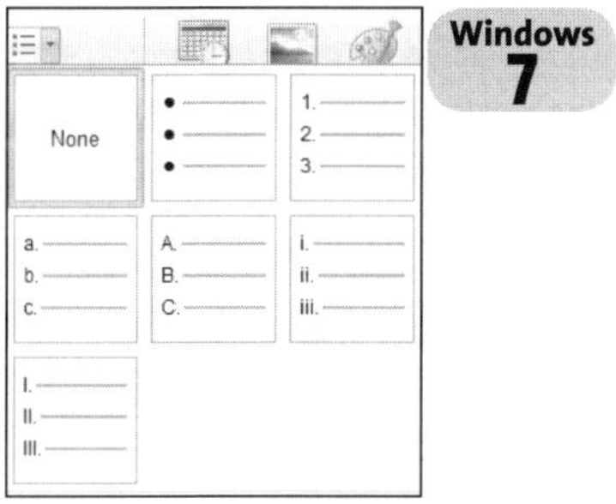

WordPad 7 stellt eine Liste mit Aufzählungszeichenvarianten zur Verfügung.

WordPad bietet bei beiden Windows-Versionen eine kleine Textverarbeitung, mit der sich grundlegende Textaufgaben realisieren lassen. Textformatierung ist begrenzt möglich und durch die gängigen Datenformate ist auch ein Austausch mit anderen Programmen möglich. WordPad in Windows 7 ist etwas aufgebessert worden, kann nun auch mit Bildobjekten unterschiedlicher Grafikdateitypen umgehen und bietet eine modernere Oberfläche. Für gängige Aufgaben (Briefe, einfache, nicht zu umfangreiche Berichte etc.) ist diese Anwendung ausreichend und sticht durch die einfache Bedienung hervor.

Wer umfangreiche Dokumente erstellen muss und dabei auch auf anspruchsvollere Formatierung zurückgreifen muss (Kopf- und Fußzeilen, Überschriftenhierarchien, Stichwortverzeichnis, individuelle Bildintegration in den Text usw.), der kommt nicht umhin, sich eine richtige Textverarbeitung zu beschaffen.

Grafik, Bildbearbeitung, Bildverwaltung

Der Computer ist schon lange nichts mehr für reine Texte und dröge Zahlen. Mit verbesserten Möglichkeiten, Bilder in WordPad einzubinden hat Microsoft dem bei Windwos 7 (eigentlich schon bei Windows Vista) Rechnung getragen. Aber das kann ja noch nicht alles sein in Zeiten, wo zwar die Digitalkamera noch nicht mit dem Benutzer verwachsen ist, zumindest aber schon mit seinem Handy, darf da eigentlich ein entsprechendes Tool zum Betriebssystem nicht fehlen.

Zeichenprogramm Paint

Microsoft gibt seinem Betriebssystem schon seit Anbeginn das Malprogramm Paint mit. Es enthält rudimentäre Werkzeuge, um Zeichnungen anzufertigen. Auch Fotos können geladen werden. Paint versteht .BMP (das ist das Standardformat), .JPEG, .GIF, .TIFF, .PNG und .ICO.

Bildbearbeitung unter Windows XP ist mit folgenden Optionen möglich:

- ***Drehen/Spiegeln:*** Es kann *Horizontal* oder *Vertikal* gespiegelt werden und auch das Drehen in einem vorgegebenen Winkel ist möglich. Freies Einstellen ist nicht vorgesehen.
- ***Strecken/Zerren:*** Hier sind freie Angaben in Prozent (%) und Grad möglich.
- ***Farben umkehren:*** Macht aus einem Farbbild quasi ein Negativ.

Windows XP

Aus einem Farbfoto wird durch einen einfachen Menübefehl schnell ein Negativ erstellt.

Auch Paint in Windows 7 hat hier keine neuen Funktionen dazu bekommen. Allerdings sind die, ähnlich WordPad, nun nicht mehr in eine Menüstruktur eingebunden, sondern auf einer Multifunktionsleiste (Ribbon) angeordnet. Im Bereich *Bild* befinden sich die Werkzeuge, die bei Paint in Windows XP im Menü *Bild* zu finden sind, mit Ausnahme des Dialogs *Attribute* (Paint XP), das nun über das erste Register und den Punkt *Bildeigenschaften* zu finden ist. In beiden Fällen können die Maßeinheiten (Zoll/cm/Pixel) eingestellt und von Farbe auf Schwarzweiß (oder umgekehrt) umgestellt werden. Außerdem lassen sich Höhe und Breite des Bildes Pixel/Zoll/cm-genau einstellen.

Windows 7

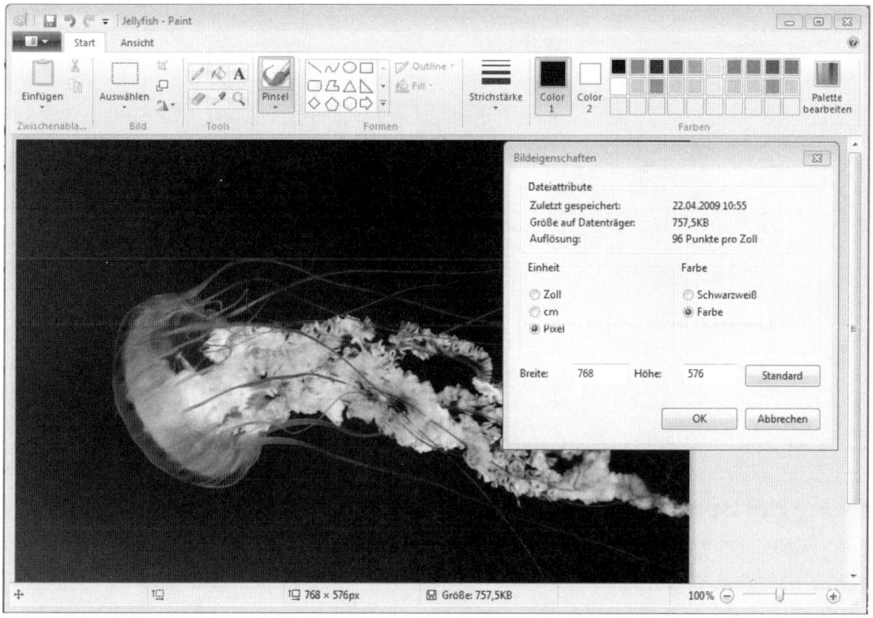

Die Attribute sind nun über das Menü Bildeigenschaften *einzustellen.*

Warnung

Leider hat Microsoft die Tastenkurzbefehle geändert. Wurde die Funktion *Strecken/Zerren* in Paint unter Windows XP noch mit Strg + K aufgerufen, muss unter Windows 7 nun Strg + W benutzt werden. Ebenso wird *Gesamtbild* mit Strg + G aufgerufen, das *Vollbild* (gleiche Funktion) unter Windows 7 mit der Funktionstaste F11. Prüfen Sie also besser vor Einsatz einer bekannten Tastenkombination, ob die auch in Windows 7 noch gleichermaßen funktioniert. Halten Sie den Mauscursor einen Augenblick auf eine Schaltfläche, so wird in einer Quickinfo eine knappe Erklärung und gegebenenfalls auch der Tastenkurzbefehl angezeigt.

Die Zeichenwerkzeuge sind im Prinzip auch die gleichen geblieben. Wurden sie unter Windows XP in einer Toolbox am linken Rand angeboten, so finden sie sich unter Windows 7 in der Multifunktionsleiste. Es sind die gleichen Werkzeuge geblieben. Lediglich bei den Formen sind einige hinzugekommen.

Paint eignet sich für eine schnelle Skizze, für das Hinzufügen von Elementen in einem Foto (erklärendes Wort, Pfeil oder Markierung), kaum aber für professionelle Zeichnungen, zumal es auch pixelorientiert und nicht mit Vektoren arbeitet. Professionelle Anwender müssen dazu auf Programme wie Illustrator oder Freehand ausweichen.

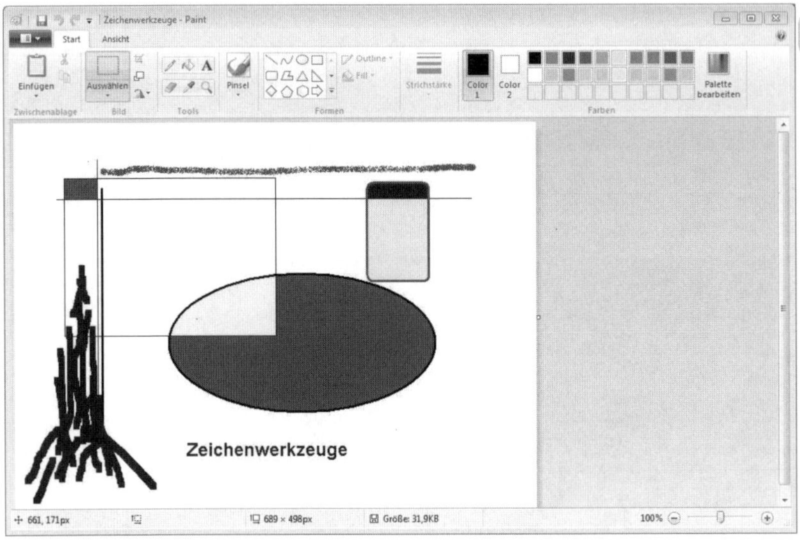

Windows 7

Die Zeichenwerkzeuge von Paint *in Windows 7 unterscheiden sich von der früheren Version kaum.*

Bildverwaltung mit Bordmitteln

Haben Sie viele Fotos von Ihrer Digitalkamera auf Ihren Computer geladen, so geht die Übersicht schnell verloren. Windows erkennt nun bereits im Explorer, ob die Dateien Bilddateien sind oder nicht. Bilder können in einer Vorschau angezeigt werden. Von dort aus kann man Abzüge bestellen und das Bild auf dem Drucker ausgeben.

In Windows XP wählen Sie:

Start > Eigene Bilder

Nach dem Öffnen des Dialogs können Sie durch die Bildersammlung blättern oder über die Schaltfläche *Ordner* (oben) oder über *Andere Orte* (links) weitere Bilder auf Ihrer Festplatte suchen und darstellen.

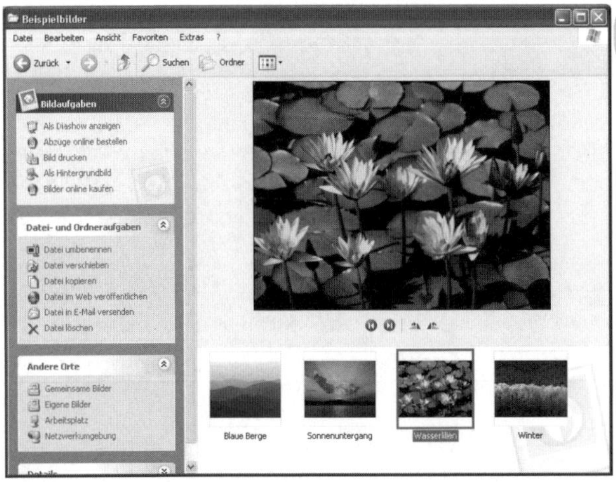

Windows XP

Durch die Bildersammlung lässt sich bequem unter Windows XP blättern.

Klicken Sie auf *Bild drucken* (links unter *Bildaufgaben*), so wird ein Assistent gestartet, der Ihnen das komfortable Ausdrucken der Bilder ermöglicht. Sie können alle Einstellungen bequem im Dialog vornehmen, bevor der Fotodruck-Assistent das Bild an den Drucker schickt.

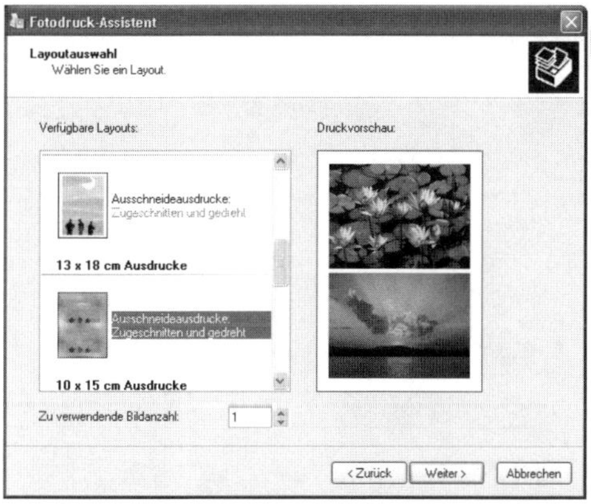

Windows XP

Der Fotodruck-Assistent hilft beim Ausdrucken der Fotos.

In Windows 7 funktioniert das ähnlich. Wählen Sie die *Bibliothek 'Bilder'* an, können Sie sich über die Vorschau in die Bilder hineinzoomen und durch die ausgewählte Bibliothek blättern.

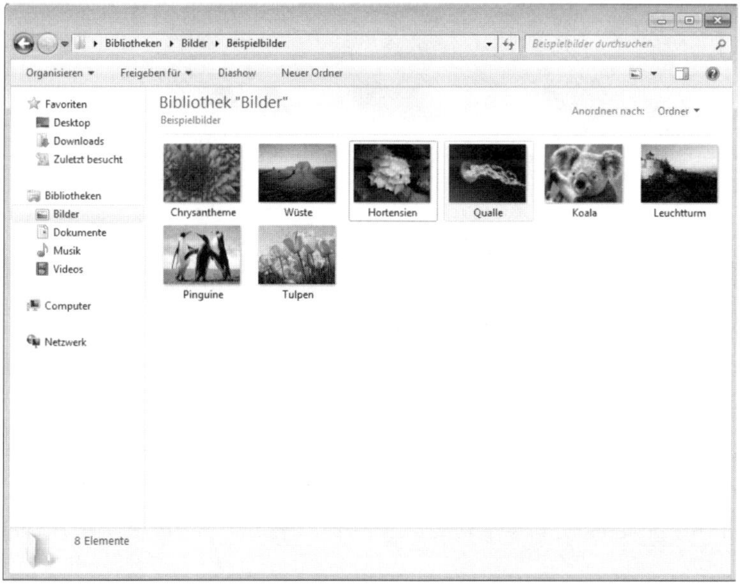

Windows 7

Die Bibliothek Bilder *in Windows 7*

Über *Brennen* können Fotos auf CD oder DVD gebrannt werden. Allerdings funktioniert das nur auf Computern, die DirectX9 und die Windows Display Driver Model (WDDM) installiert haben.

Neue Funktionen sind nicht hinzugekommen. Bildbearbeitungsfunktionen (zum Beispiel zur Anpassung der Helligkeit) fehlen nach wie vor.

Tipp

Laden Sie sich jedoch die Windows Live Fotogalerie von der Microsoft Homepage herunter, dann stehen Ihnen erweiterte Bildbearbeitungsfunktionen zur Verfügung. Sie können Farben anpassen, rote Augen entfernen, Bilder zuschneiden und noch einiges mehr. Sie finden diese Fotogalerie unter *http://photos.live.com/*. Näheres zur Installation erfahren Sie in Kapitel 6: *Mit Windows 7 im Internet unterwegs* und 9: *Mit Fotos arbeiten*.

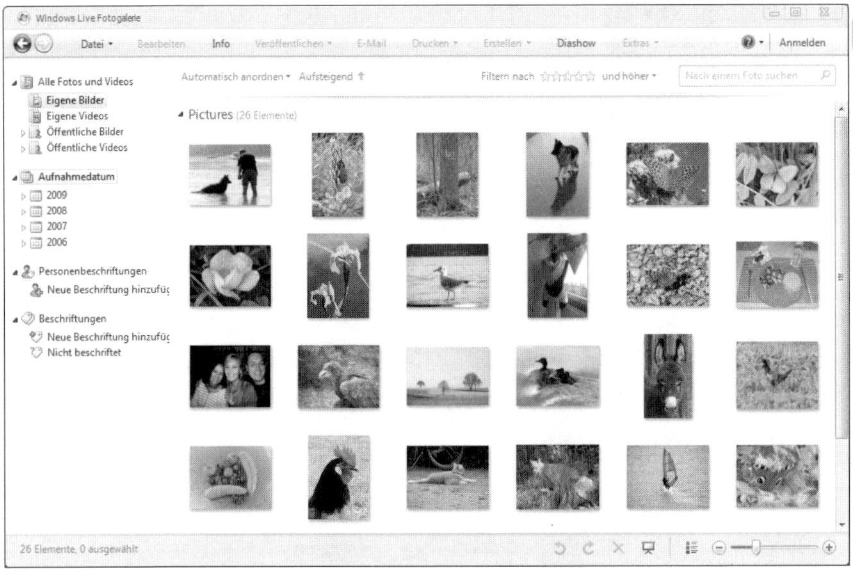

Windows 7

Die Windows Live Fotogalerie *hat mehr zu bieten als die Standardanwendungen von Windows 7.*

Snipping Tool

Will man in Windows XP ein Bildschirmfoto machen, so muss man die Druck-Taste drücken und dann den Inhalt der Zwischenablage in ein Grafikprogramm laden (etwa Paint) und weiter bearbeiten.

Windows 7-Anwender haben es da leichter. Sie starten über

1. *Start > Alle Programme > Zubehör > Snipping Tool.*
2. Öffnen Sie die Liste bei *Neu*.
3. Wählen Sie die passende Option.

Sie können nun unter folgenden Möglichkeiten wählen:

- ***Freies Ausschneiden:*** Sie ziehen eine Linie um das auszuschneidende Objekt (etwa um den Guppy auf dem Desktop).
- ***Rechteckiges Ausschneiden:*** Sie ziehen ein Rechteck um den auszuschneidenden Bereich.
- ***Fenster ausschneiden:*** Sie klicken ein Fenster an, das Sie abfotografiert haben möchten.
- ***Vollbild ausschneiden:*** Automatisch wird der komplette Bildschirm abfotografiert. Diese Funktion entspricht in etwa dem Vorgehen mit der Druck-Taste unter Windows XP:

Über *Neu > Speichern unter* kann man anschließend das Bildschirmfoto als .JPG, .PNG, .GIF oder in eine .HTML-Datei abspeichern.

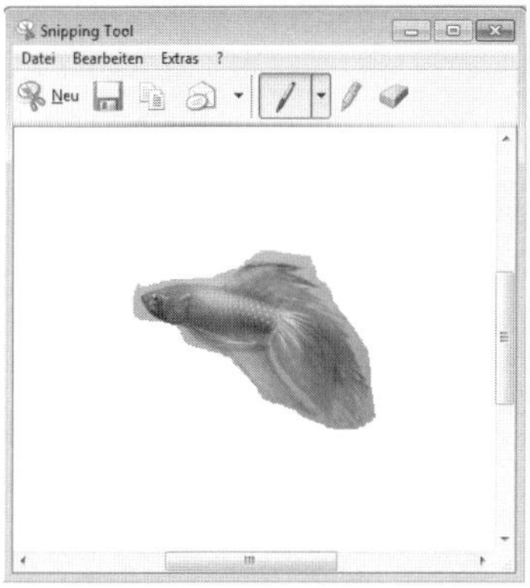

Das Snipping Tool *hilft beim Ausschneiden von Bildschirminhalten.*

Was es sonst noch gibt

In Windows XP und Windows 7 finden sich noch einige weitere kleine Programme, die hier nur kurz vorgestellt werden sollen.

Windows Movie Maker

Mit dem *Windows Movie Maker* stellen Sie Ihre eigenen Filme zusammen. Und das ist so einfach, dass es fast keiner großen Erklärung bedarf. Sie ziehen Ihre Filmclips in das Storyboard (das ist die Leiste unten mit den leeren Feldern) und ordnen sie passend an. Danach bearbeiten Sie diese mit den Mitteln des Programms. Die Navigationsleiste am linken Rand gibt Ihnen die Reihenfolge vor und zeigt weitere Hilfestellungen an.

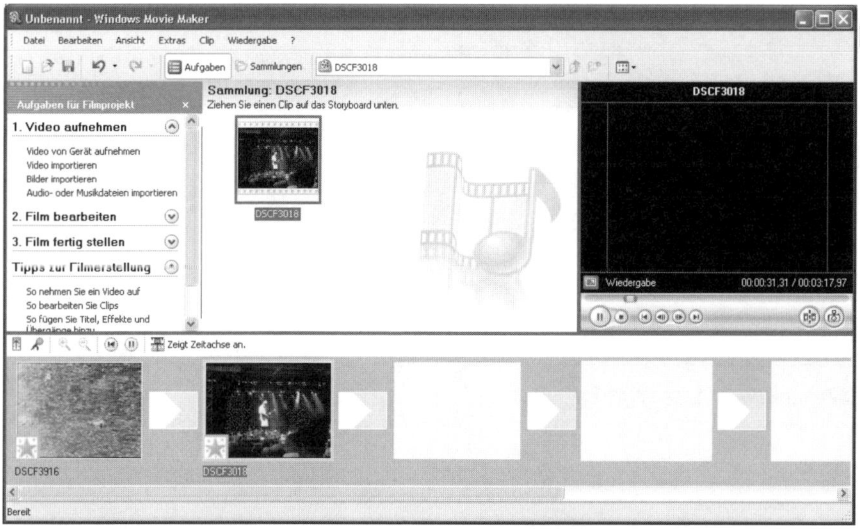

Ein eigener Film ist mit Windows XP-Bordmitteln schnell erstellt.

In Windows 7 wurde der Movie Maker nicht integriert. Hier müssen Sie den *Windows Live Movie Maker* zusätzlich herunterladen (siehe Hinweis zum Windows Live Fotogalerie sowie ausführlichere

Anleitungen zur Installation in Kapitel 6: *Mit Windows 7 im Internet unterwegs* und 9: *Mit Fotos arbeiten*.

Rechnen mit Windows

Eine Tabellenkalkulation enthält Windows 7 standardmäßig nicht, aber einen Rechner schon. Auf den ersten Blick sieht der Rechner dürftig aus. Da kann vermutlich Ihr Taschenrechner mehr. Aber wählen Sie einmal *Ansicht > Wissenschaftlich*. Sogleich verändert sich der Rechner und bietet deutlich mehr Optionen. Für den Alltag und einfache Rechnungen dürfte aber die kleine Variante reichen.

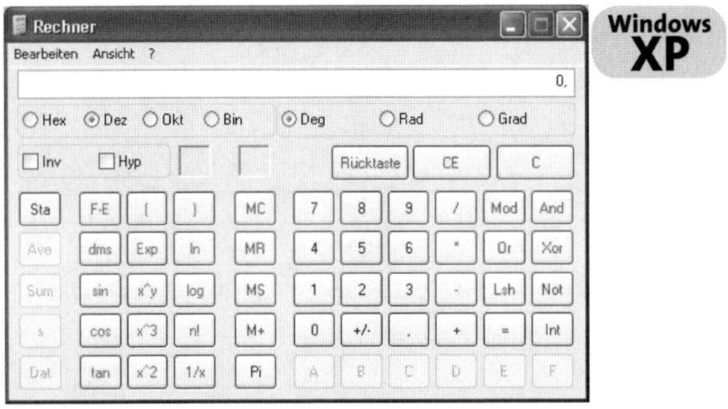

Windows XP verbirgt hinter dem kleinen Rechner einen kompletten wissenschaftlichen Taschenrechner.

Windows 7 enthält den Rechner ebenfalls. Aber hinter der Fassade verbergen sich nicht nur ein wissenschaftlicher Rechner, sondern auch einer für Programmierer und ein weiterer für Statistiker. Damit ist der Rechner zu einem kleinen Werkzeug mutiert, das unterschiedlichen Anforderungen gerecht werden kann.

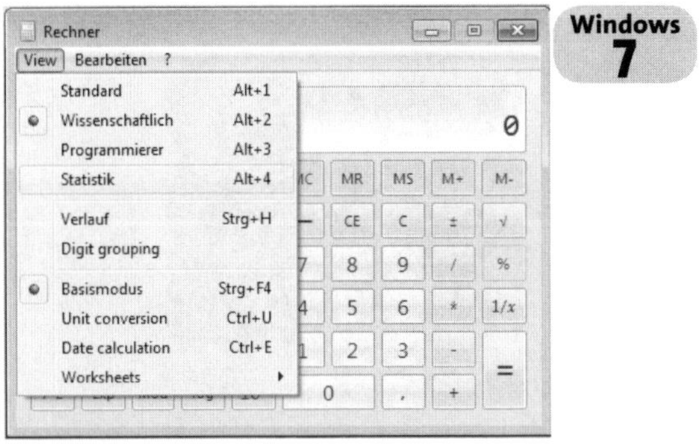

Der Rechner in Windows 7 ist vielseitiger geworden.

Windows 7 enthält ein kleines Programm, das recht interessant für die Gestaltung mathematischer Formeln ist. Über *Start > Alle Programme > Zubehör* öffnen Sie das Programm *Mathematik Eingabebereich*. Klicken Sie einmal in das gelbe Fenster, in dem *Math. Ausdruck hier einfügen* steht. Nun klappen einige Schaltflächen aus, von denen *Schreiben* bereits aktiv ist. Sie können nun direkt in das leere Feld Ihre Formel schreiben. Sie werden dann sehen, wie Ihre krakelige Schrift im Anzeigefeld darüber in eine Formel übersetzt wird. Wenn man ein wenig geübt hat, geht die Formelerstellung ziemlich schnell.

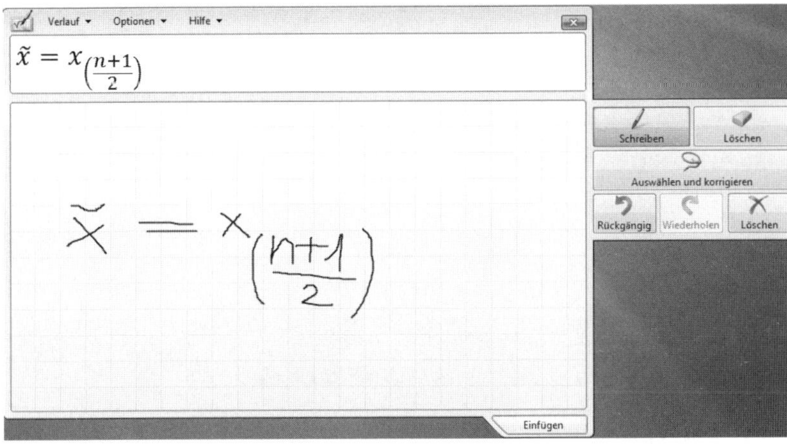

Windows 7

Formeln werden aus krakeliger Handschrift in korrekte Schreibweise übersetzt.

Spiele

Dass ein Computer nicht nur zum Arbeiten taugt, versorgt eine ganze Softwareindustrie. Kaum einer anderen Sparte geht es so gut, wie die der Computerspiele. Ein paar kleinere Spiele bringt Windows 7 mit. Über *Start > Alle Programme > Spiele* kann in beiden Versionen der Ordner geöffnet werden, der die Spiele enthält. Windows XP enthält schon einige Spiele, Windows 7 noch ein paar mehr.

Windows XP	**Windows 7**
Freecell	Freecell
Hearts	Hearts
Minesweeper	Minesweeper
Pinball	–
Solitär	Solitär
Spider Solitär	Spider Solitär
Internet-Backgammon	Internet-Backgammon
Internet-Dame	Internet-Dame
Internet-Hearts	–
Internet-Reversi	–
Internet-Spades	Internet-Spades
–	Chess Titans
–	Mahjong Titans
–	Purble Place

Die Spiele unter Windows XP und 7

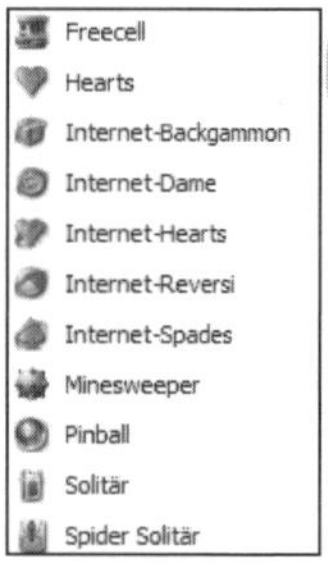

Windows XP

Die Spielesammlung unter Windows XP

Hier gibt es unter anderem eine Simulation von Pinball, einem Flipperspiel.

Windows XP

3D-Pinball aus Windows XP

Das Pinball-Spiel ist z. B. in Windows 7 nicht mehr dabei, aber einige alte Bekannte wie Solitär, Freecell oder Hearts sind in neuem Gewand enthalten.

Windows 7

Die Spielesammlung von Windows 7

Die altbekannten Spiele, die Sie auch unter Windows 7 finden, sind:

- *Solitär*
- *Spider Solitär*
- *Freecell*
- *Hearts*
- *Minesweeper*

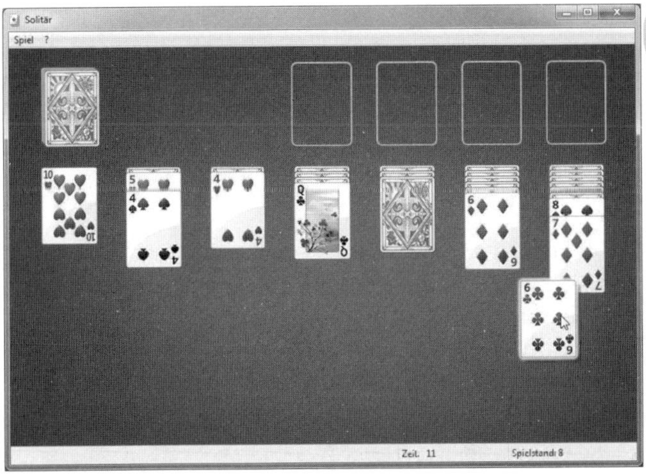

Windows 7

Das klassische Solitär *ist natürlich auch in Windows 7 dabei.*

Es finden sich auch einige neue Spiele, die Sie als XP-Anwender noch nicht kennen. Diese neuen Spiele sind enthalten:

- ***Chess Titans:*** Ein Schachspiel, das in zehn Spielstufen genutzt werden kann und bei dem sich das Design aus verschiedenen Vorgaben auswählen lässt: Ein Spiel lässt sich gegen den Computer spielen, aber auch gegen einen zweiten Spieler.

Windows 7

Chess Titans *ist ein Schachspiel, das es in sich hat.*

- ***Mahjong Titans:*** Ein Mahjong-Spiel mit diversen Spielvarianten und Layouts der Steine.
- ***Purble Place:*** *Purble Place* ist eine Spielesammlung, die für Kinder gut geeignet ist. Die Sammlung umfasst die Spiele *Purble Pairs*, *Comfy Cakes* und *Purble Shop.*

Außerdem gibt es noch die Internet-Spiele *Spades*, *Dame* und *Backgammon*, die Sie schon unter XP kennen lernen konnten.

Neue Programme installieren und deinstallieren

Dass mit dem Betriebssystem alleine nicht sinnvoll zu arbeiten ist und die beigefügten Programme nicht lange ausreichen, ist sicherlich schnell festgestellt. Dann müssen weitere Anwendungen her. Vor der Benutzung müssen diese installiert werden.

Programme installieren

Ein Programm zu installieren, ist heute keine große Sache mehr. Im Prinzip verläuft es meistens so, dass ein Installationsprogramm von der CD oder DVD gestartet wird und wenn man alle Vorgaben, die in Dialogen abgefragt werden, gemacht hat, dann findet sich anschließend das Programm im arbeitsfähigem Zustand auf Ihrem Computer wieder. Sowohl bei Windows XP als auch unter Windows 7 startet eine Installationsroutine meist automatisch nach dem Einlegen der CD oder DVD.

Sollte die Installation nicht automatisch starten, öffnen Sie unter Windows 7 bitte über *Start > Computer* (unter Windows XP über *Start > Arbeitsplatz)* die Übersicht Ihrer Laufwerke und wechseln Sie mit einem Doppelklick auf das entsprechende CD- oder DVD-Laufwerk. Klicken Sie dort auf die Datei names *Setup* (oder *Install* oder *Start*, je nach Programm), die in der Regel die Endung *.exe* enthält. Führen Sie einen Doppelklick auf die *.exe*-Datei aus, und schon startet die Installation.

Ältere Software unter Windows 7 installieren

Einige Programme, die Sie unter Windows XP genutzt haben und unter Windows 7 weiter verwenden möchten, laufen vielleicht nicht ohne Weiteres aus dem neuen Betriebssystem. Mit dem Kompatibilitätsmodus für Windows XP können Sie hier aber Erfolg haben.

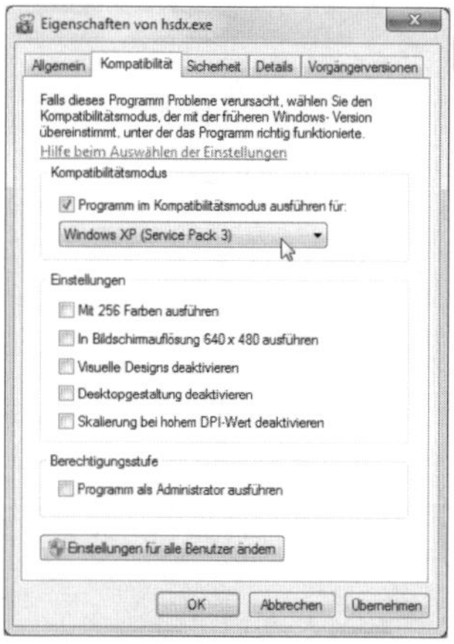

Windows 7

Mit dem Kompatibilitätsmodus *laufen viele Windows XP-Programme unter Windows 7.*

Um ein Programm in den Kompatibilitätsmodus zu versetzen, klicken Sie die Programmdatei mit der rechten Maustaste an und wählen die Option *Eigenschaften*. Klicken Sie dann die Registerkarte *Kompatibilität* an und aktivieren den *Kompatibilitätsmodus* für die Windows-Version, unter der das Programm bisher lief.

Falls das Programm damit immer noch nicht läuft, versuchen Sie es damit, den Kompatibilitätsmodus für eine noch ältere Windows-Version auszuwählen. Sollte das Programm danach immer noch nicht laufen, ist es möglich, dass es unter Windows 7 nur funktioniert, wenn Sie ihm Administratorrechte verleihen. Dazu setzen Sie einen Haken vor die Option *Programm als Administrator ausführen.*

Programme deinstallieren

Möchte man ein Programm wieder loswerden, so ist die Deinstallation nicht dadurch geleistet, dass man das Programm einfach löscht. An zu vielen Stellen hat das Programm Spuren hinterlassen, denen manuell kaum hinterhergeforscht werden kann. Deshalb liefern viele Hersteller bereits Deinstallationsroutinen mit. Liegt eine solche vor, so sollten Sie diese nutzen. Wenn nicht, gehen Sie folgende Wege.

Unter Windows XP ein Programm deinstallieren

Um unter Windows XP ein Programm wieder loszuwerden, führen Sie folgende Schritte durch:

1. Wählen Sie *Start* > *Systemsteuerung* > *Software.*
2. Suchen Sie das gewünschte Programm in der Liste der installierten Programme und aktivieren Sie es durch Anklicken.
3. Klicken Sie rechts auf die Schaltfläche *Entfernen*.
4. Bestätigen Sie die Sicherheitsabfrage mit *Ja*.

Windows XP

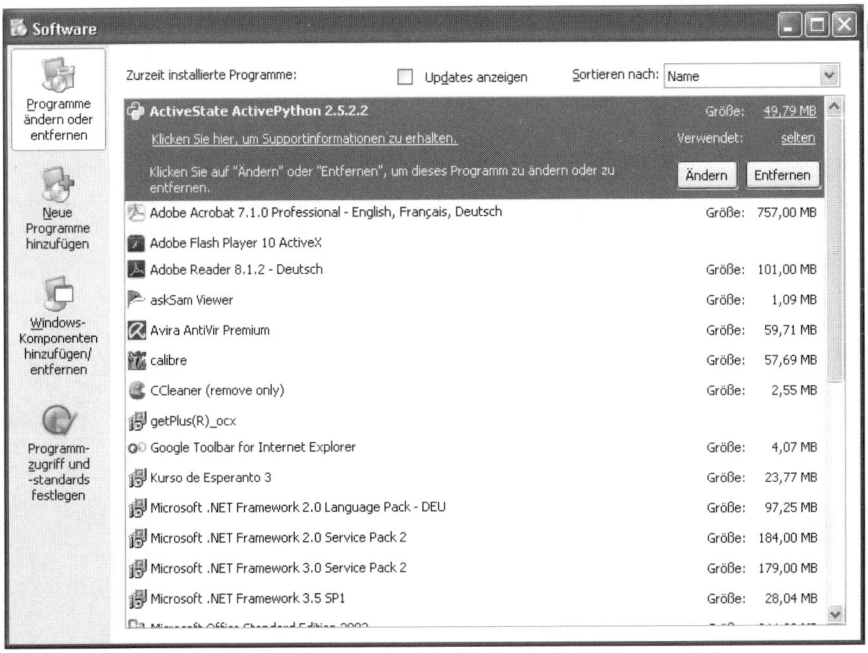

Die Deinstallation von Programmen wird über die Systemsteuerung *vorgenommen.*

Windows beginnt, das Programm vom Computer zu entfernen. Dabei werden nicht nur Programmdateien und Steuerdateien entfernt, sondern auch Einträge aus der Registry. Am Schluss sollten keine Spuren des Programms mehr auf dem Computer zu finden sein. Das klappt selten hundertprozentig, aber immer deutlich besser, als wenn Sie das von Hand erledigen.

Unter Windows 7 ein Programm deinstallieren

Die Deinstallation unter Windows 7 verläuft im Prinzip wie unter XP. Sie starten die Deinstallation über *Start > Systemsteuerung > Programme und Funktionen.* Im Fenster *Programme deinstallieren oder ändern* finden Sie eine Liste aller auf dem Rechner installierten Programme.

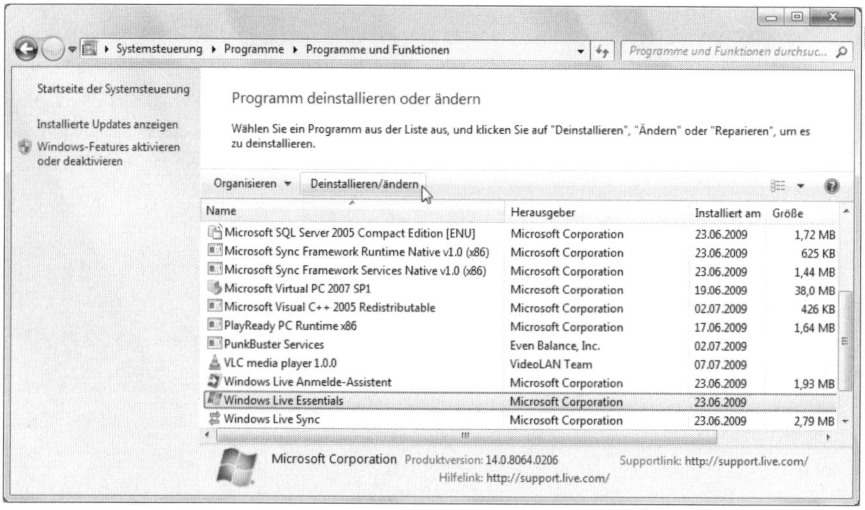

Windows XP

Wählen Sie aus, welches Programm entfernt werden soll.

Um ein Programm zu deinstallieren, wählen Sie es in der Liste aus, klicken auf die Schaltfläche *Deinstallieren* und folgen anschließend den Instruktionen auf dem Bildschirm. Wenn Sie ein Programmpaket wie z. B. die *Windows Live Essentials,* das nicht aus einem einzelnen, sondern aus mehreren Programmbausteinen besteht, deinstallieren möchten, erscheint stattdessen die Option *Deinstallieren/ändern* in der Menüleiste im Kopf des Fensters. Nach dem Aufruf der Deinstallationsroutine des Programmpakets können Sie dann entscheiden, ob Sie das komplette Paket oder lediglich einzelne Komponenten deinstallieren wollen.

Kapitel 5: Dateien und Ordner verwalten

Hardware, Betriebssystem und Software machen einen Computer erst nutzbar – interessant wird er aber erst mit den erstellten und gespeicherten Daten aller Art. Diese werden mit der Zeit immer mehr werden. Früher oder später entsteht ein Datenchaos, wenn man die Text-, Bild-, Audio-, Video- und andere Dokumente nicht organisiert. Windows 7 bringt ebenso wie Windows XP umfangreiche Funktionen zur Dateiorganisation mit – und macht zudem vieles leichter, als der Vorvorgänger. In diesem Kapitel erfahren Sie, was sich gegenüber Windows XP bei der Dateihandhabung geändert hat, was verbessert wurde und was neu hinzugekommen ist.

Grundlagen: Dateien

Bevor es mit der Dateiorganisation richtig losgeht, klären wir zunächst, was Dateien sind. Denn dieses Wissen ist schon die halbe Miete für eine erfolgreiche Dateihandhabung.

Hinweis

Der Begriff der Datei leitet sich von Daten, also erfassten Informationen ab. Datei ist eine Wortneuschöpfung des Deutschen Instituts für Normung (DIN) und wurde aus den Begriffen Daten und Kartei gebildet. Die englische Entsprechung ist *File*, was je nach Zusammenhang *Akte*, *Kartei* oder als Verb *ablegen*, *abheften* oder *katalogisieren* heißen kann.

Während man in der analogen Welt damit etwa Personendaten meint, die in Formularen erfasst, in Aktenordnern abgeheftet und ihrerseits dann in Regalen archiviert werden, bezeichnen Dateien in digitalen Systemen strukturierte Inhalte, die sich auf Speichermedien ablegen lassen. Diese Daten können in virtuellen Ordnern zusammengefasst und beispielsweise auf dem Desktop – dem Pendant zum realen Schreibtisch – abgelegt, kopiert oder verschoben werden. Dateien können etwa ganz banale Dinge wie einfache Texte, aber auch multimediale Inhalte wie Musik, Fotos oder Filme sein.

Windows-Explorer: Das Verwaltungszentrum

Die Zentrale zur Verwaltung der Dateien ist in Windows der *Windows-Explorer* – in früheren Windows-Versionen treffender *Datei-Manager* genannt.

Hier können Sie Dateien und Verzeichnisse erstellen, kopieren, verschieben, Programme starten, über das Netzwerk auf andere Computer zugreifen und vieles mehr.

Windows-Explorer starten

Den *Windows-Explorer* starten Sie entweder indem Sie in Windows 7 in der Taskleiste auf das gelbe Ordner-Symbol klicken oder, genauso wie in Windows XP, die Tastenkombination [Win] + [E] drücken.

Sind bereits *Windows-Explorer*-Fenster geöffnet, wird in Windows 7 beim Klick auf das Explorer-Icon ein kleines Menü mit den zur Auswahl stehenden Fenstern eingeblendet. Klicken Sie auf eines davon, um es in den Vordergrund zu holen.

Ein Rechtsklick auf das Ordner-Icon in der Windows 7-Taskleiste öffnet ein Kontextmenü, das weitere Optionen bereitstellt.

Außerdem finden Sie den *Windows-Explorer* unter *Startmenü > Alle Programme > Zubehör*.

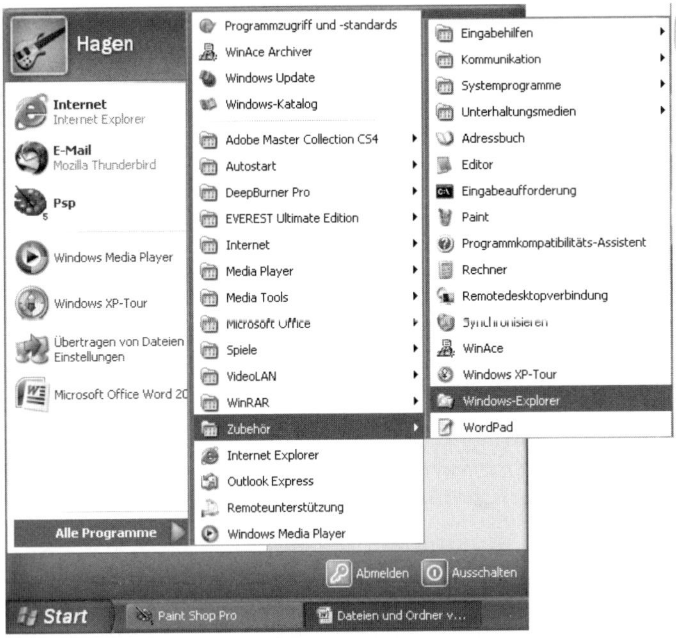

Windows XP

Der Windows-Explorer ist in Windows XP im Zubehör-*Ordner des Programmverzeichnisses zu finden.*

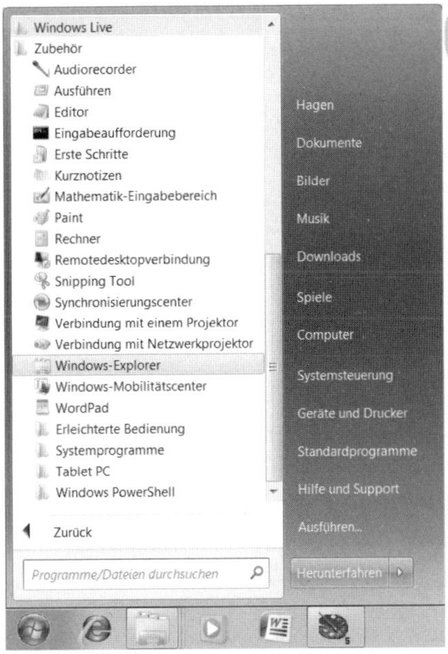

Windows 7

Auch in Windows 7 findet man den Windows-Explorer im Zubehör-*Ordner des Programmverzeichnisses.*

Das Explorer-Fenster

Im direkten Vergleich hat sich am Explorer-Fenster in Windows 7 gegenüber Windows XP einiges getan, aber es gibt auch Gemeinsamkeiten, die den Umstieg erleichtern.

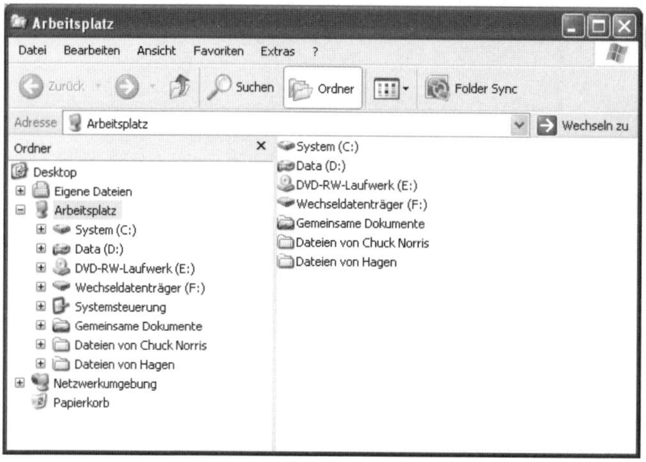

Windows XP

Am Grundaufbau des Explorer-Fensters hat sich auch zwei Betriebssystem-Generationen später ...

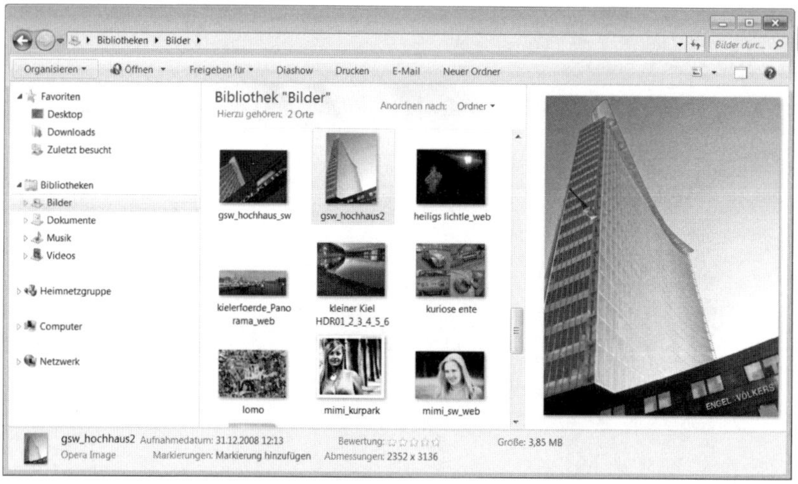

Windows 7

... nur wenig getan. Dennoch hat sich auch einiges geändert.

Die *Adressleiste* ist im Windows 7-Explorer ganz nach oben gewandert, links davon Schaltflächen zum Vor- oder Zurückspringen durch die zuletzt verwendeten Verzeichnisse. Die *Menüleiste* hingegen ist in Windows 7 zunächst nicht mehr zu sehen. Stattdessen gibt es nun eine *Aktionsleiste,* die nur Einträge enthält, die auch genutzt werden können. Mit ausgegrauten Menüeinträgen muss man sich nun nicht mehr herumärgern.

Links befindet sich nach wie vor der *Navigationsbereich*. Anders als in Windows XP wird dort nicht mehr nur ein Verzeichnisbaum dargestellt, sondern ist unterteilt in Favoriten, Bibliotheken, die Heimnetzgruppe, Computer und Netzwerk.

Den größten Teil des Windows-Explorer-Fensters nimmt auch in Windows 7 der *Ansichtsbereich* ein. Über *Organisieren > Layout* lässt sich dort ebenfalls ein *Vorschaufenster* einblenden, das den Inhalt einer Datei darstellen kann, sofern Windows das Format der Datei kennt.

Über den *Layout*-Eintrag im Menü *Organisieren* lassen sich außerdem auch weitere Fensterbereiche ein- oder ausblenden. Darunter auch die von Windows XP bekannte *Menüleiste* oder den *Detailbereich*, der weitere Informationen einer Datei darstellt.

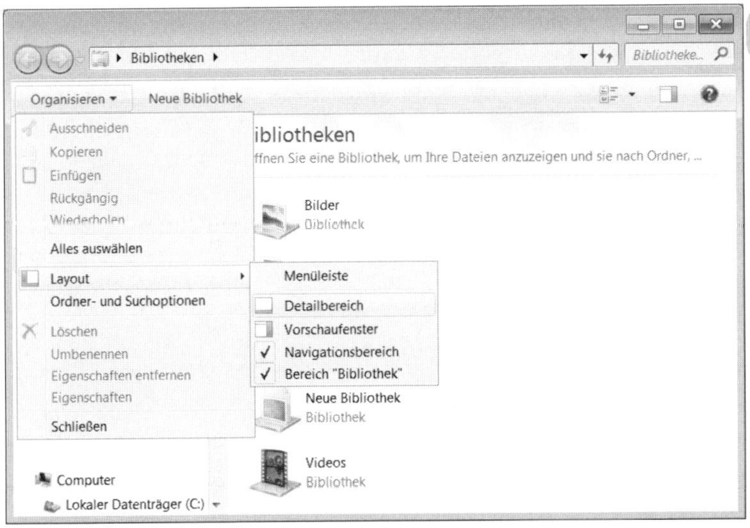

Windows 7

Über den Eintrag Layout *aus dem Menü* Organisieren *lassen sich verschiedene Bereiche des Explorers aus- oder einblenden.*

Die Datenstruktur in Windows

Dateitypen zu kennen, ist die halbe Miete einer erfolgreichen Dateiorganisation. Die andere Hälfte besteht darin, zu wissen, wie die Verzeichnisstruktur aufgebaut ist, die Windows zu Grunde liegt. Das Betriebssystem ist streng genommen nichts anderes als eine Anhäufung von Daten.

Damit die Datenflut nicht in einem unüberschaubaren Durcheinander ausartet, fasst man die Daten themen- oder aufgabenbasiert in so genannten Verzeichnissen – auch Ordner genannt – zusammen. Das lässt sich gut mit der Buchhaltung eines Unternehmens vergleichen: Im Laufe der Zeit häufen sich viele Unterlagen wie etwa Rechnungen an. Um da den Überblick zu behalten und bei Bedarf das Benötigte schnell wiederfinden zu können, heftet man die einzelnen Dokumente in Ordnern ab, die ihrerseits etwa nach Jahren, Monaten oder Kostenstellen sortiert in einem Regal verstaut werden. Ältere Dokumente, die aus steuerrechtlichen Gründen aufgehoben, sonst aber nicht mehr benötigt werden, wandern in ein Archiv.

Ganz ähnlich verhält es sich mit den Datei- und Verzeichnisstrukturen von Betriebssystemen. Zu Grunde liegt ein Stammverzeichnis, das seinerseits in keinem anderen Verzeichnis enthalten ist, jedoch alle anderen Verzeichnisse enthält. Dieses Verzeichnis wird allgemein als Wurzelverzeichnis bezeichnet. Die darin enthaltenen Daten sind ebenfalls in Verzeichnissen zusammengefasst, die ihrerseits wieder Verzeichnisse und Unterverzeichnisse enthalten.

Grafisch dargestellt ähnelt die Datenstruktur den Verästelungen einer Baumkrone, weshalb man auch vom Verzeichnisbaum spricht.

Über einen solchen Verzeichnisbaum verfügt jeder Datenträger, auf dem Daten in elektronischer Form gespeichert werden können. Das Wurzelverzeichnis von Windows trägt traditionell den Laufwerksnamen *C:*.

Will man nun den genauen Ablageort einer Datei angeben, muss man wissen, in welchem Verzeichnis diese Datei abgelegt ist. Dieses Verzeichnis ist möglicherweise ein Unterverzeichnis eines anderen – in der Verzeichnisstruktur höher gelegenen Verzeichnisses. Das heißt im Endeffekt, dass man ausgehend vom Wurzelverzeichnis alle zu öffnenden Ordner und Unterordner angeben muss, um letztendlich zur gewünschten Datei zu gelangen. Die 'Wegbeschreibung' durch die Verzeichnisstruktur wird im Fachjargon (Datei-) Pfad genannt.

Für die Angabe eines Pfades gibt es klare Regeln. So wie man Dateien an ihre Endungen erkennt, werden Verzeichnisse durch einen vorangestellten nach hinten abfallenden Schrägstrich (Backslash '\') gekennzeichnet. Bei den meisten anderen Betriebssystemen wird dazu einer entgegen gewöhnlicher Schreibweise gerichteter Schrägstrich verwendet. Überall, wo Sie in einer Wortfolge auf solche Schrägstriche treffen, weisen diese mit ziemlich großer Sicherheit auf eine Verzeichnisstruktur hin.

Ein typischer Dateipfad zu einer Textdatei unter Windows könnte etwa so aussehen:

C:\Dokumente und Einstellungen\Hagen\Eigene Dokumente\text.txt.

D.h. die Datei liegt auf der Windows-Festplatte im Verzeichnis *Eigene Dokumente* des Benutzerverzeichnisses *Hagen*.

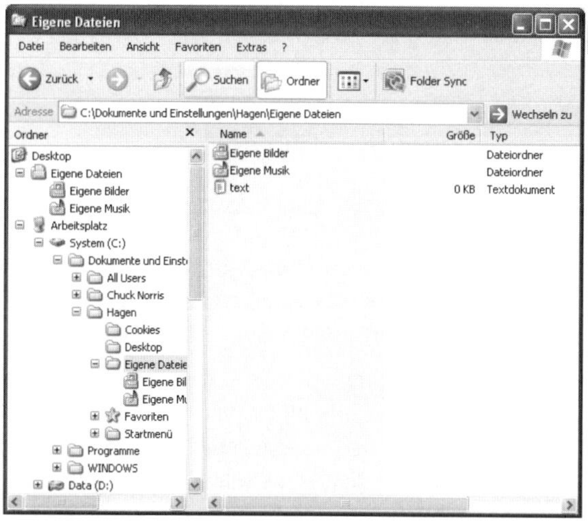

Windows XP

Im Windows XP-Explorer zeigt sich die Ordnerstruktur deutlich; oben in der Adresszeile der vollständige Dateipfad.

Während im Windows-Explorer von Windows XP der Dateipfad in der Adresszeile noch im Klartext – also durch Schrägstriche getrennt angezeigt wird, sind die einzelnen Verzeichnisse in Windows 7 durch dreieckige Pfeile gekennzeichnet. Klickt man in der Adresszeile im Windows 7-Explorer jedoch auf das Ordnersymbol ganz links in der Adresszeile, sind die Schrägstriche wieder da. Außerdem werden die Ordner nun mit dem englischen Originalnamen angegeben.

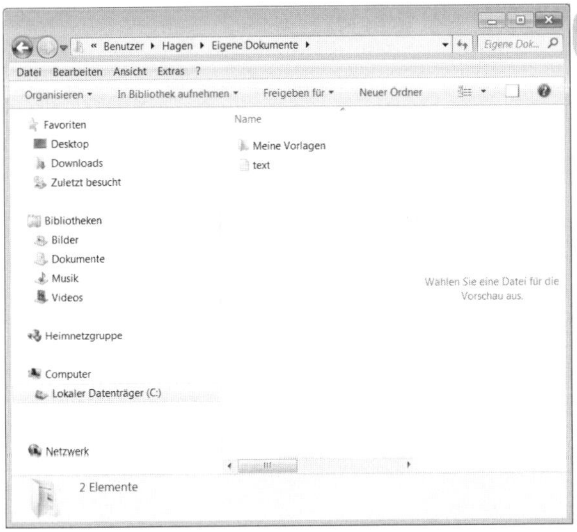

Windows 7

Im Windows 7-Explorer-Fenster hat Microsoft die zugrundeliegende Dateistruktur gut versteckt ...

Windows 7

... klickt man jedoch das Ordner-Icon in der Adresszeile an, wechselt die Pfadangabe in die aus Windows XP bekannte Form – allerdings mit englischen Ordnernamen.

Die neue Darstellung des Dateipfades hat Microsoft nicht etwa gewählt, weil es hübscher ausschaut, sondern weil so auch auf andere Unterverzeichnisse innerhalb eines Dateipfades zugegriffen werden kann.

Klickt man auf eines der Dreiecke innerhalb des Dateipfades in der Adresszeile, öffnet sich ein Ausklappmenü, das alle Unterverzeichnisse des übergeordneten Ordners auflistet. So kann innerhalb des Dateipfades gut zu anderen Verzeichnissen navigiert werden.

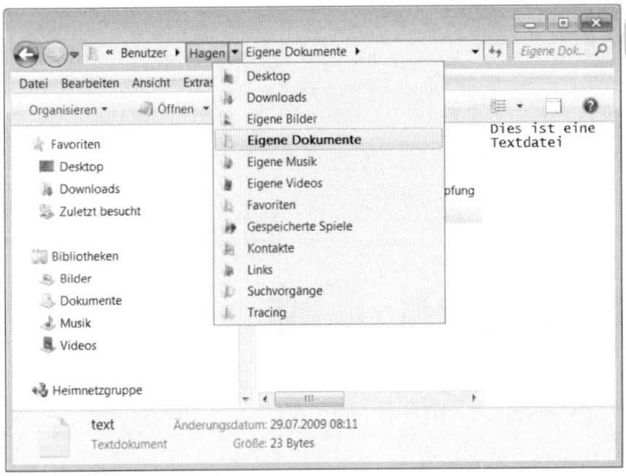

Windows 7

Die neue Darstellung des Dateipfades eröffnet neue Navigationsmöglichkeiten zwischen den Verzeichnissen.

Mit dem Windows-Explorer arbeiten

Genug der Theorie, jetzt geht es erst einmal mit einigen praktischen Dingen weiter.

Neue Dateien und Ordner erstellen

Auch wenn schon einige Ordner für Dateien wie Bilder, Filme und andere Dokumente bereitstehen, um ein Minimum an Ordnung zu gewährleisten, so ist es doch ratsam, Unterordner anzulegen, denn mit steigendem Datenaufkommen wird es zunehmend schwieriger werden, die gesuchten Daten zu finden. Neue Ordner lassen sich in Windows XP und Windows 7 gleichermaßen erstellen. Dazu gehen Sie folgendermaßen vor:

1. Starten Sie den Windows-Explorer.
2. Klicken Sie im Navigationsbereich auf *Bilder.*
3. Mit einem Rechtsklick im Ansichtsbereich rufen Sie das Kontextmenü auf.
4. Wählen Sie *Neu > Ordner.*
5. Geben Sie dem Ordner einen Namen. Sollte das Eingabefeld für die Ordner-Benennung verschwunden sein, können Sie es mit zwei Mausklicks auf den Ordnernamen (kein Doppelklick) oder über Rechtsklick > *Umbenennen* wieder aufrufen.

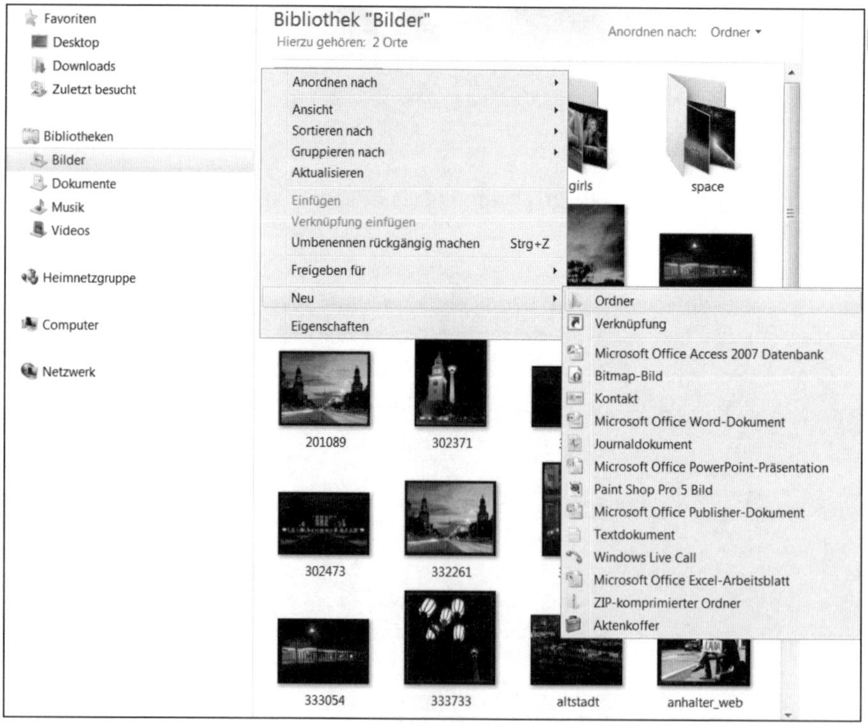

Windows 7

Über ein Kontextmenü können im Explorer neue Ordner erstellt werden.

Um einen Ordner oder eine Datei neu zu benennen, klicken Sie diese zweimal an.

Tipp

Alternativ lässt sich ein neuer Ordner auch über die Tastenkombination Strg + ⇧ + N erstellen. Das geht übrigens auch auf dem Desktop, da dieser eigentlich nichts anderes als ein Verzeichnis ist.

Neue Dateien lassen sich auf demselben Wege erstellen, nur dass Sie im Kontextmenü unter *Neu* nicht *Ordner,* sondern beispielsweise *Textdatei* wählen. Diese ist zunächst einmal leer. Um sie füllen zu können, müssen Sie diese in einem dazu geeigneten Programm öffnen. Über das per Rechtsklick erreichbare Kontextmenü und den Eintrag *Bearbeiten* starten Sie das Programm, das für diesen Dateityp als Standardprogramm vorgesehen ist. Das Programm zum Bearbeiten einer Datei können Sie auch mit Strg + ↵ starten, dazu muss die Datei zuvor jedoch durch Anklicken markiert worden sein.

Dateien und Ordner löschen

Dateien oder Ordner zu löschen, ist genauso einfach, wie das Erstellen derselben. Rufen Sie dazu einfach wieder das Kontextmenü auf, indem Sie die betreffende Datei oder das Verzeichnis mit der rechten Maustaste anklicken und wählen Sie im Kontextmenü den Eintrag *Löschen* aus.

Auch mit der Tastenkombination Strg + D können Sie Dateien und Verzeichnisse im Windows-Explorer löschen. Wichtig ist, dass Sie zuvor die zu löschende Datei per Mausklick markiert haben.

Dateien sicher löschen

Gelöschte Daten landen zunächst im Papierkorb, wo sie zwischengespeichert werden, bevor Sie den Papierkorb entleeren. Dazu klicken Sie den Papierkorb mit der rechten Maustaste an und wählen *Papierkorb leeren*. Alle Dateien, die sich im Papierkorb befanden, sind dann aber unwiderbringlich verloren.

Ob der Papierkorb voll oder leer ist, erkennt man schon am nett animierten Papierkorb-Icon.

Das war schon unter Windows XP so, nur nicht so hübsch.

Tipp

Sicheres Löschen ohne Umweg über den Papierkorb ist auch möglich, indem Sie die zu löschende Datei zunächst markieren und dann die Tastenkombination ⇧ + Entf drücken. Alternativ lässt sich der Papierkorb auch so einstellen, dass alle dorthin verschobenen Daten automatisch gelöscht werden. Die Funktion dazu finden Sie im Dialog *Allgemein*, den Sie mit Rechtsklick > *Eigenschaften* erreichen.

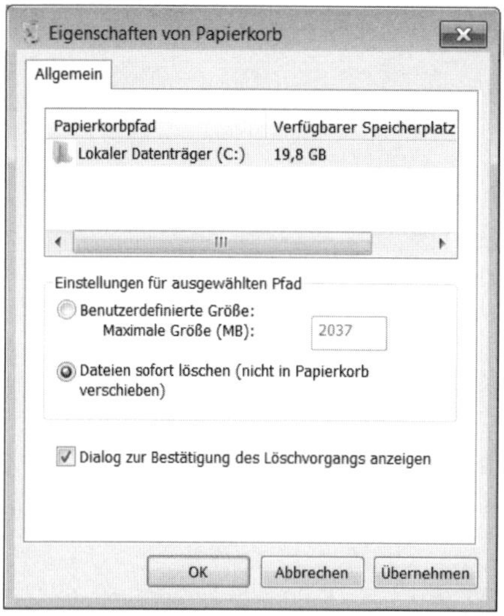

Windows 7

Ist diese Funktion aktiv, können Dateien aus dem Papierkorb nicht mehr gerettet werden.

Gelöschte Daten wiederherstellen

Sollten Sie versehentlich die falsche Datei gelöscht haben, lässt sich diese in den meisten Fällen mit der Tastenkombination Strg + Z wiederherstellen. Sollte die Löschaktion schon länger zurückliegen, finden Sie die Datei oder den Ordner noch im Papierkorb, der traditionell auf dem Desktop zu finden ist. Dort lässt sich die Datei über Rechtsklick > *Wiederherstellen* zurück an den Ursprungsort befördern.

Papierkorb wiederherstellen

Sollten Sie den Papierkorb nicht mehr finden, weil dieser versehentlich ausgeblendet worden ist, können Sie diesen wie folgt unter Windows 7 dorthin zurückbefördern:

1. Wählen Sie im Windows-Explorer den *Desktop* aus.
2. Rechtsklicken Sie im Ansichtsbereich auf eine freie Fläche.
3. Wählen Sie *Anpassen* und in der linken Seitenleiste *Desktopsymbole ändern* aus.
4. Setzen Sie ein Häkchen vor *Papierkorb.*

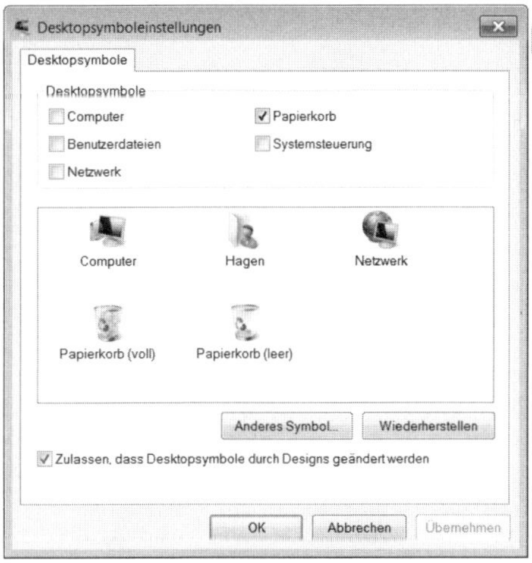

Windows 7

Sollten Sie den Papierkorb versehentlich vom Desktop ausgeblendet haben, können Sie diesen über das Anpassen-*Menü wieder einblenden.*

Dateien verschieben

Nachdem ein neuer Ordner erstellt und benannt wurde, kann dieser mit Dateien oder weiteren Verzeichnissen gefüllt werden. Dazu ziehen Sie die Dateien mit gedrückter Maustaste einfach auf den neuen Ordner.

Das geht am einfachsten, indem Sie zwei Explorer-Fenster nebeneinander anordnen und in einem Fenster den zu befüllenden Ordner und im anderen Fenster den Ordner mit den zu verschiebenden Dateien öffnen. Markieren Sie dann alle Dateien, die in den neuen Ordner bewegt werden sollen und ziehen diese dann in den Ansichtsbereich des anderen Explorer-Fensters mit dem zu füllenden Ordner.

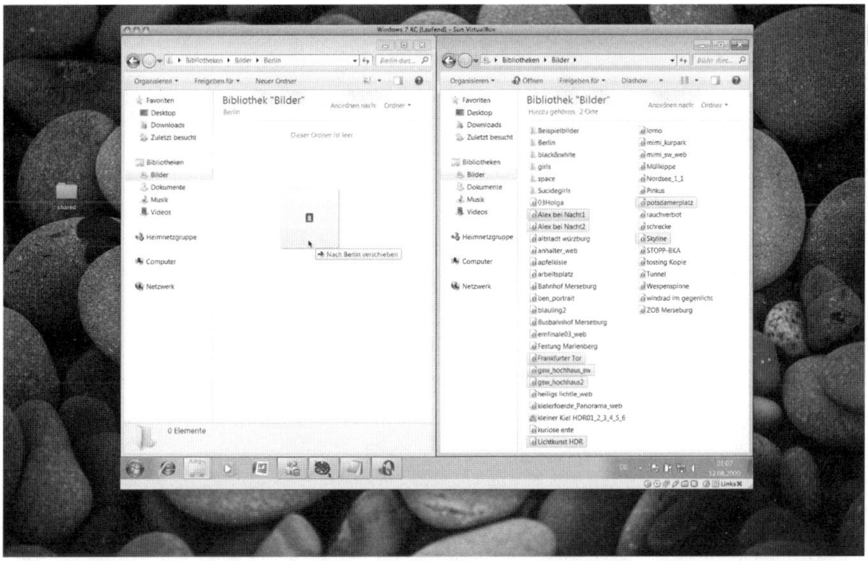

Windows 7

Dateien und Ordner lassen sich einfach per Klicken-und-Ziehen in andere Verzeichnisse verschieben.

Tipp

Windows 7 bringt eine neue Funktion zum Anordnen der Fenster mit, die Sie von Windows XP noch nicht kennen: Zieht man ein Fenster an einen der Bildschirmränder, passt es die Fenstergröße so an, dass das Fenster genau eine Hälfte des Bildschirms ausfüllt. Zieht man dann ein zweites Fenster an den anderen Bildschirmrand, füllen diese das Display komplett aus, ohne sich zu überlappen.

Dateien sortieren

Befinden sich in einem Ordner sehr viele Dateien, ist es mitunter schwierig, die genau gerade benötigte Datei zu finden. Dazu kann man dann auf die Suchfunktion ausweichen, oder die Dateien automatisiert vom Windows-Explorer sortieren lassen.

Schon in Windows XP ließen sich die Dateien über das Menü *Ansicht > Symbole anordnen nach* anhand von Name, Größe, Typ oder Änderungsdatum geordnet auflisten. In Windows 7 hat Microsoft die Sortierfunktionen nochmals ausgebaut.

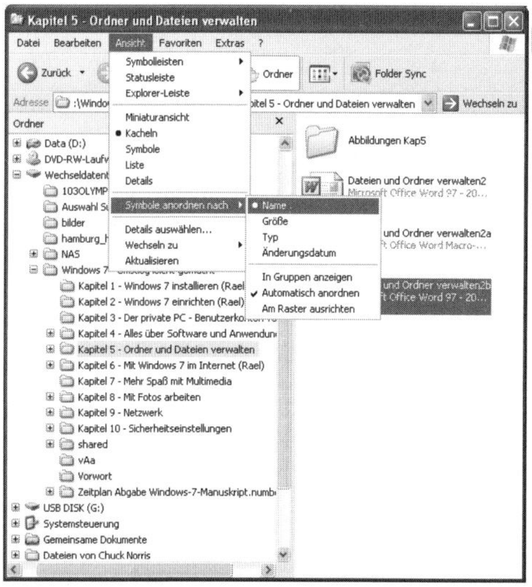

Windows XP

Die Sortierfunktionen in Windows XP

Eine erste Möglichkeit der Sortierung bietet die Wahl einer sinnvollen Darstellungsform der Daten im Ansichtsbereich. Dazu können Sie zwischen verschieden großen Miniaturansichten, der Darstellung in Listenform, einer Detailansicht, einer Darstellung in Karteiform und inhaltsbezogen wählen.

Die verschiedenen Darstellungsformen finden Sie im Menü *Ansicht*, das sich über *Organisieren > Layout* einblenden lässt. Außerdem können Sie ein Menü der Darstellungsformen über das Listen-Icon links in der Aktionsleiste einblenden lassen.

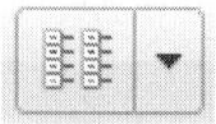

Windows 7

Über dieses Icon lassen sich verschiedene Darstellungsformen für den Ansichtsbereich des Explorer-Fensters einstellen.

Standardmäßig werden die Dateien und Ordner gemäß der Verzeichnisstruktur im Ansichtsbereich aufgelistet. Das heißt, ist ein Ordner geöffnet, sind dort alle darin enthaltenen Verzeichnisse und Dateien zu sehen. Über die Funktion *Anordnen nach*, rechts oben im Ansichtsbereich, können die im geöffneten Verzeichnis enthaltenen Dateien jedoch auch nach *Datum*, *Bewertung* oder nach *Markierungen* (Schlagwörter) aufgelistet werden.

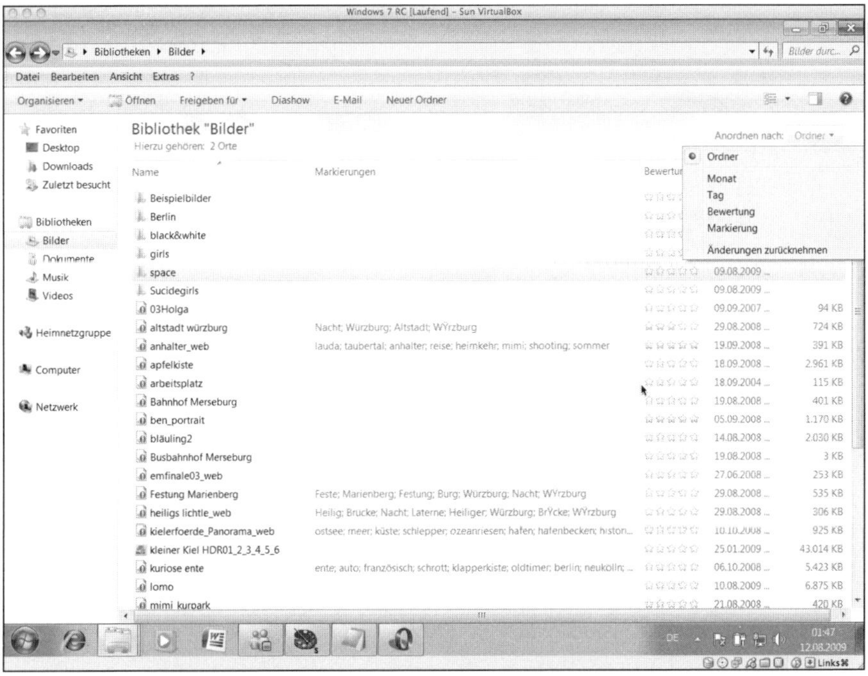

Windows 7

Findet man im allgemeinen Durcheinander eine Datei nicht, hilft es oft, den Ordnerinhalt anders darstellen zu lassen.

Benutzer, Ordner und Bibliotheken

Die grundlegenden Arbeitsweisen haben sich im Vergleich zu Windows XP kaum geändert. Anders sieht es bei der Verzeichnisstruktur des Benutzerverzeichnisses aus. Durch die neu eingeführten Bibliotheken werden die Dateien nun etwas anders behandelt.

Der Benutzerordner

Ein für Computeranwender daher besonders relevantes Verzeichnis ist das Benutzerverzeichnis. Es enthält alle vom Anwender erstellten und gespeicherten Dateien.

Unter Windows XP sind alle für den Anwender wichtigen Dateien im Benutzerverzeichnis zusammengefasst. Der Benutzerordner ist in Windows XP ein Unterverzeichnis des Ordners *Dokumente und Einstellungen,* das wiederrum ein Unterverzeichnis des Systemverzeichnisses *C:* ist.

Windows XP

Der Benutzerordner liegt in Windows XP im Verzeichnis Dokumente und Einstellungen.

In Windows 7 heißt das dem Benutzerordner übergeordnete Verzeichnis schlicht *Benutzer* (englisch: *Users*). Es enthält alle Benutzerdaten von Windows.

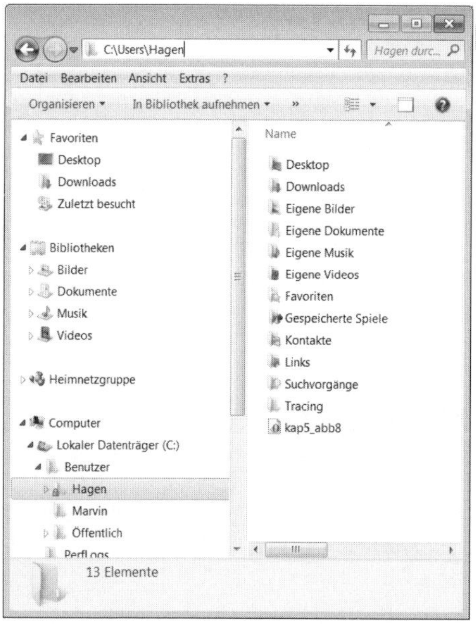

Windows 7

Dokumente und Einstellungen *heißt in Windows 7 jetzt* Benutzer.

Schnellzugriff auf wichtige Verzeichnisse

Für Bilder, Musik, Fotos und Dokumente hat Microsoft vorsorglich bereits Verzeichnisse im Benutzerordner angelegt. Diese sind nicht nur deshalb hilfreich, weil Ihnen so die Arbeit erspart bleibt, selbst solche Verzeichnisse anzulegen, sondern vor allem auch deshalb, weil viele Programme automatisch auf diese Verzeichnisse zugreifen. Es erhöht den Arbeitskomfort erheblich, diese Ordner auch zu nutzen, um die eigenen Dateien zu verwalten.

Während die Verzeichnisse für Dokumente, Bilder, Musik etc. in Windows XP noch im übergeordneten Verzeichnis *Eigene Dateien* im Benutzerordner zusammengefasst sind, sucht man den Ordner *Eigene Dateien* in Windows 7 hingegen vergeblich.

Am schnellen Zugriff auf diese Ordner hat sich jedoch auch in Windows 7 nichts geändert. Sowohl unter Windows XP als auch in Windows 7 erreichen Sie einige ausgewählte Verzeichnisse über das *Startmenü*. Lediglich die Auswahl der Verzeichnisse für den Schnellzugriff ist etwas abgewandelt worden. Während über das Startmenü von Windows XP *Eigene Dateien*, *Eigene Bilder, Eigene Musik* und der *Arbeitsplatz* zugänglich sind, haben Sie im Startmenü von Windows 7 nun Direktzugriff auf den *Benutzerordner* sowie die Bibliotheken *Dokumente*, *Bilder*, *Musik* und *Downloads*.

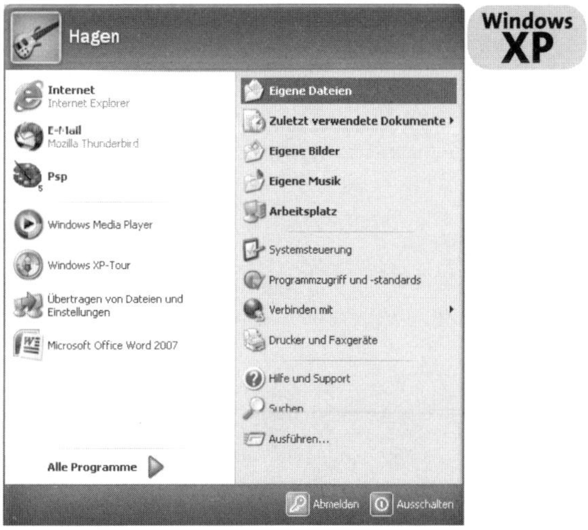

Das Startmenü

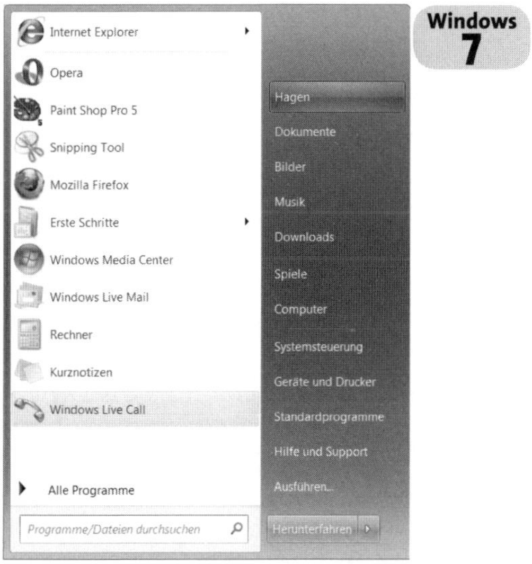

Schauen Sie sich die Startmenüs von Windows XP und Windows 7 im Vergleich an. Bei beiden Betriebssystemen erlaubt das Startmenü einen Direktzugriff auf ausgewählte Ordner.

Klickt man auf diese Einträge, öffnet sich ein Explorer-Fenster mit dem entsprechenden Verzeichnisinhalt.

Weitere Schaltflächen im Startmenü öffnen die Benutzer-Unterverzeichnisse *Dokumente*, *Bilder* und *Musik*. Ob und welche dieser Verzeichnisse im Startmenü angezeigt werden, können Sie auch selbst festlegen. Wie das geht, können Sie in Kapitel 2: *Windows 7 optimal einrichten* nachlesen.

Dateien anderen Benutzern zur Verfügung stellen

Jeder Benutzer eines Betriebssystems verfügt über sein eigenes Verzeichnis, so dass sich die Dateien der verschiedenen Benutzer nicht in die Quere kommen, denn die Bilder, Fotos oder Videos des einen Benutzers sind für den anderen Benutzer praktisch unsichtbar.

Der Dateiaustausch zwischen den Benutzern erfolgte unter Windows XP über *Gemeinsame Ordner*. In Windows 7 sucht man die gemeinsamen Ordner vergeblich, denn diese heißen nun anders und sind auch an anderer Stelle untergebracht.

Um Daten mit einem anderen Benutzer unter Windows 7 auszutauschen, gehen Sie folgendermaßen vor:

1. Starten Sie den Windows-Explorer.
2. Klicken Sie im Navigationsbereich auf eines der Dreiecke vor *Dokumente.*
3. Verschieben Sie die für den Datenaustausch vorgesehenen Dateien in den Ordner *Öffentliche Dokumente.*

Windows 7

Alle in öffentlichen Ordnern abgelegte Dokumente sind für andere Benutzer zugänglich.

Windows 7-Spezialität: Bibliotheken

Will man unter Windows XP sicherstellen, dass beispielsweise alle Fotos leicht aufzufinden sind, müssen diese konsequent im Benutzerordner *Eigene Dateien* gespeichert werden. In der Praxis lässt sich das nicht immer so einfach umsetzen.

Dem Datenchaos hat Microsoft nun die *Bibliotheken* entgegengesetzt. Diese präsentieren sich dem Anwender zunächst wie gewöhnliche Ordner. Dateien lassen sich in Biblitotheken genauso verwalten, wie in einem gewöhnlichen Ordner. Tatsächlich handelt es sich bei den Bibliotheken um so genannte *Virtuelle Ordner.*

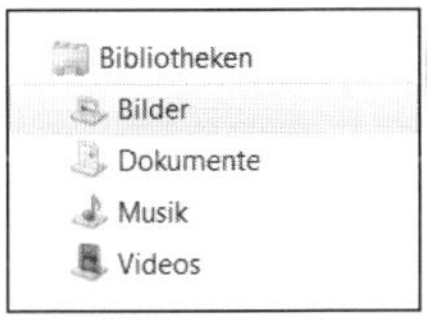

Eine völlig neue Art der Dateiverwaltung – Bibliotheken

Diese enthalten eigentlich keine Dateien, sondern verweisen stattdessen auf ihnen zugewiesene Ordner. Das lässt sich schon daran erkennen, dass jede Bibliothek standardmäßig einen Ordner *Eigene Dokumente*, *Eigene Bilder* oder etwa *Eigene Musik* und zusätzlich die dazu passenden öffentlichen Ordner zum Dateienaustausch zwischen Benutzern enthält.

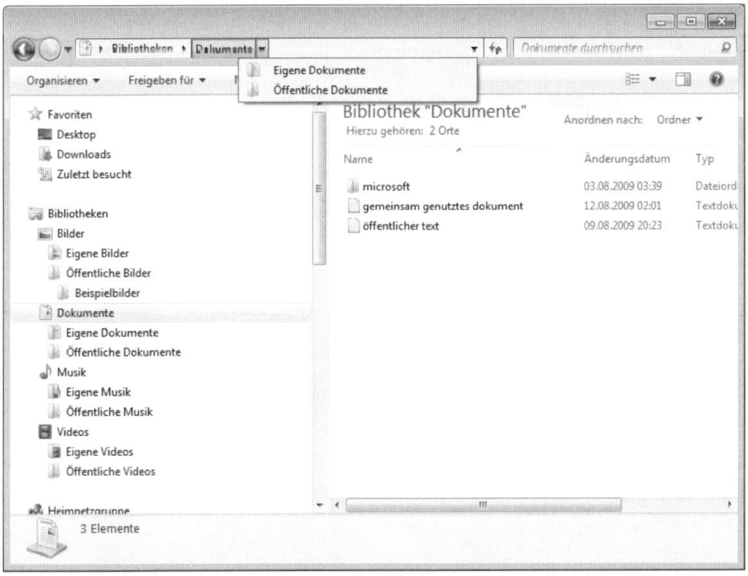

Hier zeigt sich: Bibliotheken enthalten nur Verknüpfungen von Dateien anderer Verzeichnisse.

Ordner einer Bibliothek hinzufügen

Das Schöne an den Bibliotheken ist, dass diese sich beliebig erweitern lassen. So können Sie festlegen, welcher Ordnerinhalt die Bibliotheken überwachen und anzeigen sollen. Gehen Sie dazu wie folgt vor:

Öffnen Sie eine der Bibliotheken durch Anklicken im Windows-Explorer. Am oberen Rand des Ansichtsbereichs einer Bibliothek finden Sie den Eintrag *Hierzu gehören: 2 Orte*. Klicken Sie darauf.

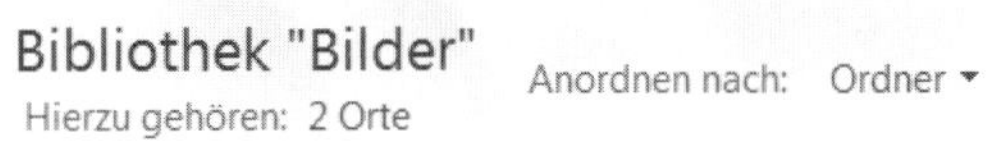

Zwei Ordner überwacht die Bibliothek standardmäßig. Weitere können hinzugefügt werden.

Klicken Sie auf *Hinzufügen.* Geben Sie den Dateipfad des Ordners an, der der Bibliothek hinzugefügt werden soll. Das funktioniert mit allen lokalen Datenträgern, aber leider nicht mit USB-Sticks oder externen Festplatten.

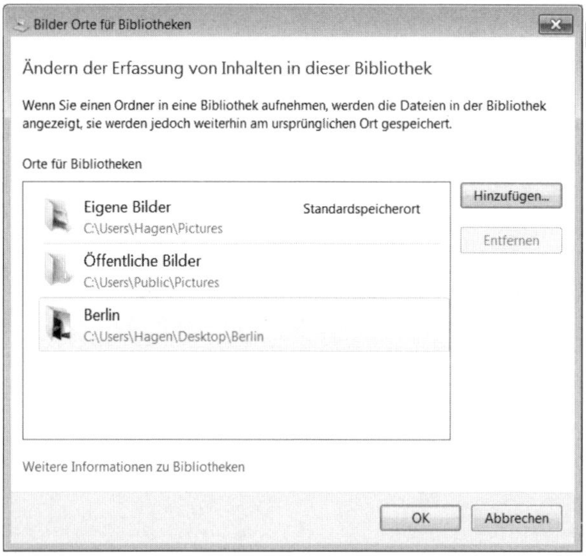

Windows 7

Leider lassen sich keine Ordner auf externen Datenträgern überwachen.

Bibliothek erstellen

Das Erstellen einer neuen Bibliothek ist nicht komplizierter als das Erzeugen eines Ordners. Wählen Sie dazu im Navigationsbereich die Bibliotheken aus, klicken Sie mit der rechten Maustaste in den Ansichtsbereich und wählen Sie *Neu > Bibliothek*. Geben Sie der Bibliothek dann einen neuen Namen und legen Sie wie oben beschrieben die zu überwachenden Ordner fest.

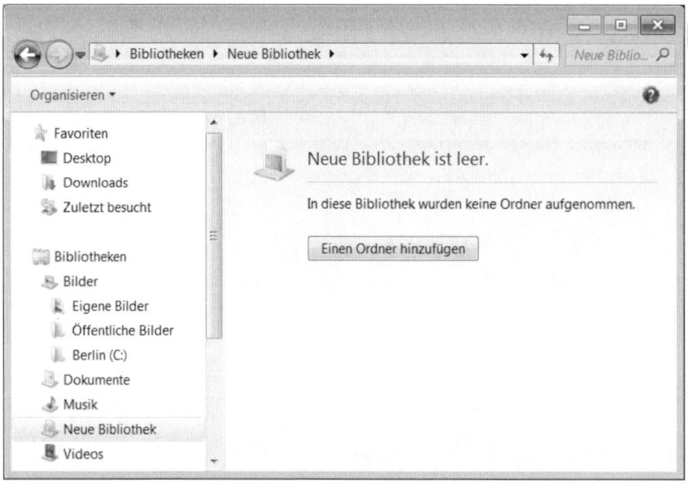

Windows 7

Bibliotheken dürfen Sie auch selbst anlegen.

Wichtige Tastenkombinationen

In Windows XP sind in den Menüeinträgen noch die Tastenkombinationen angegeben, mit denen sich die einzelnen Befehle ausführen lassen. In Windows 7 ist dies nicht mehr der Fall. Dennoch unterstützt auch Windows 7 noch die Steuerung vieler Funktionen per Tastaturbefehl.

Tipp

Blendet man die Menüleiste des Windows-Explorers mit F10 ein, finden sich auch die Tastenkombinationen in den Menüs wieder.

Hier eine kleine Auswahl nützlicher Tastenkombinationen:

Befehl	Tastenkombination
Starten des Windows-Explorers	@ + E
Objekt in die Zwischenablage kopieren	Strg + C
Objekt einfügen	Strg + V
Objekt ausschneiden	Strg + X
Alle Objekte eines Ordners auswählen	Strg + A
Alle Objekte vom ersten ausgewählten zum letzen ausgewählen Objekt auswählen	⇧ + Mausklick
Einzelne Objekte zusätzlich auswählen	Strg + Mausklick
Neuen Ordner erstellen	Strg + ⇧ + N
Ausgewähltes Objekt löschen	Entf
Ausgewähltes Objekt sicher löschen	⇧ + Entf
Neues Windows-Explorer-Fenster öffnen	Strg + N
Explorer-Fenster auf eine Bildschirmhälfte anpassen	@ + ⊞ oder @ + □
Explorer-Fenster auf den anderen Bildschirm verschieben	@ + ⇧ + ⊞ oder @ + ⇧ + □
Fenster schließen	Strg + W
Zwischen geöffneten Explorer-Fenstern wechseln	Alt + Esc
Anzeigen des Ordners eine Hirarchiestufe höher	Alt + ↑
Aktualisieren des Explorer-Fensters und seiner Inhalte	F5
Anzeigen der Datei-Eigenschaften	Alt + ↵
Aktivieren des Suche-Eingabefeldes	Strg + F
Aktion rückgängig machen	Strg + Z
Aktion wiederholen	Strg + Y

Befehl	Tastenkombination
Blendet die Datei-Vorschau ein/aus	[@] + [P]
Blendet alle Fenster aus und zeigt den Desktop	[@] + [D]
Ordner- und Datei-Darstellung ändern	[Strg] + Mausrad

Kapitel 6: Mit Windows 7 im Internet unterwegs

In diesem Kapitel erfahren Sie, was sich in Windows 7 im Gegensatz zu Windows XP beim Surfen im Internet mit dem Microsoft Windows Explorer 6 hin zum Internet Explorer 8 geändert hat.

Hinweis

Ein Webbrowser ist ein Programm, das das Internet wie es heute im Allgemeinen wahrgenommen wird, erst wahrgemacht hat. Es tut letzten Endes nichts anderes, als die Inhalte, die irgendwo auf der Festplatte eines ans Internet angebundenen Computers – Server genannt – darzustellen. Er ist also gewissermaßen Ihr Tor zur großen weiten Internet-Welt und somit eine der wichtigsten Anwendungen unter Windows 7.

Der Windows-PC als Kommunikationsmittel im 21. Jahrhundert

Der Computer konnte seinen Siegeszug in die Wohnzimmer und in unser aller Alltag erst antreten, nachdem man ihn bequem über die Telefonleitung vernetzen konnte. Ohne Internet wäre ein Rechner nichts weiter als das, was er in der Anfangszeit der Rechnerentwicklung war: ein Arbeitsgerät.

Dank Internet sind wir heute mit Familie, Freunden, Bekannten und Unbekannten in aller Welt vernetzt. In der virtuellen Welt schrumpfen große Entfernungen auf wenige Millisekunden zusammen. Kommunikation hat eine ganz neue Form erreicht – und wir alle sind dabei – oder sollten es sein, denn wer nicht dabei ist, wird auch im realen Leben nicht mehr Ernst genommen. Jedenfalls nicht von der jüngsten Generation, die Computer und Internet schon mit der Muttermilch aufsaugen.

Windows 7

Während unsere Kinder in Studi- und SchülerVZ die digitale Revolution planen, diskutieren ältere Semester im Platinnetz über auffallend ähnliche Themen. Was alle eint: das Internet.

Das benötigen Sie zum Surfen

Zum Surfen im Internet brauchen Sie erstmal nur zwei Dinge. Zum einen einen Internetzugang und zum anderen einen Webbrowser.

Bei der Wahl des Internetzugangs empfiehlt es sich auf jeden Fall, einen DSL-Anschluss (Digital Subscriber Line, zu deutsch: Digitaler Teilnehmeranschluss) zu wählen. Ältere Internetzugangsmöglichkeiten wie über ein Modem- oder einen ISDN-Anschluss haben aus verschiedenen Gründen keinen Sinn mehr. Der Hauptgrund ist, dass diese viel zu langsam für die Übertragung der komplexen Webseiten von heute sind. Mit einem einfachen DSL-Anschluss lassen sich Webseiten um ein Vielfaches schneller laden. Außerdem ist die Modem- und ISDN-Technik stark veraltet und verschwindet langsam aus den Endgeräten.

DSL-Anschluss und Alternativen

Laut der Deutschen Telekom, können rund 93 Prozent der deutschen Haushalte mit DSL versorgt werden. Um zu testen, ob bei Ihnen DSL verfügbar ist können Sie entweder in Ihrem nächstgelegenen T-Punkt nachfragen oder Sie testen die Verfügbarkeit anhand Ihrer Telefonnummer im Internet unter *www.t-home.de*.

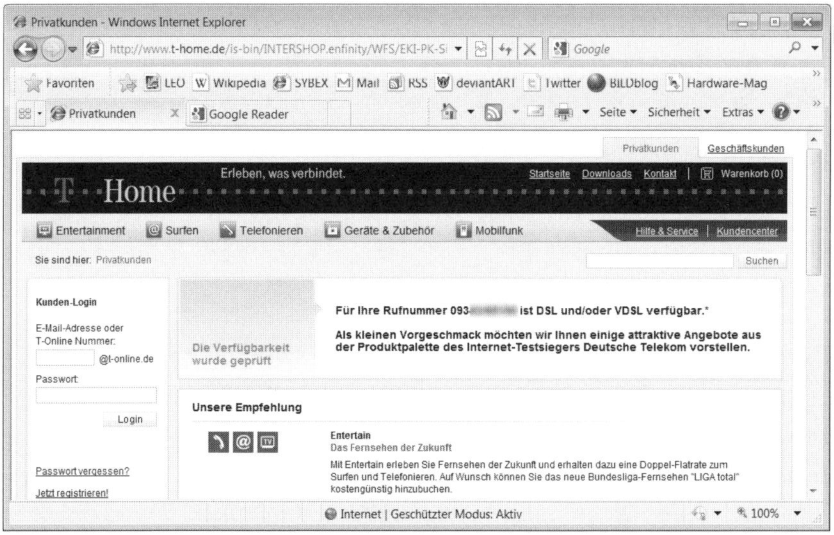

Windows 7

DSL-Verfügbarkeit mithilfe Ihrer Telefonnummer testen

Falls bei Ihnen kein DSL verfügbar sein sollte, gibt es einige ähnlich schnelle Alternativen. So kann man über Satellit, Kabelanschluss oder mittels Mobilfunk einen Internetanschluss herstellen. Man muss aber bedenken, dass die Alternativen auch nicht in jeder Region verfügbar sind. Zudem können diese kostenintensiver (Mobilfunk) oder aber auch deutlich leistungsfähiger (Kabel) ausfallen als ein vergleichbarer DSL-Anschluss. Informationen zu alternativen Internetverbindungen erhalten Sie beispielsweise bei Ihrem Kabelfernseh- oder Mobilfunkanbieter.

Falls Ihr Haushalt mit einem DSL-Anschluss versorgt werden kann, können Sie unter *www.dsl-informationen.de* die Tarife der verschiedenen Anbieter vergleichen.

Tipp

Beachten Sie, dass es auf jeden Fall lohnenswert ist, einen Flatrate-Tarif zu wählen, da solch ein Tarif keine Zeit- und Volumenbegrenzung aufweist.

Internetzugang einrichten

Das Einrichten Ihres Internetzugangs mithilfe eines DSL-Anschlusses ist denkbar einfach. Sie müssen lediglich die von Ihrem DSL-Anbieter bereitgestellten Splitter und Router wie in einer beiliegenden Installations-Anweisung beschrieben anschließen und mit Ihrem Computer verbinden. Die Verbindung zwischen dem Router und Ihrem Computer wird je nach Möglichkeit über ein Kabel oder alternativ über W-LAN (Wireless Lokal Area Network) hergestellt.

Bei der ersten Verbindung zwischen dem Router und Ihrem Computer müssen Sie den Router konfigurieren. Es ist meistens notwendig, die beiden Geräte mit einem LAN-Kabel zu verbinden. Was Sie bei der Konfiguration beachten müssen, ist der Installations-Anweisung Ihres DSL-Anbieters zu entnehmen. Dieser Prozess ist aber recht einfach und dauert nur wenige Minuten. Wenn der Router konfiguriert ist, sind Sie bereits drin.

Wenn Sie einen W-LAN fähigen Router und Computer haben, können Sie diese kabellos miteinander verbinden. Gehen Sie dazu folgendermaßen vor:

1. Richten Sie in der Benutzeroberfläche Ihres Routers ein W-LAN-Netzwerk ein.
2. Klicken Sie in Windows auf *Start* > *Systemsteuerung* und wählen Sie in der Systemsteuerung *Netzwerk und Internet*.
3. Klicken Sie unter *Netzwerk- und Freigabecenter* auf *Verbindung mit einem Netzwerk herstellen*. Es öffnet sich ein Fenster mit einer Übersicht der Drahtlosnetzwerke in Ihrer Umgebung.

In dieser Übersicht sind alle Drahtlosnetzwerke in Ihrer Umgebung aufgeführt.

4. Wählen Sie das von Ihnen erstellte Netzwerk und klicken Sie auf *Verbinden*.
5. Folgen Sie der Aufforderung und geben Sie den von Ihnen definierten Netzwerksicherheitsschlüssel bzw. das WPA- oder WPA2-Kennwort ein.
6. Der Computer ist jetzt kabellos mit dem Router und damit auch mit dem Internet verbunden. Der Rechner merkt sich das Kennwort für Ihr Netzwerk und verbindet es automatisch, wenn es verfügbar ist.

An dem Symbol in der Taskleiste sehen Sie, ob Ihr Computer mit einem drahtlosen Netzwerk verbunden ist.

Tipp

Beachten Sie bei der Routerkonfiguration, dass Sie Ihr Drahtlosnetzwerk mit einer WPA- oder WPA2-Verschlüsselung sichern. Wenn Ihr Netzwerk nicht gesichert ist, kann jeder in Ihrer Umgebung auf Ihr Netzwerk zugreifen, was unangenehme Folgen für Sie haben kann.

Microsoft Internet Explorer 6 und 8 im Vergleich

Nachdem Microsoft den Browserkrieg gegen den Netscape-Browser gegen Ende der 90er Jahre gewann, vernachlässigte das Unternehmen lange die Weiterentwicklung des Internet Explorer 6 (IE 6). Das führte dazu, dass Sicherheitslücken des Browsers nicht geschlossen, Webstandards nicht eingehalten und der Surf-Komfort der IE-Anwender nicht verbessert wurden. Microsoft verlor durch diese Vernachlässigung viele Nutzer an andere modernere Browser und schaffte es auch mit dem Internet Explorer 7 nicht, diesen Vorsprung der Konkurrenz wieder aufzuholen. Erst der Internet Explorer 8 (IE 8) ist in der Lage, Firefox, Safari oder Chrome die Stirn zu bieten. Im Folgenden erfahren Sie, was sich mit den Standard-Browsern der Windows-Systeme geändert hat und wie Sie auch unter Windows 7 all das tun können, was Sie bislang mit dem IE 6 machten.

Windows XP

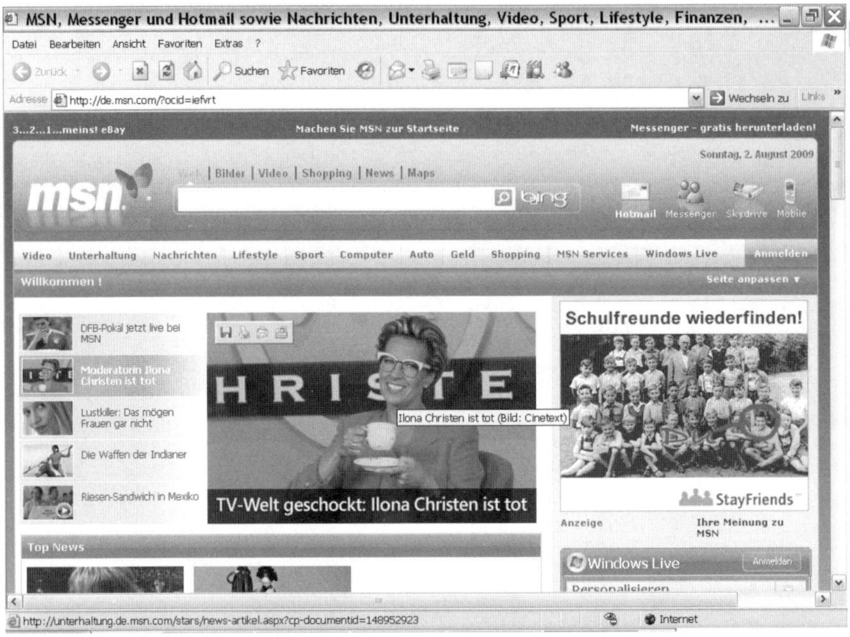

Treuer, aber inzwischen veralteter Begleiter im WWW – der Internet Explorer 6

Windows 7

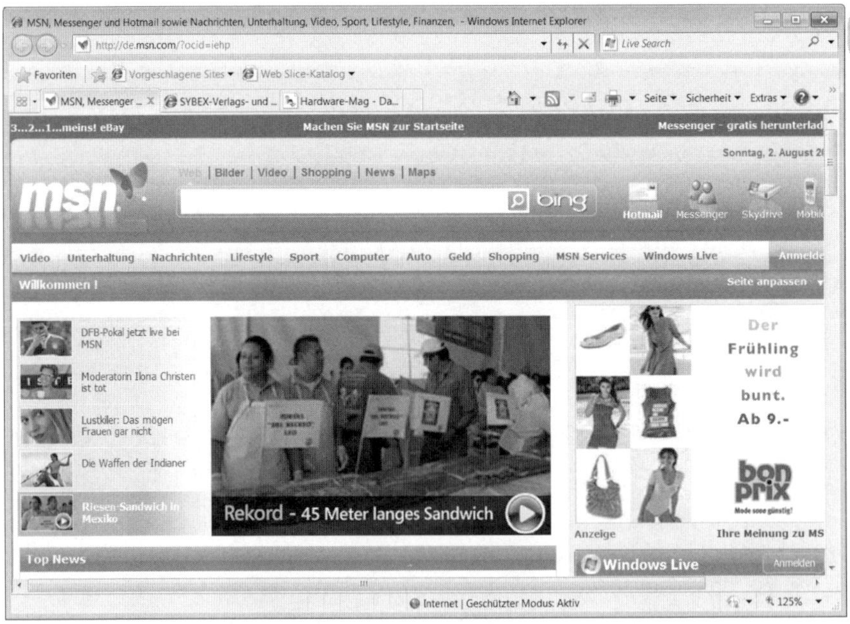

Mit allen aktuellen Web-Technologien ausgestattet – der Internet Explorer 8

Obwohl es eine Vielzahl guter Browser für Windows gibt, werden wir uns in diesem Kapitel in erster Linie mit dem Internet Explorer 8 befassen, da dieser die meisten Gemeinsamkeiten mit dem Internet Explorer 6, dem Standard-Browser von Windows XP, aufweist.

Da die Bündelung von Betriebssystem und Webbrowser nicht nur bei der EU-Kommision für starke Kritik sorgte, lässt Microsoft den Andwendern von Windows 7 nun die Wahl bei der Installation des Standard-Browsers. Anders als bei Windows XP, müssen Sie den IE 8 zunächst installieren, um ihn nutzen zu können.

Klicken Sie dazu auf das Internet Explorer-Icon in der Taskleiste neben dem *Start*-Knopf. Im IE-Fenster können Sie dann den Internet Explorer als Standard-Browser auswählen.

Die Suchleiste des Internet Explorers

Aufgrund des hohen Informationsgehalts im Internet ist eines der wichtigsten Elemente die *Suche*. Ohne eine Suchmaschine oder eine Suchfunktion in einer Webseite wäre es praktisch unmöglich, den gewünschten Inhalt herauszufiltern.

Wollte man im Internet Explorer 6 nach Netzinhalten mittels einer Suchmaschine fahnden, musste man dazu zunächst auf die *Suchen*-Schaltfläche in der Funktionsleiste klicken, um anschließend in einer Seitenleiste im Suchfeld den Suchbegriff einzugeben. Alternativ konnte man natürlich auch die gewünschte Suchmaschine direkt ansurfen. Beide Methoden sind nach heutigen Maßstäben recht aufwändig. Beim IE 8 hat Microsoft hier stark nachgebessert.

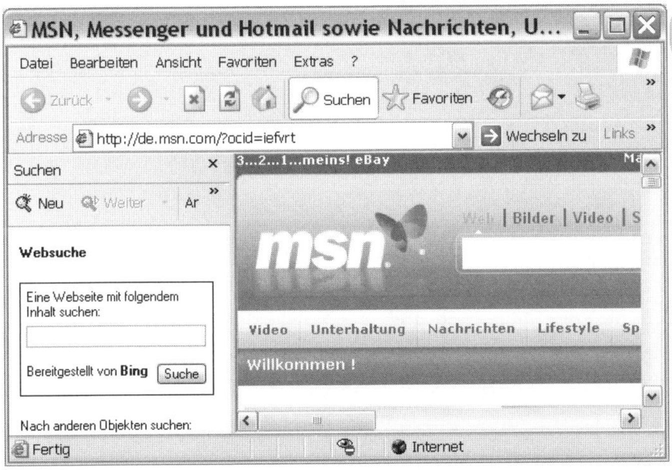

Windows XP

Die Suche im Internet ist im IE 6 eher umständlich zu erreichen.

Der IE 8 bietet hingegen eine so genannte *Suchleiste*, die direkt neben der Adresszeile angeordnet ist. Sie gelangen dort auf unterschiedliche Weise schnell hin, indem Sie:

- Mit der Maus in das Such-Eingabefeld klicken
- Die Tastenkombination Strg+E drücken
- Von der Adresszeile in die Suchleiste wechseln, indem Sie zweimal die ⇆-Taste drücken.

Geben Sie dann den gewünschten Suchbegriff ein und starten Sie die Suche mit der Enter-Taste. Mehrere Suchbegriffe verknüpfen Sie mit '+', Seiten, die unerwünschte Begriffe enthalten, können Sie mit '-' ausschließen. Zur Suche nach ganzen Sätzen oder Satzteilen geben Sie diese in Anführungszeichen in der Suchleiste ein.

Die Suchfunktion ist im IE 8 besser zu erreichen als im IE 6.

Über das kleine Dreieck am Ende der Suchleiste können Sie ein kleines Kontextmenü ausklappen. Dort können Sie festlegen, ob Sie das ganze Web mit Microsofts Suchmaschine 'Live Search' oder nur die aktuell geöffnete Homepage durchsuchen möchten.

Für die Suche im Internet hält der Internet Explorer 8 ein eigenes Suchfeld bereit.

Um eine geöffnete Webseite zu durchsuchen, können Sie – wie auch schon beim IE 6 – über die Tastenkombination Strg+F einen Suchdialog aufrufen. Somit sparen Sie sich einen zusätzlichen Mausklick.

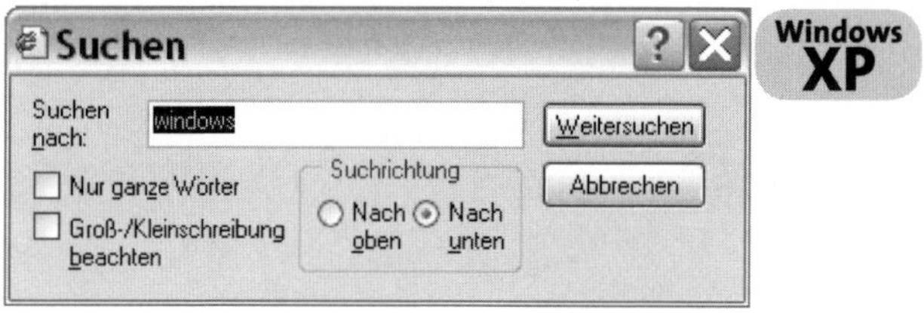

Während unter Windows XP noch für die Suche innerhalb einer Webseite ein extra Fenster eingeblendet wurde ...

... ist diese Funktionalität beim IE 8 in eine Menüleiste gewandert.

Während beim IE 6 dafür noch ein eigener Dialog eingeblendet wurde, befindet sich die Seitensuche nun in einer eigenen Suchleiste, die unterhalb der Registerkartenleiste angeordnet wird. Außerdem wird noch während der Eingabe des Suchbefehls die Anzahl der Übereinstimmungen innerhalb der Seite angezeigt, die in der Webseite blau gekennzeichnet werden. Über die Schaltfläche *Optionen* in der Suchleiste können Sie einstellen, ob nur nach ganzen Wörtern zu suchen ist und ob die Groß- und Kleinschreibung dabei berücksichtigt werden soll.

Weitere Suchmaschinen nutzen

Standardmäßig ist im IE 8 für die Websuche Microsofts Suchdienst 'Live Search' voreingestellt. Wenn Sie allerdings stattdessen lieber eine andere Suchmaschine nutzen möchten oder mit der

Suchfunktion die Wissensdatenbank Wikipedia oder den Amazon-Shop nach neuen Büchern durchsuchen möchten, können Sie dies leicht einstellen. Gehen Sie dazu folgendermaßen vor:

Starten Sie den IE 8. Klicken Sie in der Suchleiste auf das schwarze Dreieck und wählen Sie den Menüeintrag *Weitere Anbieter suchen* aus. Wählen Sie in der 'Add-on-Galerie' die Suchmaschine aus, die Sie der Suchleiste hinzufügen möchten. Klicken Sie dazu bei der entsprechenden Suchmaschine auf die Schaltfläche *Dem Internet Explorer hinzufügen*.

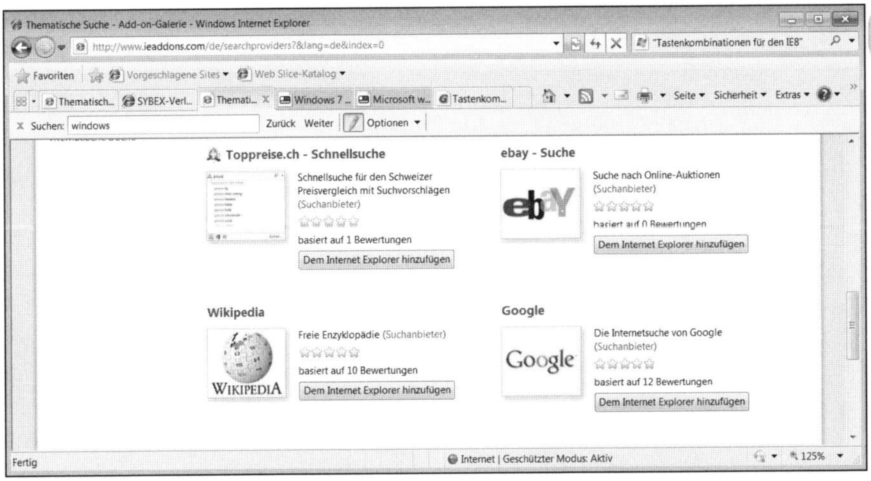

Windows 7

Wählen Sie Ihre gewünschte Suchmaschine.

Rufen Sie nun erneut das Menü der Suchleiste auf und wählen Sie den Eintrag *Suchanbieter verwalten*. Wählen Sie die Suchmaschine aus, die Sie für die Standardsuche verwenden möchten und klicken Sie auf die Schaltfläche *Als Standard*. Bestätigen Sie die Einstellung mit *Schließen*.

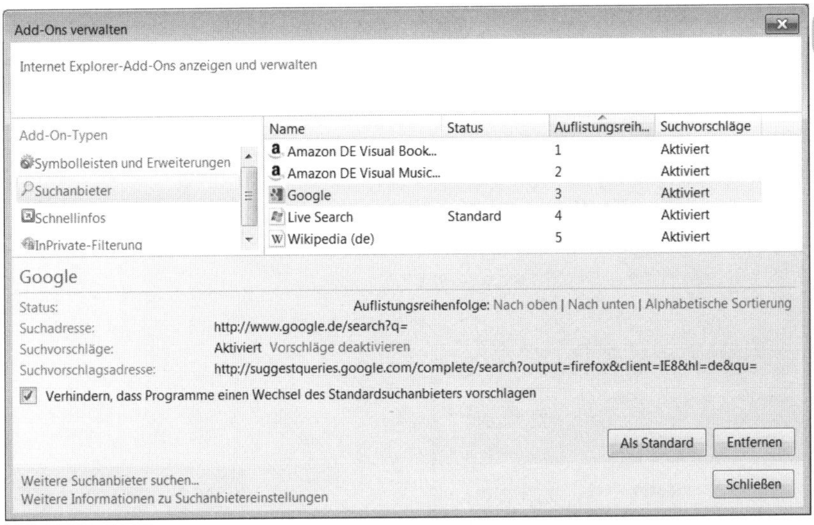

Windows 7

Setzen Sie auch ein Häkchen bei Verhindern, dass Programme einen Wechsel des Standardsuchanbieters vorschlagen, *um zu verhindern, dass Ihre Einstellung verändert werden kann.*

Die Favoriten-Verwaltung im Internet Explorer

Neben der Suche nach Inhalten ist das Wiederfinden von Inhalten sehr bedeutend. Möchte man auf eine Webseite später wieder zugreifen können, ohne erst lange danach suchen zu müssen, legt man sich ein Lesezeichen an.

Beim Internet Explorer heißen die vorgesehenen Lesezeichen *Favoriten*. Favoriten sind eigentlich nichts anderes als im Webbrowser gespeicherte Links zu Webseiten. Mithilfe der Favoriten-Verwaltung können Sie diese kategorisieren und so abspeichern, dass Sie Ihre Links möglichst schnell wiederfinden.

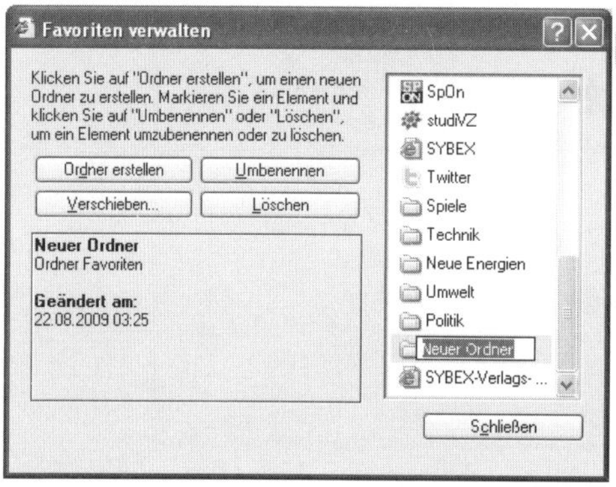

Windows XP

Die Favoritenverwaltung im Internet Explorer 6

Lesezeichen hinzufügen

Um ein Lesezeichen hinzuzufügen, drücken Sie die Tastenkombination [Strg] + [D].

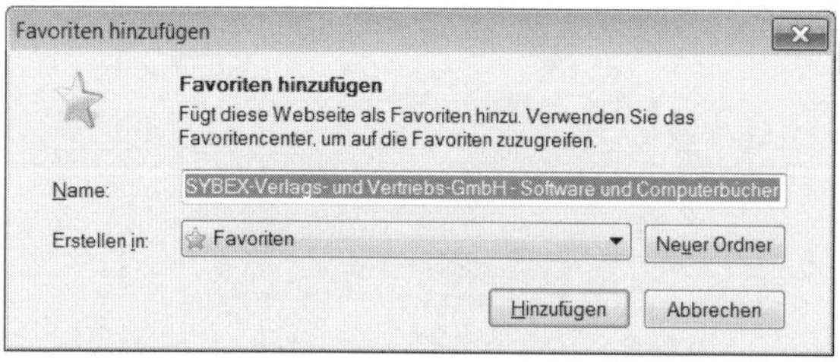

Windows 7

Lesezeichen hinzufügen mit dem Windows Internet Explorer 8 und ...

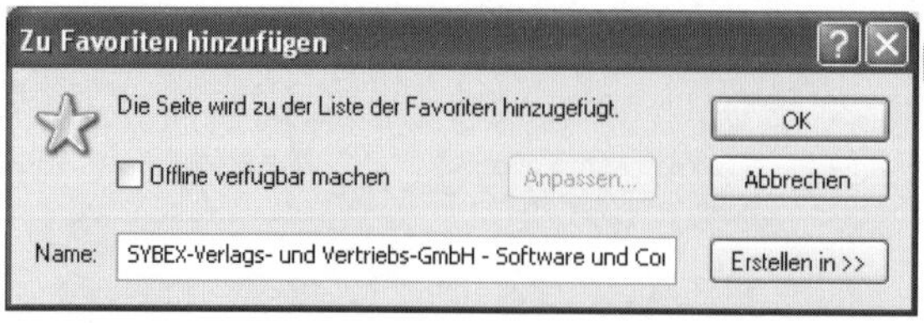

Windows XP

... dem Internet Explorer 6

Im nächsten Schritt können Sie dem Favoriten einen Namen geben. Wählen Sie keinen zu langen Namen, sondern einen kurzen und prägnanten Begriff.

Unter *Erstellen in* können Sie das Lesezeichen kategorisieren. Wählen Sie dazu eine der vorgegebenen Kategorien aus oder erstellen Sie eine neue, indem Sie auf *Neuer Ordner* klicken.

Windows 7

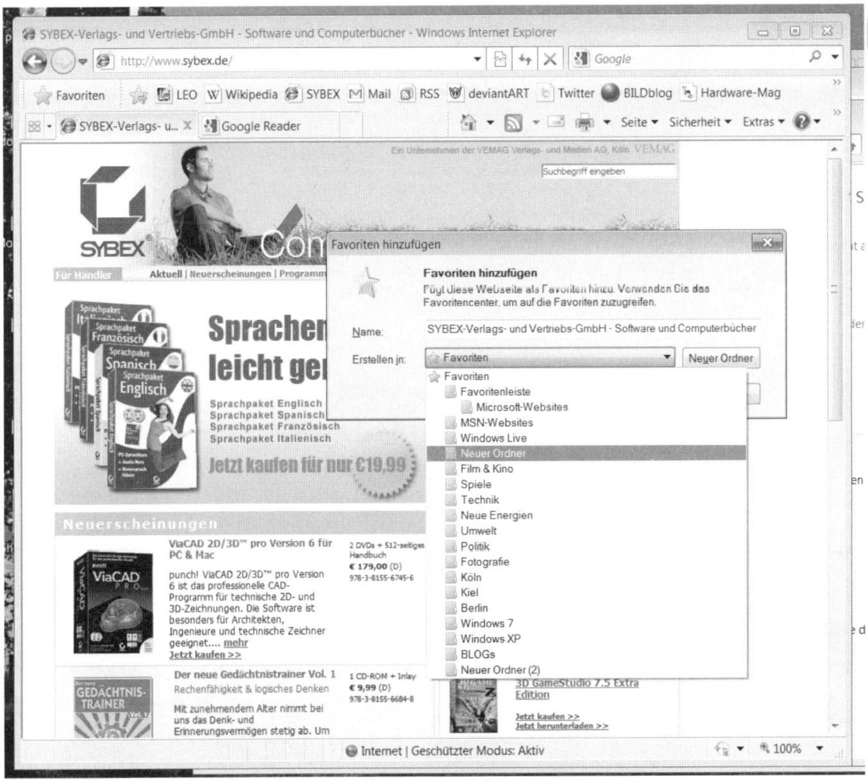

Die Lesezeichen können direkt passenden Kategorien zugeordnet werden.

Für einen besonders schnellen Zugriff auf eine Webseite legen Sie den Favoriten in der Favoritenleiste ab. Dazu wählen Sie im *Zu Favoriten hinzufügen*-Dialog den vorgegebenen Eintrag *Favoritenleiste* aus.

Windows 7

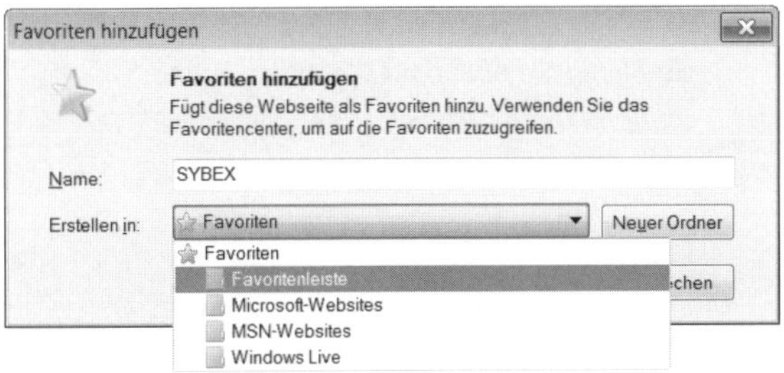

Die Kategorie Favoritenleiste *ist bereits vorgegeben.*

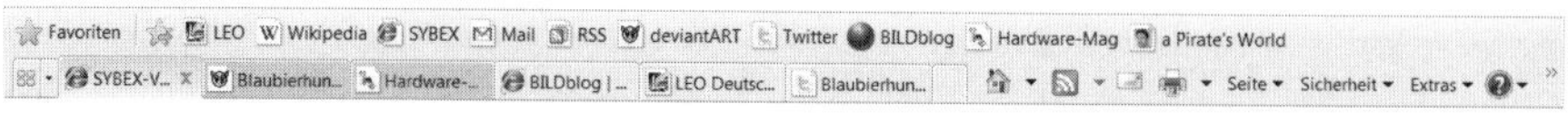

Windows 7

Auf Lesezeichen, die in der Favoritenleiste abgelegt werden, hat man einen besonders schnellen Zugriff.

Tipp

Schneller lassen sich Favoriten in der *Favoritenleiste* ablegen, indem man auf das dazu vorgesehene Icon in der *Favoritenleiste* klickt. Dieses finden Sie gleich neben der *Favoriten*-Schaltfläche.

Lesezeichen finden

Der Zugriff auf die gespeicherten Favoriten im IE 8 erfolgt noch wie beim IE 6. Klicken Sie in der Favoritenleiste auf *Favoriten*. In dem Menü sehen Sie die von Ihnen erstellen Kategorien und gespeicherten Links.

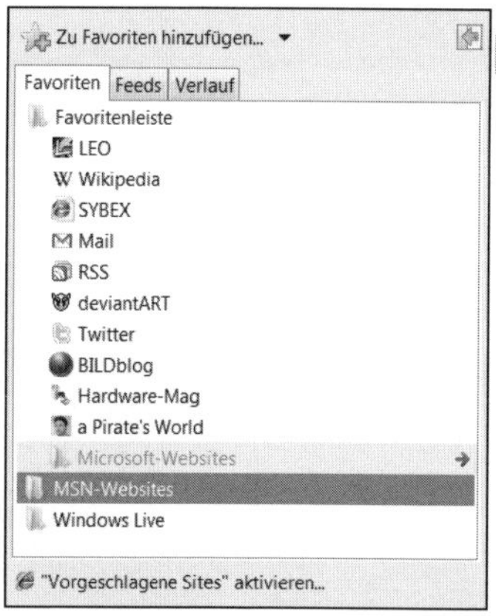

Windows XP

Über das Lesezeichen-*Menü finden Sie im IE 6 Ihre gespeicherten Lesezeichen wieder.*

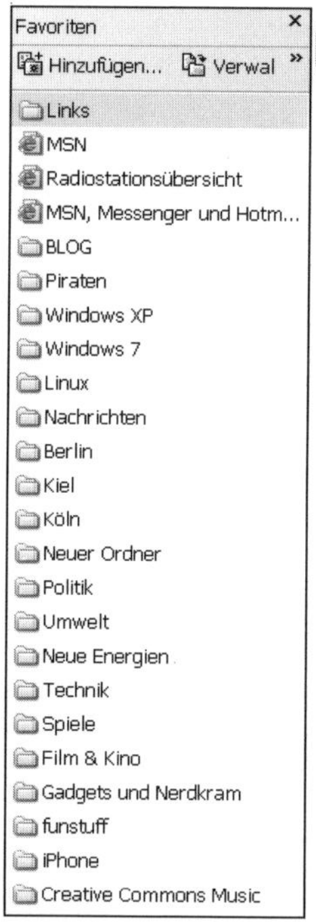

Windows 7

So finden Sie über das Lesezeichen-*Menü im IE 8 Ihre gespeicherten Lesezeichen wieder.*

Tipp

In der Favoritenliste lassen sich die gespeicherten Lesezeichen auch verwalten. Durch Klicken und Ziehen verschieben Sie die Favoriten einfach in einen anderen Ordner. So können Sie beispielsweise auch Ordner in der Favoritenleiste ablegen.

Neue Favoriten-Ordner anlegen

In der Favoritenleiste können Sie zwar Lesezeichen und Ordner verschieben, jedoch keine neuen Favoriten-Ordner anlegen. Dazu müssen Sie den *Favoriten verwalten*-Dialog bemühen. Den Menüpunkt *Favoriten verwalten* finden Sie im Ausklappmenü in der Favoritenleiste. Schneller gelangen Sie in diesen Dialog allerdings mit der Tastenkombination [Strg]+[B].

Zum Anlegen eines neuen *Favoriten*-Ordners klicken Sie auf die entsprechende Schaltfläche und geben einen Namen für den Ordner ein.

Windows 7

Umbenennen und Anlegen neuer Ordner ist im Favoriten verwalten-*Dialog möglich.*

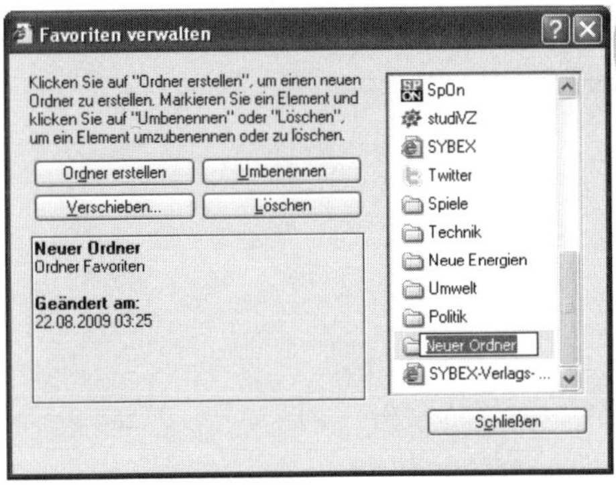

Windows XP

Der Dialog Favoriten verwalten *im Intenet Explorer 6 unterscheidet sich nicht sonderlich von dem im Internet Explorer 8.*

Die Favoritenverwaltung dient außer dem Anlegen neuer Kategorien auch dazu Lesezeichen in die Kategorie-Ordner zu sortieren oder zwischen diesen zu verschieben. Wenn Ihnen einmal in der Favoritenleiste der Platz für weitere wichtige Lesezeichen ausgehen sollte, können Sie jene Lesezeichen, die Sie weniger häufig über die Favoritenleiste ansteuern beispielsweise im Dialog *Favoriten verwalten* in einen anderen Ordner verschieben. So bleibt das Lesezeichen weiter erhalten und Sie haben wieder Platz in der Favoritenleiste.

Persönliche Startseite festlegen

Eine Startseite wird automatisch beim Start des Browsers aufgerufen. Voreingestellt ist beim IE 8 – wie bei den Vorgängern auch schon – die Microsoft-Webseite.

Mit nur wenigen Klicks können Sie Ihre persönliche Startseite aber auch selbst wählen. Es ist meistens sinnvoll, die Webseite eines Suchmaschinen-Anbieters zu wählen, da man beim Surfen im Internet immer wieder auf die Suche mithilfe einer Suchmaschine zurückgreift. Sie können aber auch jede andere Internetseite als Startseite konfigurieren. Dazu gehen Sie wie in der folgenden Schritt-für-Schritt-Anleitung beschrieben vor:

Starten Sie den Internet Explorer 8. Rufen Sie die Webseite auf, die als Startleiste festgelegt werden soll. Klicken Sie in der Registerkartenleiste auf den Ausklapppfeil neben dem *Haus*-Icon und wählen Sie den Eintrag *Startseite hinzufügen oder ändern*. Dieses Menü können Sie jedoch auch mit der Tastenkombination Alt+S aufrufen.

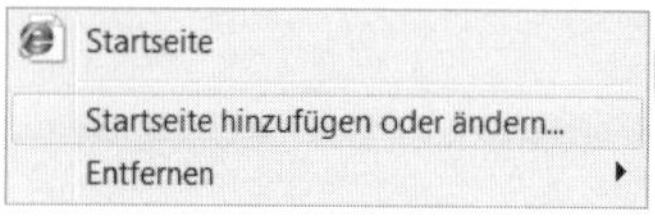

Die Startseite des Internet Explorer lässt sich individuell anpassen.

Es folgt ein Dialog, in dem Sie auswählen können, ob Sie die aktuell geöffnete Seite als alleinige Startseite oder als Teil mehrerer Startseiten festlegen möchten. Wählen Sie einen der beiden Punkte aus.

Im Gegensatz zum IE 6 lassen sich im IE 8 auch mehrere Webseiten als Startseite festlegen. Diese werden dann in mehreren Registerkarten gleichzeitig beim Start des Browsers geladen.

Nachdem Sie mit *Ja* bestätigt haben, wird der IE von nun an jedes Mal mit den von Ihnen ausgewählten Startseiten starten.

Weitere Optionen zur Startseite finden Sie unter *Internetoptionen* in der Registerkarte *Allgemein*. Den Dialog finden Sie im Menü *Extras*. Hier können Sie auch festlegen, ob der Browser mit einer leeren Seite starten soll.

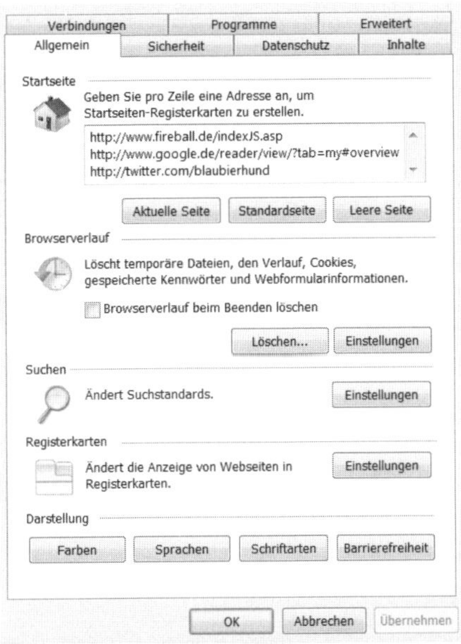

Windows 7

Unter Internetoptionen *lässt sich auch eine leere Seite als Startseite festlegen.*

Beim Internet Explorer 6 unter Windows XP kann die Startseite über die *Internetoptionen* geändert werden. Diese finden Sie im Menü *Extras*. In der Registerkarte *Allgemein* trägt man dann die gewünschte Webseite unter *Adresse* ein.

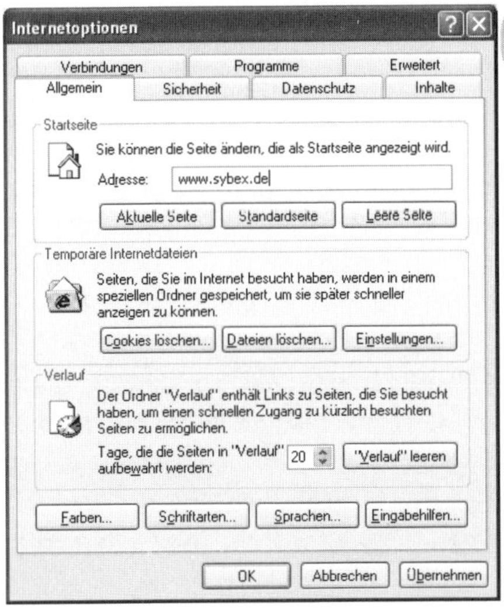

Windows XP

Die Option zum Ändern der Startseite ist im IE 6 in den Internetoptionen *zu finden.*

Surfen auf mehreren Webseiten

Will man mit dem IE 6 mehrere Webseiten gleichzeitig öffnen, muss dazu für jede Seite ein eigenes Browserfenster geöffnet werden. Umschalten zwischen den Seiten ist nur über die Windows-Taskleiste möglich.

Windows XP

Unpraktisch: Um mehrere Webseiten gleichzeitig zu laden, müssen im IE 6 mehrere Internet-Explorer-Fenster geöffnet werden.

Andere Browser beherrschten schon lange das Surfen mit mehreren Webseiten, die innerhalb eines Browserfensters in mehreren Reitern angeordnet waren (Tabbed-Browsing). Der IE 8 beherrscht diese Fähigkeit nun auch. Im Folgenden einige Tipps zum Surfen mit Registerkarten:

- Eine neue leere Registerkarte öffnen Sie mit einem Klick auf den Registerkartenfortsatz neben dem letzten Registerkartenreiter oder durch Drücken der Tastenkombination [Strg]+[T]. Der Eingabecursor befindet sich dann automatisch in der Adresszeile, so dass Sie nur noch die Web-Adresse eingeben müssen.
- Wenn Sie den auf einer geöffneten Webseite hinterlegten Link in einer neuen Registerkarte öffnen möchten, klicken Sie diesen mit der rechten Maustaste an und wählen aus dem Kontextmenü den Eintrag *Link in neuer Registerkarte öffnen* aus. Die Seite wird im Hintergrund geöffnet, so dass Sie ungestört auf der Ausgangsseite weiterlesen können. So geöffnete Registerkarten werden farblich zu einer Gruppe zusammengefasst und Sie können später im Kontextmenü über *Diese Registergruppe schließen* alle gleichfarbigen Register in einem Rutsch schließen.
- Ganz links in der Registerkartenleiste finden Sie eine Schaltfläche mit vier kleinen Quadraten. Klicken Sie darauf, zeigt der IE 8 Miniaturansichten aller geöffneten Webseiten. Der Ausklapppfeil daneben öffnet ein Menü, das alle geöffneten Internetseiten auflistet.
- Mit der Tastenkombination [Strg]+[⇆] können Sie der Reihe nach durch die geöffneten Registerkarten navigieren. Über die Tastenkombinationen [Strg]+[1]..[9] lassen sich die ersten neun geöffneten Registerkarten auch direkt anwählen.
- Im IE 8 lassen sich mehrere Internetseiten als Startseiten festlegen, die dann in mehreren Registerkarten geöffnet werden.

Windows 7

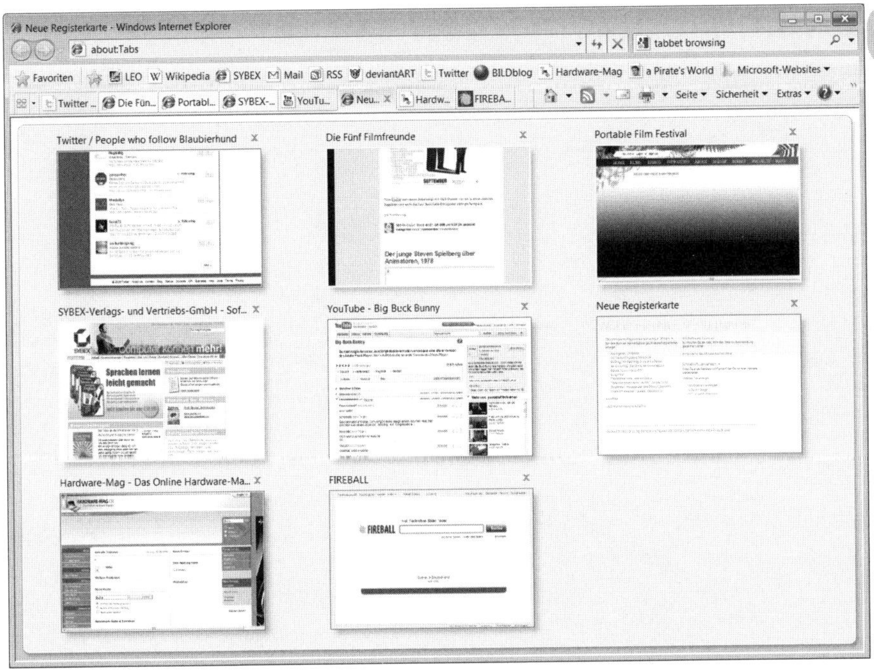

Miniaturansichten erleichtern die Navigation zwischen den geöffneten Webseiten.

- Wenn Sie mit dem Mauszeiger auf das IE 8-Icon in der Taskleiste fahren, werden – je nach Anzeige-Einstellungen – entweder Miniaturansichten oder eine Liste der in den Registerkarten geöffneten Webseiten angezeigt.
- Wenn der IE 8 im *Startmenü* angeheftet ist und Sie den Mauszeiger darauf platzieren, werden alle geöffneten Registerkarten daneben aufgelistet.

Windows 7

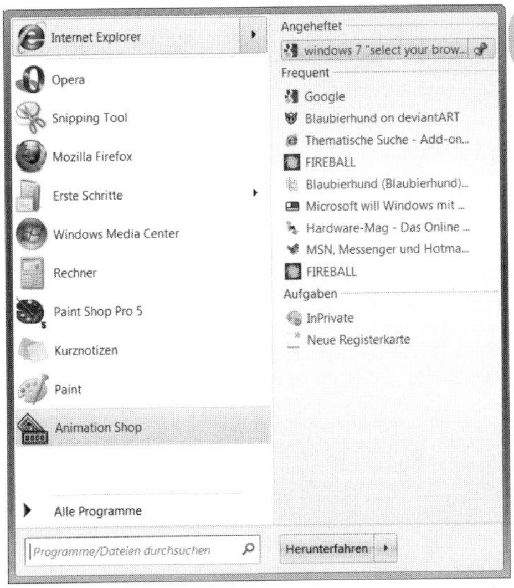

Auch im Startmenü *kann man sich die geöffneten Registerkarten anzeigen lassen.*

Internetfilme mit dem Internet Explorer ansehen

'Video killed the Radio Star' hieß der Song mit dem MTV seinerzeit zum ersten Mal auf Sendung ging. Radio gibt es heute zwar immer noch, dennoch hat sich das mediale Angebot durch das Fernsehen stark erhöht. Heute ist das Internet dabei, dem Fernsehen den Rang abzulaufen, da immer mehr Fernsehsender ihre Sendungen auch kostenlos im Internet anbieten. Dazu kommen unzählige Produktionen von Privatleuten und massig mit Video-Handys aufgenommene Filmschnipsel, die auf Videoportalen wie *youtube.de* oder *MyVideo.de* kostenlos angesehen werden können. Bevor Sie jetzt aber dem Filmgenuss im Internet fröhnen können, bedarf es der Installation des *Flash-Players* des Software-Herstellers Adobe. Wie Sie das anstellen, erfahren Sie hier:

Starten Sie den IE 8 und rufen Sie die Webseite *http://www.youtube.com* auf. Klicken Sie auf ein beliebiges Video-Vorschaubild und anschließend auf den Link *Hier erhälst du die neueste Version des Flash Players*. Klicken Sie auf die gelbe Schaltfläche mit der Aufschrift *Zustimmen und jetzt installieren*. Der IE 8 blendet daraufhin einen hellgelben Balken ein und weist darauf hin, dass eine Webseite ein Programm installieren möchte. Klicken Sie auf diesen Balken und wählen Sie aus dem Kontextmenü den Eintrag *Dieses Add-On für alle Benutzer des Computers installieren*. Die Benutzerkontensteuerung meldet sich und verlangt, dass Sie die Installation zulassen, indem Sie mit *Ja* bestätigen. Folgen weitere Meldungen dieser Art, bestätigen Sie auch diese mit *Ja*. Der Adobe Download Manager wird gestartet. Er lädt den *Flash Player* auf Ihren Rechner und installiert diesen. Ist die Installation abgeschlossen, beenden Sie die Prozedur, indem Sie auf *Download-Manager schließen* klicken.

Windows 7

Dank des Flash Players *können Sie auf Webseiten wie YouTube.de unzählige Filme, Fernsehsendungen und Videos aller Art sehen, die inzwischen auch hochauflösend (HD) und teilweise sogar als 3D-Filme vorliegen.*

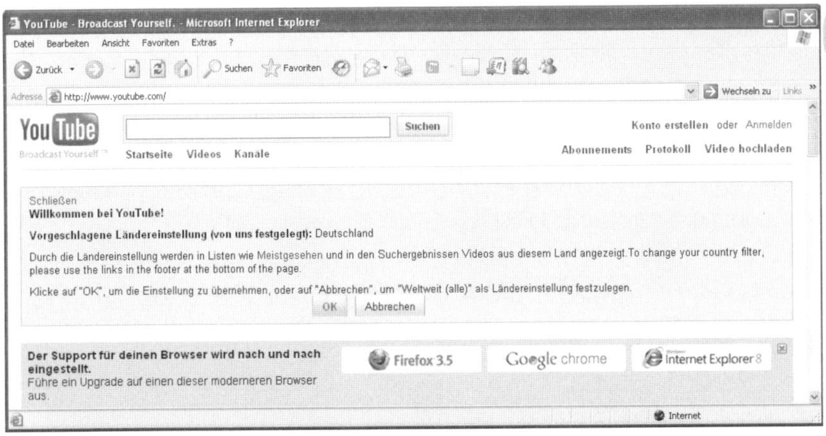

Moderne Web-Dienste wie etwa Flash-Animationen werden vom IE 6 nur unzureichend unterstützt, weshalb Betreiber wie etwa YouTube darauf drängen, doch bitte einen modernen Browser wie den IE 8 zu installieren.

Die Druckoptionen des Internet Explorers

Auch wenn 'Internetausdrucker' gerne als weniger schöne Umschreibung für Leute mit wenig Ahnung vom Internet verwendet wird, so gibt es doch immer wieder einmal Netzinhalte, die es lohnt, ganz altmodisch auszudrucken.

Voraussetzung dafür ist, dass Sie den Drucker richtig an Ihren Computer angeschlossen und konfiguriert haben. Was Sie dabei beachten müssen und wie Sie Ihren Drucker richtig installieren, finden Sie im Zubehörumfang, der Ihrem Drucker beiliegt.

Da Internetseiten oftmals sehr bunt und mit vielen verschiedenen Grafiken hinterlegt sind, sollte man darauf achten, dass man diese nicht mitdruckt. Die Grafiken verbrauchen viel Druckertinte, was mitunter sehr teuer werden kann.

So ging das unter Windows XP:

Unter Windows XP ruft man den *Drucken*-Dialog über das *Datei*-Menü oder die Tastenkombination [Strg] + [P] auf. Ein Klick auf *Drucken* startet den Druckvorgang.

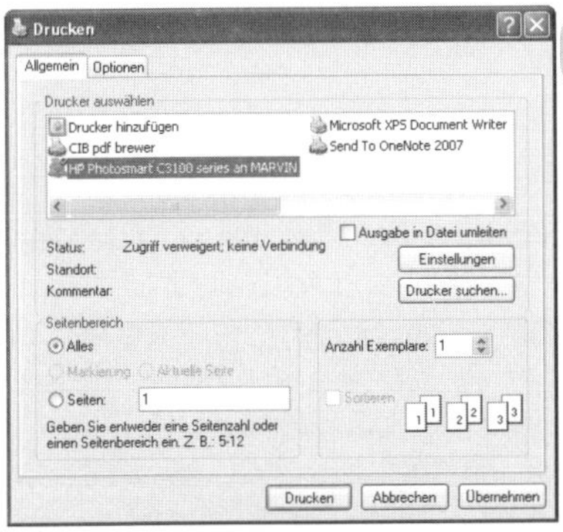

Der Druckdialog des IE 6

So funktioniert es mit dem IE 8:

Im Allgemeinen werden die meisten Grafiken automatisch vom Webbrowser entfernt, so dass der tatsächliche Inhalt gedruckt werden kann. Um dies zu überprüfen, können Sie vor dem Drucken die *Druckvorschau* aufrufen.

Um die *Druckvorschau* aufzurufen, klicken Sie auf das *Drucker*-Icon in der Registerkartenleiste und wählen den gleichnamigen Eintrag. Es erscheint ein Fenster mit dem Text und eingebundenen Bildern. Das Webseitenlayout und Hintergrundgrafiken werden nicht angezeigt.

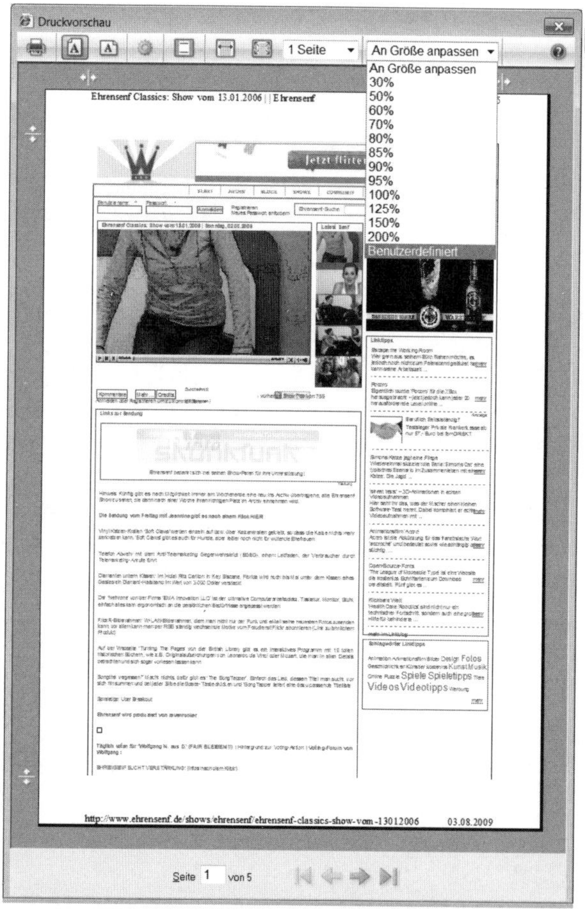

In der Druckvorschau *wird die Webseite für den Druck optimiert.*

In der Menüleiste der *Druckvorschau* haben Sie einige Einstellmöglichkeiten, darunter etwa die Wahl des Seitenformats, der Zugriff auf die Funktion *Seite einrichten*, das Ein- und Ausblenden der Kopf- und Fußzeilen (sofern vorhanden) sowie Möglichkeiten zur Änderung der Druckgröße. Falls das Dokument Ihren Wünschen entspricht, klicken Sie auf *Drucken*. Im Fenster, das sich öffnet, müssen Sie nur noch den richtigen Drucker wählen – das ist vor allem wichtig, wenn mehrere Drucker zur Verfügung stehen. Umfasst Ihr Dokument mehrere Seiten, können Sie bestimmen, ob alle Seiten gedruckt werden sollen oder nur einige davon. Zu guter Letzt bestimmen Sie die Anzahl der gewünschten Druckexemplare und klicken anschließend auf *OK*.

Kapitel 7: E-Mail mit Windows Live Mail

Das Schreiben und Lesen von E-Mails gehört zu den häufigsten Anwendungen, die an einem internetfähigen Computer ausgeführt werden. E-Mails werden immer wichtiger für den Informationsaustausch. Sei es für eine einfache Kommunikation, für den Austausch verschiedener Dateien oder als Informationsmedium wie zum Beispiel für Newsletter oder Rechnungen.

Unter Windows XP haben Sie Ihre Mails mit Outlook Express geschrieben und empfangen. Unter Windows 7 lesen und schreiben Sie E-Mails mit *Windows Live Mail*.

Windows Live Mail einrichten

Microsoft bietet mit *Windows Live Mail* ein kleines kostenloses E-Mail-Programm an. *Windows Live Mail* ist der Nachfolger von Outlook Express, das zum Funktionsumfang von Windows XP gehört.

Im nächsten Abschnitt lernen Sie, wie Sie *Windows Live Mail* installieren und einrichten.

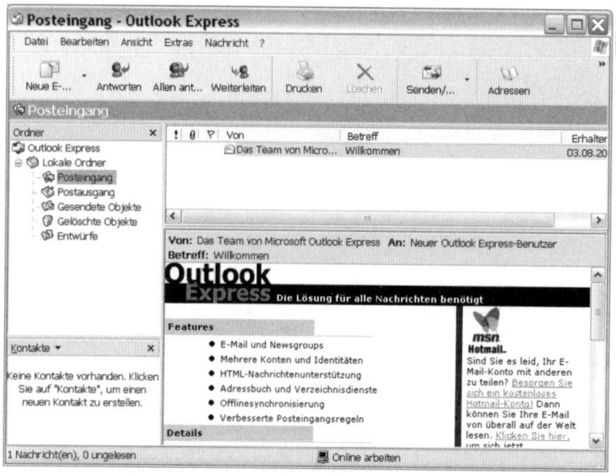

Windows XP

Microsoft Outlook Express *und* Live Mail *unterscheiden sich deutlich voneinander.*

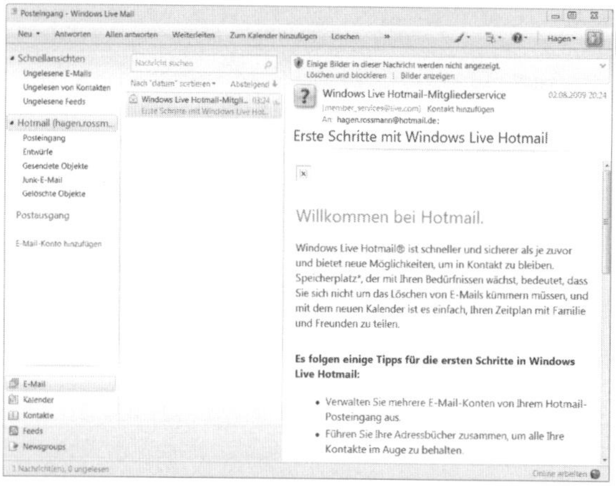

Windows 7

Während Outlook Express *bei Windows XP noch zum Lieferumfang gehörte, muss* Live Mail *erst aus dem Internet geladen und installiert werden.*

Windows Live Mail installieren

Windows Live Mail ist nicht standardmäßig installiert. Sie müssen es erst aus dem Internet laden und anschließend installieren.

1. Öffnen Sie Ihren Webbrowser und geben Sie in die Adresszeile folgenden Link ein: *http://download.live.com/?mkt=de-de*.
2. Laden Sie unter *Download* den Windows Live-Mail-Installer herunter. Öffnen Sie diesen, so dass die Installation beginnen kann.
3. Es öffnet sich der Installations-Assistent. Nach einem Moment können Sie zwischen verschiedenen Windows Live-Produkten wählen. Wählen Sie alle Programme bis auf *Mail* ab. Die restlichen Programme können Sie bei Bedarf jederzeit hinzufügen.
4. Klicken Sie auf *Installieren*. Windows Live Mail wird nun heruntergeladen und installiert.

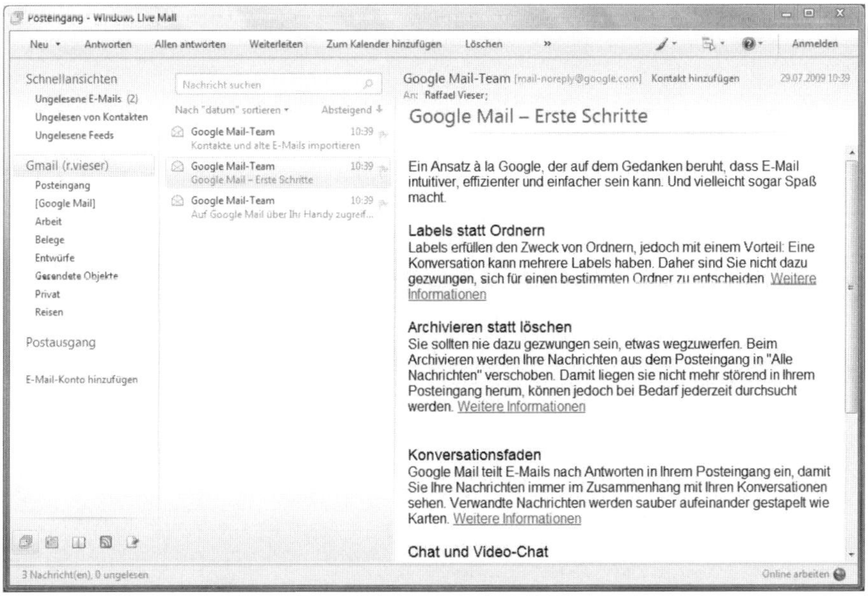

Windows 7

Windows Live Mail *installieren*

Ein E-Mail-Konto einrichten

Öffnen Sie Windows Live Mail über *Start > Alle Programme > Windows Live Mail*. Wenn das Programm geöffnet ist, erscheint automatisch ein Assistent, der Ihnen hilft, ein neues E-Mail-Konto zu erstellen. Geben Sie Ihre E-Mail-Adresse, Ihr Kennwort und Ihren gewünschten Anzeigenamen ein und klicken Sie auf *Weiter*. Falls Ihr E-Mail-Anbieter IMAP unterstützt, aktivieren Sie es zuvor. Wie das funktioniert und was Sie dabei beachten müssen, können Sie auf der Webseite Ihres E-Mail-Anbieters erfragen. Wenn Sie IMAP aktiviert haben, erkennt dies Windows Live Mail automatisch und synchronisiert Ihr E-Mail-Konto. Unterstützt Ihr Anbieter kein IMAP, müssen Sie die POP3 (Post Office Protocol) als Protokoll auswählen. Falls Sie Ihre POP3-Daten nicht zur Hand haben, können Sie diese auf der Webseite Ihres E-Mail-Anbieters finden.

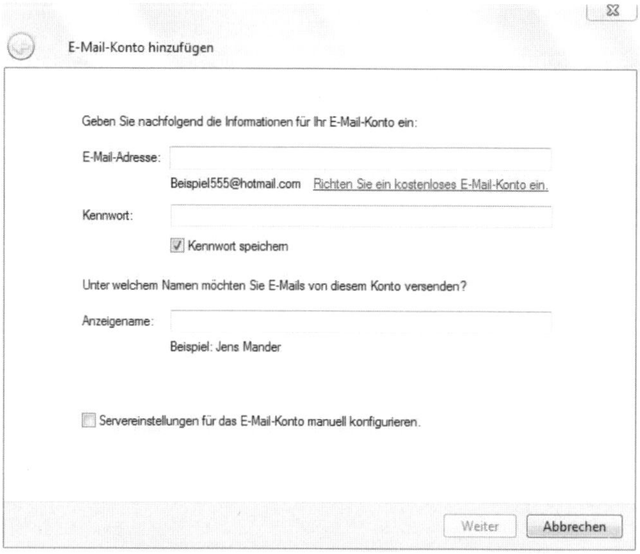

Windows 7

Ein E-Mail-Konto hinzufügen

Konto mit Outlook Express einrichten

Um unter Windows XP in Outlook Express ein E-Mail-Konto einzurichten, wählt man aus dem Menü *Extras* den Eintrag *Konten* aus. Über *Hinzufügen > E-Mail* gelangt man in den Einrichtungs-Dialog für ein neues E-Mail-Konto. Hat man alle nötigen Unterlagen zur Hand gelingt das Einrichten des Kontos dank der Dialog-Anweisungen in der Regel recht schnell.

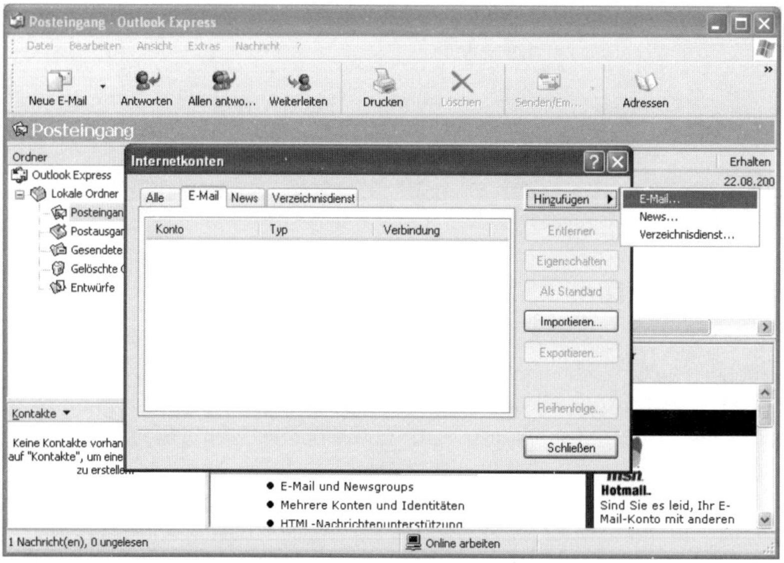

Windows XP

E-Mail-Konto einrichten in Outlook Express unter Windows XP

E-Mailen mit Windows Live Mail

Nachdem Sie *Windows Live Mail* eingerichtet haben geht es nun darum, E-Mails zu empfangen, zu erstellen, zu verschicken und die eingegangenen Mails zu organisieren.

E-Mails empfangen

Um das E-Mail-Konto abzurufen, klickt man in Outlook Express auf die Schaltfläche *Senden/Empfangen* und in Windows Live Mail auf *Synchronisieren*. Beide Schaltflächen befinden sich in der Symbolleiste des jeweiligen E-Mail-Programms. Unter Outlook Express lässt sich der E-Mail-Abruf auch mit der Tastenkombination [Strg] + [M], in Windows Live Mail mit [F5] starten.

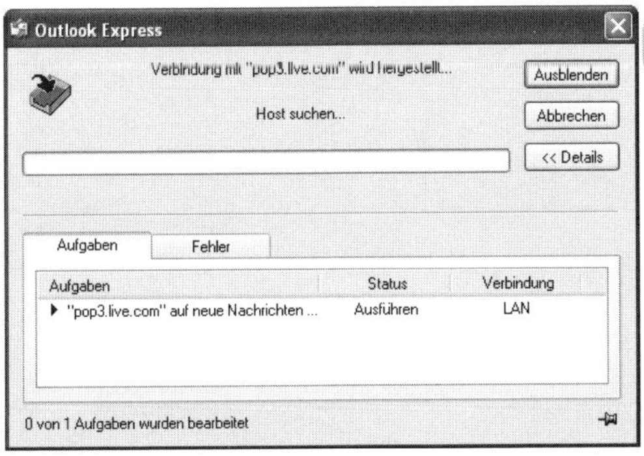

Windows XP

In Outlook XP werden die E-Mail-Konten über die Schaltfläche Senden/Empfangen *abgerufen.*

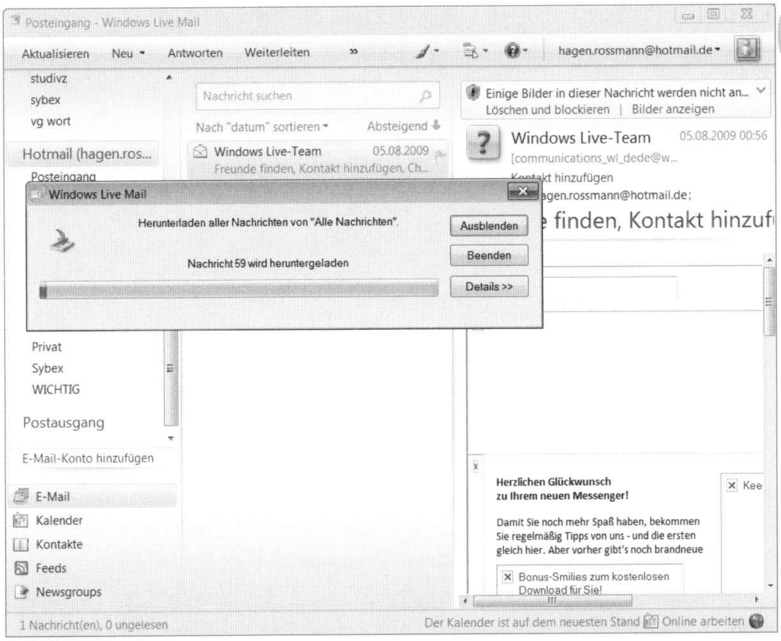

Windows 7

In Windows Live Mail erfolgt der Abruf des E-Mail-Kontos über die Schaltfläche Synchronisieren.

E-Mails erstellen und versenden

Um in Outlook Express eine E-Mail zu erstellen, klickt man zunächst auf die Schaltfläche *Neue E-Mail*. Nachdem Empfänger, Betreff und Text eingegeben sind die Mail über *Senden* dann abgeschickt.

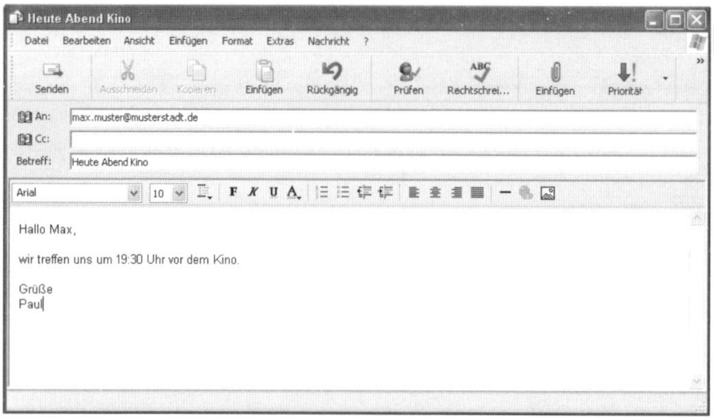

Windows XP

Eine neue Mail in Outlook Express

Eine neue E-Mail in Live Mail erstellen Sie, indem Sie auf die Schaltfläche *Neu* klicken oder die Tastenkombination [Strg] + [N] drücken. Aus dem Ausklappmenü für neue Mails können Sie auch eine Vorlage für Foto-E-Mails starten. Diese unterscheidet sich von einer gewöhnlichen Mail nur dadurch, dass der *Öffnen*-Dialog gleich mit der noch leeren E-Mail gestartet wird.

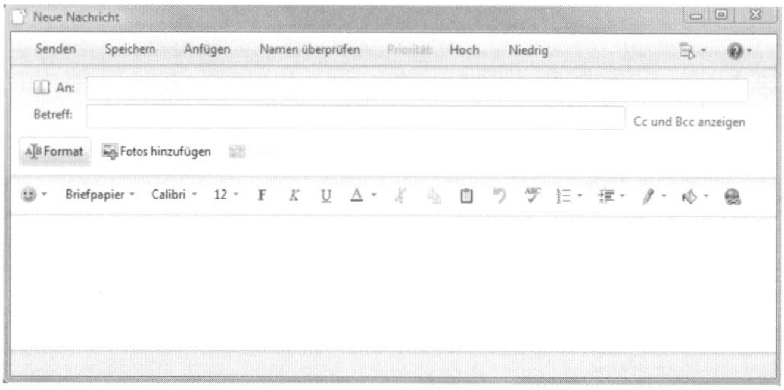

Windows 7

Die noch leere E-Mail

Geben Sie im Fenster der neuen Nachricht zunächst die E-Mail-Adresse des Empfängers an. Ist die E-Mail für mehrere Empfänger bestimmt, fügen Sie diese über CC und BCC hinzu, indem Sie auf *Cc und Bcc anzeigen* klicken. CC steht für das englische 'Carbon Copy', was von Kohlepapier für Durchschläge abgeleitet wurde. BCC steht für *Blind Carbon Copy* und meint eine für die anderen Empfänger unsichtbare Mail. Soll der Hauptempfänger also nicht mitbekommen, dass diese E-Mail auch von anderen Empfängern gelesen wird, setzen Sie diese auf BCC.

Drücken Sie dann die [⇆]-Taste, um in die *Betreff*-Zeile zu gelangen. Diesen sollten Sie unbedingt angeben, da manche Spam-Filter E-Mails ohne Betreff gnadenlos aussortieren. Außerdem sollte der Betreff kurz und treffend gewählt werden.

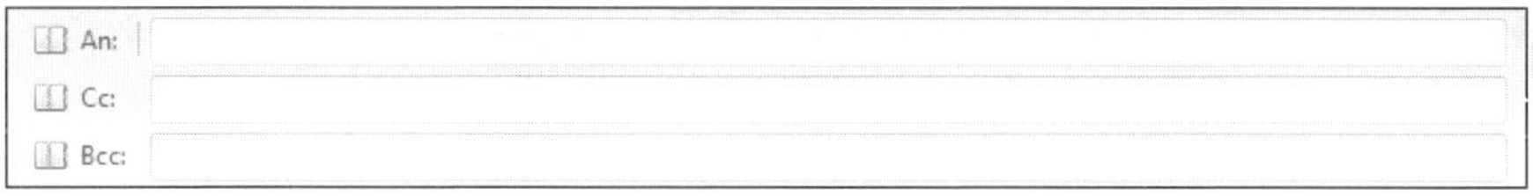

Hier wird die E-Mail-Adresse des Empfängers der E-Mail eingetragen.

Ein weiterer [⇆]-Sprung bringt Sie zum Eingabebereich für die eigentliche E-Mail. Geben Sie hier Ihren Text ein.

So sieht eine durchschnittliche E-Mail in Windows Live Mail aus.

E-Mails mit Format

Über die Schaltfläche *Briefpapier* lassen sich verschiedene Hintergründe auswählen. In Windows Live Mail stehen 18 Briefpapier-Designs zur Verfügung.

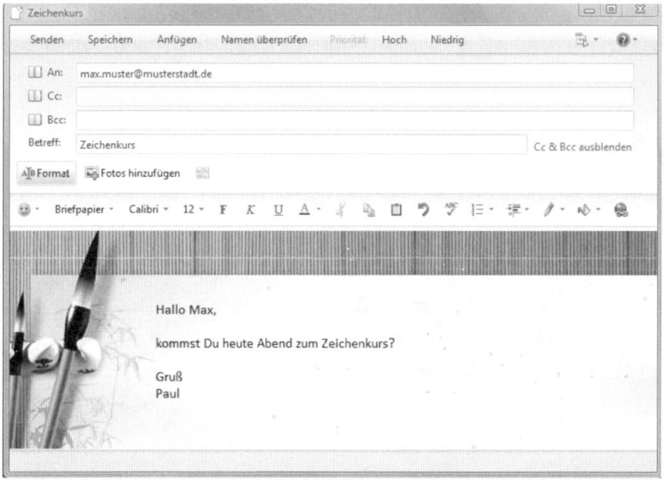

E-Mails mit Briefpapier und sind schnell gestaltet.

In Outlook Express erreichen Sie das Briefpapier über *Format > Briefpapier.* Es stehen nur sieben Designs zur Verfügung, mit Klick auf *Weitere Briefpapiere* finden Sie jedoch zusätzliche Designs.

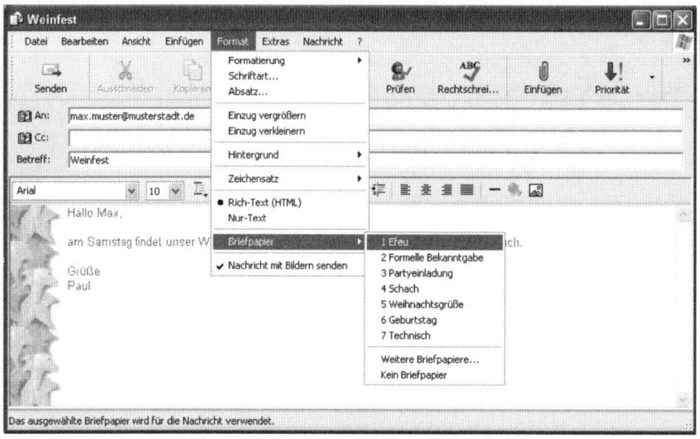

Gestaltung mit Briefpapier in Outlook Express

Neben dem Einsatz von Briefpapier kann es auch sinnvoll sein, den Text Ihrer Mails weitergehend zu formatieren. Passen Sie die Schriftart und -größe an Ihre Bedürfnisse an, formatieren Sie kursiv, fett oder unterstrichen, und ent-scheiden Sie auch wie die Absatzformatierung sein soll.

In Outlook Express steht Ihnen zur Textformatierung eine Schaltfläche zur Verfügung, die intuitiv bedienbar ist.

Die Schaltfläche für die Textformatierung

Klicken Sie auf den Pfeil rechts neben der Schriftart, können Sie eine Schrift auswählen. Rechts daneben wählen Sie die Schriftgröße aus. Formatierungen in fett, kursiv und unterstrichen sowie die Schriftfarbe erreichen Sie über die Buttons in der Mitte. Sie können Ihren Text numerieren und mit Aufzählungszeichen versehen und mit einem Klick rechts- oder linksbündig, zentriert oder als Blocksatz formatieren.

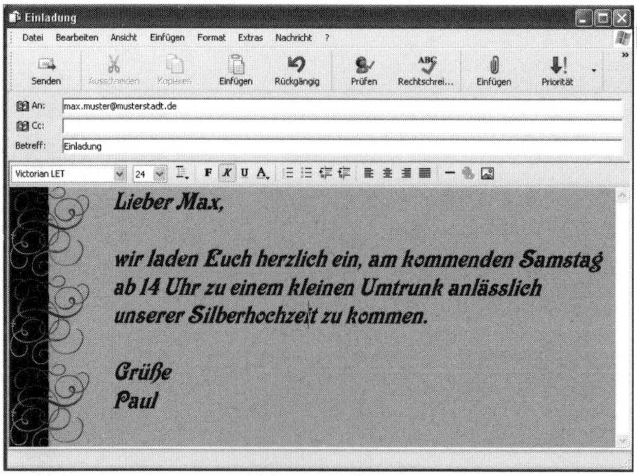

Eine formatierte Mail in Outlook Express

Ähnlich gestaltet sich die in Windows Live Mail. Auch hier gibt es eine Schalt-fläche, über die Sie bequem die Textformate zuweisen können.

Windows 7

Die Schaltfläche für die Textformate unter Windows 7

Mit Klick auf den Pfeil neben der Standard-Schriftart Calibri gelangen Sie zur Auswahl der Schriften, rechts daneben legen Sie die Schriftgröße fest. Die Formate für fett, kursiv und unterstrichen sowie die Schriftfarbe finden Sie weiterhin in der Mitte. Etwas anders sehen die Absatzformate und Aufzählungen aus. Hier müssen Sie jeweils auf den Pfeil neben dem Icon klicken, um auszuwählen, wie der Text formatiert werden soll.

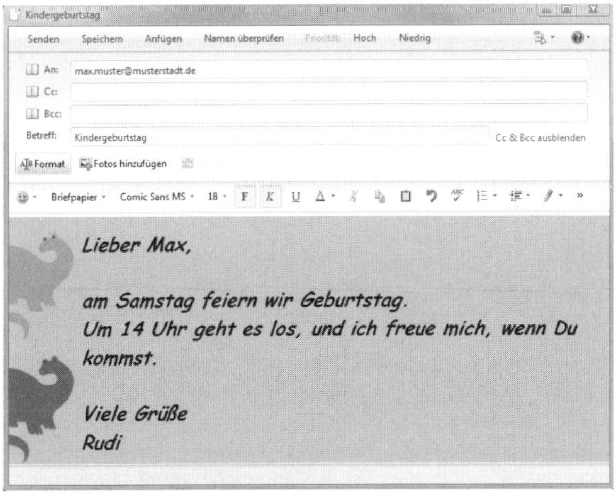

Windows 7

Eine formatierte Mail in Live Mail

Sinnvoll kann auch der maßvolle Einsatz so genannter Emoticons sein. Das sind kleine gelbe Gesichter, die Ihren Gefühlszustand oder den tieferen Sinn Ihrer Mails verdeutlichen sollen. In manchen Fällen eignen sich Emoticons (auch bekannt als Smilies) gut dazu, Missverständnissen vorzubeugen.

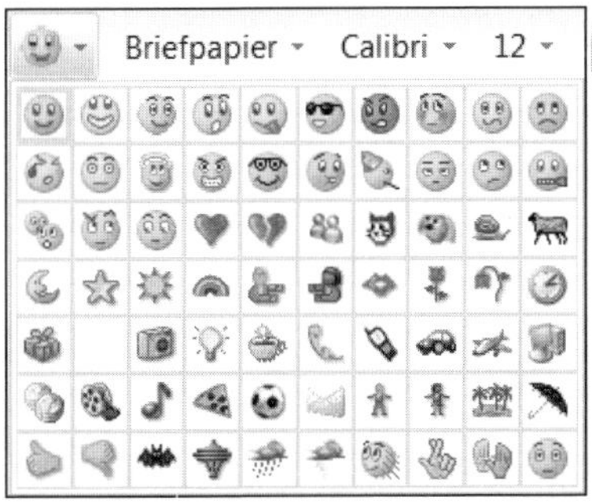

Windows 7

Emoticons vermitteln, richtig eingesetzt, auch die Gefühlszustände des E-Mail-Verfassers und sind deshalb – sparsam eingesetzt – hin und wieder sinnvoll.

Um ein Emoticon in Windows Live Mail in einer E-Mail einzufügen, klickt man auf das gelbe Icon neben der Schaltfläche *Briefpapier* und wählt aus dem Ausklappmenü ein passendes Emoticon aus.

E-Mail mit Emoticon

Ist die E-Mail fertig, schicken Sie sie mit *Senden* auf die Reise.

Verschickte Mails finden Sie im Ordner *Gesendete Objekte* in der Seitenleiste von Live Mail – genau genommen wird nur eine Kopie Ihrer E-Mail verschickt. Das Original bleibt auf Ihrem Rechner.

Alle E-Mails, die Sie je verfassten und abschickten, finden Sie im Ordner Gesendete Objekte *wieder.*

E-Mails, die Sie zwar schon verfasst, aber noch nicht abgeschickt haben, liegen im *Postausgang*. Empfangene Mails finden Sie im *Posteingang*.

E-Mails mit Anhängen

Über die Schaltfläche *Anfügen* lassen sich der E-Mail in Windows Live Mail Dateien anhängen. Das können Fotos oder Textdokumente, aber auch Programme, Videos oder Musik-Dateien sein. Beachten Sie jedoch, dass die Postfächer vieler E-Mail-Provider recht knapp bemessen sind und die maximale Dateigröße einer E-Mail begrenzt ist. Größer als drei bis 4 Megabyte (MB) sollte der E-Mail-Anhang darum nicht sein.

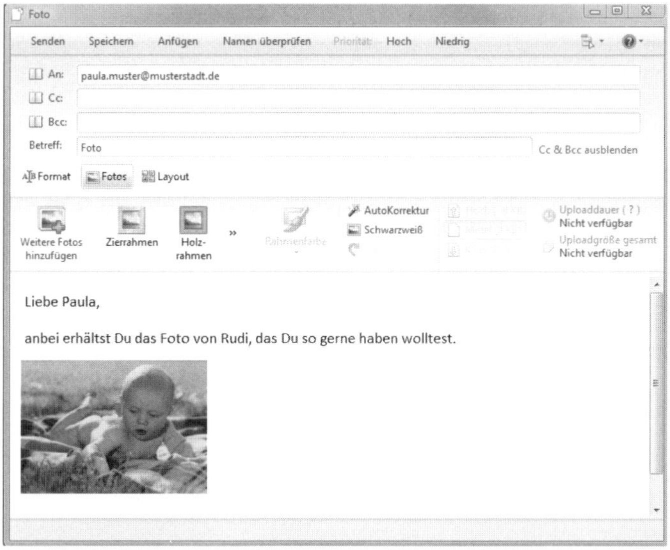

Windows 7

Anhänge werden direkt in der E-Mail angezeigt – beim Versand als auch bei empfangenen E-Mails.

In Outlook Express klicken Sie auf *Einfügen > Bild*, um ein Foto an die Mail zu hängen. Möchten Sie eine Datei anfügen, klicken Sie auf *Einfügen > Dateianlage*.

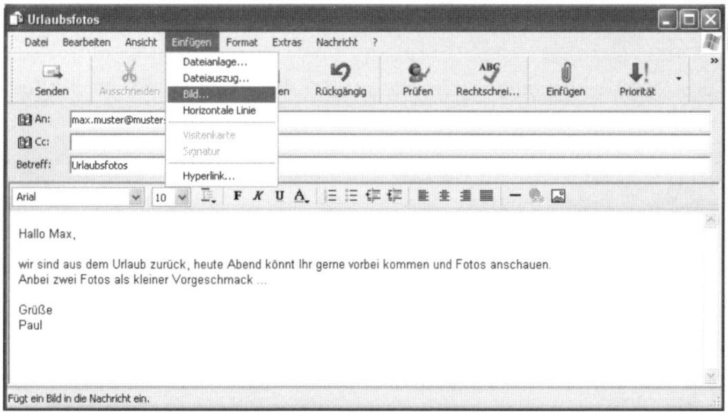

Windows XP

Bild einfügen in Outlook Express

Signaturen an E-Mails anhängen

Sie haben sicherlich schon des Öfteren E-Mails erhalten, die ellenlange Kontakt-Daten und rechtliche Belehrungen enthielten. Solche Informationen bei jeder Mail erneut einzutippen, ist recht ermüdend, weshalb es Signaturen gibt, die automatisch an jede verschickte E-Mail angehängt werden.

Auch mit Live Mail können Sie eine Signatur erstellen:

Klicken Sie auf das *Menü*-Icon und rufen Sie die *Optionen* auf. Wählen Sie den Dialog *Signaturen* aus. Klicken Sie auf *Neu* und geben Sie bei *Signatur bearbeiten* Ihren Text ein. Sie können auch zusätzlich eine digitale Visitenkarte (vCard) anhängen. Setzen Sie ein Häkchen bei *Allen ausgehenden Nachrichten Signaturen hinzufügen*. Bestätigen Sie die Eingaben mit *Übernehmen* und schließen Sie das *Optionen*-Fenster mit *OK*.

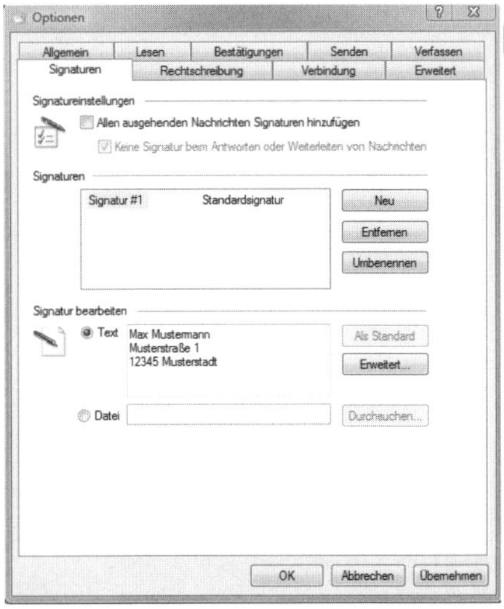

Windows 7

Eine Signatur ist so etwas wie eine Visitenkarte in digitaler Form, kann aber auch einfach nur so etwas wie eine Lebensweisheit sein.

In Outlook Express unter Windows XP ließen sich natürlich auch Signaturen anlegen. Die Funktion dazu finden Sie in den Outlook Express-*Optionen,* die Sie über das Menü *Extras* aufrufen. Im Reiter *Signaturen* legen Sie über die Schaltfläche *Neu* eine neue Signatur an, deren Inhalt Sie im Textfeld bei *Signatur bearbeiten* eintragen können.

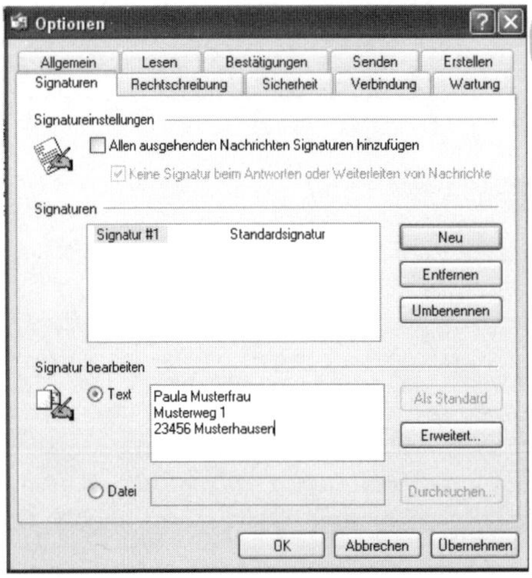

Windows XP

In Outlook Express werden Signaturen in den Optionen *angelegt.*

E-Mails in Ordnern verwalten

Mit der Zeit sammeln sich viele E-Mails an, was dazu führt, dass das Postfach immer unübersichtlicher wird. Wer auf Dauer den Überblick behalten möchte, sollte sich daher Ordner für wichtige E-Mails anlegen. Gehen Sie dazu in Live Mail folgendermaßen vor:

Klicken Sie den Kontonamen in der Seitenleiste an und wählen Sie aus dem Kontextmenü den Eintrag *Neuer Ordner*.

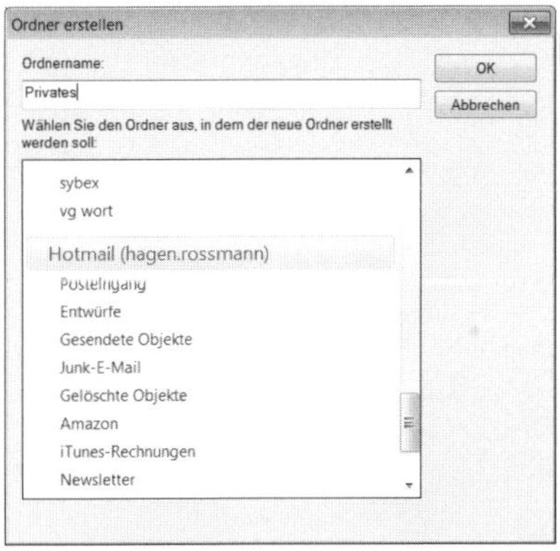

Ordner helfen, den Überblick über die E-Mail-Massen zu behalten.

Wählen Sie das E-Mail-Konto aus, für das Sie einen Ordner anlegen möchten und geben Sie einen Namen für den neuen Ordner ein. Die E-Mails sortieren Sie dann durch Klicken und Ziehen in die entsprechenden Ordner. Hierfür lassen sich aber auch so genannte Regeln festlegen, die das Verschieben übernehmen.

So ging es mit Outlook Express:

In Outlook Express unter Windows XP legte man Ordner an, indem man auf *Postfach* mit der rechten Maustaste klickte und aus dem Kontextmenü den Eintrag *Neuer Ordner* wählte.

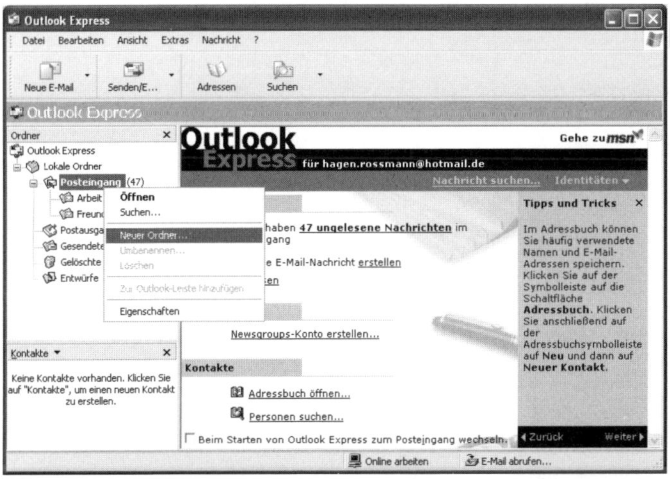

Schon in Outlook Express ließen sich neue Ordner im Postfach anlegen.

Spam-Filter konfigurieren

Unerwünschte Werbemails mit unmoralischen Angeboten (Spam) werden von Live Mail zum Teil automatisch erkannt und in den Junk-E-Mail-Ordner verschoben. In Outlook Express mussten Spam-Mails hingegen manuell gelöscht werden. Einen automatischen Spam-Filter suchte man da vergebens. Sie sollten allerdings immer wieder einen Blick in diesen Ordner werfen, da der Spam-Filter auch hin und wieder einmal Mails aus seriösen Quellen als Spam klassifiziert.

Sie können über die Sicherheitsoptionen einstellen, wie regide der Spam-Filter fragwürdige E-Mails aussortieren soll. Die Sicherheitsoptionen erreichen Sie über das neben dem Pinsel angeordnete *Menü*-Icon.

Über dieses Icon gelangen Sie zu den Spam-Einstellungen.

Standardmäßig ist der Sicherheitsgrad *Hoch* eingestellt. Damit können dem Filter auch schon einmal private oder geschäftliche Mails verdächtig vorkommen. Niedrigere Sicherheitsstufen sollten aber dennoch nur in Ausnahmefällen gewählt werden, da auch Viren gerne per E-Mail verschickt werden. So kommen Sie dann gar nicht erst in die Situation, kritische E-Mail-Anhänge zu öffnen.

Spams gleich löschen zu lassen, anstatt diese zunächst im Junk-Ordner zu behalten, ist gerade auch bei geschäftlichem Mail-Verkehr eine riskante Einstellung. *Junk-E-Mail bei Microsoft und dessen Partnern melden* hingegen sehr sinnvoll, weil Microsoft so die Filterfunktion leichter verbessern kann.

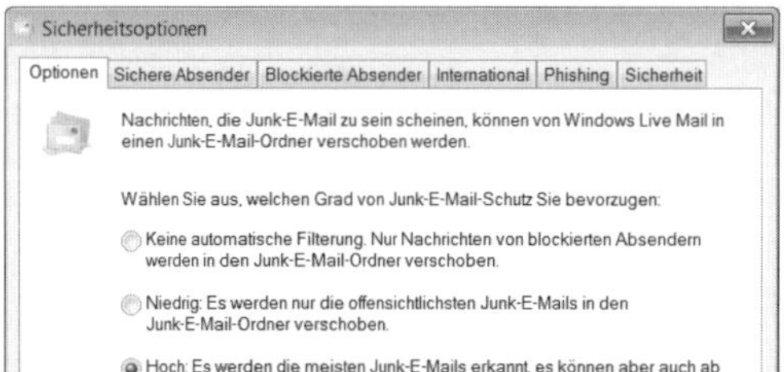

In den Sicherheitsoptionen *konfiguriert man den Spam-Filter, legt als sicher eingestufte E-Mail-Absender fest oder sperrt unerwünschte Absender aus.*

Die Einstellung *Nur sichere Absender* filtert gnadenlos alles aus, was nicht in *Sichere Absender* zu finden ist. Solche sicheren E-Mail-Adressen müssen Sie dort manuell eingeben.

Absender, von denen Sie keine E-Mails erhalten möchten, können Sie blockieren, indem Sie die Adressen im Reiter *Blockierte Absender* eintragen. Dort können Sie auch festlegen, ob E-Mails blockierter Absender an diese zurückgeschickt werden sollen. Diese Funktion können Sie auch dazu nutzen, nervige Newsletter zu kündigen, indem Sie die Newsletter-Adresse eintragen und ein Häkchen vor *Bei Newslettern Abonnement kündigen* setzen.

In Outlook Express konnte man unliebsame E-Mail-Versender ebenfalls auf eine 'schwarze Liste' setzen. Diese erreichte man über *Extras > Nachrichtenregeln > Liste der blockierten Absender.*

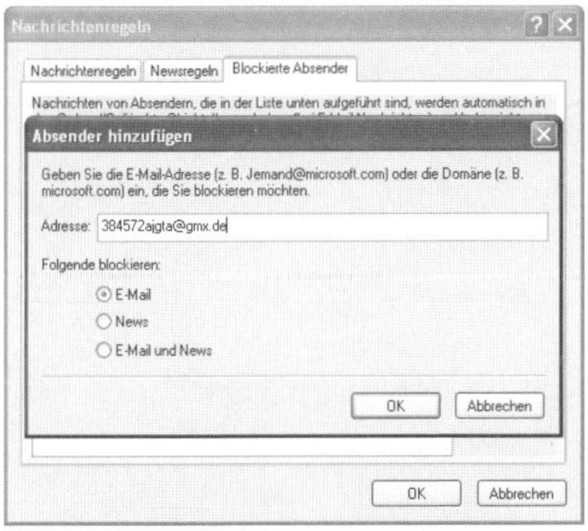

Windows XP

Das Blockieren von Absendern war auch schon mit Outlook Express möglich.

E-Mails von Outlook Express und Outlook in Windows Live Mail integrieren

Import von Outlook Express

Wenn Sie bislang *Outlook Express* genutzt haben und Ihre Mails auch unter *Windows Live Mail* nutzen möchten, ist der Umstieg recht einfach, da Windows Live Mail den Import von Outlook Express Daten unterstützt. Dazu wählen Sie aus dem *Datei*-Menü in Windows Live Mail den Eintrag *Importieren > Nachrichten*. Falls die Menüleiste ausgeblendet sein sollte, aktivieren Sie diese, indem Sie Alt drücken.

Warnung

Lassen Sie sich nicht von den unterschiedlichen, teilweise gleichlautenden Namen für die Office-Programme von Microsoft verwirren: *Outlook Express* ist das Programm, das zusammen mit dem Betriebsystem bis Windows XP als Standardprogramm für Mail, Kontakte & Kalender zuständig war. Outlook Express wurde unter Windows Vista zugunsten von *Microsoft Mail* (ohne Live) aufgegeben. In Windows 7 gibt es nun gar kein installiertes Mail- und Kalenderprogramm mehr. Stattdessen können Sie nun über Windows Live das Mailprogramm nachträglich installieren. Dieses Programm heißt *Windows Live Mail* (diesmal mit Live). Das Programm *Outlook* ist das Mail- und Kontaktprogramm aus dem Microsoft Office-Paket und ist weiterhin verfügbar. Jedes dieser PIMs (Persönlicher Informations Manager) benutzt ein eigenes Dateiformat, was den Im- und Export von und in andere Programme immer zu einem aufwändigen Verfahren macht.

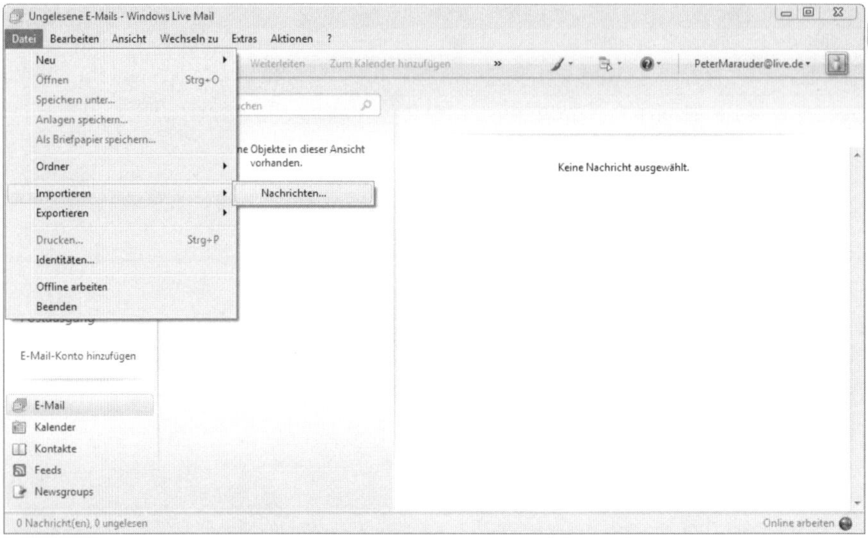

Importieren Sie Ihre Outlook Express Mails.

Mit dem Assistenten, der daraufhin eingeblendet wird, können Sie die Nachrichten aus Ihrem Outlook Express-Postfach komfortabel importieren.

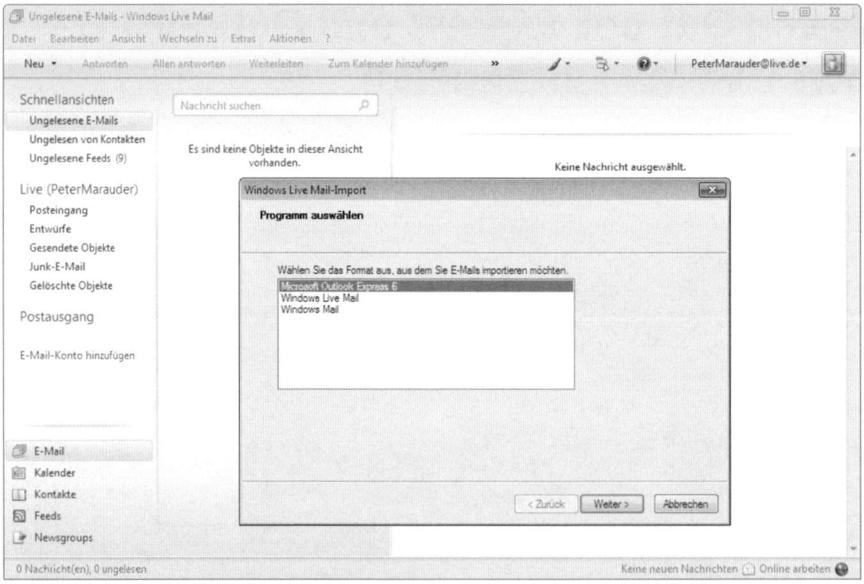

Mit dem Assistenten wird der Import erleichtert.

Import von Outlook

Leider ist der Umstieg von *Outlook* nach *Windows Live Mail* nicht ganz so einfach. Windows Live Mail unterstützt nur den Import von Outlook Express-, Windows Mail- und Windows Live-Mail-Dateien, nicht aber den von Microsoft Office. Um dennoch unter Windows Live Mail an Ihre Mails und Kontakte heranzukommen gibt es zwei Möglichkeiten:

Die erste Möglichkeit funktioniert nur dann, wenn Sie Windows 7 noch nicht installiert haben oder Zugriff auf einen Rechner ohne Windows 7 haben. Auf diesem Rechner öffnen Sie Outlook Express (Windows XP). Dieses Programm bietet eine Importmöglichkeit von Outlookdateien. Wenn Sie alle gewünschten Daten (Mails, Adressen, Kalender etc.) importiert haben, schließen sie das Programm wieder. Die von dem Mailprogramm erzeugte Datei (für Outlook Express eine Datei mit der Endung .dbx) können Sie nun in Windows Live Mail wie oben beschrieben importieren.

Die zweite Möglichkeit ist auf den ersten Blick etwas aufwändiger, bietet aber deutlich mehr Möglichkeiten. Der größte Vorteil: Sie müssen sich nicht sofort entscheiden ob sie von einem auf das andere Programm umsteigen möchten. Sie können beide Programme (Microsoft Outlook und Windows Live Mail) parallel benutzen ohne sich Gedanken darüber zu machen, die Daten ständig zu synchronisieren. So können sie in Ruhe Windows Live Mail ausprobieren und testen ob Ihnen das Programm genug Möglichkeiten bietet.

Möglich macht diese gleichzeitige Nutzung von Outlook und Windows Live Mail ein Programm namens *Microsoft Office Outlook Connector*. Dieses Programm synchronisiert verschiedene Mailkonten miteinander und zwar vollständig im Hintergrund und vollkommen ohne Ihr Eingreifen. Und so funktioniert es:

Gehen Sie auf die Webseite von Microsoft und suchen sie nach dem *Microsoft Office Outlook Connector*. Bitte achten Sie darauf, dass Sie die neueste Version finden. Bei Erscheinen dieses Buchs war die Version 12.1 aktuell. Laden sie den *Outlook Connector* herunter und installieren Sie das Programm.

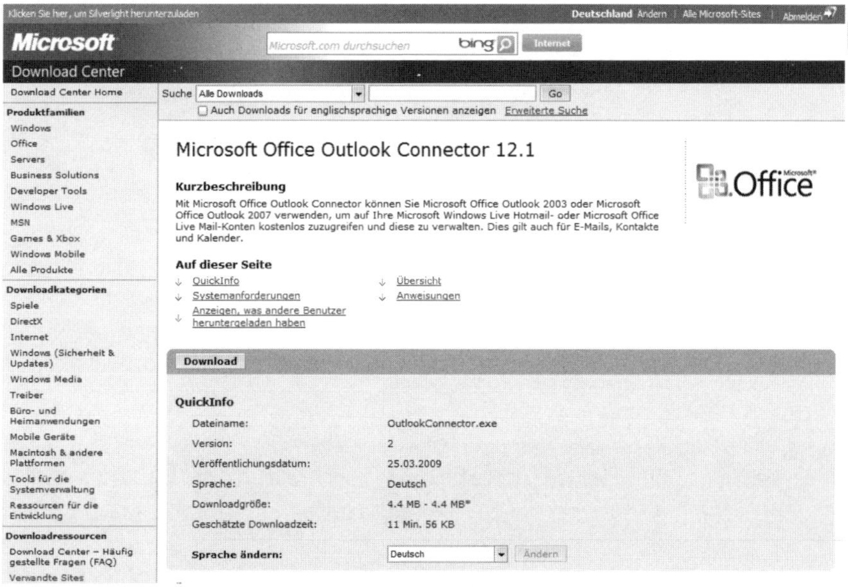

Windows 7

Die Downloadseite des Microsoft Office Outlook Connector

Nach der Installation starten Sie Outlook. Microsoft Outlook fragt Sie beim ersten Start nach der Installation vom Outlook Connector nach dem Mailkonto, mit dem Sie sich verbinden und das Sie synchronisieren möchten.

Wenn Sie die Kontodaten richtig und vollständig eingegeben haben, wird Outlook geschlossen. Beim nächsten Programmstart ist der Connector bereits aktiviert und Sie können mit dem Abgleich der Daten beginnen.

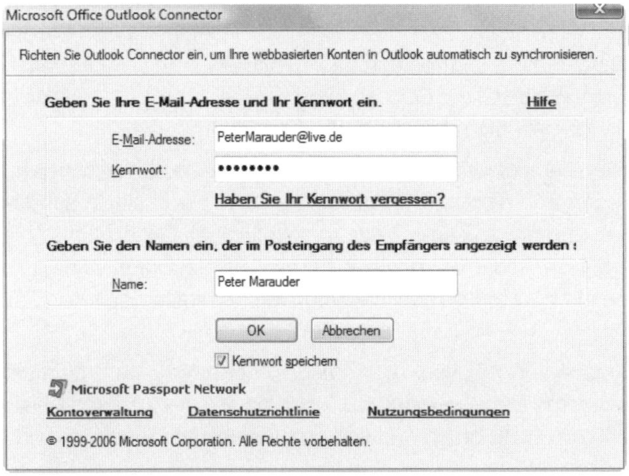

Windows 7

Ein Konto mit dem Connector *verbinden*

Tipp

Übrigens: Microsoft Outlook und Windows Live Mail müssen nicht auf demselben Rechner installiert sein. Die Hauptaufgabe des Connectors ist es, verschiedene Mailkonten auch ‚von unterwegs' immer synchron zu halten. Der Abgleich der Daten erfolgt über das Internet, kann also je nach Datenmenge durchaus längere zeit in Anspruch nehmen. Da der Abgleich aber vollständig im Hintergrund erfolgt, können Sie währenddessen bequem weiter arbeiten.

Um nun Mails, Kontakte und Termine von Oultook zu Windows Live Mail abzugleichen, gehen Sie folgendermaßen vor:

- ***E-Mails:*** Öffnen sie Outlook und wechseln Sie in den Bereich *E-Mail*. Wenn der Office Connector korrekt eingerichtet ist, sehen Sie auf der linken Seite einen neuen E-Mail-Ordner mit dem Namen Ihres Windows Live Mail-Kontos. Klicken Sie denjenigen Nachrichtenordner, den Sie nach Windows Live Mail exportieren möchten, mit der rechten Maustaste an und wählen Sie den Eintrag *Kopieren*. Geben Sie als Ziel einen Ordner im Windows Live Mail-Account an.

Warnung

Der Posteingang eines Live Mail-Kontos kann keine Unterordner enthalten. Wählen Sie stattdessen einen beliebigen anderen Ordner innerhalb des E-Mail-Ordners.

- ***Kontakte:*** Um Ihre Kontakte von Outlook nach Live Mail zu kopieren, gehen sie entsprechend vor. Sie können einzelne Adressen bzw. Personen auswählen oder alle Kontakte übertragen.

Um alle Kontakte zu übertragen klicken Sie auf der linken Seite unterhalb von *Meine Kontakte* die Rubrik *Kontakte* mit der rechten Maustaste an und wählen sie den Eintrag *Kopieren*. Es erscheint ein Fenster in dem Sie auswählen können, wohin die Daten kopiert werden soll. Wählen Sie den Ordner *Kontakte* Ihres Live Mail Kontos.

- ***Termine:*** Auch die Termine und Aufgaben lassen sich genau so verschieben oder kopieren. Auch hier klicken sie den Kalender unterhalb von *Meine Kalender* mit der rechten Maustaste an und wählen kopieren.

Tipp

Bei der Synchronisation sollten Sie ein wenig Geduld mitbringen. Gerade dann, wenn Sie viele Nachrichten mit Anhängen kopieren, kann der Vorgang einige Zeit in Anspruch nehmen.

Kapitel 8: Mehr Spaß mit Multimedia

Windows 7 und alles das, was Multimedia zu bieten hat, sind untrennbar miteinander verbunden. Niemals zuvor war es in einem Betriebssystem von Microsoft einfacher, Videos, Songs und Bilder zu verwalten oder neue Inhalte selbst zu erstellen.

Der *Windows Media Player 12* ist zwar optisch kaum von seinem Vorgänger zu unterscheiden, aber dennoch hat sich an der Technik viel geändert. Die Medien wie Fotos, Videos und Songs präsentieren sich jetzt noch attraktiver und sind wesentlich schneller zu finden.

Das *Windows Media Center* setzt zum Angriff auf die Wohnzimmer dieser Welt an, dessen ist sich Microsoft sicher. Mit seinen bescheidenen Hardwareanforderungen (gemessen an Windows Vista) und seiner verbesserten Kompatibilität hat dieses Duo jedenfalls durchaus die Möglichkeit, die Herzen der Nutzer zu erobern.

Der *Windows Movie Maker* ist zwar ein Opfer der Sparmaßnahmen geworden, aber die nachträgliche Installation ist schnell erledigt. Belohnt wird der zusätzliche Aufwand mit einem hilfreichen Werkzeug, das Videodateien für viele mobile Endgeräte (Handy, MP3- und Videoplayer) aufbereiten kann.

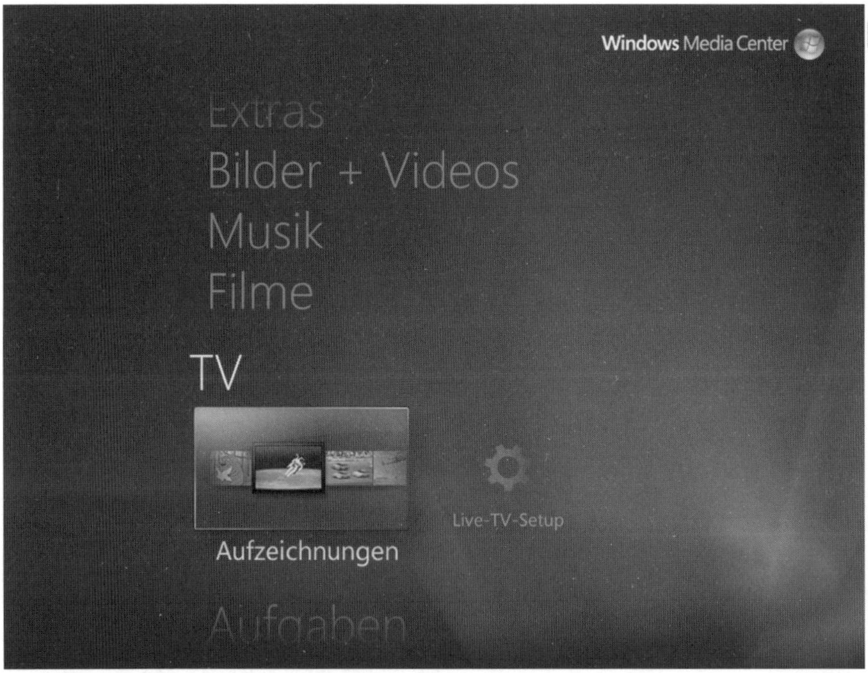

Windows 7

Das Multimedia Center *von Windows 7*

Die Arbeit mit dem *Windows DVD Maker* macht einfach nur riesig Spaß: Die Einarbeitungszeit ist gegenüber professionellen Programmen im Minutenbereich angesiedelt – und die Ergebnisse rufen auch bei den kritischsten Mitmenschen großes Erstaunen und wahre Freude hervor. Unbedingt einmal zu einer besonderen Gelegenheit (Urlaub, Muttertag oder Geburtstag) ausprobieren!

Und nicht vergessen: Bringen Sie Ihre digitalen Schätze in Sicherheit. Machen Sie Backups von Ihren Bildern, Videos und anderen Dateien. Windows 7 hilft Ihnen gern dabei: Die Brennfunktion ist jederzeit zur Hand, um Ihre wertvollen Daten auf CD oder DVD zu sichern.

Der Windows Media Player 12: Das ist neu

Zusammen mit Windows 7 wird die neueste Ausgabe des *Windows Media Players* ausgeliefert. Er trägt die Versionsnummer 12. Die erste Ausgabe von Windows XP, die im Jahre 2001 auf den Markt kam, hatte noch den Media Player 8 an Bord. Seitdem hat sich in kaum einem anderen bordeigenen Programm so viel verändert, wie im *Windows Media Player*. Die aktuelle Version von Windows XP wird mit dem *Windows Media Player 11* ausgeliefert. Und obwohl sich rein 'äußerlich' scheinbar kaum etwas zwischen der 11er- und 12er-Version geändert zu haben scheint, sind die Unterschiede doch deutlich spür- und fühlbar.

Windows XP

Der Media Player Version 11 *auf Windows XP*

Das Programm ist in vielen Facetten einfacher, verständlicher und konsistenter geworden. Die Oberfläche wirkt nun aufgeräumter, beim Abspielen von Musik reduziert sich der Player auf die mögliche Minimalgröße und zwischen unterschiedlichen Medien kann nun mit einem Klick hin und her gewechselt werden.

Der *Windows Media Player 12* verwaltet nun alle Medien gleichwertig in einer Baumstruktur. Wo man beim Media Player unter Windows XP mühsam zwischen Bildern, Videos, Musik und TV-Aufzeichnungen über das Menü wechseln musste, reicht in der neuen Version ein Klick auf den entsprechenden Zweig.

Doch bevor man Musik hören oder Videos mithilfe des Media Players 12 anschauen kann, sollte man dem Programm mitteilen, wo sich die Multimedia-Schätzchen auf der Festplatte befinden. Auch dieser Mechanismus hat sich gegenüber der XP-Version leicht geändert: Statt den Eintrag *Zur Medienbibliothek hinzufügen* aus dem Menü *Medienbibliothek* anzuwählen (Windows XP), klicken Sie nun auf den Eintrag *Organisieren > Bibliothek verwalten* und dann auf den Menüpunkt *Musik, Video, Bilder* oder *TV-Aufzeichnungen* (Windows 7).

Windows 7

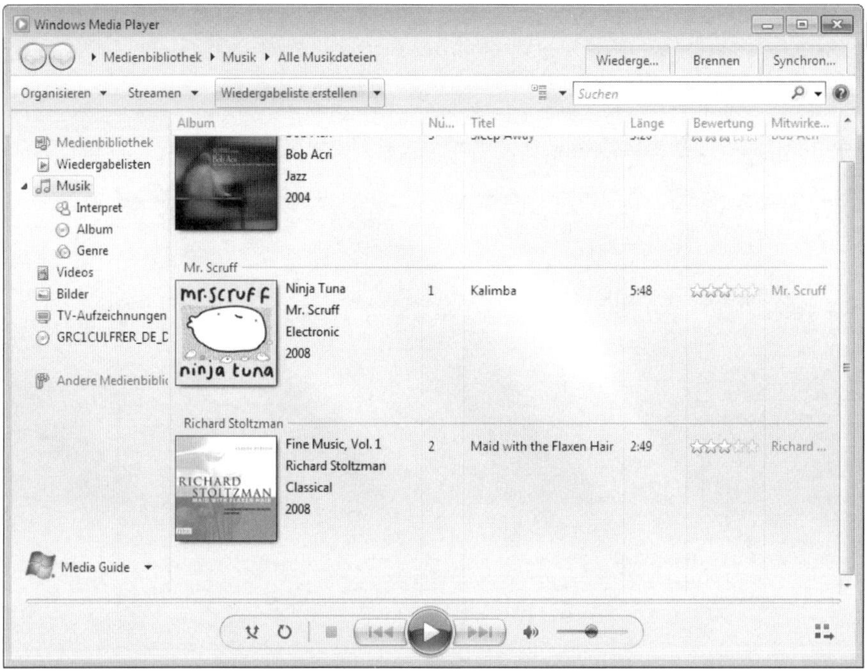

Der Media Player 12 *unter Windows 7*

Übrigens hat sich mit der neuen Vorgehensweise auch 'unter der Haube' etwas getan: Während früher in allen Verzeichnissen, die Sie ausgewählt haben, jeweils nach allen Medien gesucht wurde, geben Sie nun für jede Medienart explizit das richtige Verzeichnis bzw. die richtigen Verzeichnisse an. So tauchen jetzt die Coverbilder, die in den MP3-Verzeichnissen mitgespeichert wurden, nicht automatisch in der Rubrik *Bilder* auf.

Um die Medienbibliothek richtig zu nutzen, sollten Sie verstehen, wie der *Windows Media Player* Ihre digitalen Kunstwerke verwaltet: Die Verzeichnisse, die Sie mit *Bibliothek verwalten* dem Programm vorgeben, werden von Zeit zu Zeit vom Media Player 'besucht'. Dabei wird kontrolliert, ob neue Mediendateien dort abgelegt worden sind. Wenn Sie z. B. eine Datei umbenennen, dann sind das für den Media Player gleich zwei Ereignisse: Nämlich, dass eine Datei verschwunden ist und eine andere Datei zur Medienbibliothek hinzugefügt wurde. Beachten Sie, dass wenn Sie z. B. eine Coverabbildung einem Album zugeordnet haben, diese Zuordnung wahrscheinlich nach der Umbenennung verloren gegangen ist.

Tipp

Machen Sie sich zur Angewohnheit, Ihre Songs und Filme zuerst in die richtigen Verzeichnisse einzusortieren und überprüfen Sie dabei Dateinamen. Erst wenn dies geschehen ist, sollten Sie sich an das Tuning der Medieninformationen im Media Player heranwagen.

Noch ein Hinweis zur Oberfläche des *Windows Media Players*: Von den sechs Buttons des Media Players unter Windows XP (*Aktuelle Wiedergabe, Medienbibliothek, Vom Medium kopieren, Brennen, Synchronisieren, Media Guide*) sind in der aktuellen Version gerade einmal drei Schaltflächen übrig geblieben: *Wiedergabe, Brennen, Synchronisieren*.

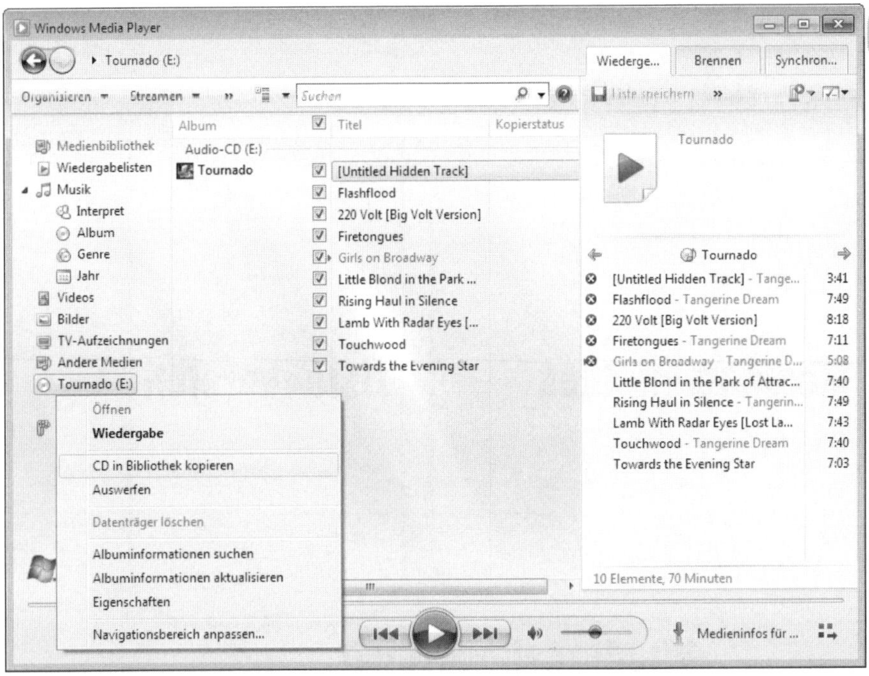

Windows 7

Die verlorene Schaltfläche des Media Players

Windows XP

Die Schaltzentrale des Windows Media Players 11 *unter Windows XP*

Windows 7

Der auf drei Schaltflächen verkleinerte Menübereich des Windows Media Players 12 *unter Windows 7*

Erst auf den zweiten Blick fällt auf, dass die entsprechenden Buttons immer noch vorhanden sind. Sie haben nur neue Positionen zugewiesen bekommen. So ist der Media Guide nach links unten gewandert und die Medienbibliothek ist ja in Form der Baumansicht ständig an der linken Seite sichtbar. Und auch der Eintrag *Vom Medium kopieren* ist weiterhin vorhanden – er erscheint allerdings erst dann im Kontextmenü, wenn eine CD eingelegt wird.

Der Windows Media Player 12 in der Übersicht

Da der Media Player 12 ein sehr komplexes und umfangreiches Programm ist und darüber hinaus wie ein Chamäleon in seinem Aussehen sehr wandelbar ist, finden Sie hier eine Legende, die Ihnen die Bedienelemente des Programms in der Bibliotheksansicht in Kurzform erläutert.

Windows 7

Der Media Player in der Übersicht

Der Menü- und Titelbereich

Im oberen Teil der Medienbibliothek sind der Menübereich und einige grundlegende Bedienelemente zu finden. Wie bereits seit einiger Zeit bei 'Multimediaprogrammen' üblich, wird die traditionelle Menüleiste erst einmal ausgeblendet. Obwohl das Programm dadurch vermeintlich 'schicker' aussieht, erschwert dies in vielen Punkten den Zugang zum Programm, da man die Bedienelemente der Oberfläche schon kennen muss, um darauf zugreifen zu können. Die klassische Menüleiste dagegen vereint alle Einstellungen und Optionen an einem Platz, den man gezielt durchsuchen kann. Erfreulicherweise ist die Menüleiste noch nicht komplett aus dem Media Player 12 verschwunden, denn mit Strg + M lässt sie sich jederzeit wieder sichtbar machen (siehe auch *Tastaturbelegung des Windows Media Players 12*).

Der Menü- und Titelbereich in der Übersicht

A	Mit den *Vor-* und *Zurück*-Schaltflächen ist es Ihnen möglich, zu Ansichten, Bibliotheken und Listen zurückzukehren, die Sie sich früher bereits angesehen hatten. Wenn Sie z. B. ein Album noch einmal ansehen möchten, das Sie kurz zuvor angesehen haben, klicken Sie einfach so lange auf den Pfeil nach links, bis das Album wieder erscheint.
B	Wenn in Ihrem Computer mehrere CD- oder DVD-Laufwerke installiert sind, dann gibt Ihnen dieser Pfeil die Möglichkeit, zwischen den Datenträgern hin und her zu schalten. Wenn kein Datenträger eingelegt ist, dann erscheint hier nur die Medienbibliothek.
C	Dieser Pfeil gibt Ihnen die Möglichkeit, wenn Sie ihn anklicken, zwischen den verschiedenen Medienarten (Audio, Video, TV, Bild) umzuschalten.
D	Klicken Sie auf diesen Bereich mit der rechten Maustaste, dann öffnet sich das Menü des Media Players. Sie können das Menü auch aktivieren, indem Sie die [Strg] + [M]-Tasten drücken. Falls Sie das Menü dauerhaft angezeigt haben möchten, dann klicken Sie auf *Organisieren > Layout > Menüleiste anzeigen*.
E	Das Menü *Organisieren* gibt Ihnen Zugriff auf die wichtigsten Funktionen der Medienbibliothek. Hier können Sie Verwaltungs- und Sortierfunktionen aufrufen oder das Layout des Media Players 12 anpassen.
F	Das Streamingmenü ermöglicht es, Ihre Mediendateien für andere Benutzer oder andere Geräte freizugeben. So können Sie mit den geeigneten HiFi-Geräten Ihre Musik auch im Wohnzimmer anhören oder sogar von Ihrem Urlaubsort auf Ihre Lieblingssongs zu Hause zugreifen.
G	Die Suchfunktion des Media Players ist eine sehr mächtige Waffe, verloren geglaubte Schätze neu zu bergen. Einfach Interpret, Song- oder Albumnamen eintippen und schon werden alle möglichen Treffer angezeigt.

Der Listenbereich

Der Listenbereich auf der rechten Seite des Media Players kann grundsätzlich drei verschiedene Arten von Listen anzeigen:

- ***Die Wiedergabeliste:*** Wiedergabelisten sind Zusammenstellungen von Medien, die Sie nach eigenen Vorstellungen generieren können. Sie sind medien- und verzeichnisübergreifend. Mehr zu Wiedergabelisten erfahren Sie im nächsten Kapitel.
- ***Die Brennliste:*** Eine Brennliste ist eine Sammlung von Songs oder anderen Medien, die Sie beabsichtigen auf eine CD oder DVD zu brennen. Sie sammlen daher zuerst alle Tracks und dann können Sie sie zu einem späteren Zeitpunkt auf einem Datenträger verewigen.
- ***Die Synchronisierungsliste:*** Mit dieser Liste haben Sie die Möglichkeit, Songs, Bilder oder Videos auf Ihren MP3- oder Videoplayer zu übertragen. Sie können komplette Verzeichnisse oder einzelne Songs hier ablegen, die beim nächsten Mal, wenn Sie Ihr mobiles Gerät an den PC anschließen automatisch dorthin kopiert werden.

Windows 7

Der Listenbereich des Media Players

A	Dieser Reiter aktiviert die Wiedergabe von Medien. Dies ist die Standardansicht des Media Players.
B	Wenn Sie eine eigene CD oder DVD erstellen möchten, dann klicken Sie auf *Brennen*.
C	*Synchronisieren* ermöglicht es Ihnen, Ihre Favoriten automatisiert auf einen MP3- oder Videoplayer aufzuspielen.
D	Mit den Wiedergabelisten stellen Sie Ihre Lieblingssongs immer wieder neu zusammen, ohne dass Sie die Dateien mehrfach auf Ihrem Rechner haben müssen.
E	Wenn Sie eine Wiedergabeliste erstellt haben, klicken Sie einfach auf diesen Button, um sie dauerhaft zu speichern.
F	Mit *Wiedergeben in* haben Sie die Möglichkeit, die ausgewählte Musik auf anderen Geräten abzuspielen, so z. B. auf der XBox, der PS3 oder einem anderen PC.
G	Die dargestellte Liste kann mit dieser Schaltfläche ein- oder ausgeblendet oder z. B. auch sortiert werden.

Windows XP

Der Listenbereich unter Windows XP. Die unterschiedlichen Medien (Audio, Video, TV etc.) sind hier nicht aufgeführt.

Die Darstellung der Medienbibliothek

Die Medienbibliothek ist das zentrale Element des Windows Media Players 12. Im Gegensatz zu seinem Vorgänger, werden hier alle Medien gleichberechtigt und gleichzeitig angezeigt. Das ist ein deutlicher Komfortvorsprung.

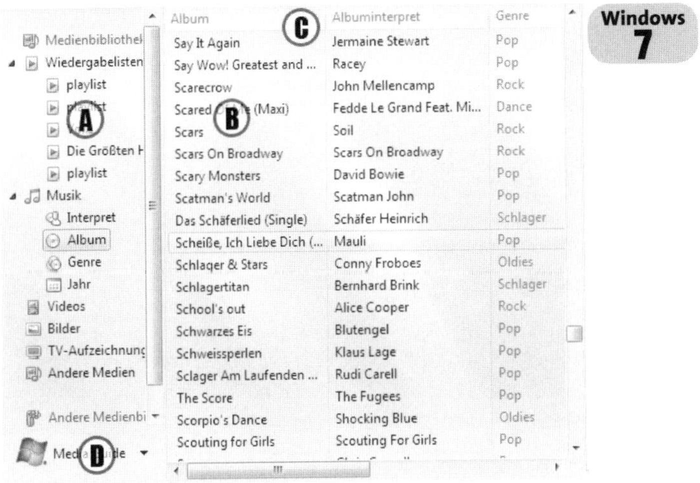

Die Medienbibliothek unter Windows 7

A	Über die Medienbibliothek haben Sie schnell und einfach Zugriff auf alle Mediendaten, die sich auf Ihrem Rechner (oder in Ihrem Netzwerk) befinden.
B	Der Anzeigebereich zeigt Ihnen alle Songs oder Videos an, die Ihrer aktuellen Auswahl entsprechen. Dieser Bereich stellt sich je nach Medienart und Layoutoptionen sehr individuell und immer wieder anders dar.
C	Mit diesen Karteireitern können Sie die Sortierreihenfolge im Anzeigenbereich anpassen. Klicken Sie auf *Albuminterpret*, werden die angezeigten Songs nach dem Namen des Interpreten sortiert. Ein weiterer Klick auf denselben Reiter kehrt die Sortierung um.
D	Ein Klick auf die Schaltfläche *Mediaguide* und es öffnet sich der Webbrowser. Dort haben Sie die Möglichkeit, das aktuell gespielte Lied oder Album käuflich zu erwerben.

Der Wiedergabebereich des Media Players

Während der Wiedergabe eines Musikstücks oder eines Videos kennt der Media Player drei verschiedene Ansichten.

- ***Die Wiedergabe in der Medienbibliothek:*** Die Wiedergabe innerhalb der Medienbibliotheksanzeige benötigt am meisten Platz auf dem Bildschirm. Sie ist perfekt dazu geeignet, den richtigen Track oder das gewünschte Album zu finden, da Sie jederzeit Zugriff auf alle Medien und die Suchfunktion des Programms haben.
- ***Der Mini-Player (Modus: Aktuelle Wiedergabe):*** Wenn der Media Player nichts anderes tun soll, als einfach nur die Musik abzuspielen oder wenn das Video im Vordergrund stehen soll und nicht der Media Player, dann wählen Sie den Mini-Player. Bei ihm werden nur die notwendigen Bedienelemente eingeblendet und die Größe ist auf eine Minimum reduziert. Im Vergleich zum

Windows Media Player 11 ist die Fenstergröße noch einmal deutlich geschrumpft, was einfach für mehr Platz auf dem Bildschirm sorgt.

Auch so kann der Media Player aussehen – der Design Modus.

- ***Der Design-Player:*** Der Design-Player ermöglicht es Ihnen, den *Windows Media Player* nach Ihrem Willen zu verändern. Das wird durch die so genannte 'Skin'-Technologie ermöglicht. Der Media Player wird mit zwei Skins ausgeliefert, aber im Internet finden Sie zahlreiche attraktive Designs, die das Aussehen des Players zum Teil vollkommen auf den Kopf stellen. Hier hat sich gegenüber den vorhergehenden Ausgaben des Media Players nichts geändert, so dass Sie auch die Skins für den Media Player 10 oder 11 benutzen können.

Der Wiedergabebereich des Media Players

A	Wenn Ihre Wiedergabeliste mehrere Titel enthält, können Sie mit diesem Schalter die zufällige Wiedergabe aktivieren.
B	Soll die Wiedergabe endlos erfolgen, dann können Sie das mit dieser Schaltfläche erledigen.
C	Hier die Standardbedienelemente eines Media Players: *Stopp*, *Voriges Lied*, *Play*, *Nächstes Lied*.
D	Mit diesem Button schalten Sie die Lautsprecher stumm.
E	Hier können Sie die Wiedergabelautstärke einstellen.
F	In den Kompaktmodus wechseln.
G	Aktuelle Wiedergabeposition einstellen.

Zusammen mit Windows 7 hält noch ein weiterer Bedienfortschritt Einzug in den *Windows Media Player*: Die Superbar! Die Superbar war früher unter dem Namen Taskleiste bekannt. Doch was die neue Taskleiste unter Windows 7 kann, ist wirklich bemerkenswert. Klicken Sie doch einfach mal das Symbol des Media Players in der neuen Taskleiste mit der rechten Maustaste an: Schon erhalten Sie eine Auflistung der Songs und Wiedergabelisten, die Sie sich in letzter Zeit angehört haben. Wenn Sie nun einen dieser Einträge anklicken, beginnt sofort die Wiedergabe, ohne dass Sie erst lange suchen müssen. Das funktioniert auch, wenn der Media Player noch gar nicht gestartet wurde.

Windows 7

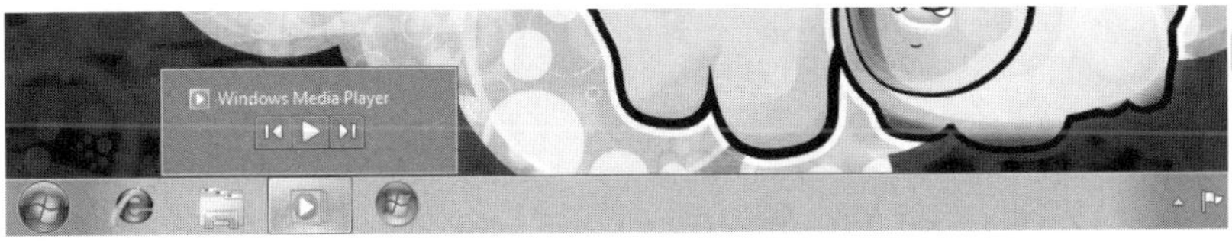

Der Media Player in der Superbar

Windows XP

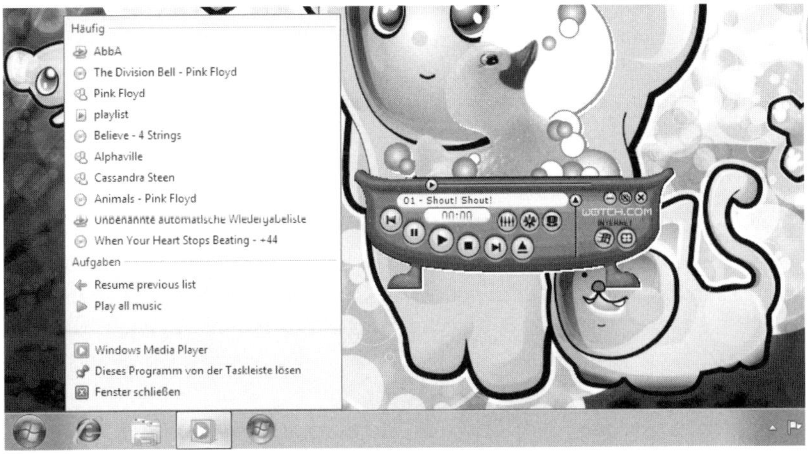

Der Media Player in der Taskleiste

Ein weiterer großer Vorteil der Superbar ist die Möglichkeit, den Media Player zu steuern, ohne ihn in den Vordergrund holen zu müssen. Sie kennen das: Sie hören Musik im Hintergrund (vordergründlich arbeiten Sie) und das Telefon klingelt. Der normale Ablauf unter XP wäre jetzt: Das aktuelle Programm minimieren, den Media Player in den Vordergrund holen und auf Pause klicken. Nachdem Sie aufgelegt haben, der gleiche Vorgang noch einmal, nur rückwärts. Mit der 12er Ausgabe des Players geht es nun viel einfacher: Einfach mit der Maus über das Symbol des Media Players in der Superbar fahren und es erscheint ein kleines Fenster, in dem Sie die Musik anhalten können oder aber den vorigen oder nächsten Track anwählen können. Einfach, aber genial!

Musik mit dem Windows Media Player verwalten

Ganz egal ob Jung oder Alt: Die meisten von uns haben inzwischen zahlreiche Lieder, Videos oder Bilder auf der Festplatte gesammelt. Während die Kids sich ihre Musik vielfach aus dem Internetradio ziehen oder über Onlineshops ihre Sammlung kontinuierlich erweitern, macht sich die ältere Generation daran, die Datenträger von damals zu digitalisieren: CDs, Schallplatten oder Kassetten. Und so sammelt sich sehr schnell eine beachtliche Sammlung auf der Festplatte an, bei der es gilt, den Überblick zu bewahren. Und genau da kann der Computer als Hüter der Datenschätze seine Muskeln spielen lassen: Während man eine LP oder ein Buch nur an einem Ort ablegen kann, ist die Sortierung auf dem PC nach vielfältigen Kriterien möglich. Als Besitzer einer riesigen Bibliothek muss man sich früh entscheiden, ob man ein Buch nach Titel, Autor, Sachgebiet, Umschlagart oder Farbe sortiert. Diesem Zwang ist man bei der Nutzung eines Computers nicht ausgeliefert. Wenn man mag, kann man seine Inhalte kreuz und quer auf dem Computer verteilen und sie dennoch jederzeit wiederfinden – vorausgesetzt, Sie wissen, wonach Sie suchen und Sie benutzen das geeignete Programm.

Doch bevor Sie Ihre Multimediaschätze bergen können, müssen Sie dem Windows Media Player sagen, wo er auf die Suche gehen soll. Wie bereits im Abschnitt *Windows Media Player 12: Das ist neu* erläutert, können Sie für jede Medienart eigene Verzeichnisse vorgeben, Die einfachste Lösung wäre es nun, für die vier Medientypen (Audio, Video, TV, Bild) alle Festplatten anzugeben. Das wäre technisch möglich und würde garantieren, dass Sie alle Daten auf Ihren Festplatten wiederfinden würden. Der Nachteil: In den Ergebnissen einer Suche würde sich auch viel 'Müll' widerspiegeln. Wer möchte bei einer Bildersuche schon die Wallpaperkollektion des Windows-Ordners angezeigt bekommen. Oder sollen die Systemklänge und -sounds auch in Ihre Sammlung cooler Songs aufgenommen werden? Sicher nicht! Unabhängig davon würde die Einbeziehung des gesamten Rechners auch unnötig viele Ressourcen benötigen: Der Media Player wäre ständig damit beschäftigt, nachzusehen, ob neue Lieder oder Videos dazu gekommen sind und die Datenbank des Programms nimmt sehr schnell gigantische Ausmaße an. Daher empfiehlt es sich, die Videos, Bilder und Tracks nur in bestimmten Ordnern abzulegen. Windows bietet dazu unter den *Eigenen Dateien* schon die passenden Ordner an (Bilder, Musik, Videos). Diese Verzeichnisse werden auch vom Media Player in der Voreinstellung schon direkt überwacht. Das bedeutet, wenn Sie Ihre Bilder oder Songs immer dort ablegen oder abgelegt haben, müssen Sie die zu überwachenden Verzeichnisse nicht bearbeiten.

Grundsätzlich ist es aber immer eine gute Idee, Daten und Medien strikt getrennt vom Betriebssystem zu halten. Das bedeutet, wenn Ihr Windows 7 auf der Festplatte C: liegt, dann sollten Sie Ihre Daten auf der zweiten Platte (oder Partition) D: speichern. Das hat den großen Vorteil, dass im Falle eines Wechsels des Betriebssystems oder einem Festplattendefekt, die Daten nicht erst mühsam rekonstruiert werden müssen.

Windows 7

Hinzufügen eines Speicherorts für Medien

Um einen weiteren Ort als Speicherort für Medien dem Media Player bekannt zu machen, gehen Sie wie folgt vor:

1. Klicken Sie auf *Organisieren*, danach auf *Bibliotheken verwalten* und dann auf die Medienart, die dort gespeichert wird, also Musik, Videos, Bilder oder TV-Aufzeichnungen.
2. Es erscheint das Fenster *Orte für Bibliotheken*. Klicken Sie auf *Hinzufügen*.

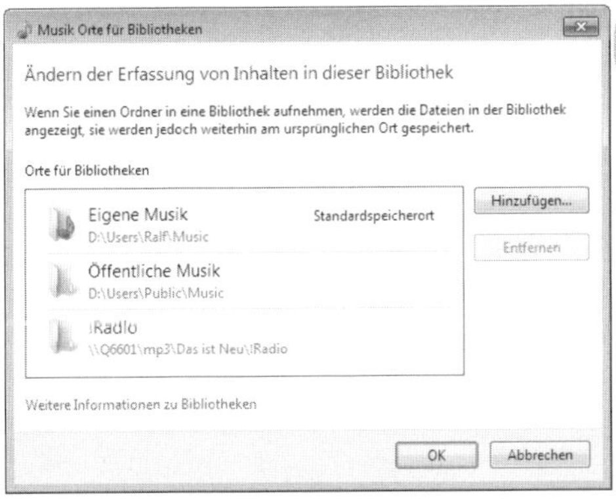

Windows 7

Diese Verzeichnisse werden überwacht.

3. Wählen Sie jetzt das Verzeichnis, das die gewählte Medienart enthält und klicken Sie anschließend auf die Schaltfläche *Ordner aufnehmen*.

Der neu hinzugefügte Ordner wird indiziert, das heißt, er wird für den schnellen Zugriff auf die Dateien vorbereitet. Alle Medien der gewählten Art werden automatisch der Medienbibliothek hinzugefügt. Auch zukünftig werden alle neuen Medien, die in diesem Ordner (und den Unterordnern) abgelegt werden, automatisch in die Datenbank mit aufgenommen.

Unter Windows XP sind Sie bislang etwas anders vorgegangen: Um hier zusätzliche Ordner hinzuzufügen, klicken Sie auf die Schaltfläche *Medienbibliothek* und dann auf den Menüpunkt *Zur Medienbibliothek hinzufügen*. Es erscheint ein Fenster, in dem Sie ebenfalls Pfade ergänzen konnten. Allerdings wurde jeder Pfad auf jedes Medium hin untersucht. Eine Abgrenzung zwischen Bildern, Songs und Videos fand nicht statt.

Nachdem Sie so all Ihre vorhandenen Daten gesichtet haben, können Sie nun endlich Musik hören oder die Videos laufen lassen. Dazu klicken Sie einfach in der Baumansicht auf der linken Seite auf einen Eintrag, z. B. *Musik > Interpret.* Daraufhin erscheinen alle gefundenen Songs gruppiert nach den Sängern bzw. Interpreten. Wie Sie sehen, ist die Auflistung vollkommen unabhängig davon, wo die Lieder auf der Festplatte oder den Festplatten gefunden wurden. Unter *Interpreten* werden nun alle Lieder eines Künstlers aufgelistet, egal auf welchem Album es sich befindet: Was für ein Fortschritt gegenüber der klassischen CD-Sammlung.

Tipp

Falls Sie sich übrigens wundern sollten, warum die Auflistung der Künstler an einigen Stellen scheinbar unsortiert sein sollte: Der Media Player sortiert die Interpreten *bibliografisch*. Das bedeutet, dass führende Artikel (Der, Die, Das, The) bei der Sortierung nicht berücksichtigt werden. So wird die Popgruppe 'The Sweet' eben unter 'S' einsortiert und nicht unter 'T'.

Die Suche nach den verlorenen (Multimedia-) Schätzen

Nachdem Sie sämtliche Medien Ihrer Bibliothek hinzugefügt haben, werden Sie erstaunt feststellen, was sich im Laufe der Zeit bereits angesammelt hat. Hier das passende Lied oder Video zu finden, kann trotz Datenbank manchmal recht zeitaufwändig sein. Zum Glück lässt Sie der Media Player auch mit diesem Problem nicht allein und bietet mehrere Hilfen an, die gewünschte Datei schnell zu finden. Im Folgenden finden Sie einige Hilfestellungen, wie Sie am schnellsten zum gesuchten Lied, Interpreten oder Video kommen.

- ***Nutzen Sie die Tastatur:*** Wenn Sie z. B. alle Lieder eines Künstlers angezeigt haben wollen, klicken Sie in der Medienbibliothek auf *Musik > Interpret*. In der Auflistung können sich aber schnell einige Hundert Namen ansammeln. Drücken Sie einfach die Taste des Anfangsbuchstabens (und wenn notwendig auch die weiteren Buchstaben) und gelangen so schnell in den richtigen Bereich.

Tipp

Der Media Player unterscheidet nicht zwischen Vor- und Nachnamen oder Bandnamen. So wird Phil Collins unter 'P' zu finden sein und nicht unter 'C'.

- ***Nutzen Sie die Ansichten:*** Links neben dem Suchfeld finden Sie ein Auswahlfeld, mit dem Sie zwischen verschiedenen Ansichten wechseln können. Die kompakteste Darstellung erhalten Sie, wenn Sie auf die Detailansicht gehen. Wenn Sie aber z. B. nur wissen, wie das Album aussieht, aber nicht den genauen Titel kennen, kann Ihnen eher die Symboldarstellung helfen.
- ***Sortieren Sie die Listen:*** Unabhängig davon, wie Sie die Medien anzeigen lassen (z. B. *Details, Nebeneinander, Symbole*), haben Sie die Möglichkeit, die Sortierreihenfolge mithilfe der Reiter oberhalb der Medienanzeige zu verändern. Wenn Sie z. B. die Anzeige aller Alben gewählt haben, sehen Sie hier die Reiter *Album, Albuminterpret, Genre, Veröffentlichungsjahr, Anzahl*. Wenn Sie hier auf *Albuminterpret* klicken, dann werden die Alben nach Interpret sortiert und nicht nach dem Namen des Albums.

Tipp

Welche Kriterien zur Auswahl und damit zur Sortierung stehen, können Sie selbst beeinflussen. Klicken Sie mit der rechten Maustaste auf einen Reiter und wählen Sie den Eintrag *Spalten auswählen*.

- ***Suchen mit der Suchfunktion:*** Natürlich ist die Suchfunktion das erste Mittel, um gezielt nach einem bestimmten Titel oder Album zu suchen. Wählen Sie das Suchfeld an und beginnen Sie den Suchbegriff dort einzutippen. Noch während Sie tippen, bekommen Sie schon erste Resultate präsentiert. Da der Media Player nicht weiß, wonach Sie suchen, zeigt er ihnen zuerst eine Zusammenfassung der Ergebnisse an. Wenn Sie z. B. nach Pink suchen, kann die Interpretin Pink gemeint sein oder die Formation Pink Floyd. Oder ist der Song Pink Cadillac gemeint? Klicken Sie daher auf die Ergebnisliste, die Ihnen zusagt, also z. B. *Interpreten*, *Alben* oder *Songs*. Daraufhin wird Ihnen eine Liste mit den Ergebnissen der Suche angezeigt.

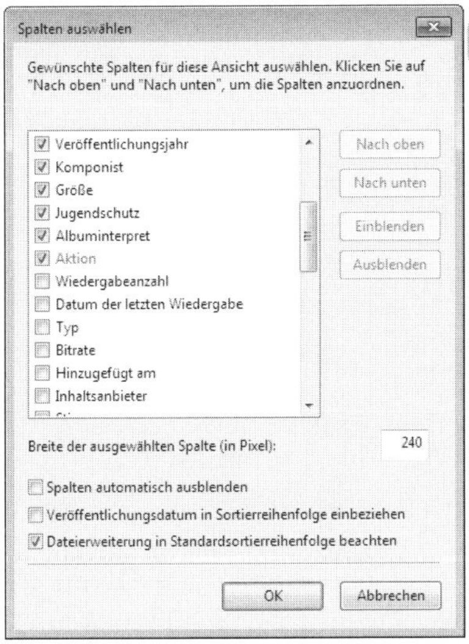

Windows 7

Die Spaltenauswahl neu definieren

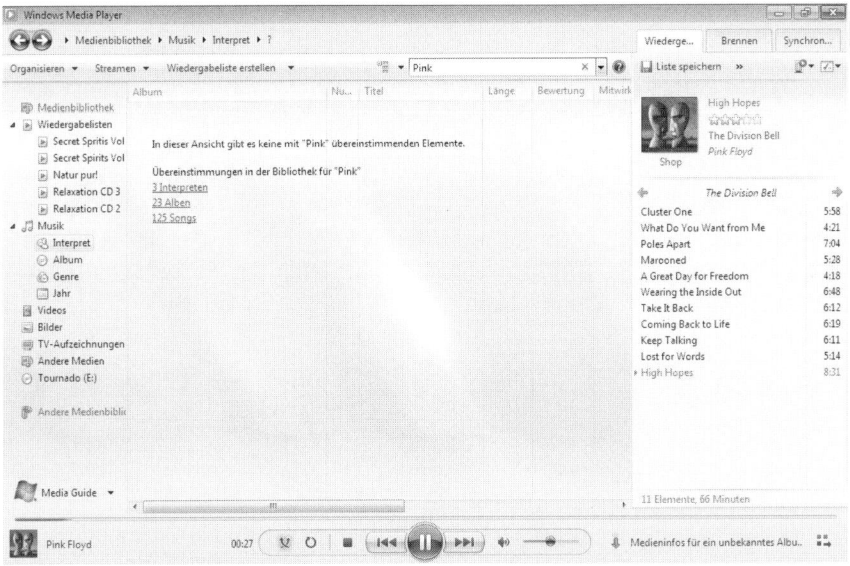

Windows 7

Die Vorauswahl der Suchfunktion

Tipp

Um möglichst schnell ins Suchfeld zu gelangen, müssen Sie nicht unbedingt zur Maus greifen. Benutzen Sie doch einfach das Tastaturkürzel [Strg] + [E]. So können Sie sofort loslegen, den Suchbegriff einzugeben.

Übrigens versteht die Suchfunktion keine Wildcards wie '*' oder '?'. Diese Zeichen werden als Teil des Namens oder Begriffs verstanden.

Wiedergabelisten für Profis

Haben Sie schon mit den Wiedergabelisten des Windows Media Players 12 experimentiert? Beim Import Ihrer MP3-Sammlung sind sicherlich einige Wiedergabelisten zum Vorschein gekommen. Aber was sind denn nun eigentlich diese Wiedergabelisten?

Eine Wiedergabeliste ist eine Sammlung von Medien, die Sie nach Ihren Kriterien zusammenstellen können. Die meisten Listen, die beim Import der MP3-Sammlung gefunden wurden, sind eigentlich nichts anderes als eine Zusammenstellung der Lieder, die auf einem Album zu finden sind. Wenn die Wiedergabelisten nicht mehr wären, würde man sie beim Media Player nicht benötigen, da dieser ja die Tracks eines Albums sowieso als zusammengehörig erkennt und nacheinander abspielen kann.

Wiedergabelisten können aber wesentlich mehr: Mit ihnen erstellen Sie Kompilationen von Liedern, die Ihrer Meinung nach zusammengehören. Sie können eine Liste mit all Ihren Reggae-Songs generieren. Oder wie wäre es mit einer Liste mit allen Songs aus Ihrem Geburtsjahr? Oder eine Playlist nur mit weiblichen Sängerinnen, die bei Motown veröffentlicht wurden? Ihrer Fantasie sind hier keine Grenzen gesetzt.

Doch wie erstellen Sie Ihre eigenen Listen? Der Media Player macht Ihnen die Zusammenstellung leicht:

1. Legen Sie eine neue Liste an, indem Sie auf die Schaltfläche *Neue Wiedergabeliste* klicken.
2. Fügen Sie alle Medien (Songs, Videos etc.) zu Ihrer neuen Liste hinzu, die zu dem Thema passen. Nur Ihre Meinung zählt!
3. Speichern Sie die Liste ab.
4. Fertig!

Aber da die Überschrift des Abschnitts lautet *Wiedergabelisten für Profis* ahnen Sie vielleicht schon, dass die Wiedergabelisten des Media Players noch deutlich mehr können. Ein wirklich herausragende Feature des Programms sind nämlich automatisch erstellte Wiedergabelisten, die dynamisch erstellt werden.

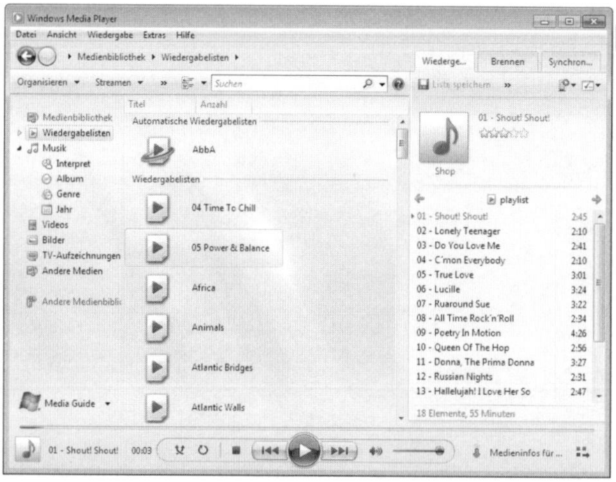

Windows 7

Die gesammelten Wiedergabelisten

Stellen Sie sich dazu einmal folgendes Szenario vor: Sie haben mehrere Wiedergabelisten erstellt, z. B. eine für Frank Sinatra, eine für Sammy Davis Jr. und eine weitere für Dean Martin. Nun ergattern Sie einen Sampler, der Songs von allen drei Künstlern enthält. Die normale Vorgehensweise wäre nun, jede einzelne Wiedergabeliste zu öffnen und die neuen Songs hinzuzufügen. Eine nicht gerade erbauliche und darüber hinaus lästige Arbeit.

Mit den automatisierten Wiedergabelisten ist diese stupide Arbeit nicht mehr als 'Schnee von Gestern': Nun erstellen Sie einfach eine Liste mit der Bedingung 'Spiele alle Songs von Dean Martin' und Sie sind fertig. Von nun an erscheinen alle Songs des Interpreten automatisch in dieser Liste. Diese Liste funktioniert natürlich nicht nur mit dem Namen des Künstlers, sondern auch mit fast allen anderen Daten, die in der Datenbank gespeichert sind. So können Sie Wiedergabelisten anhand von

- Erscheinungsjahr
- Genre
- Dauer
- Häufigkeit des Abspielens uvm.

erstellen.

Und so erstellen Sie eine automatisierte Wiedergabeliste:

Klicken Sie auf die Schaltfläche *Wiedergabeliste erstellen* und dann auf den Menüpunkt *Automatische Wiedergabeliste erstellen.* Geben Sie der Wiedergabeliste einen Namen, indem Sie diesen in das entsprechende Feld eintippen. Klicken Sie nun auf das Pluszeichen unterhalb *Musik in der Medienbibliothek* und wählen Sie ein Kriterium aus, das auf Ihre Wiedergabeliste zutrifft. In dem o.g. Beispiel wäre das *Albuminterpret.* Klicken Sie nun auf das Vergleichsfeld. Es bietet Ihnen drei Auswahlmöglichkeiten:

- ***Enthält:*** Das bedeutet, Ihre Eingabe kommt in dem Namen des Interpreten vor. Wenn Sie z. B. Pink als Namen eingeben, dann wird nicht nur die Sängerin Pink gefunden, sondern auch die Gruppe Pink Floyd.
- ***Ist gleich:*** In diesem Fall müssen die beiden Namen identisch sein. Bei der Vorgabe Pink würde nur die Sängerin gefunden werden.
- ***Ist ungleich:*** Es werden alle Interpreten gefunden – außer der Sängerin Pink.

Nun müssen Sie noch das Kriterium angeben. Hier können Sie einen beliebigen Text eingeben. Im Falle des Interpreten zeigt Ihnen das Programm sogar alle Interpreten an, die ihm momentan bekannt sind. Sie müssen aber keinen auswählen, sondern können den Text auch frei eingeben.

Fertig! Sie haben Ihre erste automatische Wiedergabeliste erstellt.

Wie Sie sicherlich festgestellt haben, bieten Ihnen diese intelligenten Listen noch viele andere Möglichkeiten. Experimentieren Sie mit den zusätzlichen Optionen. Und falls eine Liste einmal nicht die gewünschten Lieder hervorbringen sollte, so löschen Sie die Liste einfach. Oder aber Sie geben ihr eine zweite Chance und ändern sie nachträglich. Beides gelingt Ihnen, wenn Sie die entsprechende Wiedergabeliste rechts anklicken, und dann entweder *löschen* oder *bearbeiten* wählen.

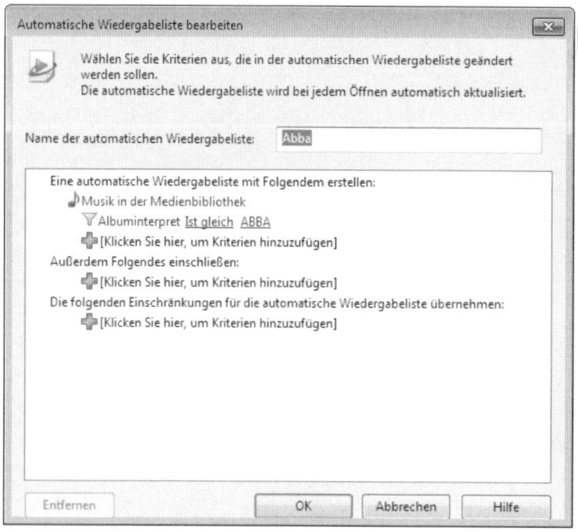

Windows 7

Eine automatische Wiedergabeliste erstellen

Neue Tracks & Alben zum Media Player hinzufügen

Das Hinzufügen von neuen Songs, Alben und Videos ist mit dem Windows Media Player wirklich kinderleicht. Wenn Sie z. B. ein neues Album im Internet gekauft oder eine LP digitalisiert haben, dann verschieben Sie die dazugehörigen Dateien einfach auf die Festplatte oder den Ordner, den Sie in der Medienbibliothek für den jeweiligen Medientyp definiert haben. Der Media Player wird die neuen Dateien automatisch beim nächsten Programmstart finden und entsprechend der Metainformationen, die z. B. in den MP3- oder AVI-Daten hinterlegt sind, in die Datenbank einordnen.

Tipp

Falls die Metainformationen nicht korrekt sein sollten und Sie diese korrigieren möchten, dann lesen Sie den Abschnitt *Medieninformationen ergänzen*.

Fast noch einfacher ist das Erfassen von neuen CDs, die Sie auf Ihre Festplatten bannen möchten, um sie jederzeit, auch ohne den silbernen Datenträger zur Hand zu haben, hören zu können.

Der Vorgang des CD-Kopierens funktioniert unter dem Media Player 11 fast genau so. Nur gibt es hier ein Extra-Schaltfläche im Menübereich. Wenn Sie hier auf *Von Medium kopieren* klicken, wird die CD genau wie oben beschrieben auf die Festplatte kopiert.

Wenn Sie Ihre CD-Sammlung bislang noch nicht digitalisiert haben, gehen Sie unter Windows 7 wie folgt vor:

1. Legen Sie die CD in Ihr CD/DVD-ROM-Laufwerk und warten Sie, bis die CD in der Medienbibliothekanzeige ganz links unten als Datenträger auftaucht.
2. Klicken Sie nun den Datenträger mit der rechten Maustaste an und wählen Sie den Eintrag *CD in Bibliothek kopieren.*

3. Die einzelnen Tracks der CD werden nun auf Ihre Festplatte digitalisiert. Der 'Freak' spricht hier vom rippen (d. h. dem Kopieren der Datei auf die Festplatte) und anschließendem Enkodieren (das ist die Umwandlung des unkomprimierten Songs in eine Speicherplatz sparende MP3-Datei).

Anschließend ist die CD nun auch in Ihrem digitalen Bestand und jederzeit zum Einsatz bereit – auch ohne den Datenträger.

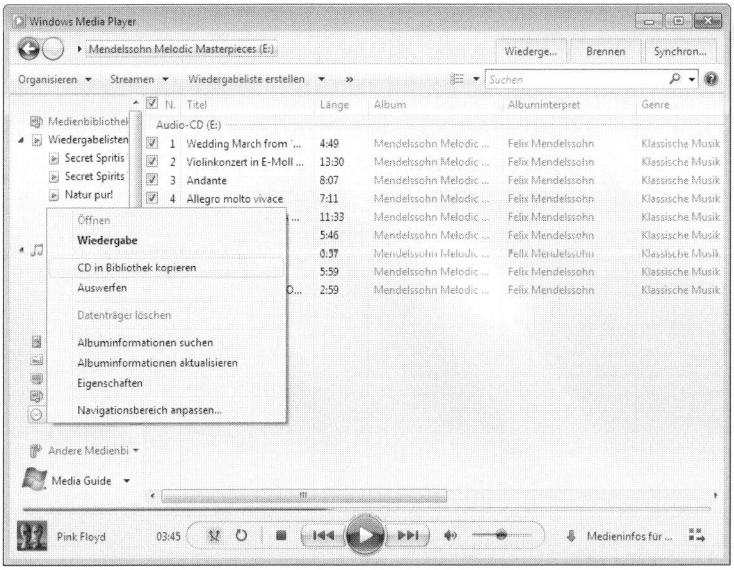

Windows 7

Kopieren einer CD auf die Festplatte

Vor dem allerersten Einsatz dieser Kopierfunktion sollten Sie die Optionen für den Kopiervorgang überprüfen. Das funktioniert wie folgt:

1. Klicken Sie innerhalb der Medienbibliothek auf die Schaltfläche *Organisieren* und dann auf *Optionen*. Wählen Sie nun den Karteireiter *Musik kopieren* aus.
2. Wählen Sie unter dem Eintrag *Musik auf diesen Speicherort kopieren* das Verzeichnis aus, in das die fertig erstellten MP3-Dateien kopiert werden sollen. Klicken Sie dazu auf *Ändern.*
3. Unterhalb von *Format* wählen Sie in dem Auswahlfeld den Eintrag *MP3* aus. Das ist inzwischen das Standardformat für Musikdateien geworden.
4. Ziehen Sie den Schieberegler *Audioqualität* auf die gewünschte Qualitätsstufe. Obwohl die meisten Menschen keinen Unterschied wahrnehmen zwischen der geringsten und besten Qualität, empfiehlt sich die Einstellung von 192 kBit/s.

Warnung

Wählen Sie die Qualitätsstufe nicht willkürlich zu hoch! Nicht nur, dass dabei unnötig Festplattenspeicher vergeudet wird: Viele MP3-Player können Dateien mit mehr als 192 kBit/s gar nicht wiedergeben. Im Zweifelsfall: Ausprobieren!

Besonders bequem wird das Digitalisieren Ihrer CD-Sammlung, wenn Sie die beiden Optionen *CD automatisch kopieren* und *CD nach dem Kopieren auswerfen* aktivieren.

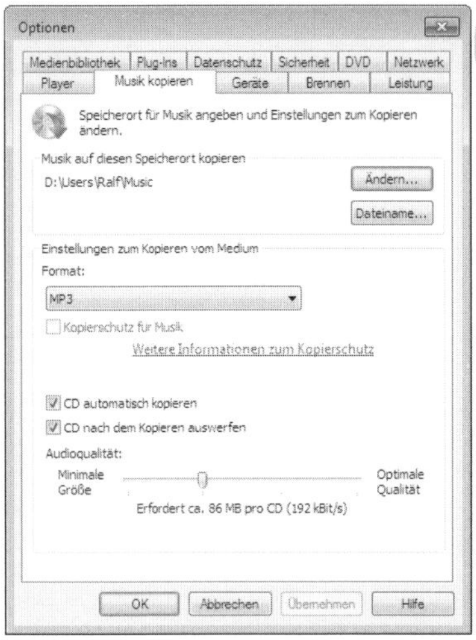

Windows 7

Einstellmöglichkeiten für die Kopierfunktion

In diesem Fall wird jede CD, die Sie in den Computer einlegen, automatisch in das MP3-Format umgewandelt. Außerdem wissen Sie sofort, wann Sie die nächste CD einlegen können, da die vorige CD automatisch ausfährt.

Medieninformationen ergänzen

Nahezu alle Informationen, die der Windows Media Player 12 über einen Track oder eine Videodatei anzeigt, holt er sich direkt aus den Datenfeldern des Mediums heraus. Wer der Interpret ist, wann der Song aufgenommen wurde und in welchem Genre der Song einsortiert ist. Diese Daten nennt man die Medieninformationen oder Metadaten oder Metatags eines Songs. Diese Informationen sind nicht wichtig bei der Wiedergabe einer Datei, da auch ein Song in dem als Interpret Buddy Holly steht, selbstverständlich korrekt abgespielt wird, obwohl eigentlich Billy Idol den Song aufgenommen hat. Diese Daten sind also 'nur' für Sie als Anwender interessant, nicht aber für den Computer. Dennoch sind diese Daten sehr wichtig. Denn was nützt Ihnen ein Song, den Sie nur deshalb nicht finden, weil die Metadaten einen anderen Inhalt vortäuschen. Daher sollten Sie großen Wert auf die Pflege der Medieninformationen legen. Aber keine Angst: Der Windows Media Player 12 unterstützt Sie so weit es ihm möglich ist, bei der Pflege dieser Daten.

Tipp

Wie bereits mehrfach erwähnt, sind die optischen Unterschiede zwischen dem Windows Media Player unter Windows XP und unter Windows 7 im Allgemeinen eher gering ausgefallen. Aber die technischen Aspekte haben sich in vielerlei Hinsicht deutlich verbessert. So auch beim Thema Metadaten: Während die Version 11 unter Windows XP z. B. nur wenige richtige Cover zu den Alben fand, scheint der neueste Media Player in diesem Punkt sehr gereift zu sein. Bei unseren Tests konnte er fast zu allen Alben das passende Cover finden und dieses auch dauerhaft speichern. Dies war in der Vorgängerversion mit deutlich mehr manuellem Aufwand verbunden.

Windows 7

Albuminformationen suchen

Wenn sich in Ihrem MP3-Bestand eines (oder mehrere) Alben befinden sollen, bei dem die Medieninformationen unvollständig sein sollten oder das zugehörige Cover fehlen sollte, gehen Sie wie folgt vor:

Klicken Sie das Album, das Sie korrigieren möchten, mit der rechten Maustaste an und wählen Sie den Menüpunkt *Albuminformationen suchen*. Der Media Player durchsucht daraufhin seine eigene Internetdatenbank und zeigt Ihnen alle Alben an, die eine 'gewisse' Ähnlichkeit mit dem von Ihnen ausgewählten Album haben. In der Regel finden Sie auf Platz 1 der Trefferliste diejenige CD, die Ihrer Suche entspricht. Wählen Sie das richtige Album aus, und klicken Sie auf *Weiter*.

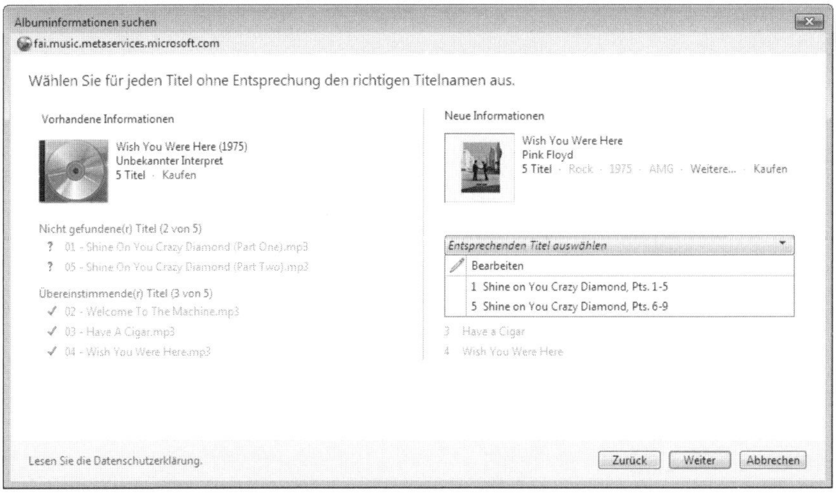

Windows 7

Die Trackzuordnung korrigieren

Bei der Zuordnung der Titel gibt es oft unterschiedliche Tracknamen, die Sie manuell korrigieren können. So kommt es vor, dass der Erfasser der Tracks Pt. 1 geschrieben hat und beim Rippen der

CD der Titel Part I erfasst wurde. Solche Unstimmigkeiten können Sie auf dieser Seite korrigieren. Wenn Sie dies erledigt haben, klicken Sie auf *Weiter.* Sie gelangen jetzt auf die Seite, auf der Sie die Albuminformationen noch einmal übersichtlich präsentiert finden. Sollten Sie noch Unstimmigkeiten entdecken, dann klicken Sie auf den Link *Bearbeiten*, den Sie neben der Coverabbildung finden. In diesem Fenster können Sie z. B. das Genre neu zuordnen und Interpreten und Komponisten festlegen. Klicken Sie auf *Fertig,* um zum vorigen Fenster zurückzukehren. Mit einem abschließenden Klick auf *Fertigstellen* gelangen Sie zur Albumansicht zurück.

Warnung

Der Beschriftungseditor, den es noch im Windows Media Player 11 gab und mit dem man ebenfalls die Metainformationen eines Tracks bearbeiten konnte, gibt es unter Windows 7 resp. im Windows Media Player 12 nicht mehr. Warum und wieso hat Microsoft bislang nicht erklärt. Vermutlich hat Microsoft festgelegt, dass ein Editor für das Ändern der Songdaten ausreichend sei. Somit ist der oben beschriebene Weg fortan die einzige Möglichkeit, unter Windows 7 die Metatags zu editieren.

Diesen gesamten Aufwand sollten Sie natürlich nur dann betreiben, wenn zu einem Album so gut wie keine Informationen vorhanden sind. Wenn ein Titel oder ein Interpret falsch geschrieben wurde, können Sie dies natürlich wesentlich schneller beheben. Klicken Sie dazu den zu korrigierenden Text mit der rechten Maustaste an und wählen Sie *Bearbeiten*. So können Sie z. B. auch leicht das Erscheinungsjahr ändern.

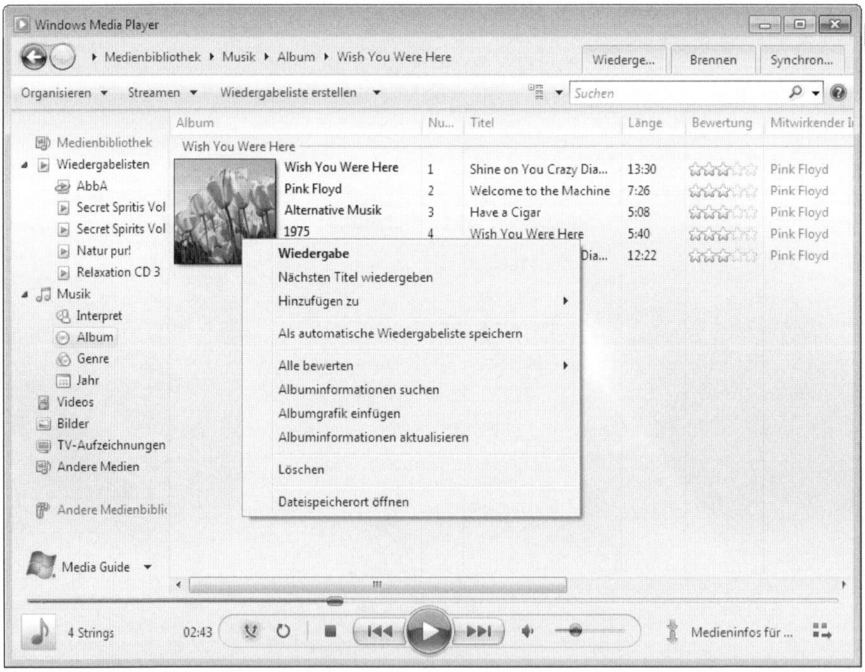

Windows 7

Manuelle Zuordnung einer Coverabbildung

Tipp

Noch ein Tipp zur Coverabbildung: Natürlich können Sie diese auch Ihren Wünschen entsprechend ändern. Allerdings scheint der Media Player dafür keinen Menüpunkt bereit zu halten. Das kleine Geheimnis ist schnell gelüftet. Kopieren Sie die Grafik, die Sie als Coverartwork verwenden möchten, zuerst in die Zwischenablage und gehen Sie dann zurück zum Media Player. Klicken Sie die leere Coverabbildung oder das falsche Artwork mit der rechten Maustaste an und Sie sehen den Eintrag *Albumgrafik einfügen*. Mit einem Klick haben Sie nun die gewünschte Abbildung eingefügt.

Optisches Tuning: Visualisierungen und Skins

Wie schon unter Windows XP, kann man den Media Player auch unter Windows 7 mithilfe von Skins, Visualisierungen und Plug-Ins aufpeppen. Doch was versteckt sich hinter diesen Begriffen?

Ein Skin (oder Design, wie es in der deutschen Übersetzung des Media Players genannt wird) ist eine Art Maske, mit der man dem Media Player ein neues Aussehen geben kann. Viele Nutzer kleiden Ihren Player gerne in ein neues Gewand, passend zu einem bestimmten Thema. Wenn also z. B. ein populärer Kinofilm erscheint, dann ist der passende Skin meist nicht sehr weit. So gibt es Batman-Designs, aber auch Elvis Presley-Skins und natürlich darf auch das Harry Potter-Gewand in dieser Liste nicht fehlen.

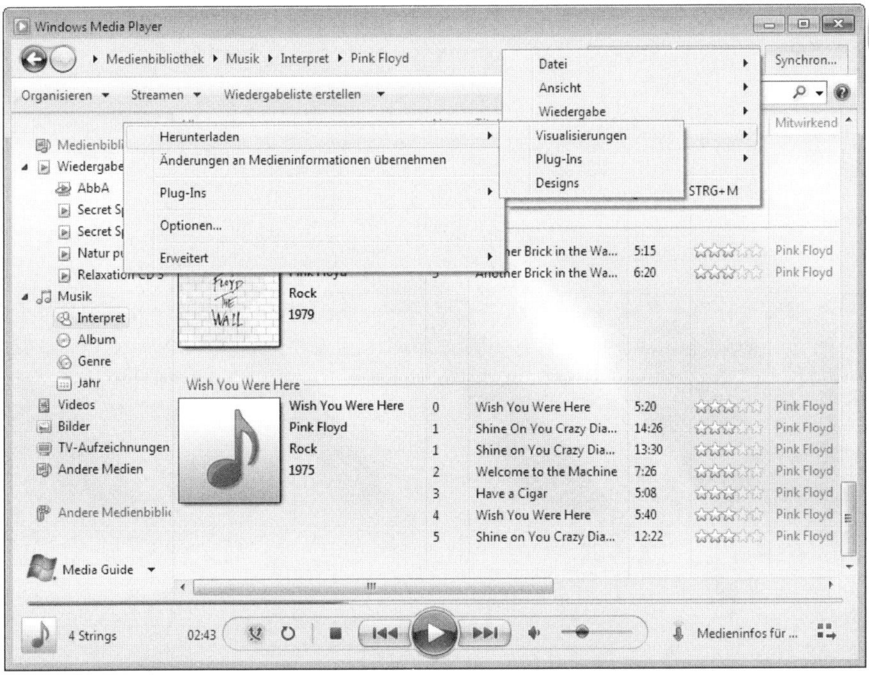

Windows 7

So laden Sie Designs oder Visualisierungen herunter.

Tipp

Die Technik hinter den Designs und Visualisierungen hat sich seit dem Media Player 10 erfreulicherweise nicht mehr verändert, so dass Sie auch mit dem Media Player 12 auf die Skins und anderen Zusatzmodule der vorigen Ausgaben zurückgreifen können.

Eine Visualisierung macht das, was der Name zu vermitteln versucht: Sie visualisiert Musik. Mithilfe von Strichen, Punkten, Flächen oder anderen optischen Aufmerksamkeiten pulsiert und wabert das Bild mehr oder weniger passend zur Musik. Man könnte es auch eine Mischung aus Lichtorgel, Bildschirmschoner und Lavalampe für die Generation Now! bezeichnen.

Plug-Ins dagegen erweitern den Funktionsumfang des Media Players. So gibt es Plug-Ins, die die DVD-Wiedergabe verbessern oder vereinfachen oder einen echten Surroundsound aus einer Stereoquelle hervorzaubern. Momentan ist das Angebot an Plug-Ins für den Media Player 12 noch recht klein, besonders wenn man es an dem riesigen Angebot an Plug-Ins für WinAmp misst.

Wie kommen Sie nun an neue Visualisierungen, Skins oder Plug-Ins?

Blenden Sie die Menüleiste ein, indem Sie [Strg] + [M] oder [Alt] drücken. Wählen Sie im Menü *Extras* den Eintrag *Herunterladen* und klicken Sie dann auf das Element Ihrer Wahl (*Plug-In*, *Visualisierung* oder *Design*).

Es öffnet sich eine Webseite von Microsoft, die Ihnen viele verschiedene Add-Ons anbietet. Wählen Sie Ihr Wunschelement aus und klicken Sie auf *Download*. Wenn der Dateirequester erscheint, klicken Sie auf *Öffnen.* Wenn die Datei vollständig heruntergeladen ist, öffnet sich ein weiteres Fenster, das nach einer Bestätigung fragt. Klicken Sie auf *Ja.* Nach der Installation werden Sie gefragt, ob der Skin direkt gezeigt werden soll. In unserem Fall öffnet sich nun der Media Player in Form des Batman-Logos. Sehr verspielt – aber auch sehr beeindruckend!

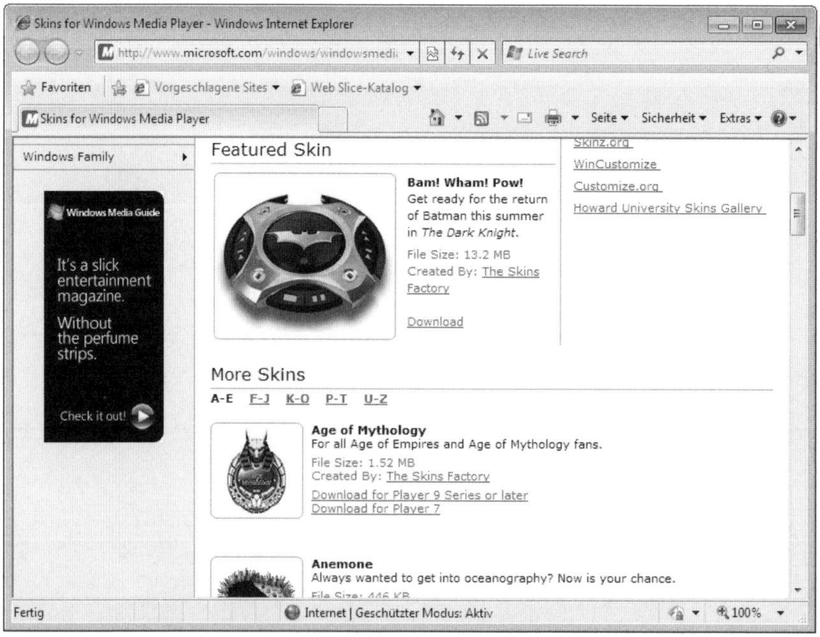

Windows 7

Die Microsoft Seite mit den Erweiterungsangeboten zum Windows Media Player 12

Tipp

Bitte beachten Sie: Die Skins bekommen Sie nur im Design-Modus des Media Players zu Gesicht. Diesen erreichen Sie, wenn Sie die Tasten [Strg] + [2] drücken. Die Visualisierungen der Musik dagegen sehen Sie meist nur im Modus *Aktuelle Wiedergabe*, den Sie über das Tastaturkürzel [Strg] + [3] erreichen.

Tastaturbelegung des Windows Media Players

Der Windows Media Player ist recht gut mittels der Tastatur zu steuern. Allerdings sind die meisten Tasten nicht ausreichend dokumentiert und Informationen dazu sind in der Hilfe rar gestreut. Daher finden Sie im Folgenden eine Übersicht aller bekannten Tasten, mit denen sich der Media Player einfach und bequem 'dirigieren' lässt.

Tipp

Die hier gezeigten Tastaturkürzel funktionieren fast ausnahmslos auch unter dem Windows Media Player 11.

Tasten, die in allen Modi funktionieren

[Strg] + [1]	Wechselt in die Ansicht *Medienbibliothek*
[Strg] + [2]	Wechselt in die Ansicht *Designmodus*
[Strg] + [3]	In den *Wiedergabe- (Player-)* Modus wechseln
[F10]	Zeigt die Menüleiste an
[Strg] + [M]	Zeigt die Menüleiste dauerhaft an oder blendet sie wieder aus
[Esc]	Rückkehr zur aktuellen Wiedergabe
[Strg] + [J]	CD oder DVD auswerfen
[Strg] + [O]	Datei öffnen
[Strg] + [U]	Wenn Sie eine Webadresse eingeben möchten, drücken Sie dieses Tastaturkürzel.
[F1]	Öffnet die Hilfe
[⇧] + [F10]	Das Kontextmenü wird geöffnet (also wie ein rechter Mausklick auf ein Element).

Tasten zur Steuerung der Medienbibliothek

[Strg] + [7]	Das ausgewählte Element wird der Wiedergabeliste hinzugefügt.
[Strg] + [8]	Das momentan angewählte Lied oder Video wird zur Brennliste hinzugefügt.
[Strg] + [9]	Das aktuell angezeigte Medium wird zur Synchronisierungsliste addiert.
[Strg] + [N]	Erzeugt eine neue Wiedergabeliste
[Strg] + [Q]	Der ausgewählte Song wird zur aktuellen Wiedergabeliste hinzugefügt.
["]	Ermöglicht das Ändern der Metadaten eines Liedes
[F4]	Wechselt zwischen den Ansichten der Medienbibliothek
[Strg]□+□[A]	Wählt alle Lieder einer Liste aus
[Strg] + [⇧] + [C]	Untertitel ein- bzw. ausschalten
[Strg] + [E]	Wechselt zum Eingabefeld für die Suchfunktion
[Strg] + [→]	Ruft die nächste Wiedergabeliste in der Historie der Wiedergabelisten auf
[Strg] + [←]	Ruft die vorige Wiedergabeliste auf

Tastaturkürzel während der Wiedergabe

[Strg] + [B]	Voriges Element (z. B. Lied oder Kapitel)
[Strg] + [F]	Nächstes Lied
[Strg] + [S]	Wiedergabe anhalten
[Strg] + [⇧] + [F]	Schnelles 'Vorspulen' der aktuellen Wiedergabe
[Strg] + [⇧] + [G]	Erhöhte Wiedergabegeschwindigkeit
[Strg] + [⇧] + [N]	Normale Wiedergabegeschwindigkeit
[Strg] + [⇧] + [S]	Verlangsamte Wiedergabegeschwindigkeit
[Strg] + [W]	Wiedergabe abbrechen
[Strg] + [P]	Pause
[Strg] + [⇧] + [B]	Aktuelle Wiedergabe erneut abspielen
[Strg] + [→]	Großer Sprung vorwärts im aktuellen Titel
[Strg] + [←]	Großer Sprung rückwärts
[⇧] + [→]	Kleiner Sprung vorwärts
[⇧] + [←]	Kleiner Sprung rückwärts
[→]	Vorspulen
[←]	Zurückspulen
[F7]	Sound ausschalten

F8	Verringern der Lautstärke
F9	Erhöhen der Lautstärke
Strg + H	Zufällige Wiedergabe ein- bzw. ausschalten
Strg + T	Titel wiederholen ein- oder ausschalten

Tasten, mit denen Sie die Bildschirmdarstellung beeinflussen können

F6	Vergrößert die Coverdarstellung
⇧ + F6	Verkleinert die Abbildung des Covers
F5	Baut den Bildschirm in der Medienbibliothek oder im Shoppingmodus neu auf
Strg + Klick	Der Player wird in der Größe dem angezeigten Bild angepasst.
Alt + 1	Das angezeigte Video wird auf 50 % verkleinert.
Alt + 2	Das derzeit angezeigte Video wird in Originalgröße angezeigt
Alt + 3	Das Videobild wird auf 200 % vergrößert.
Alt + ↵	Wechselt zwischen Vollbild und Fensterdarstellung hin und her

Das Windows Media Center als Heimkinosystem

Das *Windows Media Center* ist ein sehr nahestehender Verwandter des Windows Media Players: In vielen Details sind sich die beiden Programme sehr ähnlich. Doch was ist das Windows Media Center eigentlich?

Das Windows Media Center ist ein Programm – oder besser gesagt eine Oberfläche – die den PC wohnzimmertauglich macht. Wie Sie sich vorstellen können, ist Windows mit seiner hohen Auflösung, vielen Fenstern und kleinen Schriftarten nicht gerade gut geeignet, von der Couch aus bedient zu werden. Darüber hinaus sind Tastatur und Maus zur Bedienung quasi unerlässlich. Das Media Center versucht nun diese Nachteile zu umgehen: Es verwendet ausschließlich große, gut lesbare Menüs, und es kann auch mit der Fernbedienung bedient werden.

Mit dem Media Center können Sie:

- Musik hören
- Videos abspielen
- TV + Radio empfangen
- Fernsehprogramme aufzeichnen
- Bilder betrachten und verwalten
- Spielen uvm.

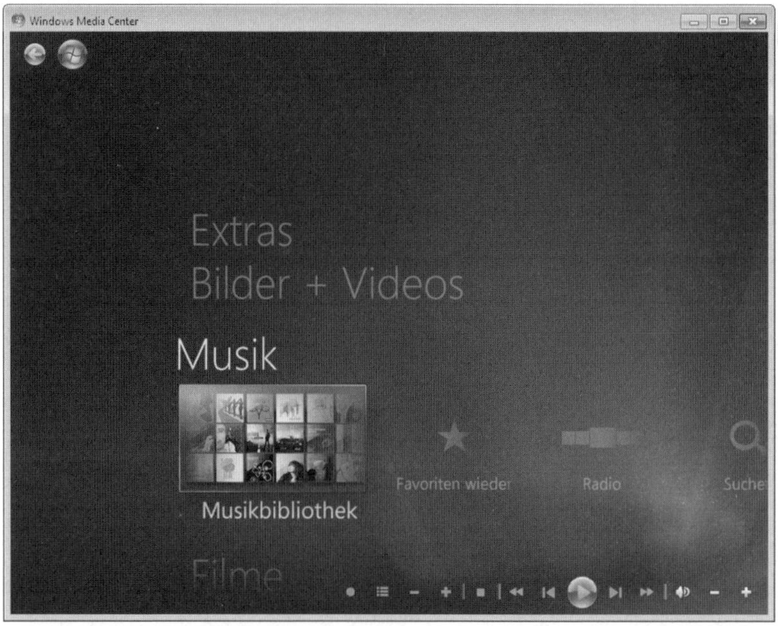

Windows 7

Die Oberfläche des Windows Media Centers

Das Windows Media Center, das mit Windows 7 ausgeliefert wird, ist Microsofts dritter Versuch, die Wohnzimmer zu erobern. Begonnen hatte alles mit der Microsoft Windows XP Media Center Edition, die im Jahre 2003 erstmals erschienen ist. Das Problem mit dieser Version: Der potenzielle Käufer konnte es damals nicht erwerben. Es wurde ausschließlich auf fix und fertig konfigurierten PCs ausgeliefert. Ein nachträgliches 'Aufspielen' des Media Centers war nicht erwünscht. So war es dem Programm quasi unmöglich, den Markt zu erobern.

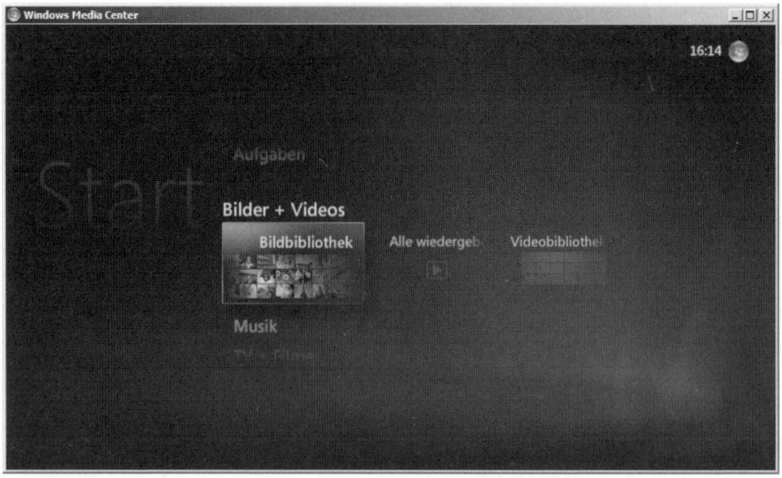

Windows XP

Das Windows Media Center *wie es aktuell mit der Windows XP Media Center Edition ausgeliefert wird. Rein optisch hat sich in erster Linie die Schriftart geändert.*

Das änderte sich, als Windows Vista auf den Markt kam. In diesem Betriebssystem war das Media Center fest integriert. Aber: Windows Vista hat bekanntermaßen einen großen Hardwarehunger. Die PCs auf denen es 'vernünftig' laufen konnte, mussten leistungsstark sein und waren damit auch leider sehr laut. Meist zu laut, um überhaupt als Wohnzimmer-PC in Frage zu kommen.

Mit Windows 7 ist vieles besser geworden: Windows 7 läuft auch auf gängigen Netbooks ausreichend schnell und somit auf Geräten, die quasi unhörbar sind. Das ist ein unerlässliches Kriterium, um endlich auch ins Wohnzimmer zu dürfen.

Von Hause aus ist ein PC im Wohnzimmer geradezu ideal: Er verfügt über alle multimedialen Fähigkeiten, die notwendig sind. Er ist schnell genug, um auch große Datenmengen bequem zu verwalten und er ist per se netzwerkfähig. Daher ist der Einzug des Computers in die heiligsten Hallen des Hauses unaufhaltsam. Aber was ist notwendig, um ein ideales Heimkinosystem zu errichten? Hier eine Auflistung der Dinge, auf die Sie achten sollten, wenn Sie planen, ein Heimkinosystem anzuschaffen oder einzurichten:

- ***PC:*** Der Computer muss nicht ultraschnell sein: Ein Quadcore-CPU würde sich in einem Heimkino-System garantiert langweilen. Eine Dualcore-Maschine mit 2 GHz ist vollkommen ausreichend. Achten Sie beim Kauf vor allem auf den Geräuschpegel. Es gibt inzwischen passiv gekühlte PCs, die absolut unhörbar sind (bis auf das Schnurren der Festplatte und der DVD-Laufwerks). Versuchen Sie den PC in einem möglichst leisen Raum hören zu können. Verlassen Sie sich nicht auf die Herstellerangaben. Manchmal ist das Geräusch, das ein Computer macht, zwar sehr leise, aber dennoch nervig. Besonders Lüfter, die unter Belastung ständig Ihre Drehzahl ändern, zerren an den Nerven. Unbedingt anhören!
- ***HDMI:*** Absolut unerlässlich in einem Heimkinosystem ist der HDMI-Anschluss. Er ist quasi der 'de-facto'-Standard, wenn es um ein hochauflösendes Fernsehsignal geht (Full-HD). Achten Sie darauf, dass Ihr PC über einen solchen Anschluss verfügt.
- ***RAM:*** Zwei Gigabyte sind vollkommen ausreichend. Allerdings sind die RAM-Preise inzwischen so niedrig, dass auch ein Ausbau auf vier GB durchaus gerechtfertigt ist, zumal Windows 7 im Gegensatz zu Windows XP die vollen 4 GB unterstützt und nutzen kann.
- ***Grafikkarte:*** Eine halbwegs moderne Grafikkarte ist vollkommen ausreichend. Eine hohe 3D-Leistung ist nicht notwendig und erhöht durch die meist aktive Kühlung nur den Lärmpegel. In vielen Fällen reicht schon die auf dem Mainboard integrierte Grafikkarte aus. Bevor Sie also in eine neue und teure Grafikkarte investieren, probieren Sie aus, ob der Grafiksatz auf dem Motherboard nicht ausreicht. Das spart nicht nur einen Lüfter auf der Grafikkarte, sondern auch Strom und damit kann u.U. ein kleineres Netzteil gewählt werden und letztendlich auch Geld, denn weniger Verbrauch bedeutet auch weniger Stromkosten.
- ***Festplatte:*** 500 GB oder 1 TB-Festplatten sind so günstig geworden, dass auch hier kaum noch ein Grund besteht, zu sparen. Auf eine Terrabyteplatte bekommen Sie rund 400.000 Songs oder aber 500 komplette Spielfilme. Und wenn es dennoch einmal eng werden sollte, können Sie das System jederzeit mit einer neuen internen oder externen Platte nachrüsten.
- ***Soundkarte:*** Nahezu alle lieferbaren Mainboards beinhalten eine vollständige 5.1-Surroundsoundausgabe. Eine zusätzliche Soundkarte ist daher nicht notwendig.
- ***TV-Karte:*** Dies ist sicherlich eine der kritischsten Anschaffungen in Ihrem System. Bevor Sie eine Karte kaufen, sollten Sie sich vergewissern, dass die von Ihnen ins Auge gefasste Karte auch vom Media Center unterstützt wird. Dazu können Sie in der Kompatibilitätsliste von Microsoft nachsehen. Dazu gehen Sie wie folgt vor:

Rufen Sie folgende Webseite auf:

http://www.microsoft.com/windows/compatibility/.

Klicken Sie nun auf den Reiter *Hardware*. Fahren Sie mit der Maus über den Text *TV Devices* und wählen Sie aus der erscheinenden Liste den Eintrag *TV-Tuner*. Wenn der von Ihnen ausgewählte TV-Tuner in dieser nun erscheinenden Liste aufgeführt ist, dann stehen die Chancen sehr gut, dass das Media Center damit bestens klar kommt.

Beim Kauf der TV-Karte sollten Sie beachten, dass es sinnvoll sein kann, direkt in eine Karte mit zwei Empfangsmodulen zu investieren. Nur so können Sie gleichzeitig einen Sender ansehen und einen zweiten aufnehmen.

- ***Fernbedienung:*** Wenn Sie schon einmal auf der Kompatibilitätsseite von Microsoft sind, sollten Sie sich gleich nach einer Fernbedienung umsehen, die mit dem Windows Media Center funktioniert. Ein Heimkinosystem ohne Fernbedienung ist wohl kaum praktikabel.
- ***DVD- oder Blu-ray-Laufwerk:*** Ein DVD-Laufwerk ist unerlässlich in einem Media Center. Ob Sie direkt in ein Blu-ray-Laufwerk investieren wollen, bleibt Ihrer Entscheidung überlassen. Entgegen der ursprünglichen Ankündigung, unterstützt Windows 7 und das neue Media Center kein natives Blu-ray. Das bedeutet, um Blu-ray-Filme zu betrachten, benötigen Sie zusätzliche Software. Vielleicht rüstet Microsoft die Blu-ray-Unterstützung noch nach, aber spruchreif ist in diesem Zusammenhang noch gar nichts.
- ***Fernseher:*** Welchen Fernseher oder Beamer Sie auch benutzen: Achten Sie darauf, dass er mindestens zwei HDMI-Eingänge und eine Full-HD-Unterstützung hat.
- ***Soundanlage:*** Auch hier kann im Rahmen dieses Buchs keine wirkliche Empfehlung ausgesprochen werden, welches Soundsystem für welchen Raum und welchen Typ das Richtige ist. Sicher ist, dass für ein echtes Kinofeeling eine Surroundanlage mit 5 Satellitenboxen und einem Subwoofer die Mindestanforderung in der heutigen Zeit zu sein scheint.

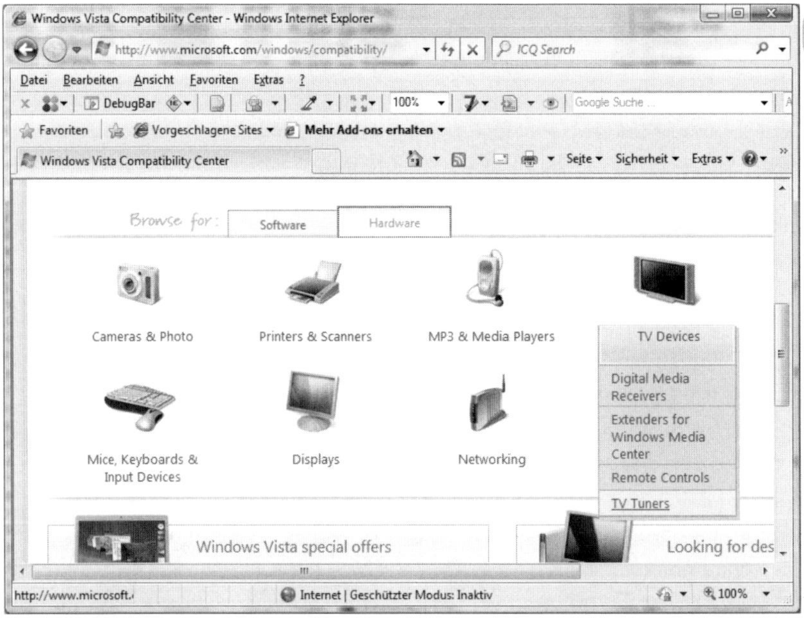

Windows 7

Die Kompatibilitätsseite von Microsoft

Das Windows Media Center einrichten und bedienen

Gegenüber der Einrichtung der Microsoft Windows XP Media Center Edition hat sich in der neuen Version des Media Centers in Windows 7 alles vollkommen vereinfacht.

Beim ersten Start des Media Centers in Windows 7 genügt ein Klick auf den Button *Expresssetup* und wenige Sekunden später ist das neue Media Center einsatzbereit.

Besonders dann, wenn Sie Ihre Medien schon mit dem Windows Media Player 12 erfasst haben sollten, können Sie sofort loslegen. Falls Sie es noch nicht gelesen haben sollten, empfiehlt sich ein Blick in den Abschnitt *Musik verwalten mit dem Windows Media Player 12*. Das Windows Media Center nutzt die gleiche Datenbank wie der Windows Media Player. Das bedeutet, dass alle Daten wie Coverabbildungen, Interpreten- und Albendaten sowie die Wiedergabelisten sowohl im Media Center als auch im Media Player verfügbar sind. Hier schlagen Sie die sprichwörtlichen zwei Fliegen mit einer Klappe.

Windows 7

Das Expresssetup des Windows Media Centers unter Windows 7

Wo immer möglich, empfiehlt sich folgende Verfahrensweise: Alle Verwaltungsaufgaben, wie das Einrichten der Medienpfade, Kopieren und Verschieben von Daten sowie das Ändern und Ergänzen von Medieninformationen (siehe Kapitel *Medieninformationen ergänzen*) lassen sich mit dem Windows Media Player leichter und bequemer durchführen – vorausgesetzt, man nutzt dazu Maus und Tastatur. Die Wiedergabe der Medien ist dagegen im Windows Media Center deutlich ansprechender.

Die Bedienung des Windows Media Centers ist ganz eindeutig auf eine Fernbedienung ausgelegt. Die Handhabung mit einer Tastatur oder gar einer Maus 'fühlt' sich an einigen Stellen merkwürdig an. Um z. B. mit der Maus das Hauptmenü weiterscrollen zu können, muss man den Pfeil nach oben oder unten anklicken. Dieser ist allerdings nur dann sichtbar, wenn man mit der Maus an die entsprechende Stelle fährt.

Um das Media Center mit der Tastatur zu benutzen, benötigen Sie selten mehr als die Cursortasten und die Entertaste. Mit den Tasten [↑] und [↓] scrollen Sie durch die jeweiligen Menüpunkte. Mit den Tasten [←] und [⊞] wählen Sie einen Untermenüpunkt aus. Mit der [↵] rufen Sie den gewählten Menüpunkt auf.

Tipp

Das Windows Media Center 'versteht' noch deutlich mehr Tastaturkommandos. Wo immer es sinnvoll ist, handelt es sich dabei um die gleichen Tastaturkürzel wie beim Windows Media Player. Probieren Sie es doch einfach mal aus. Mehr dazu erfahren Sie in Abschnitt *Tastaturbelegung des Windows Media Players 12.*

Videokonvertierung mit dem Windows Movie Maker

Die Konvertierung eines Videos in ein anderes Format ist ein häufig anzutreffendes Problem. Die Vielfalt der unterschiedlichen Codecs ist so immens groß, dass es kaum ein Gerät gibt, welches alle Codecs unterstützt. Unter einem Codec versteht man eine Komprimierungsanweisung, mit der ein Film gepackt – also verkleinert wird. Um zu verstehen, warum eine Komprimierung so aufwändig und kompliziert ist, muss man einfach mal berechnen, wie viel Platz ein Film benötigen würde, wenn er unkomprimiert daher käme:

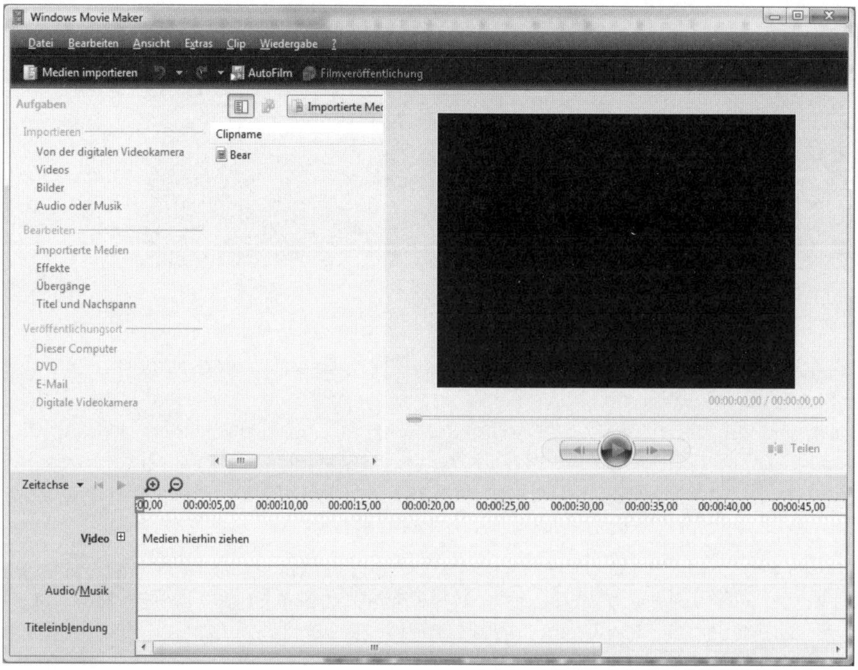

Windows 7

Der Arbeitsbereich des Movie Makers

Bei einer Bildschirmauflösung von 800x 600 Bildpunkten würde jedes Bild aus 480.000 Bildpunkten bestehen. Jeder Bildpunkt benötigt mindestens drei Byte (für die Farben Rot, Grün und Blau), so dass ein Bild einen Speicherplatz von 1.440.000 Bytes als rund 1,5 MByte benötigt. Ein Film von zwei Stunden Länge beinhaltet 120 min x 60 s x 25 Bilder. Daraus folgt s = 180.000 Bilder. Der gesamte Film würde demnach 259.200 MByte – rund 260 GByte Platz benötigen. Und das ohne eine Tonspur. Der gleiche Film belegt mit heutigen Komprimiermethoden zwischen 2–4 GByte – mit mehreren Tonspuren, Untertiteln und diversen Extras.

Für jedes Gerät sind die Anforderungen unterschiedlich: Für Handys können die Videos gar nicht klein genug sein – die Bildqualität spielt da nur eine untergeordnete Rolle. Am heimischen TV-Gerät kann dagegen die Qualität nicht hoch genug sein. Einige Programme verstehen bestimmte Formate nicht: So kann der Windows DVD Maker zum Beispiel mit einigen AVI-Formaten nichts anfangen. Er hätte die Eingangsvideos lieber im WMV-Format. Daher ist es wichtig zu wissen, dass Sie in Windows 7 mit dem Windows Movie Maker ein Programm zur Hand haben, mit dem sich viele Grundaufgaben der Videokonvertierung erledigen lassen.

Warnung

Der Windows Movie Maker, der bei Windows XP und Vista standardmäßig mit an Bord war, ist aus der Grundausstattung von Windows 7 verschwunden. Stattdessen müssen Sie ihn nun nachträglich installieren. Um das Programm herunterzuladen, gehen Sie auf folgende Seite:
http://download.live.com/moviemaker.
Klicken Sie auf die *Download*-Schaltfläche und laden Sie das Programm herunter und installieren Sie es dann.

Um ein Video zu konvertieren, gehen Sie wie folgt vor:

Starten Sie den *Windows Movie Maker.* Klicken Sie auf *Importieren* > *Videos* und wählen Sie das Video aus, das Sie konvertieren möchten. Ziehen Sie nun den importierten Film auf die Zeitachse *Video* am unteren Fensterrand. Klicken Sie auf die Schaltfläche *Filmveröffentlichung.* Wählen Sie in dem Fenster, das sich öffnet, den Eintrag *Dieser Computer* und klicken Sie auf *Weiter.* Geben Sie dem Film einen Namen und legen Sie unter *Veröffentlichungsort* fest, wohin der fertige Film auf der Festplatte gespeichert werden soll. Klicken Sie erneut auf *Weiter.* In dem Fenster *Filmeinstellungen wählen* können Sie nun Größe bzw. Qualität auswählen, mit denen Ihr Film gespeichert werden soll.

Mit dem ersten Auswahlfeld *Optimale Qualität* wird der Film immer in der bestmöglichen Qualität auf die Festplatte geschrieben. Diese Auswahl macht für unseren Anwendungsfall keinen Sinn, da das Programm die Qualität ja nicht verbessern kann. Das zweite Auswahlfeld *Komprimieren auf* ermöglicht es Ihnen, einen Film auf eine exakte Größe zu komprimieren. Wenn Sie z. B. noch 100 MByte auf Ihrem Videoplayer frei haben, dann wird der Windows Movie Maker versuchen, das Video auf diese Größe einzudampfen. Mit dem dritten Auswahlfeld *Weitere Einstellungen* haben Sie den meisten Einfluss auf das Ergebnis. Hier können Sie in einer zusätzlichen Auswahl genauer spezifizieren, wofür das zu erstellende Video denn gedacht ist. Mit einem Klick auf *Veröffentlichen* startet die Konvertierung und das fertige Video wird im angegebenen Ordner gespeichert.

Windows 7

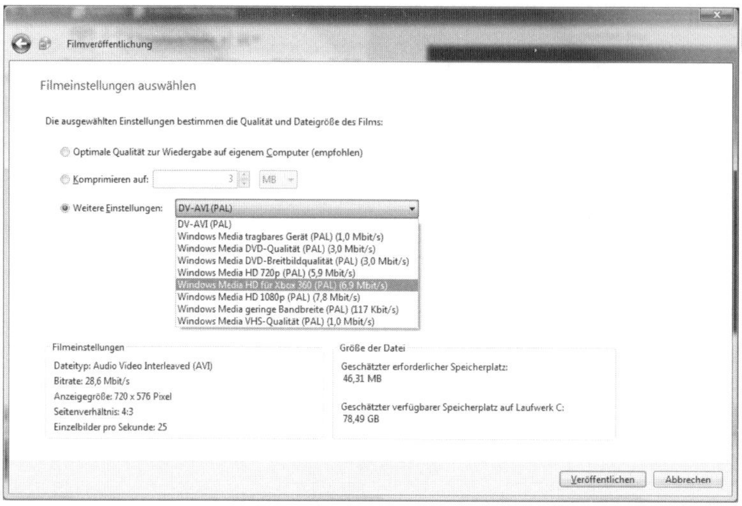

Die Filmeinstellmöglichkeiten des Movie Makers

CDs, DVDs und Blu-ray brennen

Wenn Sie eigene CDs, DVDs oder Blu-ray-Discs erstellen möchten, so benötigen Sie dazu kein separates Programm. Auch hier bietet Windows 7 alle notwendigen Werkzeuge, um die gängigsten Aufgaben zu lösen.

Warnung

Im Zusammenhang mit Blu-ray und Windows 7 ist sehr viel Verwirrendes zu lesen, ob denn und wenn ja wie, Blu-ray in Windows 7 unterstützt wird. Die Antwort lautet ganz im Stil von Radio Eriwan: Im Prinzip ja, aber ... Windows 7 kann Blu-ray-Daten-Discs erstellen. Das bedeutet, Sie können ein vorhandenes Blu-ray-Laufwerk nutzen, um z. B. Backups von Ihren Daten zu erstellen. Was Windows 7 von Hause aus nicht kann, ist Blu-ray-Filme abzuspielen oder selbst zu erstellen. Für diese Anwendungsfälle müssen Sie auf Software von Drittherstellern zurückgreifen.

Tipp

Windows XP hinkt naturgemäß bei der Unterstützung von Blu-ray sehr weit hinterher, da zum Zeitpunkt der Erstveröffentlichung von XP Blu-ray ja noch nicht einmal erdacht war. Aber dennoch ist es möglich, unter XP Blu-ray-Datenträger zu brennen: Microsoft veröffentlichte extra zu diesem Zweck einen Patch, der diese Brennfunktion nachträglich ins Betriebssystem integriert. Sie finden ihn, wenn Sie nach folgendem Begriff auf den Downloadseiten von Microsoft suchen:
Windows Feature Pack für Storage 1.0.

Um eine CD, DVD oder Blu-ray-Disc zu erstellen, gehen Sie wie folgt vor:

Legen Sie einen leeren Datenträger in das Laufwerk, das in der Lage ist, Medien zu beschreiben (z. B. Ihren DVD-Brenner). Es erscheint ein Auswahlfenster, welches Ihnen mehrere Optionen anbietet. Wenn Sie eine klassische Audio-CD erstellen möchten, die Sie z. B. im Auto hören möchten, dann wählen Sie den Eintrag *Eine Audio-CD brennen*. Möchten Sie eine Daten-CD erstellen, dann wählen Sie *Dateien auf Datenträger brennen.*

Windows 7

Welche Art von Datenträger soll erstellt werden?

Tipp

Wenn Sie eine CD mit MP3-Dateien brennen wollen, dann handelt es sich dabei für den Computer (und das Brennprogramm) um Daten, nicht um Musik. Wählen Sie daher auch in diesem Fall den zweiten Eintrag.

Wenn Sie die Auswahl *Audio-CD* getroffen haben, dann wird der Media Player geöffnet. Sie erstellen nun eine Brennliste, die ganz genau wie eine Wiedergabeliste funktioniert. Wenn Sie alle Lieder zusammengestellt haben, klicken Sie auf *Brennen*. Wenn Sie mehr über Wiedergabelisten wissen möchten, lesen Sie den Abschnitt *Wiedergabelisten für Profis*.

Windows 7

Welches Dateisystem ist das Richtige?

Haben Sie die Auswahl *Daten-CD* getroffen, erscheint ein weiteres Fenster, in welchem Sie gefragt werden, wie der Datenträger verwendet werden soll. Es existieren hier zwei unterschiedliche Auswahlmöglichkeiten.

- ***Wie ein USB-Flashlaufwerk:*** Diese Option erstellt ein so genanntes Live-Dateisystem. Die CD verhält sich quasi wie eine Festplatte. Sie können Daten dorthin verschieben, kopieren und sogar löschen. Die Daten werden unmittelbar auf die CD gebrannt. Das bedeutet, dass Sie die CD auch nicht sofort vollständig beschreiben müssen. Sie können sie, wie eine externe Festplatte, jederzeit wieder hervorholen und weiter beschreiben. Bitte beachten Sie: Auch wenn Sie Daten von dieser Art von CD wieder löschen können, so wird der Speicherplatz nicht wieder freigegeben. Wenn die CD erst einmal voll ist, dann ist sie voll! Da hilft kein Löschen.

- ***Mit einem CD/DVD-Player:*** Die Bezeichnung dieser Option ist sehr unglücklich gewählt. Auch die Bezeichnung Mastered ist kaum aussagekräftiger. Diese Option steht für die klassische Brennoption: Man wählt die Daten aus, die man auf einer CD oder DVD festhalten möchte, und wenn die Auswahl feststeht, brennt man alle Daten auf einmal auf die CD. Dieses Verfahren ist die 'traditionelle' Brennmethode. Und CDs, die mit diesem Verfahren erstellt wurden, sind auf allen Geräten lesbar. Das gilt nicht für das Livesystem, das unter anderen Betriebssystemen mit ziemlicher Sicherheit Probleme bereiten wird. Auch unter Windows XP kann es zu Problemen mit CDs mit Live-Dateisystemen kommen.

Wir empfehlen daher, wann immer möglich, die zweite Option zu wählen.

Nach der Auswahl öffnet sich ein neues Fenster, in dem Sie auswählen können, welche Dateien auf den Datenträger gebrannt werden sollen. Ziehen Sie nun alle Dateien und Ordner, die Sie sichern wollen, in das Fenster mit der Überschrift *Dateien, die auf den Datenträger geschrieben werden sollen*. Wenn Sie mit Ihrer Auswahl fertig sind, klicken Sie auf die Schaltfläche *Auf Datenträger brennen*. In dem Fenster, das nun erscheint, können Sie der CD noch einen Namen geben. Tippen Sie diesen in das Feld *Datenträgertitel* ein. Nach einem Klick auf *Weiter* wird der Brennvorgang gestartet.

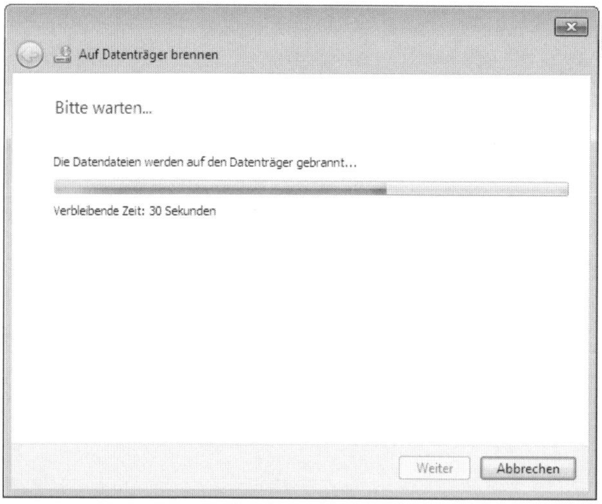

Windows 7

Der Brennvorgang

Unter Windows XP ist der Brennvorgang etwas unübersichtlicher. Zwar müssen Sie auch hier zuerst eine leere CD ins Laufwerk legen, aber anschließend unterscheidet sich das weitere Vorgehen danach, welche Daten Sie brennen möchten. Bei Bildern müssen Sie aus dem Kontextmenü *Bildaufgaben auf CD kopieren* wählen. Handelt es sich um andere Dateien, müssen Sie *Datei- und Ordneraufgaben* bemühen und den entsprechenden Eintrag aufrufen. Anschließend müssen Sie auf dem Arbeitsplatz den *CD-Rekorder* aufrufen. Dort finden Sie im Menü den Eintrag *CD-Schreibaufgaben > Brennen*. Insgesamt ein sehr mühseliges Unterfangen!

Der Windows DVD Maker

Mit dem *Windows DVD Maker* können Sie eigene DVDs erstellen, die Sie auf jedem handelsüblichen DVD-Player (z. B. den, in Ihrem Wohnzimmer) abspielen können. Der Windows DVD Maker kann aus Bildern, Musiken und Videos eine lauffähige DVD erstellen. Natürlich sind die Möglichkeiten des Programms limitiert – aber genau darin liegt auch der größte Vorteil: Das Programm ist so einfach zu bedienen, dass man in Minutenschnelle seine eigene DVD in den Händen hält, selbst wenn Sie bislang keine Erfahrung im DVD-Authoring haben.

Hinweis

Für den Windows DVD Maker gibt es unter Windows XP keine Entsprechung, da dieses Programm erst mit Windows Vista eingeführt wurde.

Windows 7

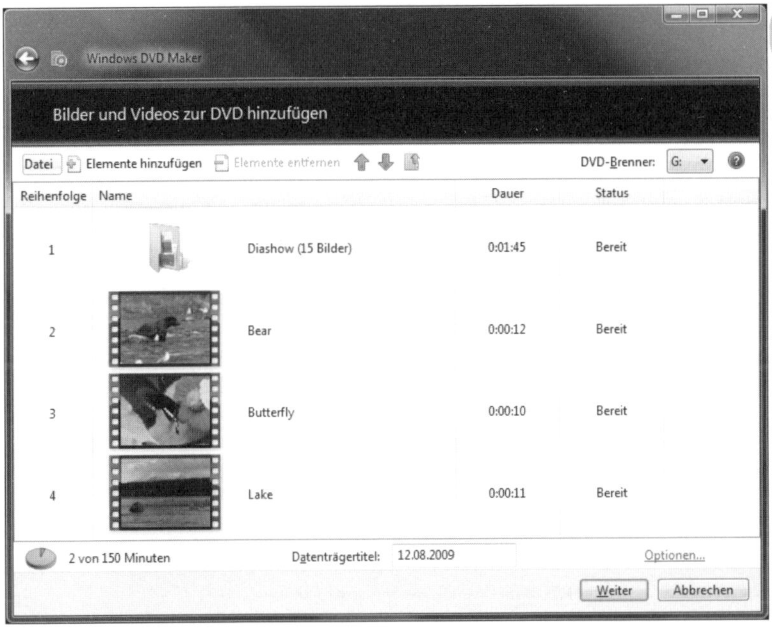

Der Arbeitsbereich des Windows DVD Makers

Und so erstellen Sie Ihre erste eigene DVD:

Starten Sie den Windows DVD Maker. Klicken Sie auf *Fotos und Videos auswählen*. Klicken Sie auf die Schaltfläche *Elemente hinzufügen*. Sie haben nun die Möglichkeit, Videos oder Bilder Ihrer zukünftigen DVD hinzuzufügen. Dabei gilt: Alle Bilder kommen in einen Ordner, der den Namen *Diashow* trägt. Diese Bilder werden später, beim Brennvorgang, in einen Film umgewandelt und wie ein Video behandelt. Die Videos, die Sie hinzufügen, werden jeweils als ein Kapitel auf die DVD gebrannt. Sie können zusätzlich Audiodateien mit in Ihr DVD-Projekt integrieren. Wenn Sie eine Audiodatei mit *Elemente hinzufügen* auswählen, wird diese Audiodatei als Hintergrundmusik für die ins Projekt eingefügten Bilder verwendet.

Warnung

Die Reihenfolge, in der die einzelnen Elemente (Videos und Diashow) aufgeführt werden, spiegelt exakt die Reihenfolge wieder, in der die Elemente später im Menü der fertigen DVD auftauchen werden. Um die Reihenfolge zu ändern, können Sie die Elemente mit der Maus verschieben. Oder aber Sie verwenden die Pfeil-Schaltflächen neben dem Menüpunkt *Elemente entfernen*.

Wenn Sie alle Dateien, die Sie auf die DVD brennen möchten, hinzugefügt haben, klicken Sie auf *Weiter*.

Tipp

Unten links sehen Sie immer eingeblendet, wie viel Platz noch auf der DVD vorhanden ist. In der Grundeinstellung vom Windows DVD Maker passen insgesamt 150 Minuten auf eine DVD.

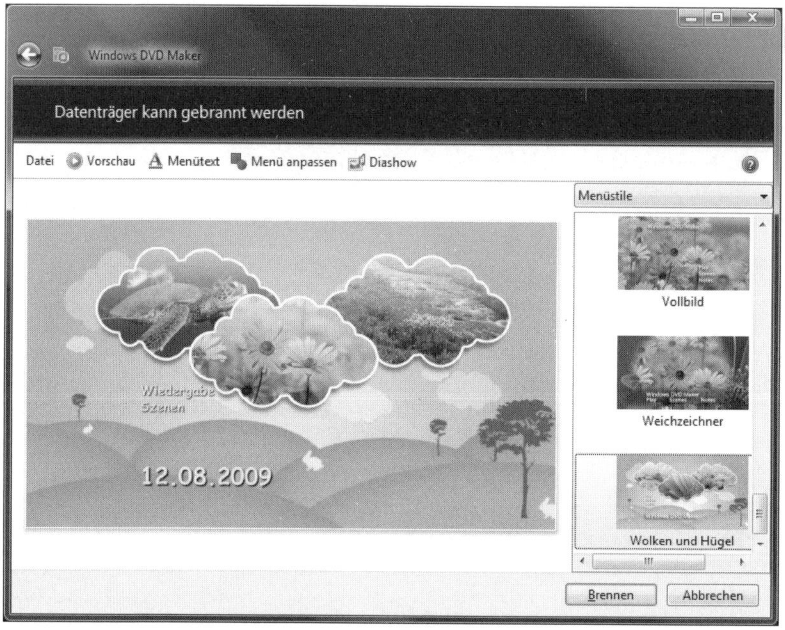

Windows 7

Die Stilauswahl des DVD Makers

Nachdem alle Medien zum 'Brennplan' hinzugefügt wurden, können Sie sich nun in diesem Fenster entscheiden, wie diese Daten auf dem DVD-Player präsentiert werden sollen. Und obwohl das Programm so kompakt und leicht verständlich daher kommt, können Sie es in diesem Fenster doch sehr individuell gestalten. Und das können Sie so bewerkstelligen:

Klicken Sie auf die Schaltfläche *Menütext*. Es ist wichtig, dass Sie zuerst die passenden Texte eingeben, bevor Sie sich für ein Layout entscheiden, denn nicht immer passt jedes Layout zu jeder Textlänge. Wählen Sie die passende Schriftart aus und geben Sie Ihrer DVD einen richtigen Namen. Sie können sogar unter *Hinweise* eine ganz individuelle Grußbotschaft an den Empfänger der DVD hinterlegen.

Tipp

Der beste Freund bei der Erstellung des idealen Auftritts Ihrer eigenen DVD ist die Vorschaufunktion. Um zu sehen, wie Ihre DVD später einmal aussehen wird, klicken Sie einfach auf die Schaltfläche *Vorschau*, rechts oben in der Menüleiste.

Wählen Sie nun rechts aus der Liste einen der mehr als 20 verschiedenen Menüstile aus. Achten Sie bei der Auswahl nicht so sehr darauf, *was* präsentiert wird, sondern *wie* es präsentiert wird.

Im letzten Schritt können Sie noch das Menü individualisieren. Dazu wählen Sie mit der Maus den Programmpunkt *Menü anpassen*. Auch hier können Sie die Schriftart noch einmal anpassen: Es handelt sich dabei um das gleiche Auswahlfeld wie beim Fenster *Menütext*. Zusätzlich können Sie hier aber die Videos angeben, die bei der Menüanimation gezeigt werden sollen. Die meisten Menüstile erlauben, ein Vorder- und ein Hintergrundvideo anzugeben. Einige verlangen aber auch nur ein Video. Wenn Sie ein Lied für die Menüvertonung angeben, wird dieses im Menü erklingen. Und abschließend können Sie sogar das Aussehen der Schaltflächen noch verändern.

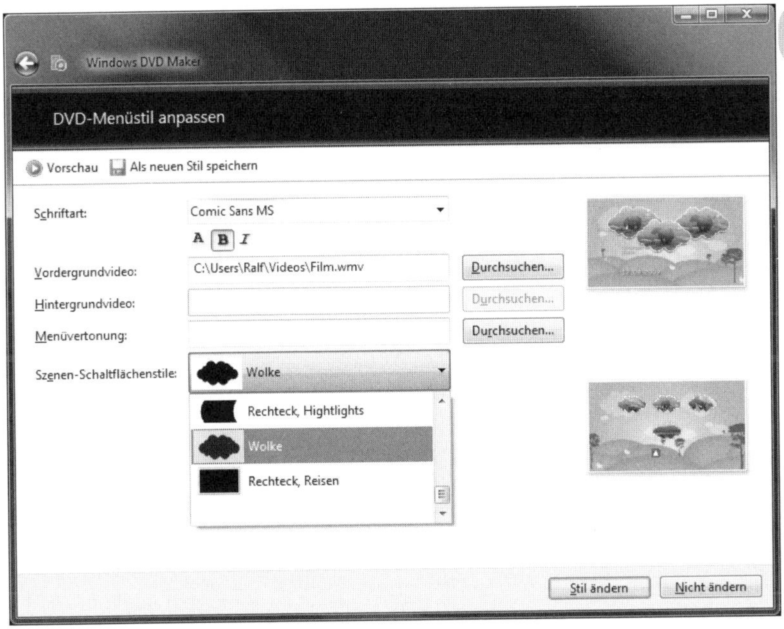

Windows 7

Das DVD-Menü wird individualisiert.

Wenn Sie alle Einstellungen vorgenommen haben, klicken Sie einfach auf *Brennen*. Und nach kurzer Zeit wird die fertige DVD aus Ihrem Brenner herausfahren. Viel Vergnügen!

Kapitel 9: Mit Fotos arbeiten

Fotos zu machen, ist heute einfach wie nie. Praktisch jedes Handy, das heute auf den Markt kommt, verfügt auch über ein Kameramodul – nicht selten mit fünf oder mehr Megapixeln. Aber auch 'klassische' Digitalkameras sind günstig wie nie zu bekommen.

Wo immer und überall eine Kamera zur Verfügung steht, wird sie in der Regel auch genutzt. Die Folge davon: Auf den Rechnern häufen sich Urlaubsfotos, Schnappschüsse und manchmal auch das eine oder andere künstlerisch wertvolle Bild. Da den Überblick zu behalten, fällt nicht leicht, wenn man sich bei der Bildverwaltung allein auf den Windows-Explorer verlässt.

Die Windows-Programme für optimalen Fotogenuss

Windows XP hat die *Windows Bild- und Faxanzeige* an Bord, mit der Sie Bilder betrachten können. Bei Windows 7 gibt es die *Windows-Fotoanzeige*, die dies erledigt.

Microsoft bietet für Windows 7 aber auch noch die *Windows Live Fotogalerie*. Sollte die *Windows Live Fotogalerie* auf Ihrem Computer nicht installiert sein, können Sie diese kostenlos von der Microsoft-Webseite herunterladen und installieren. Dazu gehen Sie folgendermaßen vor:

Starten Sie den Internet Explorer und geben Sie *www.microsoft.com* in der Adresszeile ein. Wählen Sie unter *Downloads und Testversionen* den Eintrag *Windows Live Downloads* aus.

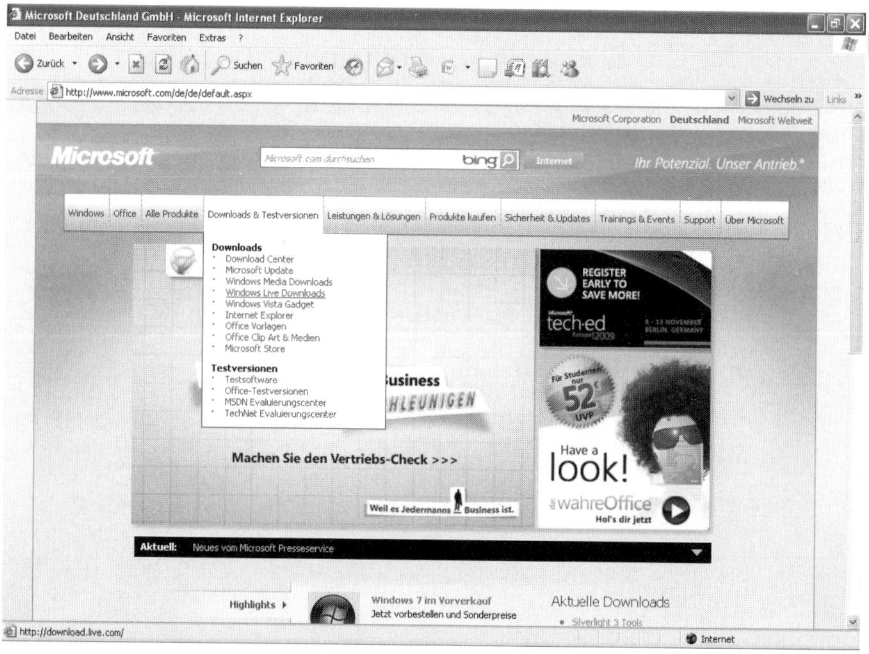

Windows 7

Die Windows Live Fotogalerie *kann kostenlos von der Microsoft Homepage heruntergeladen werden.*

Klicken Sie auf *Download* im rechten Bereich der Webseite.

Windows 7

Auf Download *klicken*

Im Download-Dialog wählen Sie *Speichern.* Geben Sie als Speicherort den Desktop an und klicken Sie abermals auf *Speichern*.

Windows 7

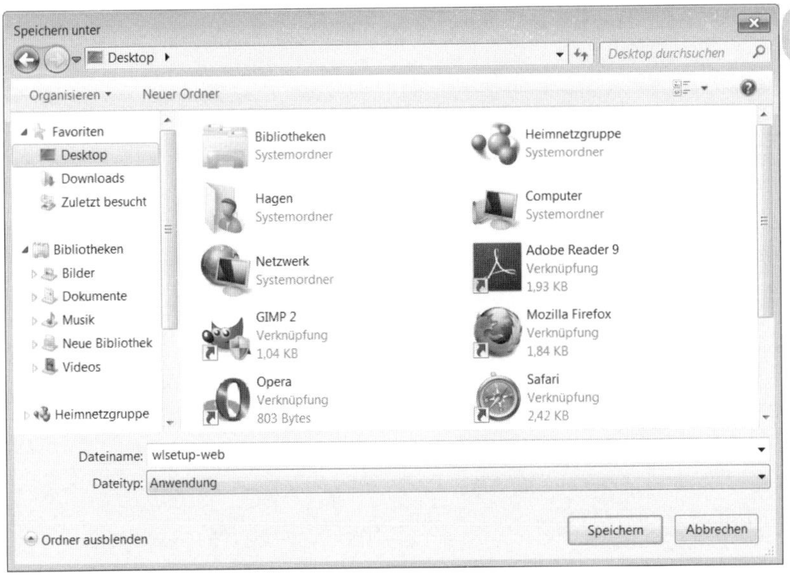

Speichern der Live Fotogalerie

Drücken Sie die Tastenkombination ⊞ + D und doppelklicken Sie auf die Datei *wlsetup-web*. Bestätigen Sie mit *Ja*. Im Windows Live-Installations-Dialog wählen Sie alle Dienste aus, die Sie auf Ihrem Rechner installieren möchten.

Windows 7

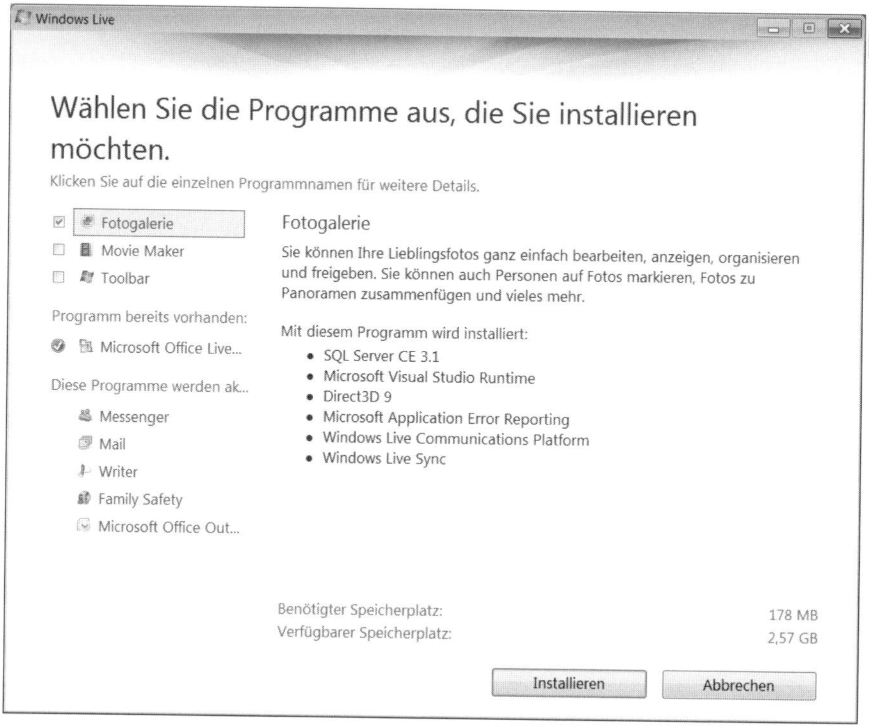

Windows Live *umfasst eine ganze Palette verschiedener Tools, darunter auch ein Mail-Programm, einen Messanger, eine Video-Software und Anderes. Wir benötigen hier nur die Fotogalerie.*

Schließen Sie den Internet Explorer und klicken Sie auf *Installieren.*

Nach Abschluss der Installation finden Sie die Windows Live Fotogalerie im *Startmenü* oder unter *Start > Alle Programme > Windows Live.*

Nachdem Sie die *Windows Live Fotogalerie* installiert haben, können Sie die Galerie unter Windows 7 mit Bildern füllen. Standardmäßig durchsucht die Fotogalerie bereits die Ordner *Eigene Bilder, Gemeinsame Bilder* sowie *Eigene Videos* und *Gemeinsame Videos* unter Windows XP bzw. die Bibliothek *Bilder* in Windows 7. Die in diesen Ordnern und der Bilder-Bibliothek enthaltenen Fotos und Videos können Sie bereits in der Fotogalerie sehen.

Bilder und Fotos betrachten

Unter Windows XP betrachten Sie Bilder und Fotos mit der *Windows Bild- und Faxanzeige.*

Ein Doppelklick auf ein Bild oder Foto, das sich auf Ihrem Rechner befindet, und schon wird das Bild in der Windows Bild- und Faxanzeige angezeigt. Die Windows Bild- und Faxanzeige dient nur zum Abschauen der Bilder, bearbeiten können Sie diese hier nicht. Über die Schaltflächen am unteren Rand lässt sich die Ansicht der Fotos optimieren. So können Sie ein Bild, das auf dem Kopf steht, drehen, ein Foto in seiner tatsächlichen Größe zeigen oder auch in ein Bild hinein oder hinaus zoomen.

Windows XP

Die Windows Bild- und Faxanzeige

Windows XP

Mit den Schaltflächen kann die Betrachtung des Fotos optimiert werden.

In Windows 7 erledigt die *Windows-Fotoanzeige* die Aufgaben der aus XP bekannten *Windows Bild- und Faxanzeige*. Auch hier genügt ein Doppelklick auf ein Bild und dieses wird in der Windows-Fotoanzeige gezeigt.

Windows 7

Die Windows-Fotoanzeige *von Windows 7*

Die Windows-Fotoanzeige eignet sich ebenso wie die Windows Bild- und Faxanzeige lediglich zum Betrachten und nicht zum Nachbearbeiten von Fotos. Für das optimierte Betrachten steht Ihnen auch hier eine Schaltfläche am unteren Rand zur Verfügung, mit der Sie die Foto-Ansicht verbessern können.

Windows 7

Die Schaltflächen der Windows-Fotoanzeige

Über das Lupen-Symbol lässt sich die Größe des angezeigten Bildes verändern. Möchten Sie Bilder drehen, können Sie die mithilfe der beiden *rotierenden Pfeiltasten* erledigen.

Betrachten Sie Fotos in der *Windows Live Fotogalerie*, funktioniert dies ähnlich wie in der *Windows-Fotoanzeige*.

Windows 7

Fotos mit der Windows Live Fotogalerie *ansehen*

Eine Diashow mit Ihren Fotos

Wenn Sie unter Windows XP eine Diashow Ihrer Fotos ansehen möchten, klicken Sie in der *Windows Bild- und Faxanzeige* auf das fünfte Symbol von links, das einer Leinwand ähnelt.

Windows XP

Mit Klick auf das Diashow-*Symbol starten Sie die Diashow.*

Schon werden alle Bilder des Ordners, in dem sich das gewählte Bild befindet, als bildschirmfüllende Diashow angezeigt. Mit der Schaltfläche am oberen rechten Rand der Diashow können Sie pausieren, zum nächsten Bild springen (wenn Sie den Ablauf z. B. beschleunigen möchten) oder die Diashow beenden.

Windows XP

Die Diashow wird als Vollbild gezeigt.

Unter Windows 7 lässt sich die Diashow am einfachsten mit der *Live Fotogalerie* durchführen. Öffnen Sie dazu ein Bild in der Fotogalerie und klicken Sie auf die sechste Schaltfläche von links, die aussieht wie eine Leinwand.

Windows 7

Mit Klick auf das Diashow-*Symbol starten Sie die Show.*

Das ausgewählte Bild und die weiteren Bilder aus dem Ordner, in dem es sich befindet, werden nun als bildschirmfüllende Vollbilder in ihrer ganzen Pracht angezeigt.

Anders als bei XP finden Sie hier die Schaltflächen zur Bedienung der Diashow nicht am oberen, sondern am unteren Rand. Über die Navigationspfeile gehen Sie zum nächsten oder vorherigen Bild, die *Pause*-Taste hält die Diashow an und der *Beenden*-Knopf stoppt sie. Den *Designs*-Knopf kennen Sie nicht aus XP. Mit Klick auf diesen Knopf stellen Sie die Darstellungsart der Diashow ein und bestimmen, ob ein Bild z. B. ausgeblendet oder mit anderen Effekten versehen werden soll, während das nächste erscheint, ob Sie die Bilder in Sepiafarben ansehen möchten etc. Diese Möglichkeit gab es unter XP nicht, hier wurden einfach Bild nach Bild gezeigt. Mithilfe des Zahnrad-Symbols können Sie festlegen, wie lange ein Bild angezeigt werden soll, bis die Diashow zum nächsten Bild wechselt.

Die bildschirmfüllende Diashow

Fotos von einer Kamera importieren

Nach dem Urlaub oder einem Fotoshooting wollen die Fotos auf dem Rechner gesichtet und gespeichert werden. Dazu müssen sie zunächst auf die Rechnerfestplatte und in die Fotogalerie importiert werden.

Unter Windows 7 erledigen Sie das so:

Schließen Sie Ihre Kamera oder das Fotohandy per USB-Kabel an Ihren Computer an. Wählen Sie *Datei > Von Kamera oder Scanner importieren.* Wählen Sie im Dialog *Fotos und Videos importieren* das Kamera-Symbol des Geräts, von dem Sie die Bilder in die Fotogalerie laden möchten, aus und klicken Sie auf *Importieren*. Sollte die Kamera nicht gleich angezeigt werden, können Sie die Liste der angeschlossenen Geräte über die Schaltfläche *Aktualisieren* auf den neuesten Stand bringen.

Zunächst muss die angeschlossene Kamera ausgewählt werden.

Im nächsten Dialog haben Sie die Wahl, die zu importierenden Objekte vorab zu sichten und zu verwalten oder aber alle Elemente sofort zu importieren. In letzterem Falle müssen Sie dem Foto-Ereignis noch einen Titel geben und können allen Bildern Schlagwörter – hier Beschriftungen genannt – zuordnen.

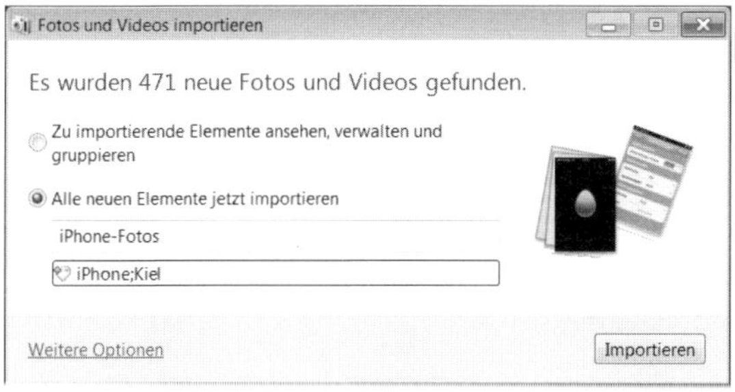

Windows 7

Sie haben die Wahl: Entweder alle Fotos ungesehen in einem Rutsch zu importieren oder diese zuvor zu sichten.

Über den Eintrag *Weitere Optionen* legen Sie fest, wohin die Bilder gespeichert werden, welchen Namen der Ordner für die Importdateien erhalten und wie die einzelnen Fotos benannt werden sollen. Außerdem können Sie einstellen, ob nach Abschluss des Imports die Fotogalerie geöffnet, die Dateien in die richtige Lage gedreht werden sollen (sofern die Kamera diese Funktion unterstützt) und ob die Bilder nach dem Import von der Kamera gelöscht werden sollen.

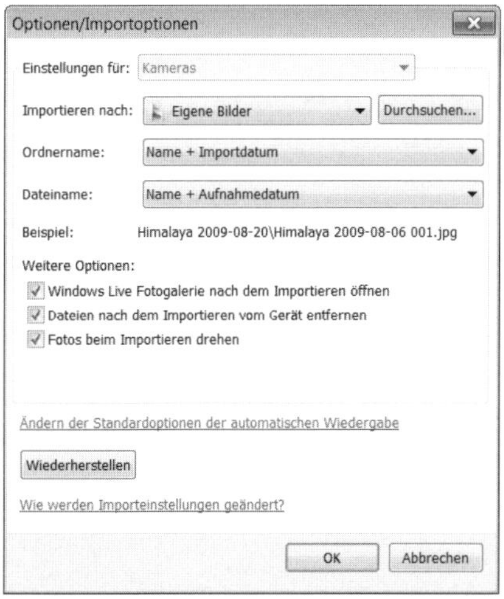

Windows 7

Wie sollen die zu importierenden Bilder behandelt werden?

Nach einem Klick auf *Weiter* werden die Bilder gemäß Ihren Einstellungen importiert. Wählen Sie hingegen die Option *Zu importierende Elemente ansehen, verwalten und gruppieren,* bekommen Sie die Fotos auf der Kamera nach Aufnahme-Datum und -Uhrzeit sortiert präsentiert. Sie können nun einzelne Gruppen abwählen, mit Schlagwörtern versehen, sichten oder die Gruppen neu definieren. Beim Definieren der Gruppen stellen Sie über den Regler rechts unten den Zeitrahmen toleranter oder enger ein. Jede Gruppe wird beim Import in einen eigenen Ordner gespeichert.

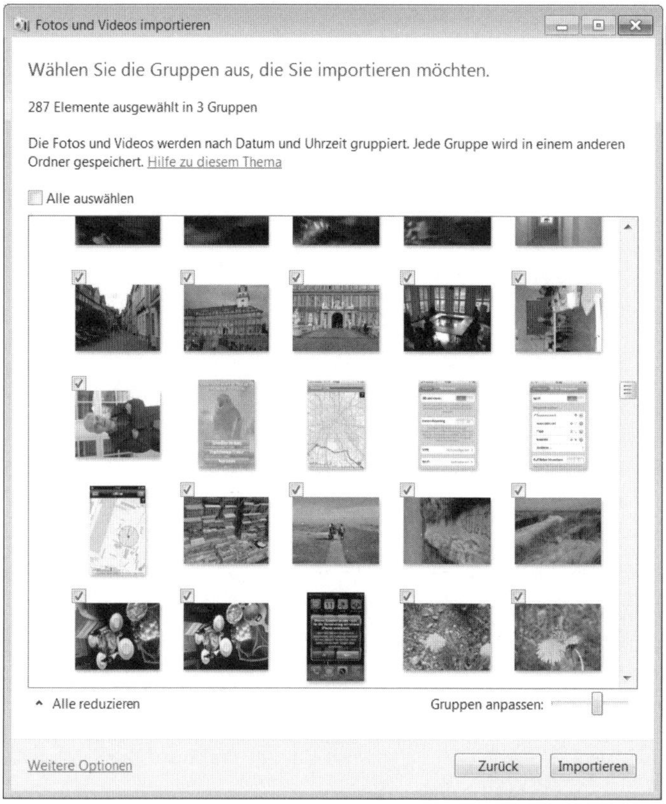

Windows 7

In diesem Importdialog können Sie jedes Bild einzeln für den Import auswählen.

Über *Alle erweitern* können Sie die Bilder sogar einzeln auswählen. Das ist praktisch, um die schlechtesten Bilder vorab auszusortieren, kann bei größeren Bildermengen aber auch äußerst nervtötend sein. Auch hier starten Sie den Import über die Schaltfläche *Importieren*.

Fotos unter Windows XP auf den PC bringen

Auch unter Windows XP lässt sich der Import von Fotos leicht bewerkstelligen:

Schließen Sie die Kamera an den Computer an und schalten die Kamera ein. Das Gerät wird nun automatisch von Windows erkannt. Sie erhalten nun folgende Möglichkeiten:

- ***Bilder in einen Ordner auf Computer kopieren mit Assistent für Scanner und Kameras:*** Dies kopiert die Bilder von der Kamera auf den PC.
- ***Bilder drucken:*** Dies startet den Assistenten zum Drucken der Bilder.
- ***Diashow der Bilder anzeigen:*** Dies startet eine Diashow mit den Bildern, die sich auf der Kamera befinden.
- ***Ordner öffnen, um Dateien anzuzeigen:*** Dies öffnet den Bilder-Ordner der Kamera, aus dem Sie dann z. B. die Bilder kopieren können.
- ***Keine Aktion durchführen:*** Schließt das Fenster.

Klicken Sie auf *Bilder in einen Ordner auf Computer kopieren mit Assistent für Scanner und Kameras*, um die Fotos von der Kamera auf den PC zu laden.

Fotos verwalten

Früher oder später erreicht die Bildersammlung einen Umfang, der es schwer macht, mal eben ein bestimmtes Foto zu finden, wenn die Fotos nicht organisiert sind. Mit Windows lassen sich Bilder und Fotos aber leicht verwalten.

Verwaltung unter Windows XP

Bilder und Fotos werden, wie andere Dateien auch, in Windows XP in Ordnern verwaltet. Windows XP speichert Bilder standardmäßig im Ordner *Eigene Bilder*, den Sie einfach über das Startmenü erreichen.

Windows XP

Zu Eigene Bilder *gelangen Sie über das Startmenü.*

Wenn Sie sich im Ordner *Eigene Bilder* befinden, können Sie dort Ihre Fotos sortieren. Legen Sie z. B. Unterordner an, in denen Sie die Fotos nach Themen sortieren. Klicken Sie dazu mit der rechten Maustaste auf einen freien Bereich und wählen Sie *Neu* > *Ordner*. Geben Sie dem Ordner einen aussagekräftigen Namen und ziehen Sie die Bilder hinein.

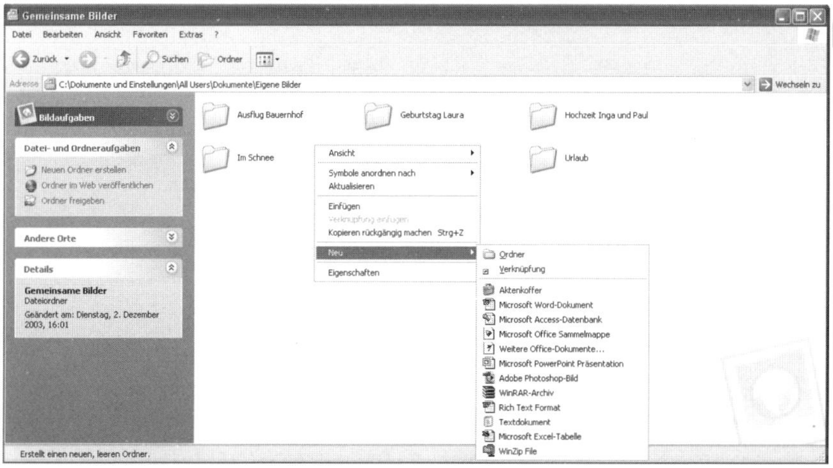

Windows XP

Sortieren Sie Ihre Fotos in Ordnern.

Wenn Sie nun einen Bilder-Ordner öffnen, können Sie festlegen, wie die darin enthaltenen Fotos angezeigt werden sollen. Klicken Sie dazu auf Ansicht und wählen dann aus, welche Sichtweise Sie bevorzugen.

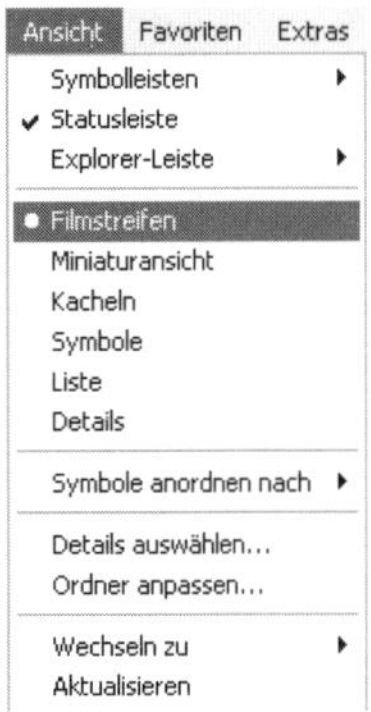

Wählen Sie die Ansicht aus

Miniaturansicht und *Filmstreifen* bieten sich zum Betrachten von Fotos am besten an. Bei *Miniaturansicht* sehen sie alle Bilder als große Symbole. Beim *Filmstreifen* sehen Sie in einer Leiste unten alle Bilder in Klein und das ausgewählte Bild in der Mitte des Fensters in Groß.

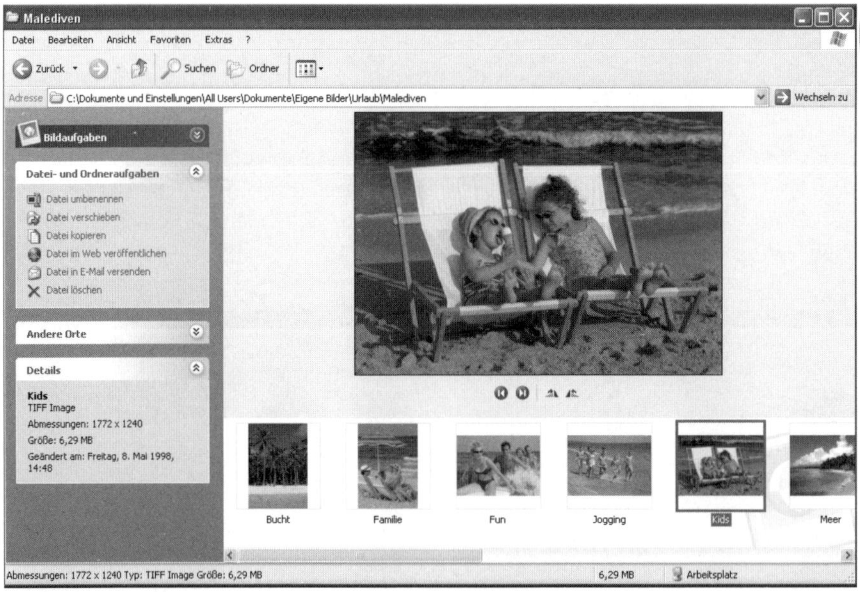

Bildansicht als Filmstreifen

Bilder anordnen

Sie sollten Ihre Bilder nach Namen oder Aufnahmedatum sortieren, um einen möglichst guten Überblick zu erhalten. Klicken Sie dazu auf *Ansicht > Symbole anordnen nach* und wählen die Anordnung aus, die Sie wünschen.

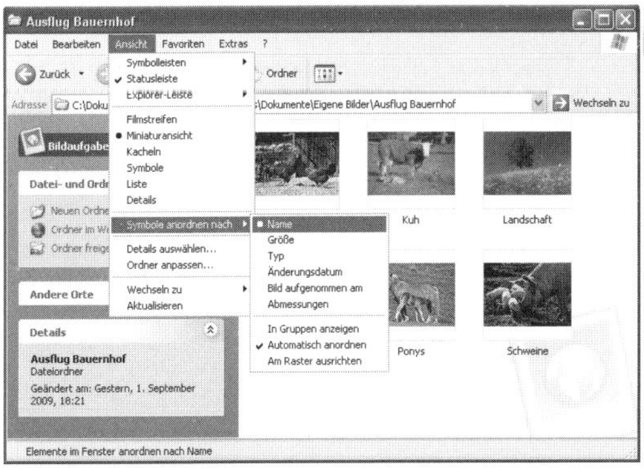

Windows XP

Bilder nach Namen sortieren

Die Bewertung von Fotos und andere Feinheiten, die Sie in Windows 7 kennen lernen werden, gibt es in Windows XP leider noch nicht.

Verwaltung unter Windows 7

Glücklicherweise hält in Windows 7 die *Windows Live Fotogalerie* einige effiziente Werkzeuge zur Bildverwaltung bereit.

Standardmäßig sind die Fotos innerhalb des *Eigene-Bilder*-Verzeichnisses nach Aufnahmejahr, Monat und Tag sortiert. In der Seitenleiste finden Sie dazu die entsprechenden Einträge, die sich automatisch aktualisieren. Sie müssen also nicht selbst sortieren, da die Aufnahmeinformationen bereits in den Bildern enthalten sind. Sofern die Uhrzeit in Ihrerer Kamera korrekt eingestellt ist, können Sie recht leicht ein Bild ausfindig machen, wenn Sie wissen, an welchem Tag Sie dieses aufgenommen haben.

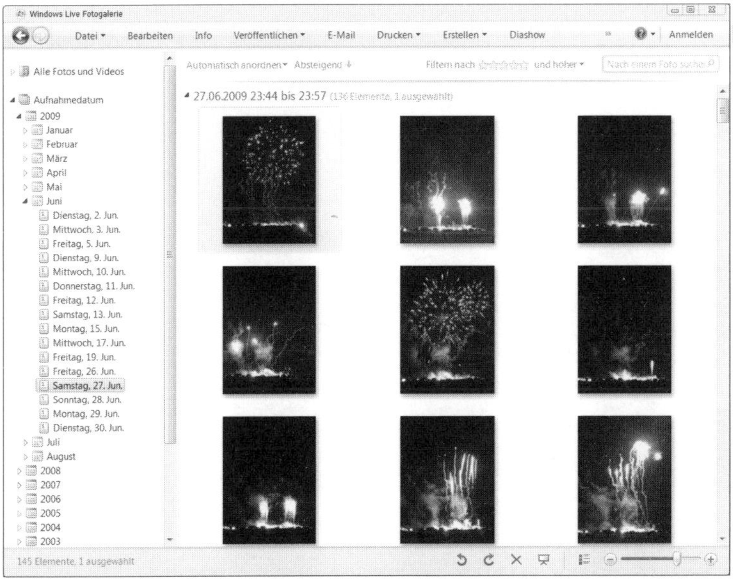

Windows 7

Alle mit der Fotogalerie *verwalteten Fotos werden automatisch nach dem Aufnahmedatum sortiert.*

Neue Fotos in die Fotogalerie importieren

Nicht immer befinden sich alle Fotos in den dafür vorgesehenen Standardordnern – etwa wenn größere Bilder-Sammlungen aus Platzgründen auf eine externe Festplatte ausgelagert werden. Aber auch diese Ordner können Sie in der Fotogalerie verwalten lassen, gehen Sie dazu wie folgt vor:

Starten Sie die Fotogalerie. Klicken Sie auf *Datei* > *Ordner zu Galerie hinzufügen.*

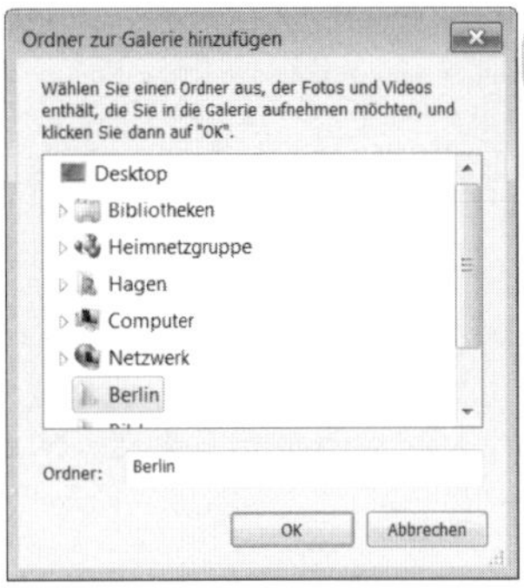

Weitere Bilder können der Fotogalerie leicht hinzugefügt werden.

Geben Sie den Verzeichnispfad des hinzuzufügenden Ordners an und bestätigen Sie den folgenden Dialog mit *OK* bzw. klicken auf *Importieren*.

Hinweis

Die Fotos der Galerie hinzugefügter Ordner verbleiben in ihren Verzeichnissen, sofern sie sich auf der Rechnerfestplatte befinden. Bilder externer Medien werden hingegen importiert und sind dann im Benutzerverzeichnis *Eigene Bilder* zu finden.

Die neu hinzugefügten Ordner finden Sie anschließend in der Seitenleiste als Unterordner des Verzeichnisses *Alle Fotos und Videos* wieder.

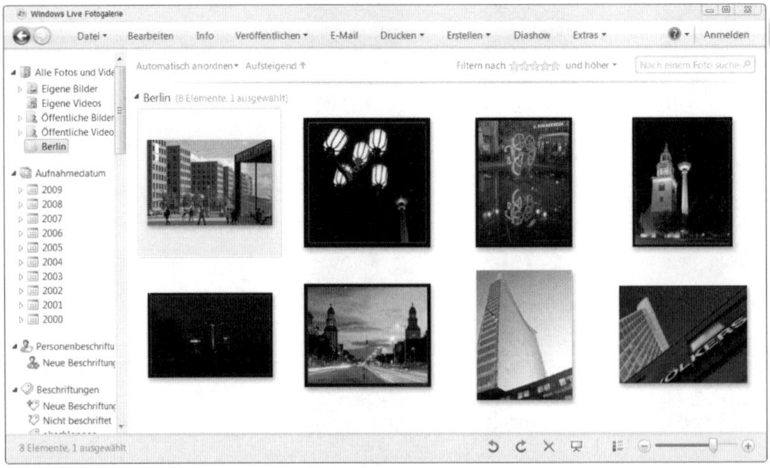

Neu hinzugefügte Ordner werden in der Seitenleiste aufgelistet.

Fotos Personen zuordnen

Neben der Sortierung nach Aufnahmedatum bietet die Fotogalerie in Windows 7 auch die Möglichkeit, die Fotos Personen zuzuordnen. Hierzu finden Sie in der Seitenleiste den Eintrag *Personenbeschriftungen*.

Klicken Sie auf den Ausklapppfeil davor, wird ein Eintrag mit der Bezeichnung *Neue Beschriftung hinzufügen* eingeblendet. Klicken Sie darauf und geben Sie den Namen der Person an, deren Fotos Sie verwalten möchten.

Windows 7

Bevor Fotos Personen zugeordnet werden können, muss ein neuer Personeneintrag erstellt werden.

Bestätigen Sie die Eingabe mit der [Enter]-Taste, Erscheint darunter der soeben erstellte Eintrag. Um diesem Eintrag nun Fotos hinzuzufügen, suchen Sie diese aus der Galerie aus und ziehen sie mit gedrückter Maustaste auf den neu erstellten Personeneintrag.

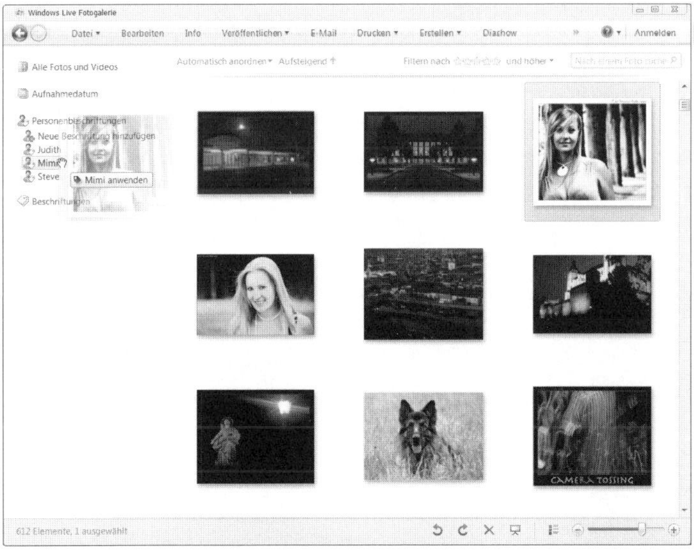

Windows 7

Fotos einer Person werden dem Personeneintrag in der Seitenleiste zugeordnet, indem sie mit gedrückter Maustaste auf den Eintrag gezogen werden.

Personen in Fotos markieren

Sind auf einem Foto mehrere Personen zu sehen, müsste man diese gleich mehreren Personenbeschriftungen zuordnen. Dazu zieht man das Bild entweder mehrmals auf die dazugehörigen Personeneinträge in der Seitenleiste oder macht sich die in der Fotogalerie eingebaute Gesichtserkennung zunutze.

Doppelklicken Sie dazu im Ansichtsbereich auf ein Foto mit einer darauf abgebildeten Person. Das Bild wird nun stark vergrößert dargestellt. Rechts davon sind verschiedene Optionen zur Fotoorganisation und Bildinformationen angeordnet. Sollte dies nicht der Fall sein, klicken Sie in der Symbolleiste auf die Schaltfläche *Info* (über die Sie die Zusatzinformationen auch wieder ausblenden können).

Windows 7

Ein Doppelklick auf ein Bild schaltet in eine vergrößerte Bildansicht um und gibt weitere Informationen zum Bild frei.

Unter *Personenbeschriftungen* im *Info*-Bereich werden die von der Gesichtserkennung aufgelisteten Personen aufgelistet. Wenn Sie den Mauszeiger auf *Person gefunden – Identifizieren* bewegen, verdunkelt sich das Foto etwas und ein kleines Quadrat kennzeichnet das Gesicht der Person im Bild, die die Gesichtserkennung ausfindig gemacht hat. Klickt man nun auf *Identifizieren*, erscheint ein Fenster im Bild, in dem der Name der Person angegeben werden kann.

Sollte die Gesichtserkennung eine Person im Bild nicht erkennen, können Sie diese auch manuell im Bild kennzeichnen. Klicken Sie dazu im *Info*-Bereich auf jemanden und ziehen dann mit gedrückter Maustaste ein kleines Quadrat um das Gesicht der abgebildeten Person auf.

Windows 7

Personen, die von der Gesichtserkennung nicht automatisch erkannt werden, lassen sich manuell markieren.

Außer zum Identifizieren der Personen auf einem Bild, eignet sich die Gesichtserkennung auch zum Ausfindigmachen von Fotos mit abgebildeten Menschen. Wenn Sie die Großdarstellung des Bildes über die Schaltfläche *Zurück zur Galerie* wieder verlassen und im Ansichtsbereich auf *Automatisch anordnen* klicken, öffnet sich ein Menü, in dem Sie verschiedene Sortiermethoden auswählen können. Über den letzten Eintrag *Person* zeigt die Windows Live Fotogalerie alle Bilder an, auf denen Personen enthalten sind.

Windows 7

Die Gesichtserkennung ermöglicht die Sortierung nach Bildern mit abgebildeten Menschen.

Schlagwörter zuordnen

Eine weitere Möglichkeit, das Wiederfinden von Bildern in Windows 7 zu erleichtern, besteht darin, den Fotos Schlagwörter – in der Windows Live Fotogalerie *Beschriftungen* genannt – zuzuordnen.

Gegenüber der Bildorganisation in Alben haben Schlagwörter den Vorteil, dass sie den Bildinhalt genauer beschreiben und präzisere Suchabfragen erlauben. Sie können einem Bild Beschriftungen, die sowohl den Ort, das Ereignis und weitere auf dem Bild zu sehende Elemente zuordnen. Zudem werden Beschriftungen in den Meta-Daten eines Bildes gespeichert und lassen sich dann auch mit anderen bildverarbeitenden Programmen auswerten. So bietet etwa Photoshop die Möglichkeit, Schlagwörter zu vergeben.

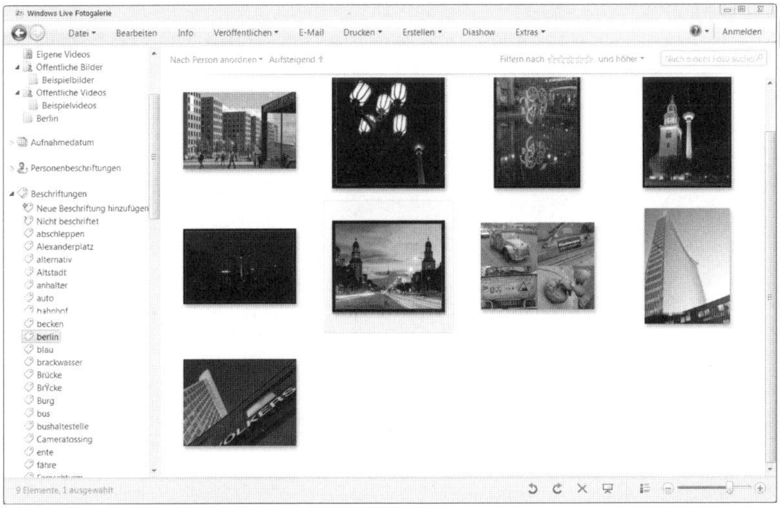

Windows 7

Mit Beschriftungen (Schlagwörtern) lassen sich Bildinhalte gut beschreiben.

Wie auch bei den Personenbeschriftungen, legen Sie neue Schlagwörter in der Seitenleiste über den Eintrag *Beschriftungen > Neue Beschriftung hinzufügen* an. Die Fotos ordnen Sie den Beschriftungen dann zu, indem Sie die Bilder mit gedrückter Maustaste auf den Eintrag in der Seitenleiste ziehen.

Aber auch über die Bildansicht, die Sie durch Doppelklick auf ein Foto erreichen, können Sie im *Info* Bereich nicht nur Schlagwörter hinzufügen, sondern bekommen auch angezeigt, welche Schlagwörter einem Foto bereits zugeordnet wurden.

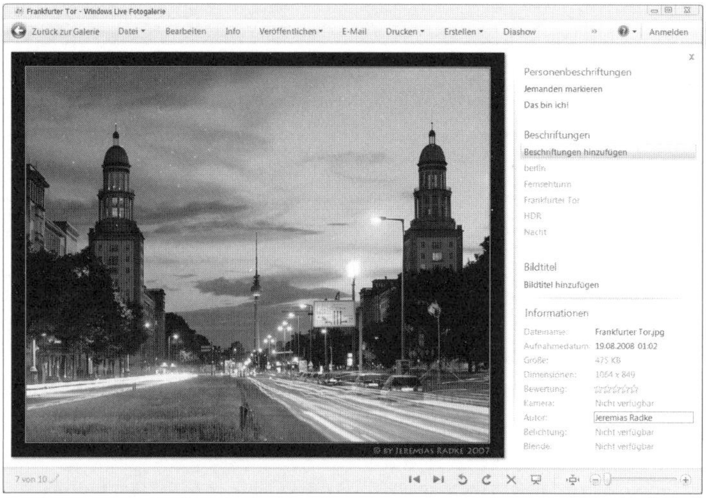

Windows 7

Diesem Foto wurden bereits einige Schlagwörter zugeordnet.

Fotos bewerten

In jeder Bildersammlung finden sich Fotos, die besonders gut gefallen und solche, die nicht ganz so toll sind. Um per Mausklick mal eben die gelungendsten Fotos auflisten zu können, empfiehlt es sich, die Fotos zu bewerten. Dazu wechseln Sie per Doppelklick auf ein Foto in die Großansicht des Fotos und klicken bei *Bewertung* auf so viel Sternchen, wie Sie dem Foto zuteilen wollen.

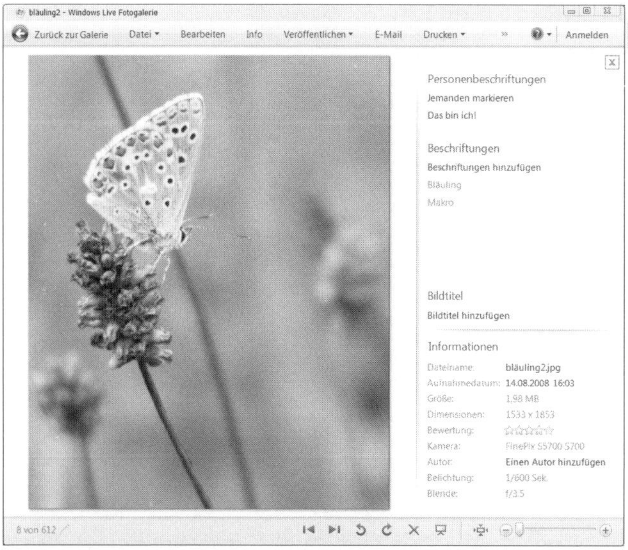

Windows 7

Fotos können in Windows 7 auch bewertet werden.

In der Galerie können Sie die Bilder dann über den Eintrag *Filtern nach* den Bewertungen nach anzeigen lassen.

Windows 7

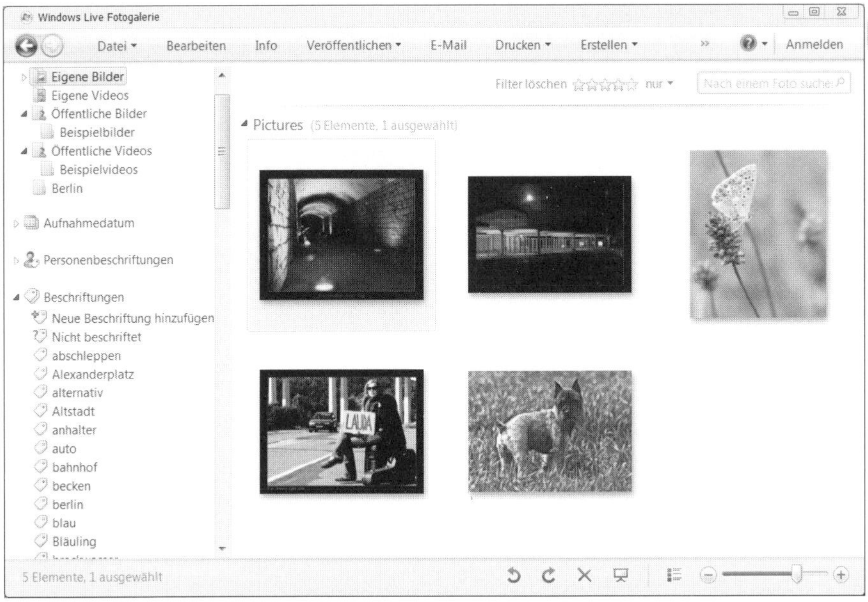

Über die Filterfunktion lassen Sie sich nur die bewerteten Fotos anzeigen.

Bilder bearbeiten

Zur Bildbearbeitung hat Windows XP nicht wirklich gute Mittel an Bord. Zwar können Sie, wie schon beschrieben, Bilder drehen und in sie hinein oder hinaus zoomen, aber das ist eigentlich auch schon alles, was die Windows *Bild- und Faxanzeige* in diesem Bereich bietet. Wenn Sie auf die zweite Schaltfläche von rechts klicken und ein Bildbearbeitungsprogramm installiert haben, wird die Windows Bild- und Faxanzeige geschlossen und das Bild im Bildbearbeitungsprogramm geöffnet, wo Sie dann daran arbeiten können.

Windows XP

Mit Klick auf die Schaltfläche gelangen Sie zur Bildbearbeitung

Haben Sie kein Bildbearbeitungsprogramm installiert, können Sie keine Verbesserungen vornehmen, denn eigene Mittel zur Bildbearbeitung bringt Windows XP nicht mit.

In Windows 7 lassen sich in der Fotogalerie Fotos auch mit rudimentären Bearbeitungsfunktionen optimieren. Dazu müssen Sie zunächst ein zu bearbeitendes Bild durch Doppelklick auswählen und über die Schaltfläche *Bearbeiten* in der Funktionsleiste die Bearbeitungsfunktionen aufrufen.

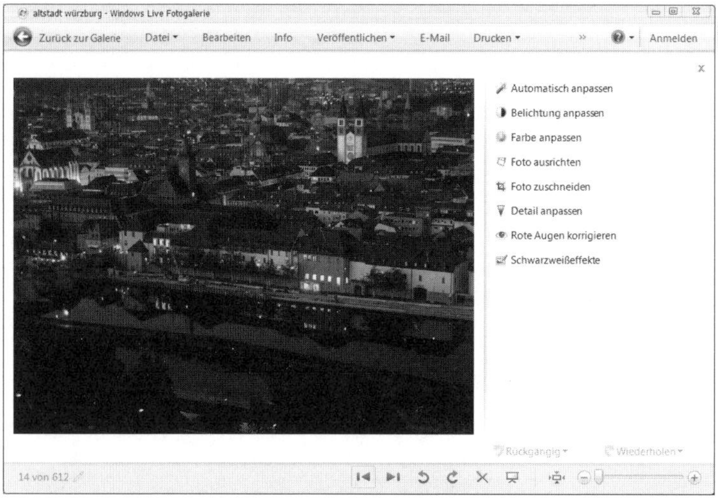

Windows 7

Die Windows Live Fotogalerie *bietet auch einige Bearbeitungsfunktionen an.*

Einen ersten Eindruck von den Optimierungsmöglichkeiten eines Bildes erhalten Sie über *Automatisch anpassen*. Diese Funktion bringt oft schon sehr gute Ergebnisse. Sollte die Optimierung jedoch nicht Ihren Vorstellungen entsprechen, machen Sie die Autokorrektur mit [Strg] + [R] wieder rückgängig.

- ***Belichtung anpassen:*** Diese Funktion erlaubt es unter- oder überbelichtete Fotos zu korrigieren. Ihnen stehen dazu vier Regler zur Verfügung, die die allgemeine *Helligkeit* und den Bild*kontrast* beeinflussen. Mit dem Regler *Dunkle Flächen* hellen Sie lediglich die dunklen Bildbereich auf, mit dem Regler *Helle Flächen* lassen sich überbelichtete Bereiche im Bild etwas abdunkeln. Das *Histogramm* zeigt Ihnen dabei die Helligkeitsverteilung der im Bild enthaltenen Tonwerte an. Achten Sie darauf, dass die im Histogramm dargestellte Kurve weder nach links (dunkle Bildbereiche) noch nach rechts (helle Bildbereiche) ausbricht.

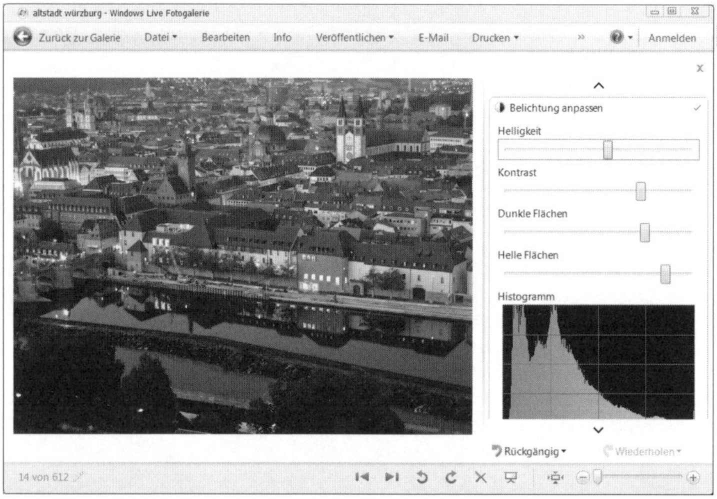

Windows 7

Über Belichtung anpassen *lassen sich auch über- oder unterbelichtete Fotos noch retten.*

- ***Farbe anpassen:*** Unter *Farbe anpassen* können Sie einen Farbstich korrigieren und die Sättigung eines Bildes erhöhen oder verringern. Der Regler *Farbtemperatur* verändert den Farbanteil eines Bildes von Blau nach Gelb, *Farbton* von Grün nach Magenta. *Sättigung* lässt die Farben entweder kräftiger (Regler nach rechts schieben) erscheinen oder lässt die Farbintensivität zurücknehmen (links).

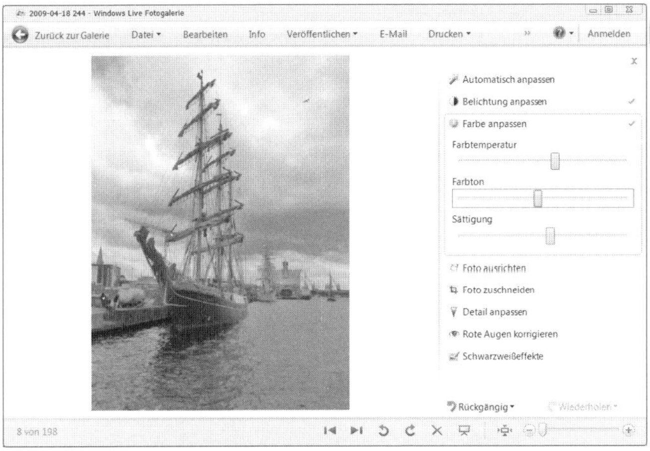

Mit Farbe anpassen *können Farbstiche beseitigt werden.*

- ***Foto ausrichten:*** Droht das Meer mal wieder auszulaufen, weil der Horizont schief im Bild abgebildet ist, drehen Sie das Bild mit *Foto ausrichten* einfach wieder in eine horizontale Lage. Die Fotogalerie blendet dazu einen Gitterrahmen ein, der das Ausrichten erheblich vereinfacht.
- ***Foto zuschneiden:*** Auf den meisten Fotos ist zu viel drauf! Mit der Funktion *Foto zuschneiden* entledigen Sie sich einfach allen überflüssigen Balasts. Dazu können Sie das Bild nach vordefinierten Proportionen beschneiden oder völlig ungebunden Ihrer Kreativität freien Lauf lassen. Bedenken Sie: Das Motiv bestimmt das Bildformat. Außerdem können Sie das Bild hier auch drehen.

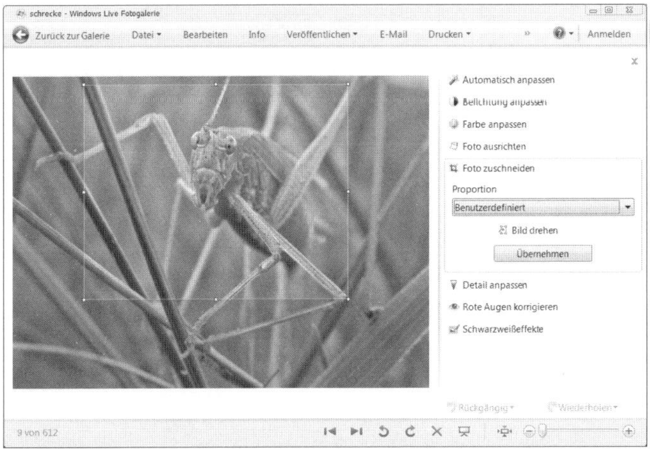

Kommt das Hauptmotiv nicht richtig zur Geltung, schneiden Sie alles überflüssige einfach ab.

- ***Details anpassen:*** Hier können Sie das Foto nachschärfen und das Bildrauschen (Grieseln) reduzieren. Während der Schärferegler noch so benannt ist, wie man es erwartet, wurde bei der Lokalisierung der Entrauschungsfunktion geschlampt. *Geräusche mindern* lässt zunächst auf akkustische Optimierungsfunktionen schließen – es handelt sich aber um die Funktion zur Reduzierung des Bildrauschens (Englisch: *Noise*).

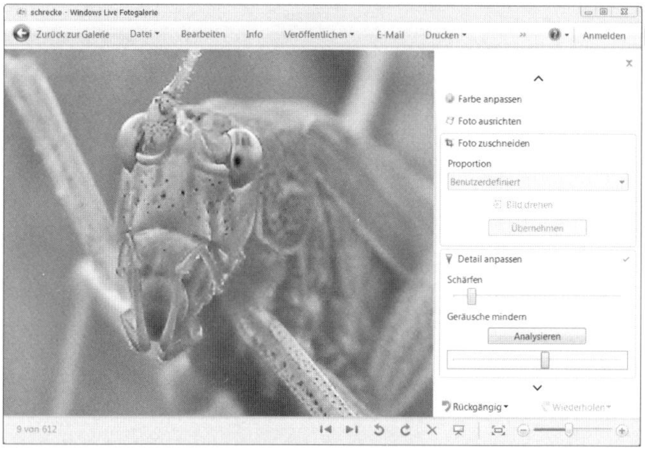

Windows 7

Bei der Übersetzung läuft manchmal etwa schief. Hinter Geräusche mindern *verbirgt sich die Funktion zum Reduzieren des Bildrauschens.*

- ***Rote Augen korrigieren:*** Rotgeblitzte Augen gehören sicherlich zu den häufigsten und unschönsten Bildfehlern. Dank der *Rote-Augen-Korrektur* der Fotogalerie lassen sich diese jedoch recht leicht beseitigen. Ziehen Sie einfach ein Rechteck um ein rotes Auge auf – den Rest erledigt das Programm.
- ***Schwarzweißeffekte:*** Manch ein Bild wirkt farblos um Längen besser als im kunterbunten Originalzustand. Mit *Schwarzweißeffekte* können Sie das Bild in verschiedene Schwarzweiß-Versionen umwandeln oder ihm einen Sepia- oder Blaustich verpassen.

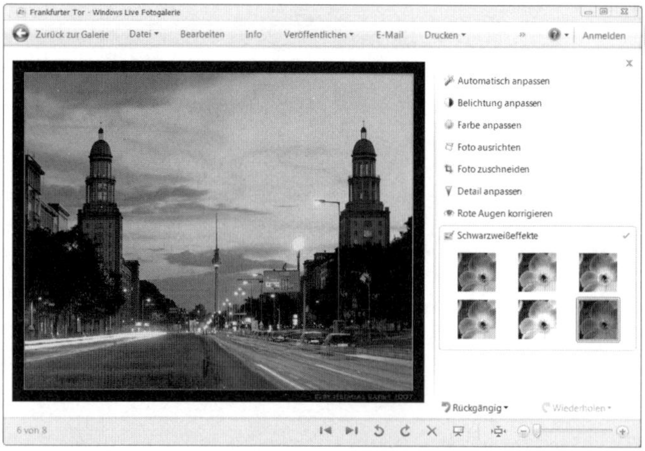

Windows 7

Auch monotone Farbgebung kann ansprechend wirken.

Fotos drucken

Bilder gemeinsam am Bildschirm zu betrachten, ist nach wie vor nicht vergleichbar mit einer gemütlichen Runde, bei der Papierfotos herumgereicht und diskutiert werden. Auch hängt sich heute niemand große Bildschirme an die Wand, um Posterausdrucke zu ersetzen. Mit der Fotogalerie können Sie Fotos direkt ausdrucken. Entscheidend für die Qualität der Papierfotos ist dabei neben einer ausreichend hohen Auflösung der Abzüge (für 10x15cm-Ausdrucke genügen drei Megapixel) auch ein Fotodrucker, der im Idealfall mit sechs oder mehr Fototinten auf spezielles Fotopapier drucken kann. Wer über keinen Fotodrucker verfügt, kann für kleines Geld hochwertige Abzüge auch bei Internet-Dienstleistern bestellen.

Unter Windows XP funktioniert der Bilderdruck wie folgt:

Starten Sie die *Windows Bild- und Faxanzeige*. Markieren Sie das Bild, das gedruckt werden soll mit einem Mausklick, es wird dann umrandet. Klicken Sie im linken Bereich auf *Bildaufgaben* und dort auf *Bild drucken*.

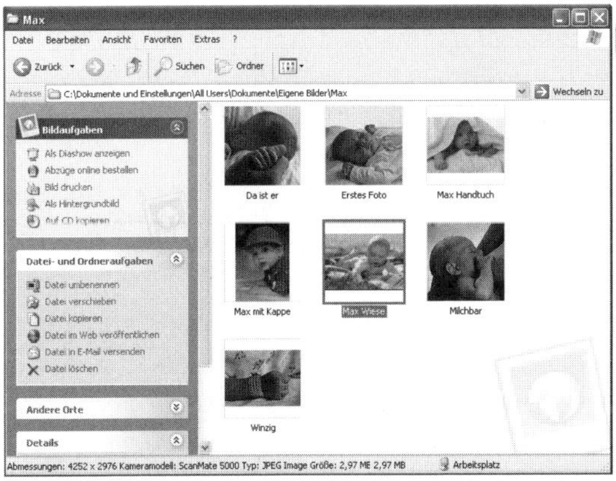

Windows XP

Wählen Sie Bild drucken.

Windows startet nun den Druck-Assistenten, bei dem Sie zunächst auf *Weiter* klicken sollten. Im nächsten Fenster wählen Sie aus, welches Bild oder welche Bilder gedruckt werden sollen, indem Sie einen Haken vor das Bild setzen.

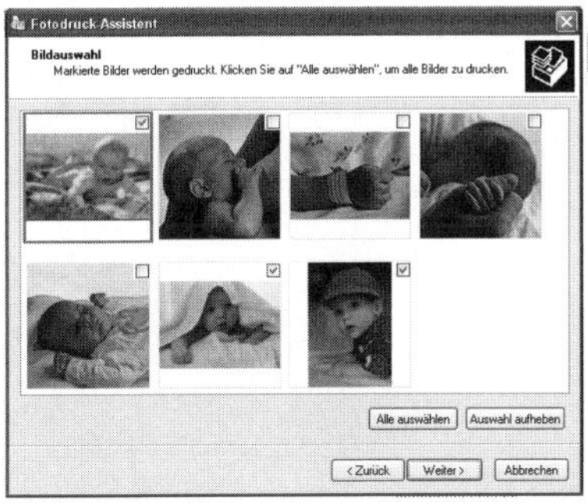

Windows XP

Wählen Sie die Bilder für den Druck aus.

Nach Klick auf *Weiter* legen Sie im nächsten Fenster den Drucker fest, auf dem das oder die Bilder ausgegeben werden sollen. Im nächsten Fenster legen Sie fest, in welchem Format die Bilder gedruckt werden sollen. Entscheiden Sie sich z. B. für das klassische 10 x 15 Format, klicken Sie dieses an und erhalten direkt eine Vorschau, in der Sie sehen, wie die Bilder auf dem Bogen ausgegeben werden.

Windows XP

Wählen Sie das gewünschte Bildformat für den Druck.

Ein Klick auf *Weiter* startet den Ausdruck der Bilder.

Um ein Foto in Windows 7 auf dem lokalen Fotodrucker auszudrucken, gehen Sie folgendermaßen vor:

Starten Sie die *Windws Live Fotogalerie.* Wählen Sie ein Bild durch Anklicken im Ansichtsbereich aus. Drücken Sie Strg + P oder klicken Sie auf die Schaltfläche *Drucken > Drucken*. Wählen Sie unter *Drucker* den Fotodrucker aus, mit dem Sie das Bild ausdrucken möchten. Bei *Papiergröße* wählen Sie das Papierformat aus auf dem Sie das Bild ausdrucken möchten und bei *Papiertyp* stellen Sie das verwendete (Foto-)Papier ein. Für die Qualität übernehmen Sie die voreinstellungen. In der rechten Spalte wählen Sie die Druckgröße aus. Je nach Druckgröße passt ein ausgewähltes Bild mehrmals auf ein Blatt – dann stellen Sie die gewünschte Anzahl der auszudruckenden Fotos bei *Kopien pro Bild*: entsprechend ein.

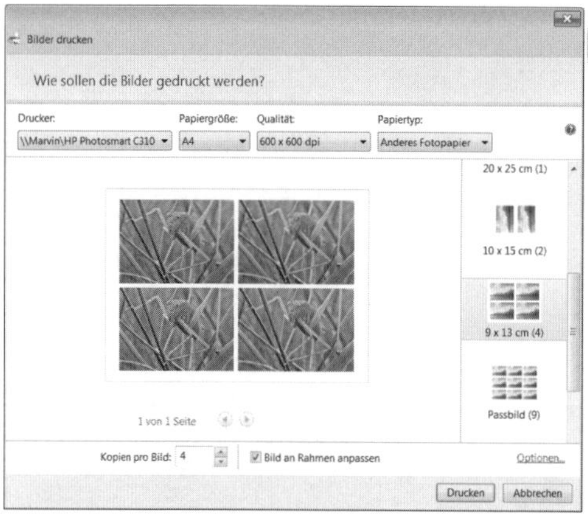

Windows 7

Der Druckdialog der Fotogalerie ermöglicht auch das mehrfache Ausdrucken eines Bildes auf einem Blatt.

Soll das Blatt randlos bedruckt werden, setzen Sie einen Haken in die Checkbox vor *Bild an Rahmen anpassen* und rufen die *Druckeigenschaften* über *Optionen* auf. Dort wählen Sie den *Fotodruck-randlos* aus und bestätigen die Einstellung mit *OK*. Beachten Sie, dass beim Randlosdruck das Foto unter Umständen auf das Format des Fotopapiers durch Beschneiden angepasst wird.

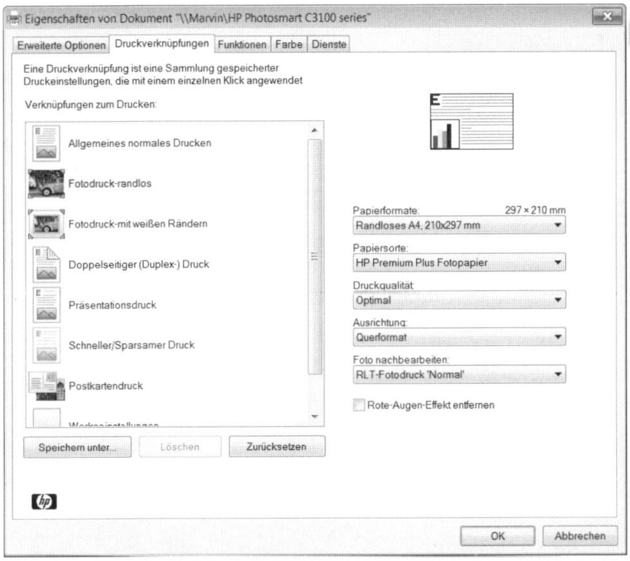

Windows 7

Um Fotos ohne Rand auszudrucken, müssen Sie die Druckeigenschaften aufrufen und dort die entsprechende Einstellung vornehmen.

Den Ausdruck starten Sie mit einem Klick auf die Schaltfläche *Drucken*.

Hinweis

Sollten Sie zum Druck mehrere Fotos ausgewählt haben, können Sie diese alle auf einem Blatt unterbringen, wenn die Druckgröße pro Bild klein und das Papier groß genug ist. Dazu wählen Sie das entsprechende Format in der Seitenleiste aus und belassen *Kopien pro Bild* auf 1.

Windows 7

Auf einem Blatt Papier lassen sich auch verschiedene Fotos ausdrucken.

Bilder beim Online-Dienstleister bestellen

Wenn Sie keinen Foto-Drucker besitzen oder große Mengen an Abzügen benötigen, fahren Sie mit einer Bestellung beim Online-Dienstleister in den meisten Fällen deutlich günstiger, als wenn Sie die Bilder selbst ausdrucken.

In Windows XP klicken Sie in der Windows Bild- und Faxanzeige im linken Bereich unter *Bildaufgaben* auf *Abzüge online bestellen*.

Ein Klick, und die Bilder gehen an den Online-Dienstleister

Ein Assistent startet, der Ihnen bei der Online-Bestellung der Bilder hilft. Einen Haken hat die Sache: Arbeiten Sie mit diesem Assistenten, können Sie nur über die Anbieter Ihre Fotos bestellen, die im Assistent voreingestallt sind – und dies könnten eventuell teure Anbieter sein. Die Arbeit mit dem Assistenten ist allerdings komfortabel und einfach, und Bilder sind schnell online bestellt.

Die Windows Live Fotogalerie von Windows 7 bietet zum Ordern von Abzügen Ihrer Fotos eine direkte Bestelloption an, die regionale Anbieter berücksichtigt und Ihnen so Portokosten erspart, da Sie die fertigen Abzüge vor Ort abholen können. Gehen Sie dazu folgendermaßen vor:

Wählen Sie im Ansichtsbereich eines oder mehrere Fotos aus. Klicken Sie auf *Drucken* und anschließend auf *Online-Abzüge* bestellen.

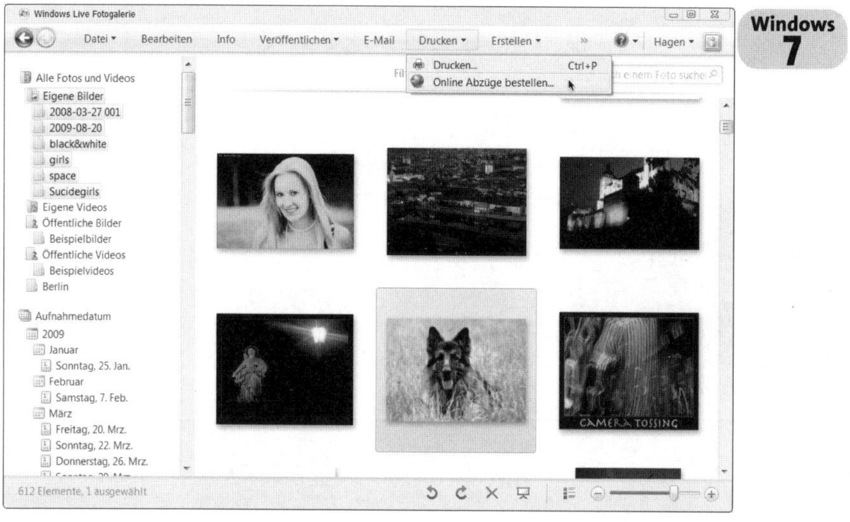

Die Windows Live Fotogalerie *hält auch eine Funktion zur Bestellung von Abzügen bei Online-Dienstleistern bereit.*

Wählen Sie einen der Foto-Dienstleister aus, die Ihnen die Fotogalerie anbietet und klicken Sie auf *Weiter*.

Windows 7

Welche Anbieter angeboten werden, ist regional unterschiedlich.

Im nächsten Dialog-Fenster geben Sie die gewünschte Anzahl der Fotos sowie die Abzuggröße an. Bestätigen Sie auch hier mit *Weiter*.

Windows 7

Hier wählen Sie aus, wie viele und wie große Abzüge Sie bestellen möchten.

Geben Sie die Rechnungs- und Lieferanschrift an. Bestätigen Sie auch die zusammengefasste Bestellangabe mit *Weiter*. Wählen Sie eine Zahlungsmethode aus und geben Sie die dazu nötigen Daten ein – klicken Sie anschließend auf *Weiter*. Klicken Sie auf *Bestellung abschicken*.

Die bestellten Bilder werden in den nächsten Tagen entweder per Post bei Ihnen eintreffen oder können, je nach ausgewähltem Anbieter, bei einer örtlichen Filiale abgeholt werden.

Fotos per E-Mail verschicken

Wenn Sie ein Foto per E-Mail versenden möchten, können Sie dies in Windows XP am einfachsten über das Kontextmenüs des Bilds erledigen. Klicken Sie das gewünschte Foto mit der rechten Maustaste an und wählen Sie im Kontextmenü *Senden an > E-Mail-Empfänger*.

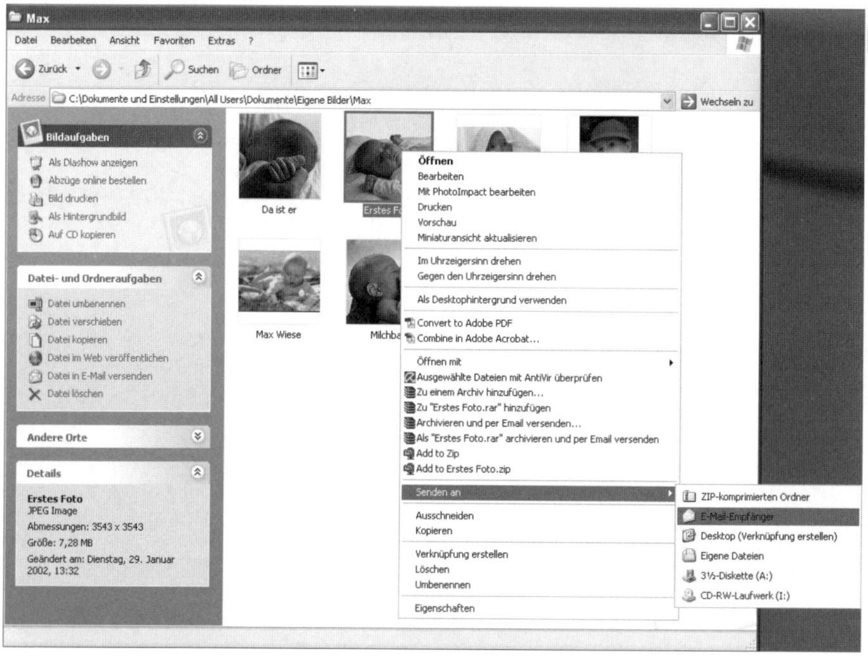

Foto direkt per E-Mail versenden

Alternativ können Sie das oder die Fotos mit *Outlook Express* versenden. In einer neuen Mail klicken Sie auf *Einfügen > Dateianlage*. Wählen Sie dort das Bild aus, das versendet werden soll und senden Sie anschließend die Mail an den gewünschten Empfänger.

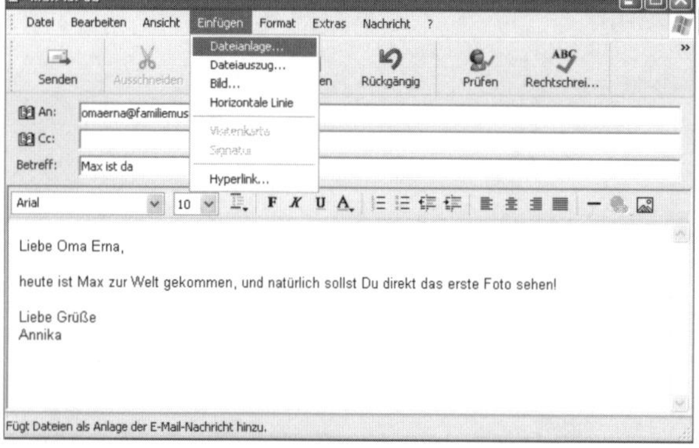

Bild per E-Mail versenden

In Windows 7 gehen Sie zum E-Mail-Versand eines Fotos wie folgt vor:

Klicken Sie in der *Windows-Fotoanzeige* oder in der *Windows Live Fotogalerie* auf den Eintrag *E-Mail*.

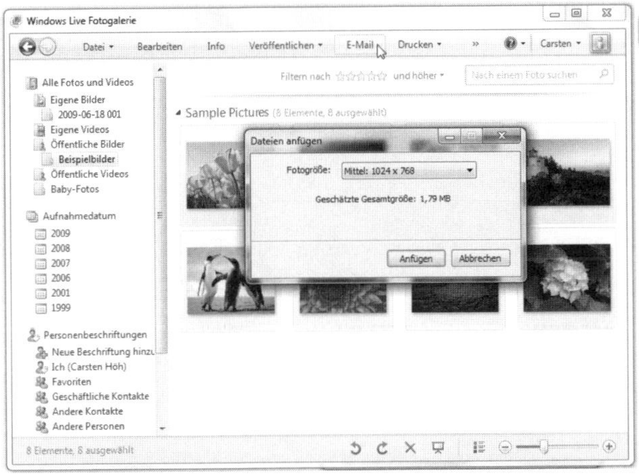

Windows 7

Über die Schaltfläche E-Mail *bereiten Sie die Bilder für den E-Mail-Versand vor.*

Nun erscheint ein Fenster, in dem Sie die Größe der Bilder anpassen können. Achten Sie darauf, dass Sie die Bilder in einer Größe versenden, die verhindert, dass der Empfänger riesige Dateianhänge erhält. Das Bild wird direkt an die Mail in Windows Live Mail angefügt.

Alternativ können Sie auch *Windows Live Mail* starten und das Foto dort in die E-Mail einfügen. Öffnen Sie dazu eine neue E-Mail und klicken Sie auf *Anfügen*. Wählen Sie dann das gewünschte Foto aus.

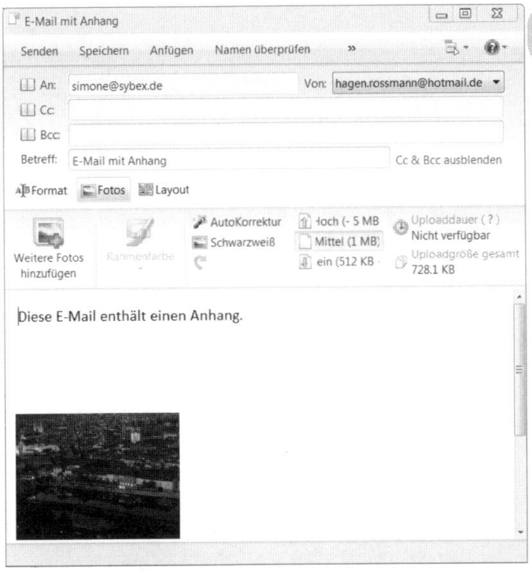

Windows 7

Anhänge werden direkt in der E-Mail angezeigt – beim Versand als auch bei empfangenen E-Mails.

Kapitel 10: Der sichere PC

Dass Computer und die darauf gespeicherten Informationen stets gefährdet sind, ist bekannt. Jeder, der seinen Computer ans Internet anschließt, ist latent gefährdet. Sicherheitsmechanismen im Betriebssystem sind deshalb eine Notwendigkeit.

Moderne Betriebssysteme wie Windows XP, Windows Vista oder Windows 7 sind von Haus aus weitreichend mit Sicherheitsmechanismen ausgestattet. Grundvorkehrungen sind schon nach der Installation getroffen, aber die sind bei weitem nicht ausreichend. Der erste Blick sollte deshalb diesen Sicherheitseinstellungen gelten und eine Anpassung und Ergänzung zur Folge haben.

Sicherheits- und Wartungscenter

Aus Windows XP kennen Sie das *Sicherheitscenter*, das Sie unter Windows 7 nicht mehr finden – hier gibt es das *Wartungscenter*.

Das Sicherheitscenter von Windows XP

In Windows XP sind viele Sicherheitseinstellungen im Sicherheitscenter zusammengefasst, das über *Start* > *Systemsteuerung* > *Sicherheitscenter* zu erreichen ist.

Tipp

Am schnellsten erreichen Sie das Sicherheitscenter, wenn Sie auf das kleine rote Schild in der Windows-Schnellstartleiste (rechts in der Taskleiste) klicken.

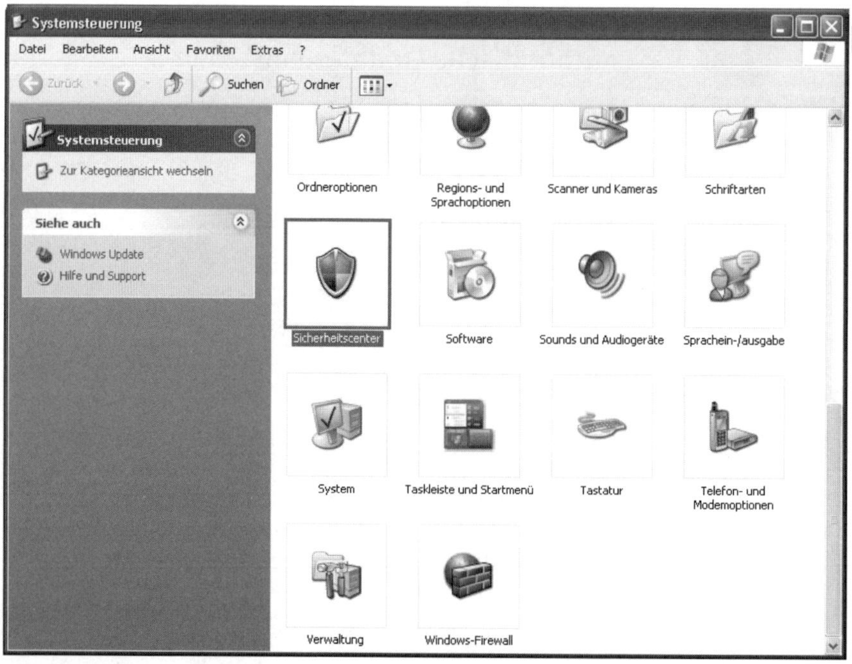

Windows XP

Das Sicherheitscenter *von Windows XP wird über die* Systemsteuerung *erreicht.*

Hier im *Sicherheitscenter* werden zunächst die Einstellungen für die Firewall, Automatische Updates und den Virenschutz verwaltet. Auch die Internetoptionen lassen sich darüber erreichen und anpassen.

Warnung

Mit Windows wird keine Antiviren-Software mitgeliefert. Die im Beta-Stadium befindlichen *Microsoft Security Essentials* sind in Europa zum Zeitpunkt der Arbeit an diesem Buch (August 2009) nicht verfügbar. Wie Sie trotzdem zu einem sicheren Virenschutz kommen, erfahren Sie in einem speziellen Abschnitt dieses Kapitels.

Haben Sie das Sicherheitscenter geöffnet, können Sie auf den ersten Blick schon wichtige Informationen wahrnehmen: Was grün ist, scheint okay zu sein, was rot ist, deutet auf bedenkliche Sicherheitslücken hin. So sehen Sie etwa, ob die Firewall aktiv (grüne Schrift) oder nicht aktiv (rote Schrift) ist und ob der Virenschutz auf aktuellem Stand ist oder nicht.

Windows XP

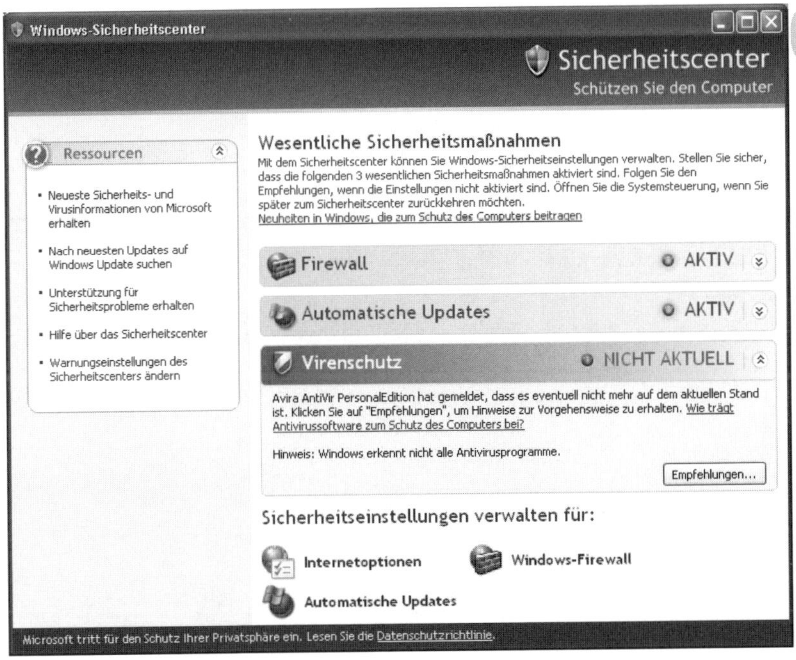

Im Sicherheitscenter *von Windows XP bekommt man zunächst einen Überblick über die Sicherheitsvorkehrungen.*

Das Wartungscenter von Windows 7

Das Sicherheitscenter von Windows XP, das auch in Windows Vista noch zur Verfügung stand, gibt es in Windows 7 in dieser Form nicht mehr. Im Bereich *System und Sicherheit* der *Systemsteuerung* sind alle Dienste zur Sicherung des Computers zusammengefasst. Im *Wartungscenter* bekommt man einen Überblick über die wichtigsten Einstellungen und Vorbeugemaßnahmen, mit dem Sicherheitscenter ist das aber nicht mehr zu vergleichen. Es ist aber nicht schlechter geworden, sondern besser, weil der Schutz dabei erhöht wurde und alles gut beieinander ist.

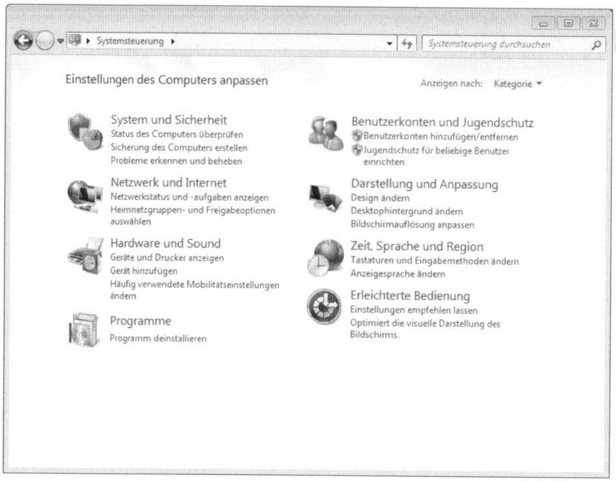

Windows 7

In der Zusammenstellung System und Sicherheit *sind viele Sicherheitsanpassungen zusammengefasst.*

Neu ist das *Wartungscenter* in Windows 7. Es übernimmt teilweise die Aufgabe des *Sicherheitscenters* (Windows XP/Vista), denn auf einen Blick lässt sich erkennen, ob der Virenschutz aktiv ist und ob eine Prüfung durch *Windows Defender* wieder ansteht. Virenschutzprogramme lassen sich über das Wartungscenter auch suchen und der Defender kann hier gestartet werden.

Entdeckt Windows Wartungsbedarf, dann blendet er diesen in der Gruppe *Wartung* zusätzlich ein. Es kann sein, dass Sie auf Ihrem PC da nichts sehen. Dann sind vermutlich auch keine Wartungsaufgaben zu erledigen. Sie sollten aber öfters mal nachsehen, denn wenn Windows ein Problem lokalisiert, führt es den möglichen Wartungsbedarf hier auf.

Außerdem kann eine *Problembehandlung* gestartet werden (u.a. mit der Updatefunktion) und der Computer auf einen früheren Zeitpunkt zurückgesetzt werden.

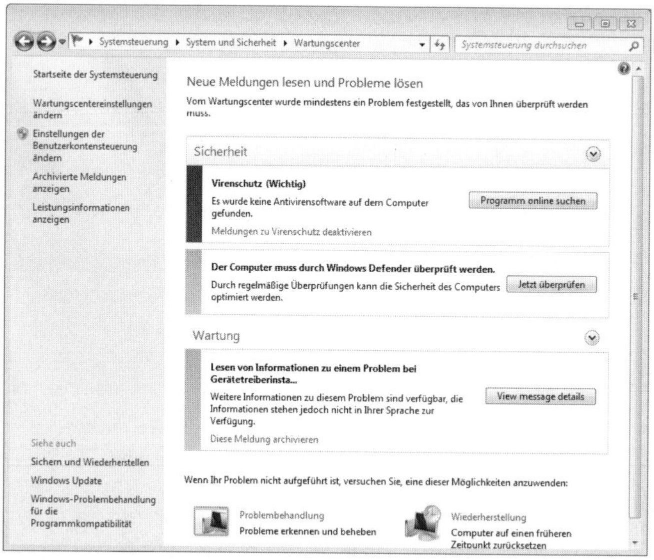

Windows 7

Das Wartungscenter *ist sozusagen die Anlaufstelle für Werkstattaufträge.*

Tipp

Achten Sie auch auf das Fähnchen rechts unten in der Taskleiste neben der Uhr. Dort können Sie Windows-Meldungen sehen, wenn Probleme erkannt wurden und/oder Wartungsaufgaben anstehen. Das *Wartungscenter* lässt sich von dort aus dann direkt erreichen.

Die Firewall

Eine Firewall hat die Aufgabe, eingehende Datenpakete genauestens zu untersuchen. Sie versucht, schädliche Software zu erkennen oder Angreifer auszumachen. Wird nichts Verdächtiges entdeckt, so wird das Datenpaket zugelassen.

Windows XP-Firewall

Ist die Firewall in Windows XP aktiv, so bedeutet das aber noch lange nicht, dass der PC vollständig geschützt für Zugriffe von außen ist. Oder ist er das, so kann es möglich sein, dass gewünschte Zugriffe nicht stattfinden – z. B. ein Remotezugriff auf den PC. Anpassungen sind deshalb möglich und oft auch sinnvoll. Um eine Anpassung der XP-Firewall vorzunehmen, klicken Sie unter *Sicherheitseinstellungen verwalten für:* auf *Windows-Firewall.*

Auf der Registerkarte *Allgemein* kann die Firewall aktiviert oder auch inaktiv gestellt werden. Letzteres sollte man nur in Ausnahmefällen machen, etwa wenn ein Programm installiert ist, bei dem die Firewall während der Installation stört. Dann sollte aber anschließend sofort eine Aktivierung der Firewall erfolgen. Die Option *Keine Ausnahmen zulassen* sorgt dafür, dass der Computer wirklich dicht ist. Dies ist nur in kritischen Umgebungen anzuraten, etwa in der Öffentlichkeit.

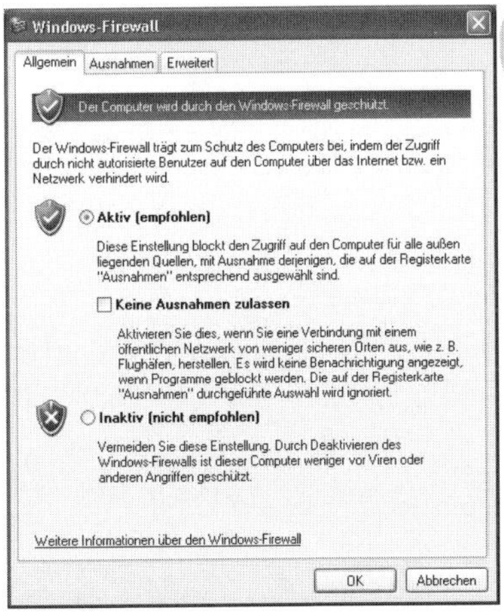

Windows XP

Um die Firewall von Windows XP zu aktivieren, genügt ein Mausklick.

Um die XP-Firewall flexibler zu machen, können auf der Registerkarte *Ausnahmen* spezielle Zugriffe auf den Computer zugelassen werden. Einige Dienste sind schon aufgeführt, etwa für die Netzwerkdiagnose oder die Remoteunterstützung. Auch speziellen Programmen kann der Zugriff erlaubt werden. Diese können über die Schaltfläche *Programme* aus der Liste ausgewählt und der Ausnahmenliste hinzugefügt werden.

Raus und rein geht es über so genannte 'Ports'. Diese sind nummeriert und manche sind für spezielle Zwecke reserviert, etwa für E-Mail oder Internet. Über die Schaltfläche *Port* können solche Schnittstellen nach außen geöffnet werden, so dass ein Zugang zum Computer möglich ist. Ist ein Dienst markiert, so kann über die Schaltfläche *Bearbeiten* eine spezielle Anpassung vorgenommen werden.

Die Registerkarte *Erweitert* lässt Anpassungen bei den *Netzwerkverbindungseinstellungen*, der *Sicherheitsprotokollierung* und für das *Internet Control Message-Protokoll (ICMP)* zu. Eine wichtige Schaltfläche ist *Wiederherstellen* bei *Standardeinstellungen*. Damit kann man auf die Ausgangssituation zurück, wenn man durch zu viele Einstellungen eine nicht so optimale Situation erreicht hat.

Für den Normalfall reicht die Windows-Firewall aus und ist für viele Situationen anpassbar. Wer in kritischer Umgebung arbeitet, sollte sich allerdings nach einer professionellen Firewall-Lösung umsehen.

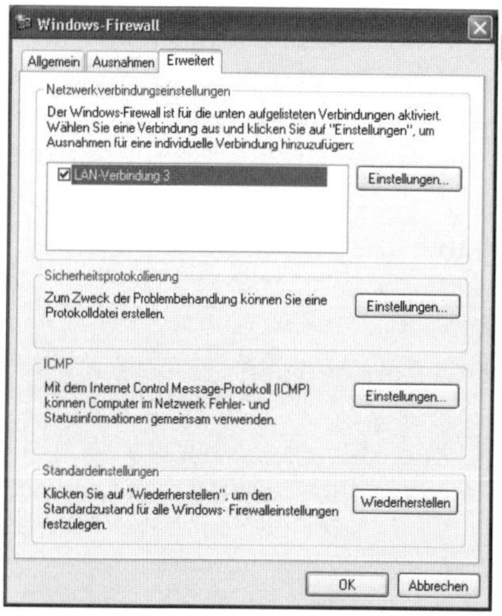

Windows XP

Die Windows-Firewall kann in vielen Details individuell eingestellt werden.

Windows 7-Firewall

Unter Windows 7 finden Sie die *Windows-Firewall* im Fenster *System und Sicherheit*. Diese unterscheidet sich vom Aussehen und in manchen Details auch in der Leistung von den Windows-Vorgängerversionen.

Um zu überprüfen, ob und wie die Windows 7-Firewall eingestellt ist, gehen Sie folgendermaßen vor:

1. Wählen Sie *Start* > *Systemsteuerung*.
2. Klicken Sie auf *System und Sicherheit* und anschließend auf *Windows-Firewall* (oder falls Sie die Systemsteuerung nicht nach Kategorien sortiert haben direkt auf *Windows-Firewall*).
3. Im folgenden Bildschirm erfahren Sie, ob die Firewall für das Heim- oder Arbeitsplatznetzwerk und für öffentliche Netzwerke eingeschaltet ist. Wenn Sie grüne Schilder mit weißem Häkchen erkennen, ist das erst einmal sichergestellt.

4. Sehen Sie aber rote Schilder, dann sollten Sie links auf *Windows-Firewall ein- oder ausschalten* klicken, um den Schutz einzuschalten.

Windows 7

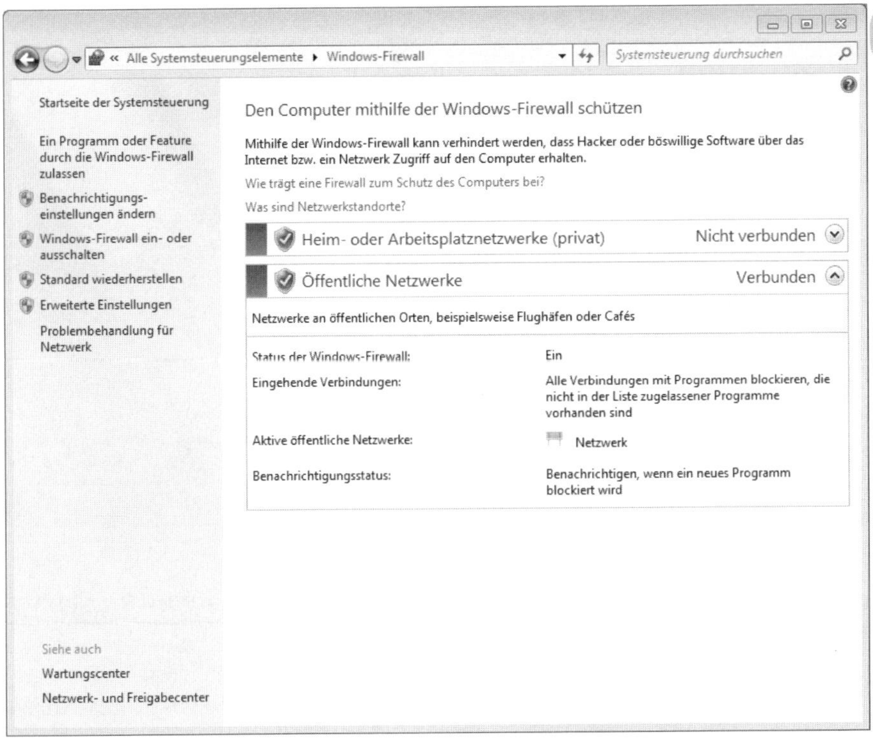

Grüne Schilder zeigen immer, dass der gesamte Datenverkehr überwacht wird.

In der Regel reichen die Standardeinstellungen aus. Es kann aber manchmal mit einzelnen Programmen zu Problemen kommen, da die Firewall sie bei der Arbeit behindert. Dann sollten Sie für dieses Programm Ausnahmeregelungen definieren.

Klicken Sie im linken Teil des Windows-Firewall-Fensters auf *Ein Programm oder Feature durch die Windows-Firewall zulassen*. Im nächsten Fenster sind alle Features aufgeführt, die zugelassen sind. Ein Häkchen in der Liste bedeutet, dass dafür eine Ausnahmeregelung existiert. Möchten Sie z. B. erlauben, dass die netzwerkfähige Kamera oder Ihr medientaugliches Mobiltelefon auf den PC zugreifen kann, dann klicken Sie zunächst auf die Schaltfläche *Einstellungen ändern*. Anschließend setzen Sie ein Häkchen bei *Tragbare Drahtlosgeräte*.

Tipp

Sie können natürlich hier nur Änderungen vornehmen, wenn Sie als Administrator angemeldet sind.

Fehlt ein Programm in dieser Liste, so können Sie das über die Schaltfläche *Anderes Programm zulassen* zufügen. Wählen Sie das Programm aus der Liste aus oder suchen Sie es über die Schaltfläche *Durchsuchen*. Bestätigen Sie mit der Schaltfläche *Hinzufügen*.

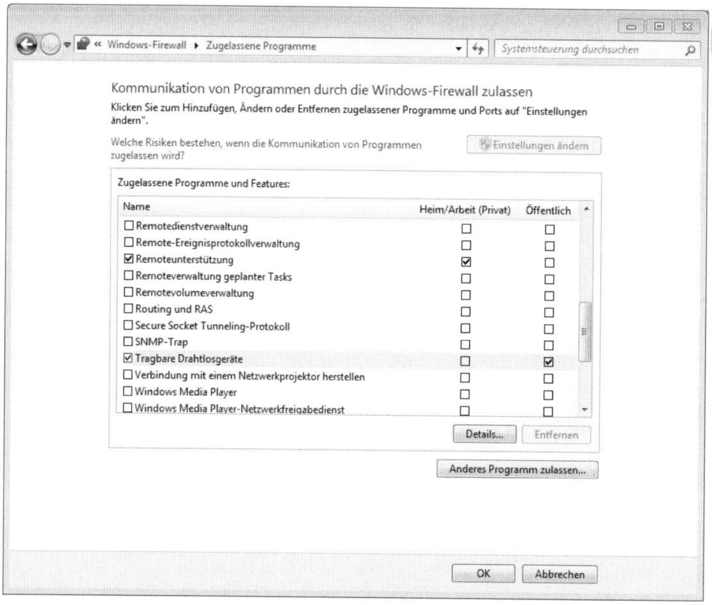

Hier werden Dienste erlaubt (aktiviert) oder verboten (deaktiviert).

Sie können aber auch jeweils fallbezogen reagieren, d. h. wenn die Firewall einen Warnhinweis bringt während einer Installation eine Ausnahmeregelung gewähren.

Wenn Sie es lieben, alles bis ins kleinste Detail selbst festzulegen, dann gehen Sie in die Profieinstellungen, die Sie über *Erweiterte Einstellungen* am linken Rand des Windows-Firewall-Fensters erreichen.

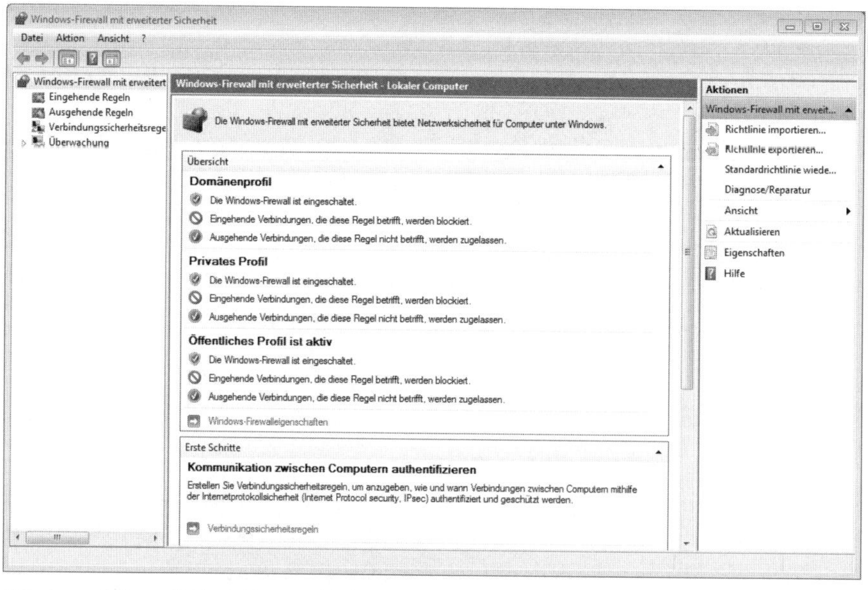

Windows 7 Firewall-Einstellungen bis ins Detail

Klicken Sie links auf *Eingehende Regeln*, werden rechts alle vorhandenen Regeln angezeigt. Doppelklicken Sie auf eine solche Regel, können Sie diese in einem separaten Fenster genauer einstellen. So lässt sich z. B. im Register *Allgemein* die Aktion vereinfachen, indem sie ohne weitere Kontrolle zugelassen wird (*Verbindung zulassen*) oder indem sie blockiert wird (*Verbindung blockieren*). Auf der Registerkarte *Protokoll und Ports* können auch die Ports angepasst werden, wenn das nötig ist. Manchmal werden für bestimmte Verbindungen spezielle Ports verlangt. Sie wissen nun, wo Sie die gegebenenfalls anpassen können.

Warnung

Nehmen Sie solche Einstellungen in der Firewall nur vor, wenn Sie genau wissen, was Sie tun. Unverstandene Anpassungen können sich leicht gegen Sie kehren, weil dadurch auch Schlupflöcher für Schadprogramme und Angreifer entstehen können.

Neue Regeln können Sie definieren, wenn Sie rechts unter *Aktionen* auf *Neue Regel* klicken.

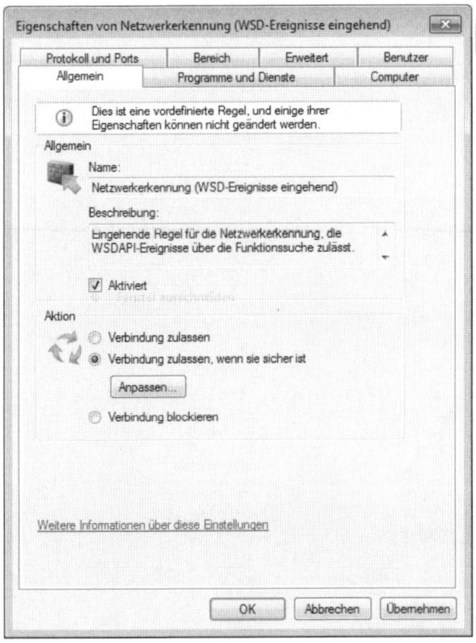

Windows 7

Regeln können sehr genau eingestellt werden.

Automatische Updates einstellen

Angreifer suchen immer wieder Sicherheitslücken im Betriebssystem, um Schutzeinstellungen (z. B. die Firewall) zu umgehen. Sobald solche Sicherheitslücken bekannt werden, versucht Microsoft, diese zu beheben und stellt Anpassungen für Windows als Update zur Verfügung. Es ist ratsam, diese Updates automatisch einspielen zu lassen, da es viel aufwändiger und auch fehleranfälliger ist, selber immer wieder nachzusehen, ob es neue Updates gibt.

Updates unter Windows XP

Empfohlen – und voreingestellt – unter Windows XP wird das komplett *Automatische Update*. Nun kann es sein, dass solch ein Update zur Unzeit kommt. Zwar läuft das weitgehend im Hintergrund ab, aber es nimmt doch Rechenleistung in Anspruch und wenn man gerade mit leistungshungrigen Anwendungen arbeitet (z. B. mit der Bildbearbeitung), dann kann das stören. Für solche Fälle kann man in XP die Option einstellen: *Updates herunterladen, aber Installationszeitpunkt manuell festlegen*.

Eine Stufe weiter zurück bietet die Option *Benachrichtigen, aber nicht automatisch herunterladen oder installieren*. Da so etwas leicht vergessen werden kann, sollte man das nur aus gutem Grund einstellen und möglichst nicht auf Dauer. Die Option *Automatische Updates deaktivieren* ist keinesfalls zu empfehlen und nur dann sinnvoll, wenn der PC gar nicht ans Internet angeschlossen ist.

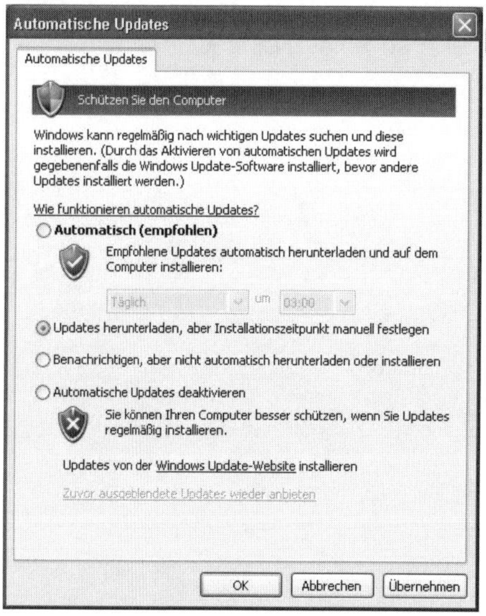

Windows XP

Die Update-Automatik kann auch zurückhaltender geregelt werden.

Updates unter Windows 7

Auch unter Windows 7 müssen Sie nicht ständig nachsehen, ob es neue Updates gibt, Sie können das automatische Update beauftragen, regelmäßig dafür zu sorgen, dass Windows 7 auf dem allerneuesten – und vor allem allersichersten – Stand ist.

Um zu prüfen, ob das automatische Update eingeschaltet ist, gehen Sie folgendermaßen vor:

1. Wählen Sie *Start > Systemsteuerung > Windows Update*.
2. Klicken Sie links auf *Einstellungen ändern*.
3. Neben dem grünen Schild sollte *Updates automatisch installieren (empfohlen)* eingestellt sein.

Darunter sehen Sie, wann die Updates installiert werden. Voreingestellt ist in der Regel *Täglich* und ein Termin nachts. Hier sollten Sie eine Zeit wählen, in der der Computer eingeschaltet ist. Läuft Ihr Computer rund um die Uhr, ist also auch nachts nicht ausgeschaltet, dann müssen Sie natürlich nichts verändern – dann ist dieser Termin ideal.

Windows 7

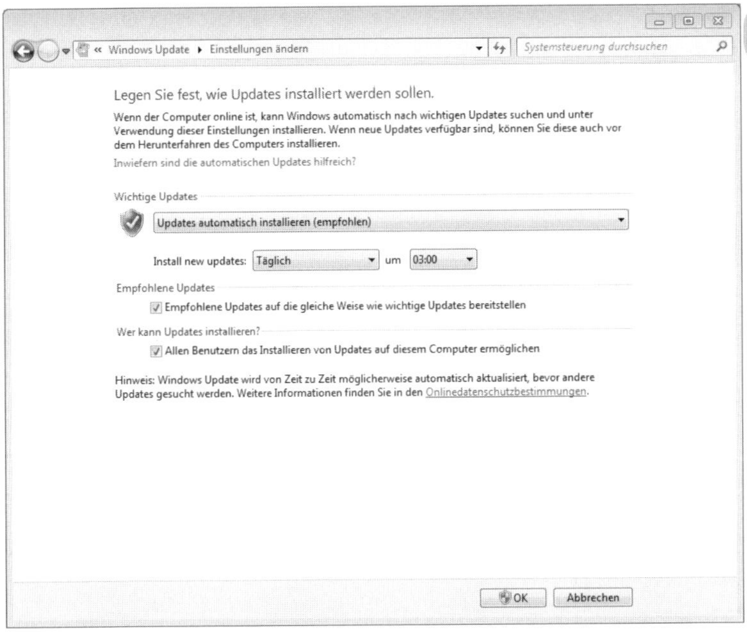

Geladene Updates werden automatisch zu einer vorgegebenen Zeit installiert.

Alternativ stehen Ihnen noch folgende Optionen zur Verfügung:

- *Updates herunterladen, aber Installation manuell durchführen*
- *Nach Updates suchen, aber Zeitpunkt zum Herunterladen und Installieren manuell festlegen*
- *Nie nach Updates suchen (nicht empfohlen)*

Die letzte Option eignet sich nur für Computer, die dauerhaft oder über längere Zeit keinen Zugang zum Internet haben. Da würden die vergeblichen Versuche, nach Updates zu suchen nur stören.

Tipp

Wollen Sie wissen, welche Updates installiert wurden, klicken Sie in der Übersicht auf *Updateverlauf anzeigen*.

Sicherheit im Internet

Beim Surfen im Internet drohen viele Gefahren wie Phishing etc. Schützen Sie sich davor, indem Sie die richtigen Einstellungen vornehmen.

Das Internet unter Windows XP sicher machen

Auf der Registerkarte *Sicherheit* im Dialogfenster *Eigenschaften von Internet* können Vorkehrungen für Angriffe direkt aus dem Internet getroffen werden. In der Regel reicht die Sicherheitsstufe *Mittelhoch*. Die Standardeinstellungen können aber über die Schaltfläche *Stufe anpassen* weiter verifiziert werden. Auf diese Weise lässt sich beispielsweise Mittelhoch ent- oder verschärfen. Der Schalter *Alle Zonen auf Standardstufe zurücksetzen* hebt diese individuellen Anpassungen wieder auf.

Die Zonen *Internet*, *Lokales Intranet*, *Vertrauenswürdige Sites* und *Eingeschränkte Sites* können durch Aufnahme von *Sites* (URL) ebenfalls angepasst werden. Ist Ihnen eine Website untergekommen, die Gefahren enthält, so ordnen Sie diese der Zone *Eingeschränkte Sites* zu. Dann kann auch durch zufälliges Besuchen dieser Seite (etwa über andere Links) kein Schaden für Sie mehr entstehen.

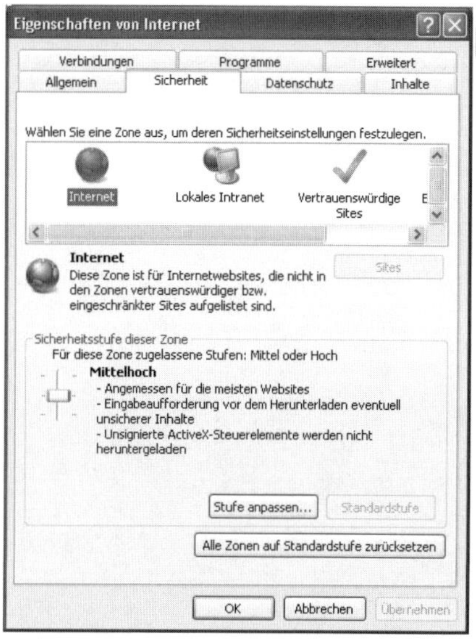

Windows XP

Da viele Gefahren aus dem Internet kommen, lohnt es sich, Sicherheitsvorkehrungen zu treffen.

Windows XP (mit mindestens Service Pack 2) bietet also bereits zahlreiche Sicherheitsvorkehrungen, die sich zudem noch anpassen lassen. Viele Gefahren lassen sich damit schon einmal abwehren. Ausreichend ist dies aber nicht, denn es fehlt ein Virenschutz. Auch *Windows Defender*, ein Programm, das vor Spyware, unerwünschten Programmen und nervigen Popups schützt, ist nicht enthalten und muss nachinstalliert werden. Sie finden es, wenn Sie auf *www.microsoft.com/download/* nach *Windows Defender* für Windows XP suchen.

Internet-Sicherheit unter Windows 7

Eine nicht unbedeutende Gefahr kommt von den Phishing-Webseiten. Das sind 'gefälschte' Seiten, die dem Besucher vorgaukeln, ganz woanders zu sein, etwa bei seiner Bank. Werden dann PIN- und TAN-Nummer eingegeben, so landen diese nicht bei der Bank, sondern bei Betrügern, die diese ganz schnell für eigene Zwecke nutzen und Ihr Konto leer räumen.

Es gibt allerdings inzwischen eine schwarze Liste solcher Seiten. Ist der *SmartScreen-Filter* unter Windows 7 eingeschaltet, so macht der Internet Explorer einen kleinen Umweg, bevor er eine Seite besucht und prüft zuvor auf den Microsoft Sicherheits-Servern, ob die Seite in einer solchen schwarzen Liste steht.

Ob der *SmartScreen-Filter* eingeschaltet ist, können Sie folgendermaßen feststellen:

Starten Sie den Internet Explorer. Klicken Sie im Menü *Extras* auf *Internetoptionen*. Aktivieren Sie das Register *Erweitert*. Suchen Sie in der Liste bei *Einstellungen* die Gruppe *Sicherheit* (erkennbar auch an einem Vorhängeschloss). Prüfen Sie, ob bei *SmartScreen-Filter aktivieren* ein Häkchen gesetzt ist. Wenn nicht, klicken Sie in das leere Kontrollkästchen, um diese Option zu aktivieren. Bestätigen Sie mit *OK*.

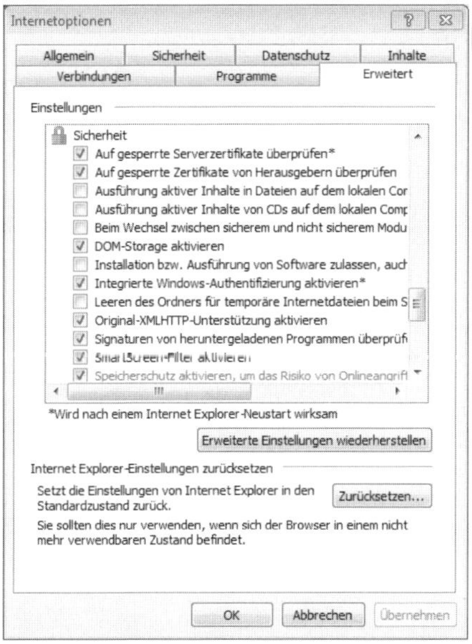

Windows 7

SmartScreen-Filter *sollten eingeschaltet sein, insbesondere dann, wenn Sie Online-Banking betreiben.*

Tipp

Schneller geht es, wenn Sie über *Sicherheit* > *SmartScreen-Filter* den Filter einschalten. Auf diesem Weg können Sie auch gezielt die Prüfung einer Seite vornehmen, zum Beispiel, wenn der Filter ausgeschaltet ist und Sie unsicher sind, ob die Webseite korrekt ist.

Windows 7

Diese Webseite scheint in Ordnung zu sein.

Eine weitere Sicherheitsoption im Internet Explorer 8 ist Ihnen möglicherweise noch gar nicht aufgefallen. Schauen Sie in die Statusleiste, sehen Sie dort den Eintrag *Geschützer Modus: Aktiv*.

Das bedeutet, dass Internet Explorer und Betriebssystem voneinander (relativ) isoliert sind. Wird über den Explorer ein Angriff von außen gestartet, so hat der keine Auswirkung auf den Rest des Systems. Es ist, als wenn Bankräuber sich durch einen Tunnel in den Tressorraum durchgearbeitet haben, und dort, wo sie herauskommen aus dem Tunnel landen sie in einem Käfig. Sie sind zwar im Tressorraum, kommen aber nicht an diesen heran.

Wird ein Ausbruchsversuch gemacht, so meldet der Internet Explorer das und Sie können entscheiden, ob Sie das zulassen oder nicht.

Wollen Sie den Schutzmodus ausschalten, so gehen Sie folgendermaßen vor:

1. Wählen Sie im Internet Explorer *Extras > Internetoptionen.*
2. Aktivieren Sie das Register *Sicherheit.*
3. Entfernen Sie das Häkchen *Geschützen Modus aktivieren*.

Anzuraten ist so etwas nicht. Manchmal ist es nötig, weil sich sonst eine Software nicht installieren lässt. Sie sollten aber nicht vergessen, den geschützen Modus anschließend wieder zu aktivieren.

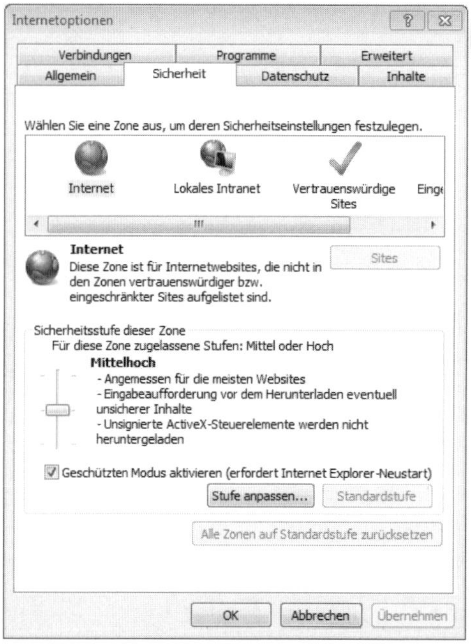

Windows 7

Hier kann der Geschütze Modus *aufgehoben werden – was für den Normalfall nicht anzuraten ist.*

Windows Defender

Eine größere Gefahr als Viren ist so genannte Malware und Spyware, Schadsoftware, die auf Ihren PC eingeschleust wird und Kennwörter, PIN- und TAN-Nummern ausspäht oder Rechenzeit klaut und Ihren PC verlangsamt. Oft wird solche Software mit Freeware- oder Sharewareprogrammen geliefert. Solche Spionagesoftware ist mit 'bloßem' Auge kaum zu erkennen.

Windows 7 hat aber ein Anti-Spyware-Tool integriert. Der *Windows Defender*, der zu Windows XP noch separat heruntergeladen werden muss, gehört zum Lieferumfang des Betriebssystems. Dieses Programm überwacht bereits beim Windows-Start den Computer – vorausgesetzt der Echtzeitschutz ist eingeschaltet.

Warnung

Prüfen Sie die Einstellungen. Wenn der Überprüfungszeitplan auf einem Termin liegt, bei dem der PC ausgeschaltet ist, dann ist Windows Defender nur halb so stark, wie es sein kann.

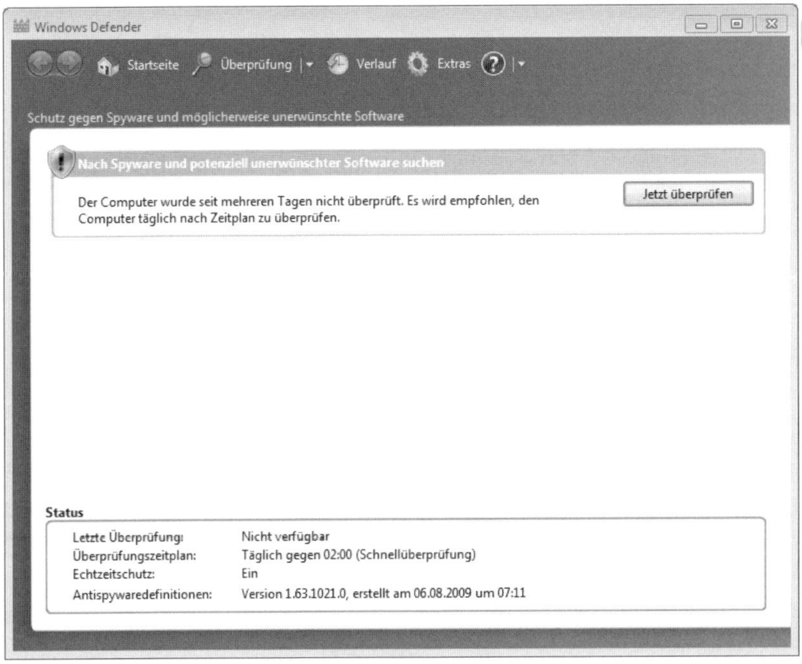

Windows 7

Windows Defender *ist nicht optimal eingestellt, der Schutz ist (noch) nicht vollkommen.*

Das Beste ist, den *Windows Defender* möglichst umgehend neu zu konfigurieren:

Wählen Sie *Start* > *Systemsteuerung* > *Windows Defender.* Klicken Sie auf *Extras* (neben dem Zahnrad). Wählen Sie bei *Einstellungen* durch Anklicken *Optionen* aus. Stellen Sie bei *Automatische Überprüfung* (links) die *Geschätzte Zeit* auf einen Termin, an dem der Computer voraussichtlich eingeschaltet ist. Legen Sie den *Typ* fest. *Schnellüberprüfung* ist voreingestellt und kann auch so belassen werden.

Tipp

Die Schnellprüfung belastet den PC nicht zu stark, sorgt aber trotzdem für eine gute Absicherung. Die Vollprüfung kann in größeren Abständen – z. B. monatlich – manuell gestartet werden.

Prüfen Sie bei *Echtzeitschutz*, ob dieser eingestellt ist und nehmen Sie gegebenenfalls diese Einstellung vor. Wählen Sie *Erweitert* und aktivieren Sie *E-Mail überprüfen*, das in der Voreinstellung ausgeschaltet ist. So wird auch beim E-Mail-Eingang darauf geachtet, dass keine Spione eingeschleust werden.

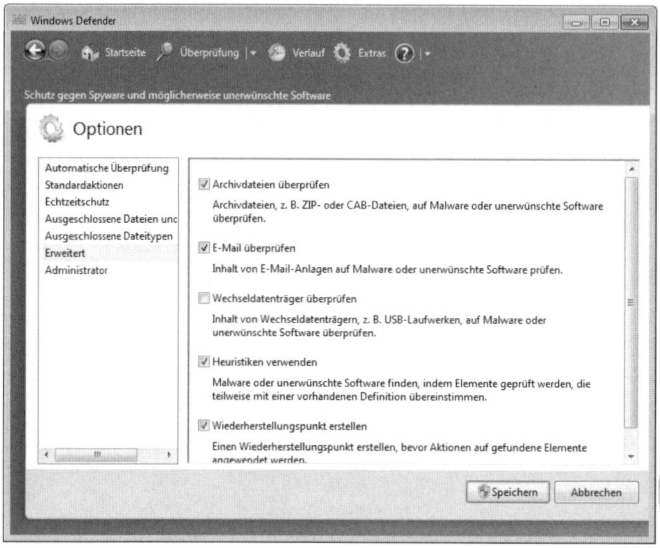

Windows 7

Auch eingehende E-Mails sollten auf Schadsoftware überprüft werden.

Klicken Sie auf *Speichern*, um die Einstellungen zu sichern.

Wurde Ihr Computer noch nicht überprüft, so können Sie diese über die Schaltfläche *Überprüfung* starten. Über die kleine Schaltfläche rechts daneben können Sie eine Liste ausklappen, aus der Sie die Art der Überprüfung wählen können.

Ein Klick auf die Schaltfläche *Verlauf* zeigt Ihnen die bisher vorgenommenen Überprüfungen und die bereits gefundenen 'Fundstücke' an (falls welche gefunden wurden).

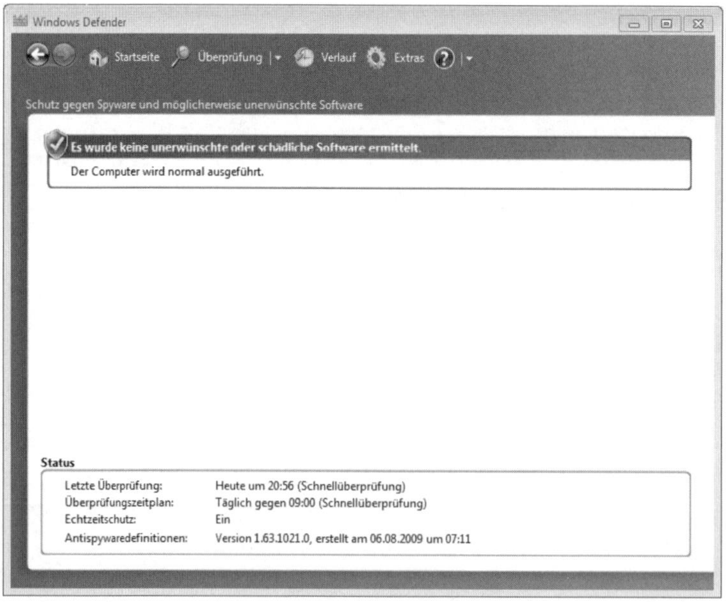

Windows 7

Ansicht nach einer Überprüfung

Schutz vor Viren

Was weder Windows XP noch Windows 7 mitbringen, ist ein Schutz vor Viren. Zwar ist bei Microsoft eine entsprechende Software geplant, diese befindet sich aber noch im Betastadium und auf diese kann in Europa derzeit nicht zugegriffen werden. Ein Erscheinungstermin ist nicht bekannt. Zu warten ist zu unsicher, also muss ein Programm besorgt werden, das den PC vor digitalen Viren schützt.

Es gibt eine Reihe kommerzieller Anbieter von Antivirussoftware wie Kaspersky labs (*www.kaspersky.de*), Symantec (*www.symantec.de*) oder Avira (*www.avira.de*).

Avira bietet auch eine Gratis-Antivirensoftware für Privatpersonen an. Speziell für Windows 7 ist aber Avast! (*www.avast.de*) eine gute Lösung. Die Home-Version schützt nicht nur vor Viren, sondern auch vor Spyware, Malware und Trojanern und unterstützt so zusätzlich noch Windows Defender. Klicken Sie im Startbildschirm auf *Freeware* und anschließend auf *Download*, um die Software zu laden.

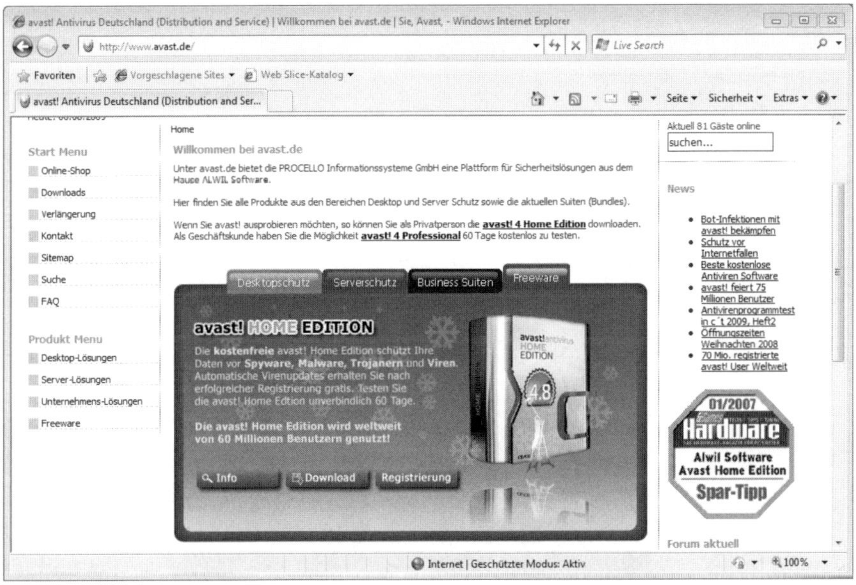

Windows 7

Das Antivirenprogramm von Avast! ist für Privatanwender kostenlos.

Um das Programm einzurichten, gehen Sie folgendermaßen vor:

1. Starten Sie die heruntergeladene Datei *setupger* durch einen Doppelklick.
2. Bestätigen Sie, dass dieses Programm Änderungen an Ihrem Computer vornehmen darf durch einen Klick auf *Ja*.
3. Klicken Sie in den nächsten zwei Dialogfenstern auf *Weiter*.
4. Im Dialog *Lizenzvereinbarung* klicken Sie zunächst *Ich stimme zu* an, bevor Sie auf *Weiter* klicken.

5. Im Dialog *Ziel* können Sie über *Weiter* das Verzeichnis, in das das Antivirenprogramm installiert werden soll akzeptieren oder zuvor ein anderes Verzeichnis angeben.
6. Im Fenster *Konfiguration* können Sie die Standard-Einstellung belassen. Wechseln Sie zu *Benutzer*, können Sie Anpassungen vornehmen, zum Beispiel eine andere Sprache für die Benutzeroberfläche einstellen. Bestätigen Sie anschließend mit einem Klick auf *Weiter*.
7. Die Installationszusammenfassung schließen Sie ebenfalls mit *Weiter* ab und starten so die eigentliche Installation.
8. Eventuelle zusätzliche Fragen während der Installation beantworten Sie so, wie es für Ihre Situation angemessen erscheint.
9. Zum Abschluss sollten Sie Ihren Computer neu starten.

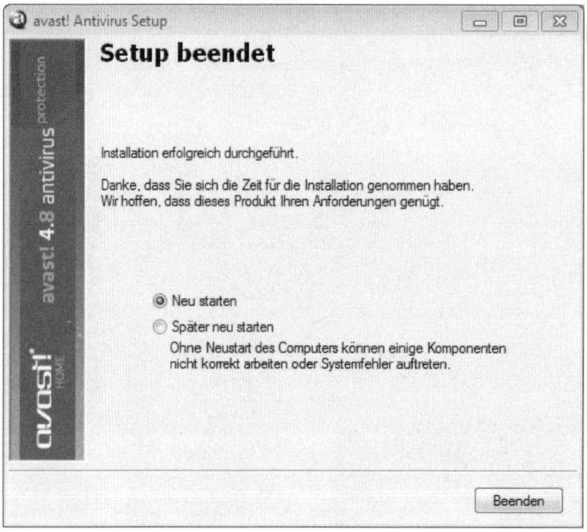

Windows 7

Vor dem Einsatz des Antivirenschutzes ist ein Neustart nötig.

Tipp

Sie müssen sich registrieren, um die kostenlose Version dauerhaft nutzen zu können. Ohne Registrierung läuft die Software nur 60 Tage.

Ist das Antivirenprogramm installiert und nach einem Neustart aktiv und haben Sie alle zuvor in diesem Kapitel beschriebenen Sicherheitsvorkehrungen getroffen, können Sie sich einigermaßen sicher fühlen.

Kapitel 11: Netzwerk

Bei den Themen Netzwerk und Internet richten sich sicherlich bei vielen Nutzern früherer Windows-Versionen – aber auch anderer Betriebssysteme – die Nackenhaare auf. Solch technisch anspruchsvolle Themen ließen sich scheinbar nicht so verständlich und einfach umsetzen, dass jeder Anfänger problemlos zu seinem eigenen Netzwerk kommen konnte. Jedenfalls schien es bislang so. Mit Windows 7 ist Microsoft aber wirklich ein großer Schritt nach vorn gelungen. Um zum Beispiel mittels eines Routers in das Internet zu gelangen, müssen Sie in den meisten Fällen nichts weiter tun, als den Router und den Computer mit einem Kabel zu verbinden. Windows 7 erledigt den Rest.

Auch das eigene Netzwerk aufzubauen, ist kaum schwieriger: Findet Windows 7 weitere Computer, die mit dem eigenen Computer verbunden sind, fragt das Betriebssystem nach, was für eine Art Netzwerk Sie einrichten möchten. Mit wenigen Klicks ist das Netzwerk vollständig eingerichtet und einsatzbereit – und das ohne lästiges Neubooten und komplizierte Fachterminologie.

Windows 7

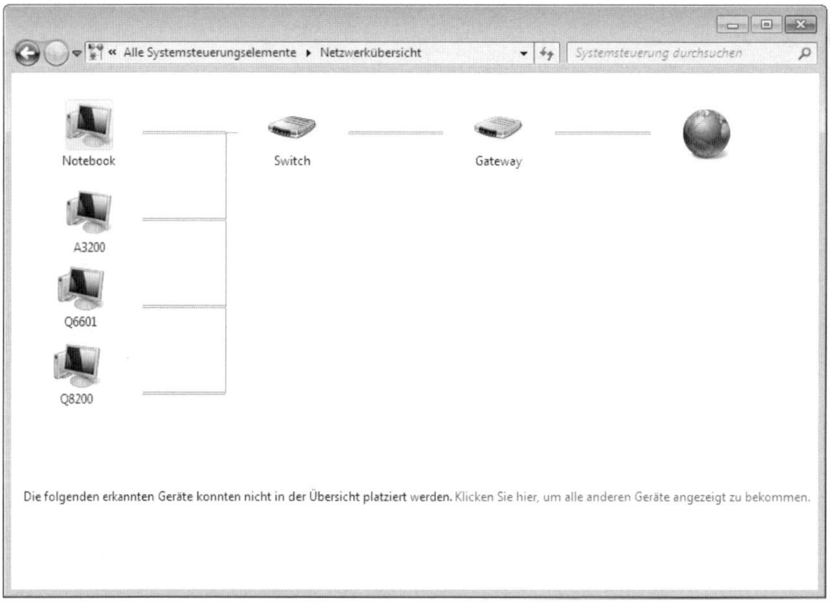

Ein Windows 7-Netzwerk in der Übersicht

Aber auch wenn Windows 7 im Vergleich zu Windows XP das Thema *Netzwerk einrichten* stark vereinfacht hat, kann es dennoch immer wieder zu Situationen kommen, in denen es notwendig ist, selbst zu entscheiden, welche Rechner wie miteinander vernetzt werden sollen. Das dafür notwendige Handwerkszeug möchte Ihnen dieses Kapitel vermitteln.

Ein lokales Netzwerk einrichten

Wenn Windows 7 nach der Installation bzw. nach dem ersten Einschalten eine Netzwerkkarte findet, fragt Windows 7, wo sich der Rechner befindet bzw. um was für ein Netzwerk es sich handelt, mit dem der Computer verbunden ist oder verbunden werden soll. Dabei unterscheidet Windows 7 zwischen drei verschiedenen Arten von Netzwerken.

- *Heimnetzwerk*
- *Arbeitsplatznetzwerk*
- *Öffentliches Netzwerk*

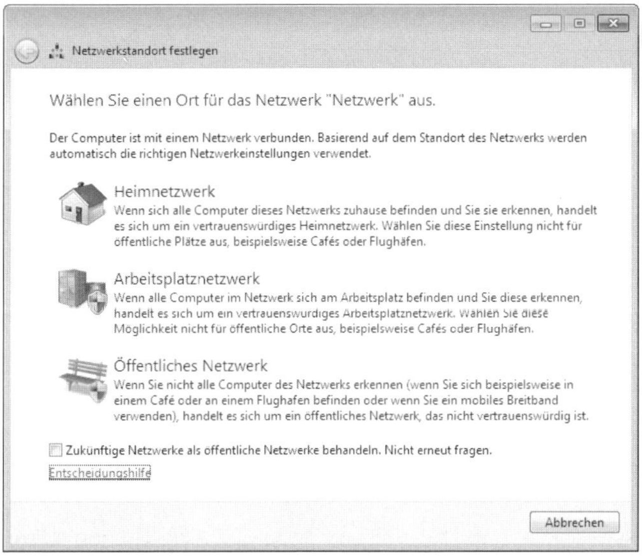

Windows 7

Welches Netzwerk soll eingerichtet werden?

Und obwohl die drei Begriffe sehr eingängig formuliert sind, ist es manchmal nicht ganz einfach zu entscheiden, welches Netzwerk für die eigenen Belange das Richtige ist. Hier eine kleine Entscheidungshilfe:

- In einem ***Heimnetzwerk*** ist es sehr einfach, auf gemeinsame Daten, Dokumente und Medien zuzugreifen und zwar für alle Mitglieder, die dem gemeinsamen Heimnetzwerk angeschlossen sind. Alle öffentlichen Ordner sind für alle Gruppennutzer sichtbar und nutzbar. Auf Wunsch kann jeder Anwender auch nachträglich noch ändern, was für die Anderen sichtbar ist. An einen Rechner angeschlossene Drucker oder Laufwerke werden ebenso im Netzwerk direkt sichtbar gemacht.
- Ein ***Arbeitsplatznetzwerk*** ermöglicht es den einzelnen Mitgliedern der Gruppe, die gemeinsamen 'Geräte' innerhalb einer Gruppe zu nutzen. So können Anwender auf Drucker und andere Netzwerkressourcen zugreifen. Allerdings werden Dateien und Geräte der angeschlossenen Computer nicht automatisch freigegeben, sondern die Anwender können selbst entscheiden, was sie für die anderen Mitglieder der Gruppe sichtbar machen möchten.
- In einem ***öffentlichen Netzwerk*** ist der Zugriff von außen auf Daten oder Geräte des Rechners komplett untersagt. Der Computer greift quasi nur auf den Internetanschluss des Netzwerks zu und alle Computer sind quasi isoliert voneinander. Das ist sinnvoll, wenn man z. B. mit seinem Notebook einen Internetzugang am Flughafen oder einem Internetcafe o.Ä. nutzt.

Windows 7 nimmt dem Anwender mit diesen drei Profilen eine Menge Einstellungen ab: Sie müssen nun nicht mehr an unterschiedlichen Stellen in der Systemsteuerung Änderungen vornehmen, die sich gegenseitig beeinflussen. Mit diesen drei Profilen sind Sie für die meisten Anwendungsfälle gerüstet.

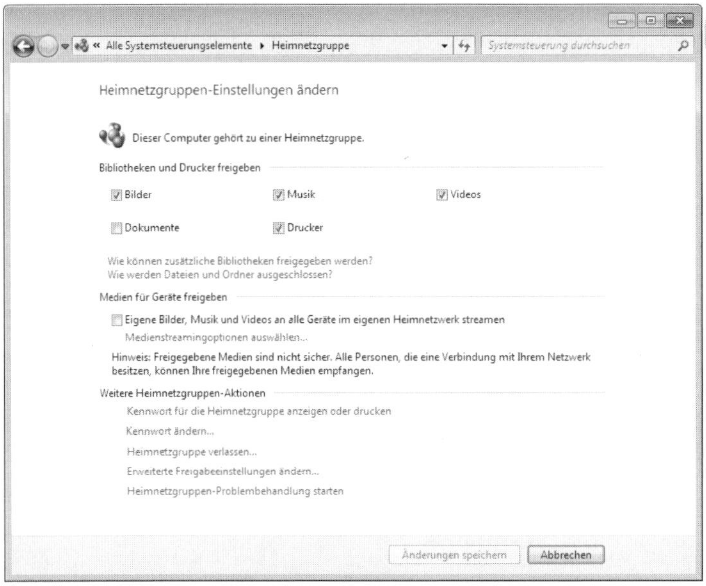

Windows 7

Welche Medien sollen freigegeben werden?

Wenn Sie nun auf das Heimnetzwerk klicken, ermöglicht Ihnen Windows 7, eine Gruppe dieses Typs zu erstellen. Innerhalb dieser Gruppe können Sie Bilder, Songs, Videos und andere Dokumente einfach und bequem austauschen.

Sie können in diesem Fenster entscheiden, welche Medien und Geräte den anderen Gruppenmitgliedern sichtbar gemacht werden sollen. Mit einem Klick auf *Jetzt erstellen* wird die entsprechende Heimnetzwerkgruppe erstellt.

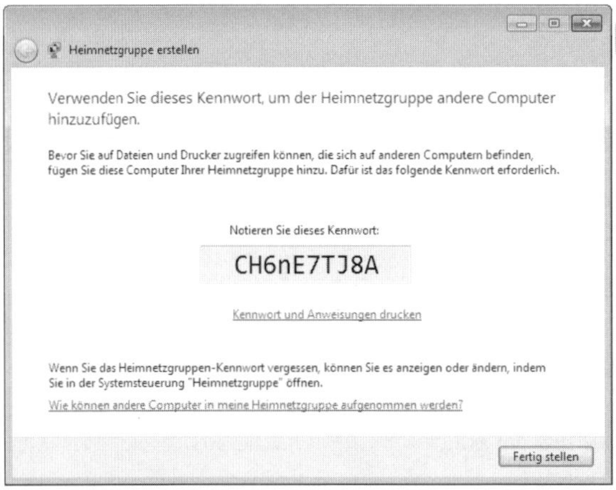

Windows 7

Bitte notieren Sie dieses Kennwort, es wird für die Einrichtung weiterer Computer benötigt.

Danach wird Ihnen ein Kennwort angezeigt. Dieses Kennwort benötigen Sie, wenn andere Computer sich der neuen Heimnetzgruppe anschließen wollen. An jedem PC, den Sie dieser Gruppe zufügen möchten, müssen Sie dieses Kennwort eingeben.

Damit ist die Erstellung Ihrer eigenen Heimnetzgruppe abgeschlossen! Mehr Schritte sind nicht notwendig, um den Rechner ins Netzwerk und ins Internet zu bringen.

Aber vermutlich wollen Sie jetzt noch weitere Rechner in Ihre Heimnetzgruppe integrieren. Dazu gehen Sie wie folgt vor:

1. Schließen Sie einfach den zweiten (und jeden weiteren Rechner) an den Router oder den Switch an. Windows 7 erkennt automatisch, dass schon eine Heimnetzgruppe aktiv ist und bietet an, dieser Heimnetzgruppe beizutreten.
2. Um dieser Heimnetzgruppe beitreten zu können, benötigen Sie das Kennwort, das Ihnen Windows 7 bei der Eröffnung der Heimnetzgruppe angezeigt hat. Geben Sie dieses Passwort in das entsprechende Feld ein und schon ist Ihre Heimnetzgruppe um einen PC gewachsen.

Tipp

Wenn Sie nur einen PC in Ihrem Haushalt haben und in unmittelbarer Zukunft nicht planen, neue Geräte hinzuzufügen, sollten Sie auch keine Heimnetzgruppe erstellen. Obwohl die Heimnetzgruppe gegen Angriffe von außen (Internet und WLAN) recht gut geschützt ist, minimieren Sie das Sicherheitsrisiko noch weiter, wenn Sie potenziellen Cyberkriminellen erst gar nicht weitere Angriffsflächen bieten.

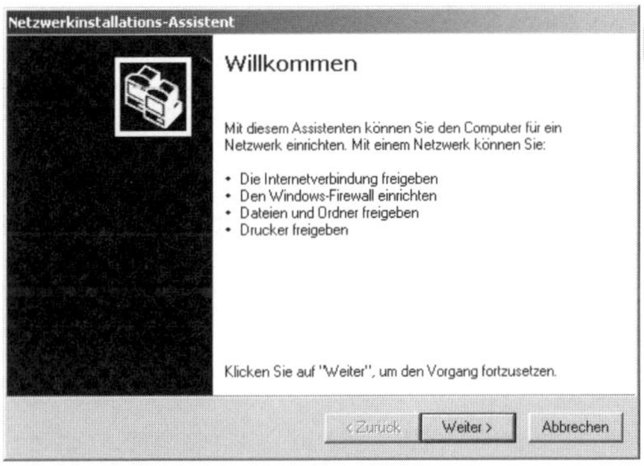

Der Netzwerkinstallations-Assistent unter Windows XP

Erinnern Sie sich noch, als Sie Ihr Netzwerk unter Windows XP einrichten mussten? Sie haben den Netzwerkinstallations-Assistenten aufgerufen und mussten sage und schreibe neun Mal auf *Weiter* klicken, bevor Sie mit dem Internet verbunden waren. Ein Vorgang, der heute unter Windows 7 vollkommen automatisch abläuft. Zum Abschluss wollte Windows XP noch eine Netzwerkinstallationsdiskette erstellen, mit der Sie dann weitere Rechner in das Netzwerk einbinden konnten.

Windows XP unterscheidet bei der Einrichtung eines Netzwerks natürlich nicht zwischen Heimnetzwerk, Firmennetz oder öffentlichem Netz. Welche Daten und Geräte Sie freigeben wollen oder müssen, liegt ganz allein in Ihrer Hand. So ist es unter Windows XP z. B. sehr problematisch, wenn Sie Ihr Notebook mit auf Reisen nehmen. Die Freigabe von Daten, die Sie z. B. zu Hause im Netzwerk benötigen, gilt leider auch noch am Flughafen, wenn Sie sich dort in das öffentliche Netz einwählen. Daher sollten Sie, sofern Sie Windows XP noch auf Ihrem Netbook oder Notebook installiert haben und damit verreisen, einen zusätzliche Benutzer anlegen, bei dem Sie keinerlei Dateifreigaben verwenden. So müssen Sie nicht jedes Mal die Freigaben wieder rückgängig machen.

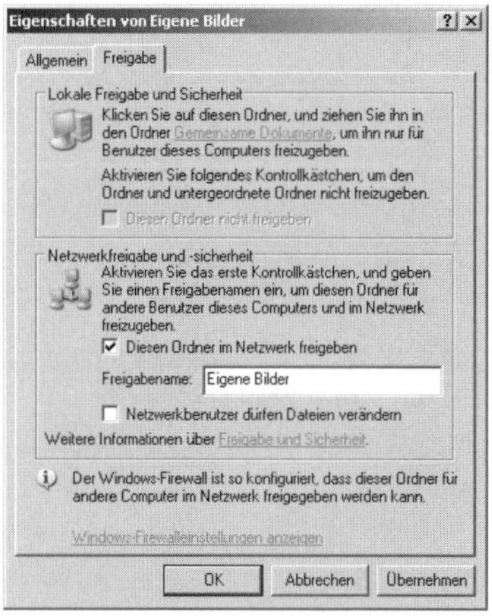

Windows XP

Die Dateifreigabe unter Windows XP ermöglicht keine weiteren Sicherheitseinstellungen, z. B. für andere Benutzer oder bestimmte Orte.

Mit dem DSL-Router ins Internet

Ein DSL-Router ist heutzutage fast unerlässlich, wenn Sie Ihren oder Ihre Computer mit dem Internet oder untereinander verbinden wollen. Das war nicht immer so: Noch vor wenigen Jahren haben sich die meisten Computer mehr oder weniger direkt ins Internet gewählt. Dieses geschah über ISDN- oder DSL-Modems. Doch im Laufe der Zeit haben die DSL-Router diese Aufgabe mehr und mehr übernommen. Der Vorteil dieser Geräte ist, dass die relativ komplizierte Technik ausgelagert werden konnte. Die heutigen DSL-Router sind bei weitem mehr als das, was man rein technisch unter einem Router verstehen könnte. Moderne DSL-Router beinhalten oft viele technische Extras und Erweiterungen:

- ***DSL-Modem:*** Das DSL-Modem stellt die Verbindung mit dem Internet her. Es baut dabei eine DSL-Verbindung auf. DSL ist allerdings nicht die einzige Möglichkeit, um ins Internet zu gelangen: Neben den klassischen Varianten ISDN oder Analog gibt es auch noch das Internet via Satellit oder Kabel. Wir konzentrieren uns in diesem Buch auf die am meisten verbreitete DSL-Variante via Telefonkabel.

Windows 7

Ein moderner All-In-One Router der Firma AVM

- ***DSL-Splitter:*** In den meisten Haushalten findet man vor dem DSL-Router noch einen so genannten DSL-Splitter. Er teilt die Signale zwischen Telefon und Internet auf. Alles was das Internet betrifft, sendet er an den Router, alles, was die Telefonie angeht, wird an die Telefonanlage weitergeleitet. In der neuesten Generation übernimmt diese Funktion ebenfalls der DSL-Router.
- ***Firewall:*** Eine Firewall übernimmt eine enorm wichtige Sicherheitsfunktion in einem Netzwerk, in dem sie Angriffe aus dem Internet auf den Rechner, den Router und alle anderen angeschlossenen Geräte blockiert. Die Funktionsweise ist dabei recht einfach: Jeder Rechner und jedes Gerät, das im Internet exponiert ist, hat eine Art Hausnummer, die so genannte IP-Adresse. Ist diese Adresse im Internet sichtbar, können zwielichtige Gestalten (oder Programme) versuchen, einen Angriff auf den Computer durchzuführen. Die Firewall schützt nach vorgegebenen Regeln den Computer vor derartigen Angriffen, indem sie den Zugriff für diese Programme blockiert.
- ***Switch:*** Viele der modernen DSL-Router bieten mehr als einen Netzwerkanschluss. Für die 'Vervielfältigung' der Netzwerkanschlüsse ist ein so genannter Switch zuständig. Reichen die Anschlüsse an einem DSL-Router nicht aus, kann man durch externe Switches die Anzahl der Netzwerkanschlüsse beinahe beliebig vergrößern.

Warnung

Früher verwendete man auch so genannte Netzwerkhubs, um mehrere Netzwerkgeräte miteinander zu verbinden. Hubs sind in der Anwendung jedoch etwas komplizierter und können auch nicht beliebig oft hintereinander geschaltet werden. Daher sollten Sie auf den Kauf und Einsatz von Netzwerkhubs verzichten!

- ***Wireless Access Point:*** Um auch 'über Funk' auf das Internet und andere Computer zugreifen zu können, benötigen Sie einen 'Zugriffspunkt', der Ihr Netzwerk (also das LAN = local area network = lokales Netzwerk) kabellos macht, es also in ein WLAN verwandelt (WLAN = wireless local area network).
- ***Router:*** Der Router hat die Aufgabe, die Signale und Nachrichten der verschiedenen Netwerkgeräte (PC, Internet, Drucker etc.) an die jeweiligen Empfänger weiterzuleiten. Er ist so eine Art Verkehrsmanager, der den Überblick behält, welches Informationspaket wohin gehört und welche Signale unerwünscht sind.

Ganz neu für den DSL-Router hinzugekommen sind Funktionen rund um Telefon und Multimedia. So dienen die neuesten Router auch als:

- ***Internettelefon:*** Der Bereich der Telefonie ist in Deutschland stark im Umbruch. Immer mehr Haushalte telefonieren inzwischen mit der so genannten IP-Telefonie (auch Internettelefonie oder Voice over IP oder VoIP). Dabei werden die Gespräche digitalisiert und aufbereitet und dann über das Internet versendet und empfangen.
- ***DECT-Station:*** Einige Router beherrschen auch die Aufgaben einer klassischen DECT-Basisstation. Das bedeutet, dass die Telefon-Handgeräte direkt mit dem Router verbunden werden und Gespräche direkt über ihn abgewickelt werden.
- ***ISDN-Telefonanlage:*** Wer mehrere Telefone im Einsatz hat, z. B. kleinere Firmen oder Selbstständige mit Privat- und Firmenanschluss, ist oft auf kleine TK-Anlagen angewiesen (TK = Telekommunikation). Mit ihnen kann man entscheiden, welcher Anruf auf welches Gerät geleitet werden soll. Meist sind auch Funktionen wie Anrufbeantworter und Rufumleitung in diesen Boxen integriert.

Windows 7

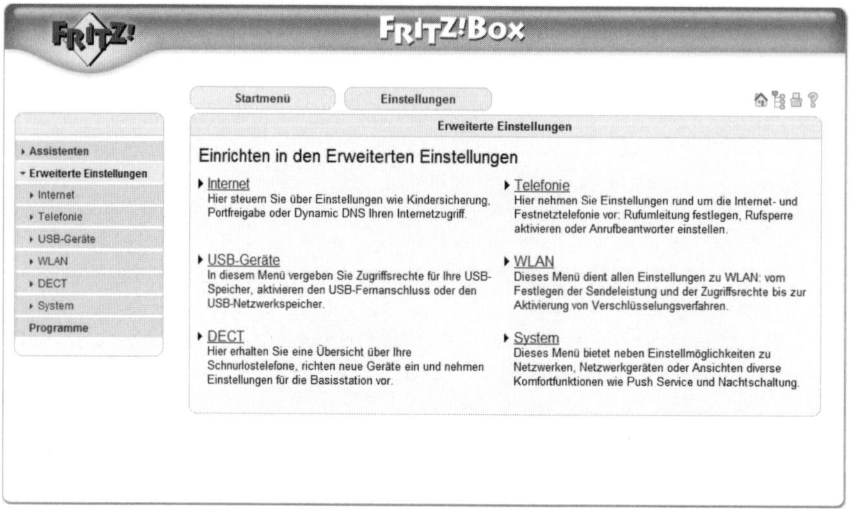

Diese Funktionen beherrscht ein moderner DSL-Router.

- ***Medienzentrale und -speicher:*** Immer wichtiger wird die Aufgabe, vorhandene Medien in das Netzwerk zu 'streamen'. Das bedeutet, dass auf die vorhandenen Daten von überall zugegriffen werden kann. Das ist natürlich auch über die Freigabe von Daten am Computer möglich. Allerdings muss der Rechner, auf dessen Daten man zugreifen möchte, auch eingeschaltet sein. Da der Router ja oft rund um die Uhr eingeschaltet ist, z. B. wegen seiner Telefonfunktionen, macht es Sinn, einen Datenträger wie z. B. eine externe Festplatte direkt an ihn anzuschließen. So sind die Daten jederzeit verfügbar.
- ***Netzwerkdrucker:*** Das, was unter dem Punkt Medienspeicher gesagt wurde, gilt natürlich auch für Netwerkdrucker. Um einen Drucker für alle Computer nutzbar zu machen, ohne dass ein PC deswegen permanent eingeschaltet sein muss, bietet sich ebenfalls der DSL-Router an.

Tipp

Technisch gesehen ist ein DSL-Router eine Art-Minicomputer mit einem eigenen Betriebssystem (meist auf Linux-Basis). Da der DSL-Router ja nicht über einen eigenen Monitoranschluss verfügt, präsentiert es seine Daten und Einstellmöglichkeiten über ein so genanntes Web-Interface. Dabei baut er quasi intern Internetseiten auf, die dann über den Webbrowser des Anwenders abgerufen werden können.

Wir werden im Rahmen dieses Buches nur auf die zwei wesentlichen Aspekte des Routers eingehen, nämlich die Verbindung mit dem Internet und das WLAN-Modul.

Warnung

Die Einrichtung eines Routers ist nur abhängig vom verwendeten Gerät des jeweiligen Herstellers. Damit ist die Bedienung des Routers unabhängig vom verwendeten Betriebssystem. Die Bildschirmmasken Ihres Routers werden wahrscheinlich vollkommen anders aussehen. Dennoch sind die Funktionen in vielen Geräten vergleichbar und auch auf ähnliche Weise erreichbar.

Auf den folgenden Seiten finden Sie die Einrichtung eines Routers von der Firma AVM mit der Modellbezeichnung *FRITZ!Box Fon WLAN 7270*. Wie bereits erwähnt, sehen die Menüs der einzelnen Hersteller und auch von Geräten innerhalb einer Produktreihe sehr unterschiedlich aus. Bitte orientieren Sie sich daher weniger am Aussehen der Masken, sondern an den gezeigten Funktionen und Einstellmöglichkeiten, die bei vielen Geräten ähnlich lauten.

Gehen Sie wie folgt vor, um den Internetzugang einzurichten:

1. Öffnen Sie den Internet Explorer auf Ihrem Computer.

Tipp

Natürlich können sie auch einen anderen Browser verwenden. Allerdings zeigt die Erfahrung, dass die Menüs der Webinterfaces meist auf den IE optimiert sind. So kann es passieren, dass wenn Sie Opera oder Firefox verwenden, einige Optionen nicht sichtbar und manche Funktionen nicht einstellbar sind. Da das Web-Interface nicht im Internet ist, besteht keine Gefahr, wenn Sie an dieser Stelle den Internet Explorer verwenden.

2. Rufen Sie das Web-Interface Ihres Routers auf. Geben Sie dazu in die Adresszeile des Browsers die so genannte IP-Adresse des Routers ein. Dies ist eine Zahlenfolge im Stile von *192.168.x.x*. Dabei variieren die 'x-Zahlen' je nach Hersteller und Modell. Schauen Sie in das Handbuch des Routers, um die Adresse Ihres Gerätes zu ermitteln. Geräte der Firma Linksys haben z. B. oft die Adresse *192.168.2.1*. Bei Netgear ist das *192.168.0.1* und bei 3com meist *192.168.1.1*.

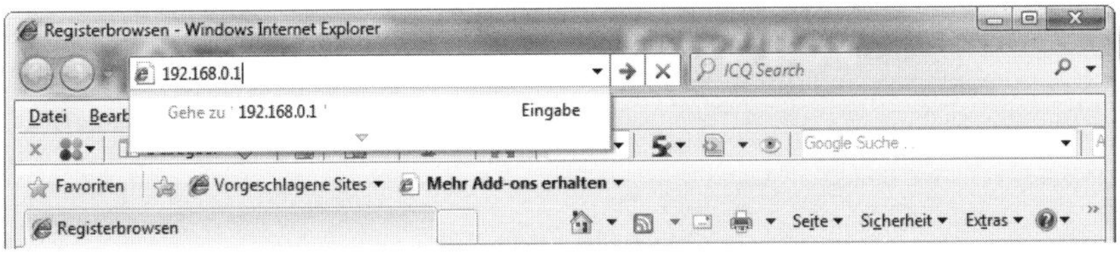

Windows 7

So nehmen Sie Verbindung mit einem Netgear-Router auf.

Die Geräte der Firma AVM (so genannte Fritz-Boxen) machen es dem Anwender besonders leicht, weil sie die kryptische Adresse nicht behalten müssen. Besitzer einer Fritz-Box geben einfach *fritz.box* in die Adresszeile ein und werden automatisch mit dem Web-Interface verbunden.

1. Bevor sich das Web-Interface des DSL-Routers öffnet, müssen Sie bei vielen Routern ein Passwort eingeben. Wenn Sie noch kein eigenes Passwort vergeben haben, dann steht das voreingestellte Passwort im Handbuch oder auf einem Etikett direkt am Gerät.

Tipp

Wenn Ihr DSL-Router die Möglichkeit hat, ihn mit einem Passwort vor dem Zugriff von außen zu sichern, dann sollten Sie dieses Angebot unbedingt nutzen. Bedenken Sie: Das Web-Interface ist nicht nur von Ihrem Computer, sondern evtl. auch aus dem Internet erreichbar. Ohne Passwortschutz könnte ein Angreifer Einstellungen verändern und Sie sogar aus Ihrem Router aussperren. Verändern Sie in jedem Fall das vorgegebene Passwort und ersetzen Sie es durch ein individuelles Passwort Ihrer Wahl!

2. Das Web-Interface öffnet sich. Klicken Sie auf *Einstellungen* und dann auf *Internet*.
3. Auf der gezeigten Seite werden alle Einstellmöglichkeiten, die das Internet und die DSL-Verbindung benötigt, in einem Fenster präsentiert.

Tipp

Einige der hier gezeigten Optionen werden bei Ihnen möglicherweise nicht auf dem Bildschirm angezeigt, auch wenn Sie die FRITZ!Box Fon WLAN 7270 haben sollten. Grund: In der einfachen Ansicht (also der Grundeinstellung der Box) werden einige Einstellungen verborgen. Sie sehen hier eine Aufnahme der Optionen für die so genannte Expertenansicht.

Windows 7

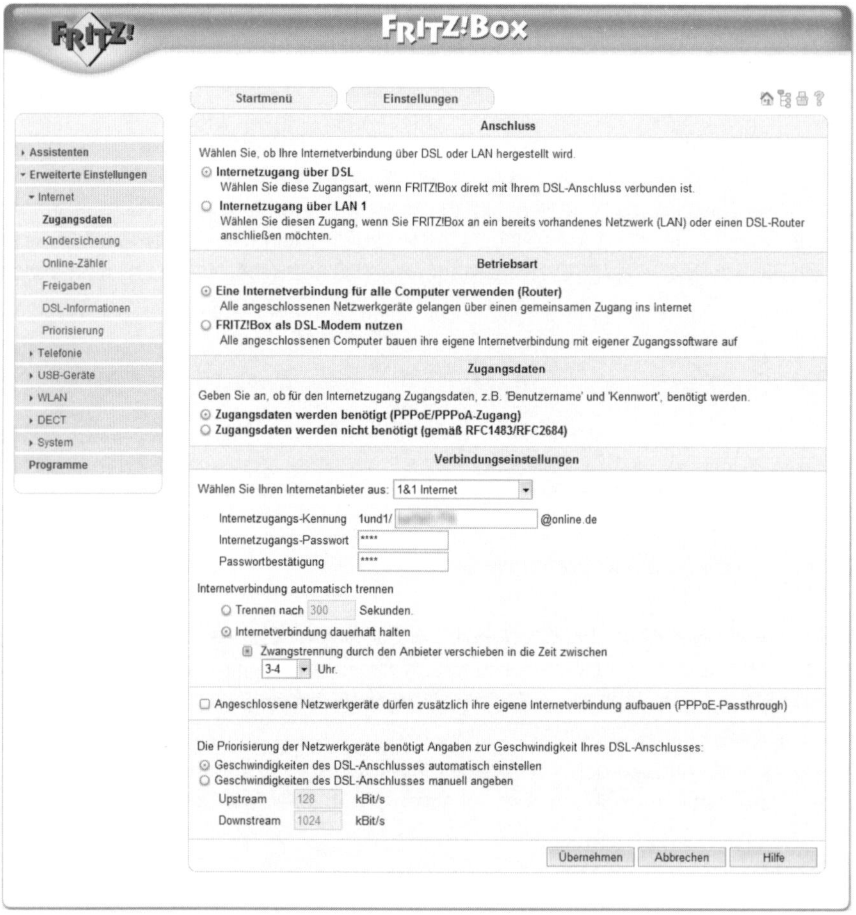

Die Interneteinstellungen innerhalb der FRITZ!Box Fon WLAN 7270

- ***Anschluss:*** Wählen Sie, ob Ihre Internetverbindung über DSL oder LAN hergestellt wird.

  In der Regel werden Sie die erste Option (*Internetzugang über DSL*) nutzen. Nur wenn die Internetverbindung von einem anderen Router o.Ä. aufgebaut wird, dann verwenden Sie die Option 2 (*Internetzugang über LAN 1*).

- ***Betriebsart:*** Auch hier ist die erste Option (*Eine Internetverbindung für alle Computer verwenden*) in den meisten Fällen die Richtige. Die zweite Option (*FRITZ!Box als DSL-Modem nutzen*) bedeutet, dass der DSL-Router 'nur' als DSL-Modem funktioniert, d.h. der angeschlossene Computer muss die eigentliche Verbindung mit dem Internetanbieter selbst aufbauen. Dies ist wesentlich komplizierter und setzt den Rechner mehr Angriffen aus dem Internet aus.
- ***Zugangsdaten:*** Geben Sie an, ob für den Internetzugang Zugangsdaten, z. B. 'Benutzername' und 'Kennwort', benötigt werden.

  Die meisten Internetanbieter senden Ihnen einen Brief zu, auf dem die Einlogadresse und die Zugangsdaten vermerkt sind. Meist benötigen Sie eine Kennung und ein Passwort, um Zutritt zum Internet zu haben. In seltenen Fällen ist die zweite Option *Zugangsdaten werden nicht benötigt* die Richtige.
- ***Verbindungseinstellungen:*** In diese Felder geben Sie nun die Daten vom Brief Ihres Internet Providers ein. Wenn Ihr Anbieter im Auswahlfeld angezeigt wird, wählen Sie ihn aus. Ansonsten nehmen Sie die Option *Anderer Anbieter.*

  Geben Sie im Feld *Internetzugangs-Kennung* die Adresse ein, die im Schreiben des Providers notiert ist.

  Das Passwort müssen Sie in die folgenden Felder gleich zweimal eintippen.

Warnung

Dieses Passwort kann nicht von Ihnen geändert werden und hat nichts mit dem Passwort zu tun, mit dem Sie Ihren DSL-Router vor unbefugtem Zugriff schützen sollten.

- ***Internetverbindung automatisch trennen:*** Hier können Sie einstellen, nach wie vielen Sekunden die Internetverbindung getrennt werden soll, wenn keine weiteren Daten abgerufen werden. Wenn Sie über eine Internet-Flatrate verfügen, können und sollten Sie die Option *Internetverbindung dauerhaft halten* aktivieren. Da der Verbindungsaufbau immer etwas Zeit in Anspruch nimmt, sind Sie so deutlich schneller im Internet unterwegs.
- Die ***Zwangstrennung*** sollten Sie in einen Zeitraum legen, in dem Sie typischerweise nicht vor dem Computer sitzen. Die Zwangstrennung (also das automatische Abmelden vom Internetzugang) wird deswegen durchgeführt, da die meisten Internetanbieter nach einer bestimmten Zeit die Leitung zurücksetzen – typscherweise nach 24 Stunden. Damit diese Unterbrechung mit folgender Neueinwahl nicht in eine Zeit fällt, in der Sie gerade arbeiten, kommt der DSL-Router dieser Zwangstrennung zu einer Ihnen passenden Zeit zuvor.
- ***Angeschlossene Netzwerkgeräte dürfen zusätzlich ihre eigene Internetverbindung aufbauen:*** Finger weg von dieser Option, wenn Sie sich nicht sicher sind, was Sie tun!

Warnung

Wenn Sie diese Schaltfläche aktivieren, könnten 'intelligente' Endgeräte (wie z. B. Internettelefone) auf die Idee kommen, eine eigene Internetverbindung aufzubauen. Diese zusätzliche Internetverbindung wird dann aber u.U. nicht mehr als Flatrate abgerechnet, sondern pro Einwahl, nach Zeit oder Volumen. Es werden dann zusätzliche Kosten auf Sie zukommen.

- ***Die Priorisierung der Netzwerkgeräte benötigt Angaben zur Geschwindigkeit Ihres DSL-Anschlusses:*** Diese Option ist in erster Linie für Benutzer der Internettelefonie interessant. In der Regel ist die Voreinstellung *Automatisch einstellen* die sicherste Variante. Erst wenn Sie über einen recht langsamen DSL-Anschluss verfügen (z. B. weniger als DSL 2000), kann es Sinn machen, hier mit verschiedenen Werten zu experimentieren. So können Sie erreichen, dass wenn Sie ein Telefonat führen, die Daten für das Gespräch bevorzugt behandelt werden.

Mit einem Klick auf *Übernehmen* werden die Einstellungen gesichert und die Verbindung mit dem Internet hergestellt.

Tipp

Da die Einrichtung des DSL-Routers über das Web-Interface erfolgt, ist es hier vollkommen gleichgültig, welches Betriebssystem Sie verwenden. Ganz egal, ob Windows XP, Windows Vista oder Windows 7, die Möglichkeiten werden hier ausschließlich vom Gerät bestimmt und nicht vom Betriebssystem.

WLAN einrichten und verschlüsseln

Nachdem Sie eine Verbindung mit dem Internet aufgenommen haben, ist es nun an der Zeit, das Funknetzwerk in Betrieb zu nehmen. Das WLAN wird genau wie die Internetaktivierung, am DSL-Router vorgenommen. Das bedeutet, dass auch in diesem Fall, die Masken und Fenster bei Ihnen unterschiedlich aussehen werden, sofern Sie nicht zufälligerweise den gleichen Router (FRITZ!Box Fon WLAN 7270) besitzen, wie in unserem Beispiel. Allerdings sind die Einstellmöglichkeiten bei vielen DSL-Routern sehr ähnlich angelegt. Und so geht's:

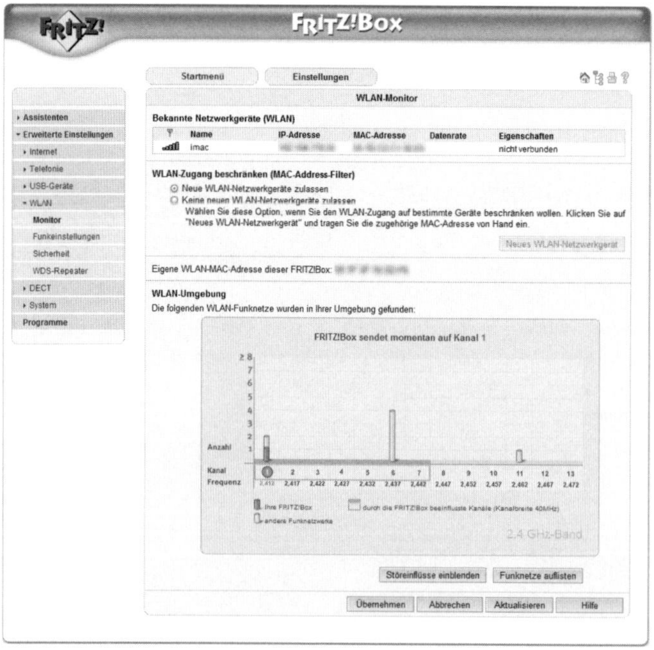

Windows 7

Der WLAN-Monitor der Fritzbox

1. Öffnen Sie den Internet Explorer auf Ihrem Computer.
2. Rufen Sie das Web-Interface Ihres Routers auf (z. B. 192.168.x.x. bzw. fritz.box).
3. Geben Sie den Benutzer und das Passwort für die Weboberfläche ein.
4. Das Web-Interface öffnet sich nun. Klicken Sie auf *Einstellungen* und dann auf *WLAN*.

Windows 7

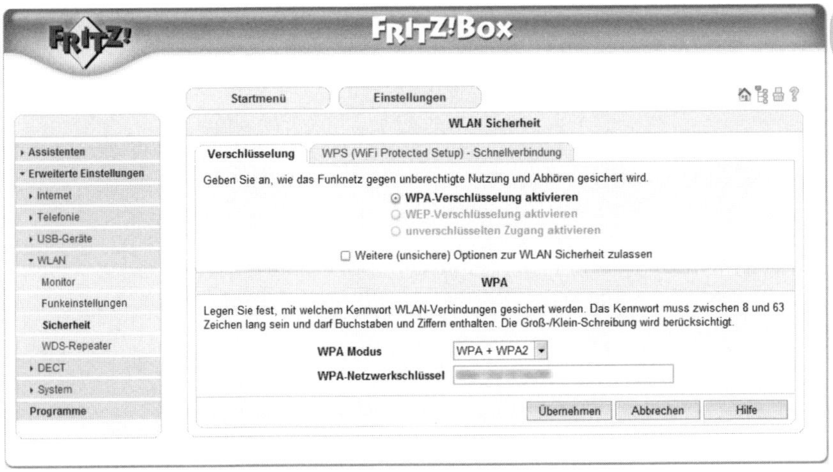

Die WLAN-Sicherheitseinstellungen

Das WLAN-Modul besteht bei der hier gezeigten Fritz!Box aus vier verschiedenen Bereichen:

- ***Monitor:*** Der Monitor listet die Funknetzwerke auf, die sich in der Nähe befinden. Außerdem wird hier gezeigt, welche Kanäle die anderen Sender benutzen.
- ***Funkeinstellungen:*** In diesem Optionsbereich können Sie die Funkleistung optimieren und z. B. auswählen, wie stark der Accesspoint funken und welche Kanäle er benutzen soll.
- ***WDS-Repeater:*** Mit einem Repeater können Sie die Reichweite des WLAN-Netzwerks erhöhen. Bis zu drei Repeater können hintereinander geschaltet werden, um auch mehrere Hundert Meter entfernte Geräte erreichen zu können oder in Gebäuden mit dicken Stahlbetonwänden jeden Raum netzwerktauglich zu machen.
- ***Sicherheit:*** Dieser Bereich ist in diesem Kapitel von zentraler Bedeutung. Unter dem Reiter *Verschlüsselung* sehen Sie drei verschiedene Verschlüsselungsmethoden:
  - *WPA-Verschlüsselung*
  - *WEP-Verschlüsselung*
  - *Unverschlüsselter Zugang*

Tipp

Bei dieser Fritz-Box sind die beiden letztgenannten Optionen ausgegraut und nur dann anwählbar, wenn man zuvor das Auswahlfeld *Weitere (unsichere) Optionen zur WLAN Sicherheit zulassen* aktiviert hat. Der Hersteller möchte damit dem Anwender ganz klar machen, dass ein WEP-gesicherter oder ein unverschlüsselter Zugang als höchst unsicher zu bewerten sind. Sie sollten daher, wann immer möglich, die WPA-Verschlüsselung aktivieren.

Der Grund, warum die meisten DSL-Router trotz des Sicherheitsrisikos immer noch eine WEP-Verschlüsselung anbieten, ist, dass es immer noch 'Empfänger', also ältere WLAN-Geräte gibt, die einen höheren Sicherheitsstandard nicht beherrschen.

Warnung

Warum überhaupt verschlüsseln? Viele Anwender, die über eine DSL-Flatrate verfügen, fragen sich, warum sie ihren Internetzugang überhaupt verschlüsseln sollten. Schließlich würde die Bandbreite ja ausreichen, dass auch mehrere Parteien gleichzeitig bequem damit surfen könnten. Warum sollten Sie also etwas dagegen haben? Der Grund ist rechtlicher Natur: Stellen Sie sich vor, Ihr Nachbar surft auf Ihre Rechnung mit. Leider ist Ihr Nachbar aber nicht so nett, wie Sie und stellt im Internet jede Menge Blödsinn an: Er bestellt Dinge auf den Namen anderer Leute, surft auf verbotenen Seiten und beschimpft andere Menschen im Chat. Sein Problem, meinen Sie? Leider nicht. Bei jedem Besuch auf einer Webseite hinterlassen wir im wahrsten Sinne des Wortes unsere Adresse, nämlich unsere IP-Adresse. Diese lässt sich zurückverfolgen – und zwar zu Ihnen! Denn die gespeicherte Adresse ist die Ihres DSL-Routers. Zwar ist es juristisch umstritten, ob die IP-Adresse als alleiniges Zuordnungsmerkmal ausreichend ist, aber um jedem Ärger aus dem Weg zu gehen, sollten Sie Ihren Internetzugang gegen Gastsurfer abschotten.

Im Bereich *WPA* können Sie zusätzlich noch wählen, welcher WPA-Modus zugelassen werden soll. Es gibt den WPA- und den WPA2-Modus. Wenn es Ihre Endgeräte zulassen, sollten Sie nur den WPA2-Modus zulassen. Wenn Sie sich nicht sicher sind, ob alle Ihre Geräte den WPA2-Modus unterstützen, können Sie auch WPA + WPA2 aktivieren. Theoretisch ist es zwar möglich, den WPA-Modus zu knacken, aber der Aufwand ist noch verhältnismäßig hoch, so dass kaum ein 'Freizeithacker' sich die Mühe machen wird, seinen Rechner tagelang laufen zu lassen, nur um auf Ihre Kosten surfen zu können. Zum Schluss geben Sie noch einen Netzwerkschlüssel ein. Erdenken Sie dazu ein beliebiges und maximal 63-stelliges Passwort, das nicht leicht zu erraten ist. Je länger das Passwort, desto sicherer ist der Schutz!

Klicken Sie nun auf *Übernehmen* und Ihr kabelloses Netzwerk sollte aktiviert sein.

Tipp

Sie sollten sich angewöhnen für die Generierung von Passwörtern auf spezialisierte Programme zurückzugreifen. Nur diese Programme können wirklich 'unknackbare' Zahlen- und Zeichenreihenfolgen erzeugen. Ein solches Programm finden Sie z. B. bei der Uni Stuttgart unter folgender Adresse: *http://www.zendas.de/service/passwort_generator.html*.

Sie müssen nun nicht für jedes Passwort, das Sie benötigen, auf diese Webseite gehen, sondern können sich direkt eine ganze Liste von Passwörtern erstellen und diese bequem abspeichern, so dass Sie sie nicht umständlich eintippen müssen. Es gibt viele solcher Dienste im Netz, suchen Sie einfach nach dem Stichwort 'Passwortgenerator'.

Bedenken Sie dabei jedoch, dass gute Passworte nutzlos sind, wenn man diese im Klartext auf dem PC oder einem Papier speichert. Hier gilt es, einen vernünftigen Kompromiss zwischen einem guten Passwort, aber eines, welches sich noch merken lässt, zu finden.

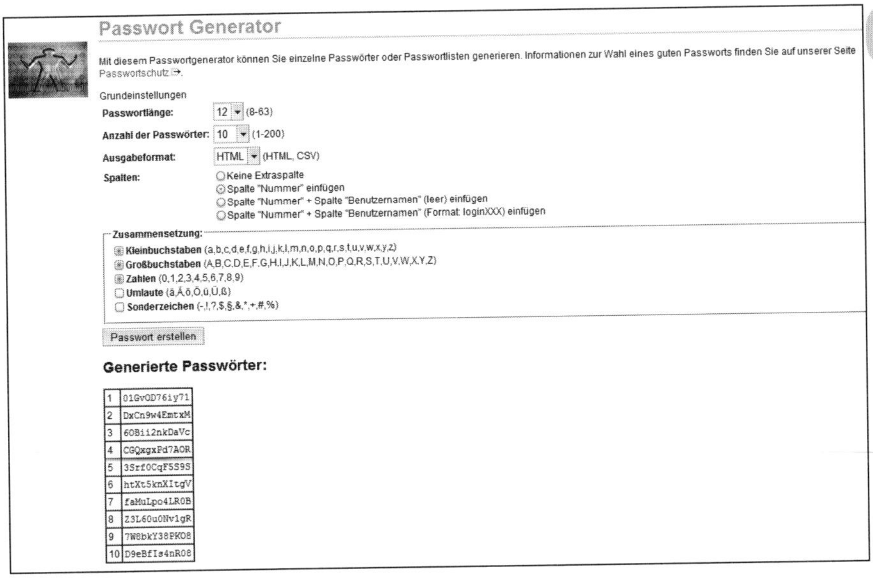

Der Passwortgenerator der Universität Stuttgart

Mit dem WLAN-Netzwerk verbinden

Wenn Sie Ihren PC oder Ihr Notebook nicht an ein Netzwerkkabel binden wollen, dann werden Sie vermutlich einen WLAN-Adapter, eine WLAN-Karte oder einen WLAN-Stick verwenden, um den Rechner mit dem Internet und eventuellen anderen Computern zu verbinden. Da es auch hier sehr viele unterschiedliche Hersteller und Anbieter solcher WLAN-Karten gibt, können an dieser Stelle nur sehr allgemeine Informationen zur Installation solcher Karten gegeben werden.

Tipp

Bevor Sie sich an die Einrichtung und Installation eines WLAN-Adapters machen, sollten Sie unbedingt die Anleitung des Herstellers lesen. Bei einigen Geräten sollen Sie zuerst die Hardware, dann die Software installieren. Bei anderen ist es umgekehrt. Und manche Adapter benötigen gar keine zusätzliche Software mehr.

1. In der Regel schließen Sie zuerst die Hardware an den USB-Port des Rechners an.
2. Daraufhin wird der PC das angeschlossene Gerät untersuchen.
3. Nach einigen Sekunden erscheint eine Aufforderung, den mitgelieferten Datenträger einzulegen. Der Rest der Installation läuft daraufhin eigenständig ab.

Nun ist die Hardware installiert, aber noch sind Sie nicht mit dem Internet oder Ihrem Netzwerk verbunden. Um jetzt noch einem bestehenden WLAN-Netzwerk beizutreten, folgen Sie diesen Schritten:

Im Infobereich der Taskleiste sehen Sie ein Symbol, mit dem Sie auf das WLAN zugreifen können. Klicken Sie dieses Symbol an.

Tipp

Einige WLAN-Adapter ersetzen das Standardsymbol für WLAN-Zugriffe durch eigene Symbolbilder. Das Menü und das Symbolbild können dementsprechend auch anders aussehen.

Windows 7

Das WLAN-Symbol im Infobereich

Tipp

Unter Windows 7 ist die Anzahl der sichtbaren Symbole im Infobereich begrenzt. Es ist daher möglich, dass das WLAN-Symbol nicht sichtbar ist. Um nicht sichtbare Symbole sichtbar zu machen, klicken Sie auf den kleinen Pfeil neben dem Infobereich.

Nach einem Klick auf das WLAN-Symbol öffnet sich ein Fenster, in dem alle WLAN-Netze, die erreichbar sind, angezeigt werden. Sie finden hier die Namen der Netze aufgelistet und sehen gleichzeitig, wie gut der Empfang zum jeweiligen Funknetz ist.

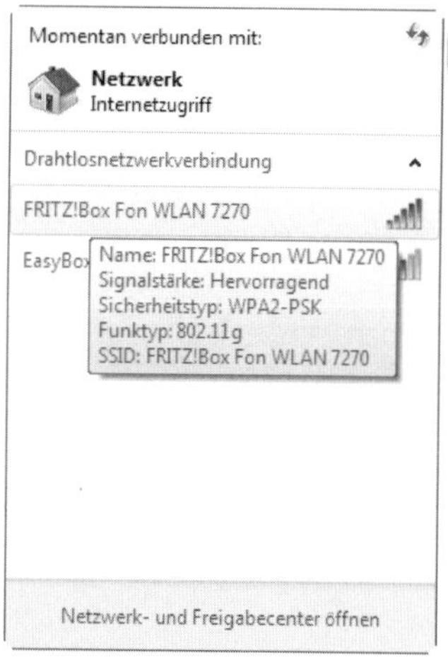

Windows 7

Die Auflistung aller erreichbaren WLAN-Netze

Wählen Sie das Netzwerk aus, mit dem Sie sich verbinden möchten und klicken Sie dann auf *Verbinden*. Wenn Sie sich gegenüber dem Netzwerk authentifizieren sollen, geben Sie in das Feld *Sicherheitsschlüssel* das Passwort ein, das Sie beim Einrichten des WLAN-Moduls hinterlegt haben. Wenn die Anmeldung erfolgreich war, wird hinter dem Netzwerk 'Verbunden' angezeigt.

Sie können diese Anmeldung auch automatisieren, so dass Sie automatisch mit Ihrem WLAN verbunden werden. Dazu gehen Sie wie folgt vor:

Öffnen Sie das Netzwerk- und Freigabecenter. Klicken Sie auf den Menüeintrag *Drahtlosnetzwerke verwalten*.

Windows 7

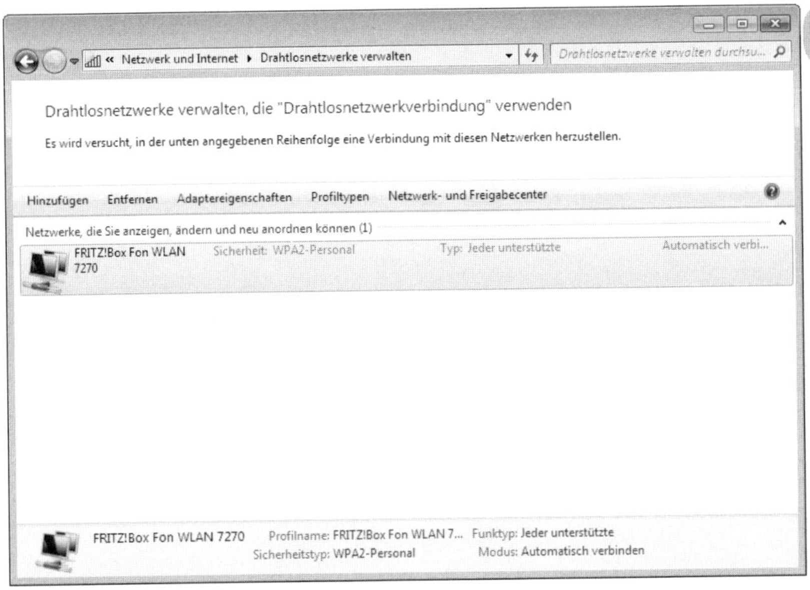

Die Verwaltung der Drahtlosnetzwerke

Es öffnet sich eine Liste der WLAN-Netzwerke, die Sie in letzter Zeit 'besucht' haben. Klicken Sie diejenige Verbindung mit der rechten Maustaste an, an der Sie automatisch angemeldet werden möchten. Es öffnet sich das Fenster *Eigenschaften*. Unterhalb der Karteireiters *Verbindungen* gibt es die Option *Automatisch verbinden*. Wenn Sie diese Auswahlbox aktivieren, verbindet sich Ihr Computer automatisch mit diesem Netzwerk, wenn es sich in Reichweite befindet. Die Option *Mit einem verfügbaren bevorzugtem Netzwerk verbinden* ermöglicht es Windows 7, zwischen verschiedenen Netzwerken hin- und her zu springen, je nachdem, welches Netzwerk gerade besser empfangbar ist. Allerdings kann das auch dazu führen, dass der PC ständig wechselt und dadurch Leistungseinbrüche wahrnehmbar sind. Daher sollten Sie diese Option nur dann aktivieren, wenn es für Sie sinnvoll erscheint. Mit der Option *Verbinden, selbst wenn das Netzwerk seinen Namen nicht sendet (SSID)* können Sie sich mit Netzwerken verbinden, die quasi 'unsichtbar' sind. Unsichtbare Netzwerke sind solche, bei denen der Router seine Existenz verschleiert. Das erschwert es Gelegenheitssurfparasiten, sich in Ihr Netzwerk einzuschleichen.

Die Verbindung mit einem WLAN-Netz ist unter Windows XP kaum aufwändiger – aber dennoch deutlich schwerer zu verdauen. Das liegt an mehreren Faktoren:

Einerseits hat die Übersetzung der Fachbegriffe zum Teil katastrophale Schneisen in die Verständlichkeit geschlagen. So gibt es unter XP SP2 einen *Drahtlosnetzwerkinstallations-Assistent*! Übrigens: Dieser Drahtlosnetzwerkinstallations-Assistent verbindet den Computer keineswegs mit einem Netzwerk, sondern richtet ein WLAN auf dem Computer ein: Eine Funktion also, die inzwischen meist von den DSL-Routern übernommen wird.

Andererseits sind einige Programme und Einstellungen bei Windows XP einfach nicht da, wo man sie erwarten würde. Ein gutes Beispiel ist das Fenster *Netzwerkumgebung*. Dieses Fenster kann man nur über das Symbol auf dem Desktop aufrufen. Es ist weder in der Systemsteuerung zu finden noch wird es im Fenster der Netzwerkverbindungen angezeigt. Noch verwirrender wird es, wenn man das Symbol *Netzwerkumgebung* auf dem Desktop mit der rechten Maustaste anklickt und dann *Eigenschaften* wählt: Dann erscheint das Fenster *Netzwerkverbindungen*.

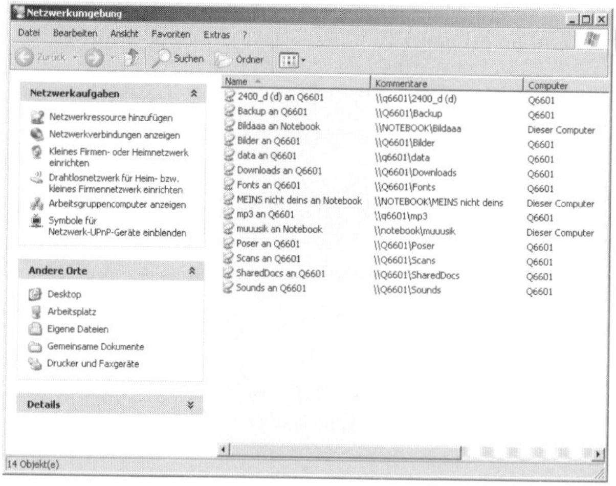

Windows XP

Das wichtige, aber schwer zu findende Fenster der Netzwerkumgebung unter Windows XP

Ad-hoc-Netzwerk

Haben Sie das auch schon einmal erlebt: Ihr Freund kommt mit seinem Laptop zu Besuch und zeigt Ihnen ein paar richtig tolle Bilder. Oder er hat einen Film auf seinem Rechner, den Sie schon lange einmal haben wollten. Und außerdem hat er immer so coole Songs auf der Platte. Wie aber die Daten von seinem Notebook auf Ihren Rechner bekommen? Die altmodische Lösung: Er kopiert die Daten auf einen USB-Stick und dann kopieren Sie die Daten wieder runter. Oder er brennt Ihnen eine DVD. Aber es geht noch einfacher, zumindest in Windows 7. Erstellen Sie doch einfach ein *Ad-hoc-Netz*. Ad-hoc (lat.: für den Augenblick) meint, dass Sie ein Netzwerk aufbauen können, das ebenso schnell auf- wie auch wieder abgebaut werden kann. Zwei Rechner, die über ein WLAN-Modul verfügen, können so ohne ein Kabel oder einen Accesspoint direkt miteinander Kontakt aufnehmen. Der Gast muss sich nicht am Router anmelden. Die beiden PCs kommunizieren direkt miteinander. So wird's gemacht:

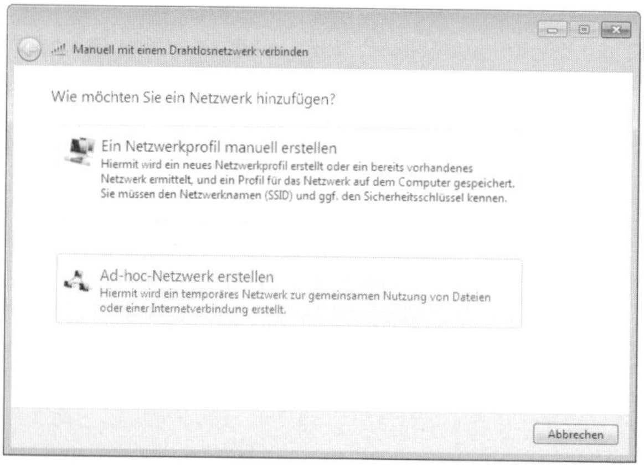

Windows 7

Ein Ad-hoc-Netz einrichten

Starten Sie das *Netzwerk- und Freigabecenter.* Klicken Sie auf die Schaltfläche *Drahtlosnetzwerke verwalten.* Mit der linken Maustaste wählen Sie die Schaltfläche *Hinzufügen* an. In dem Fenster, das nun erscheint, klicken Sie auf *Ein Ad-hoc Netzwerk anlegen*. Dann klicken Sie auf *Weiter.* In dem folgenden Dialog können Sie dem Netzwerk einen Namen geben und die Sicherheitseinstellungen vornehmen. Wenn beide Computer WPA2 'verstehen', sollten Sie diese Verschlüsselung wählen. Geben Sie ein selbst gewähltes Passwort ein. Wenn Sie möchten, können Sie diese Einstellungen speichern, um beim nächsten Treffen die Verbindung schnell wieder aufbauen zu können. Klicken Sie auf *Weiter.*

Das Ad-hoc-Netzwerk ist jetzt bereit für Ihren Gast. So bringen Sie Ihren Freund in das neue Netzwerk:

1. Der Rechner, der nun an dem Ad-hoc-Netz teilnehmen möchte sowie alle weiteren Rechner (ein Ad-hoc-Netzwerk ist durchaus nicht nur auf zwei Rechner beschränkt), sucht jetzt nach Netzwerken in der Nähe, so als würden Sie sich mit einem Accesspoint bzw. einem WLAN-Router verbinden wollen.
2. Wenn das Netzwerk des Ad-hoc-Rechners gefunden wurde, klicken Sie auf *Verbinden*.
3. Sie werden nun aufgefordert, das Passwort bzw. den Schlüssel einzugeben.
4. Das Aufbauen der Verbindung kann mehrere Minuten dauern. Wenn die Verbindung steht, können beide Rechner auf die freigegebenen Dateien des jeweils anderen PCs zugreifen.

Auch unter Windows XP ist es möglich, eine Ad-hoc-Verbindung zwischen zwei oder mehreren Rechnern herzustellen. Aber wie gewohnt, versteckt Windows XP diese Option recht geschickt vor dem Anwender. So finden Sie die entsprechenden Einstellungen:

Windows XP

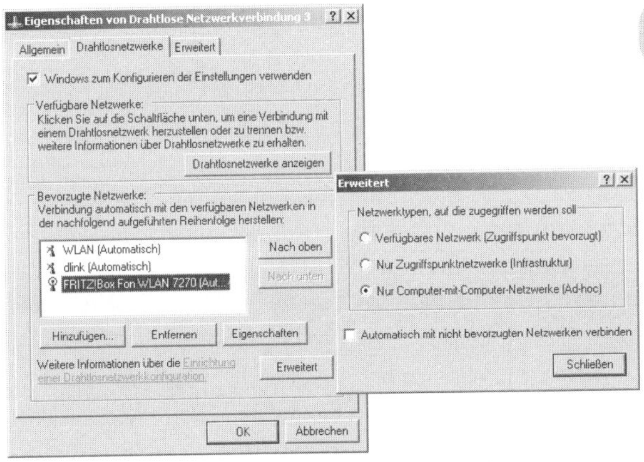

Ad-hoc-Netzwerke unter Windows XP sind ebenfalls möglich.

Öffnen Sie das Fenster, das die Netzwerkverbindungen anzeigt: *Start > Einstellungen > Netzwerkverbindungen.* Wählen Sie eine bestehende drahtlose Netzwerkverbindung aus und klicken Sie sie mit der rechten Maustaste an. Wählen Sie aus dem Kontextmenü den Eintrag *Eigenschaften*. Klicken Sie auf den Karteireiter *Drahtlosnetzwerke.* Nun klicken Sie noch auf die Schaltfläche *Erweitert.* Wählen Sie den Modus *Nur Computer-mit-Computer-Netzwerke (Ad-hoc).* Schließen Sie das Fenster und rufen Sie den Karteireiter *Erweitert* auf. Schalten Sie die Firewall für die Ad-hoc-Verbindung aus, da andernfalls keine Verbindung zustande kommt.

Schließen Sie alle noch offenen Fenster und führen Sie den gleichen Vorgang auf dem zweiten Rechner durch.

Arbeitsgruppe und Computerbeschreibung

Wie Sie gesehen haben, ist das Einrichten eines Netzwerks unter Windows 7 sehr einfach zu bewerkstelligen. Problematisch kann es werden, wenn Sie Rechner zu einem Netzwerk verbinden möchten, auf denen unterschiedliche Betriebssysteme laufen. Den einfachen Netzwerkzugriff und die Unterscheidung in *Heimnetzwerk*, *Arbeitsplatz* und *öffentliches Netzwerk* bringt in dieser Form nur Windows 7 mit. Wenn Sie also ein heterogenes Netzwerk, also ein nicht einheitliches Netzwerk, erstellen wollen oder müssen, ist es für eine reibungslose Zusammenarbeit der Computer notwendig, dass alle Computer der gleichen Arbeitsgruppe angehören.

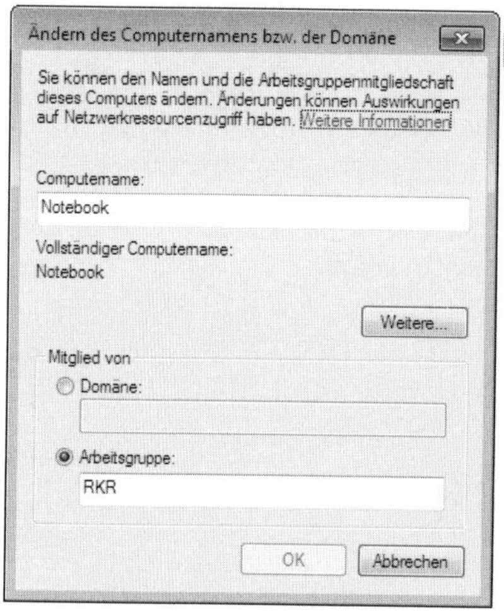

Windows 7

Ändern des Computernamens und der Arbeitsgruppe unter Windows 7

Eine *Arbeitsgruppe* ist eine Anzahl von Computern, die zusammen ein Netzwerk nutzen. Sie können untereinander Daten austauschen und gemeinsame Geräte wie z. B. Drucker, Scanner oder Netzlaufwerk nutzen. Als Zugehörigkeitserkennung zu einer Gruppe dient einzig und allein der Name der Arbeitsgruppe.

Den Namen der Arbeitsgruppe eines Computers zu sehen oder zu ändern, ist zwar sehr einfach, aber nur, wenn man weiß, wo man nachschauen muss:

Öffnen Sie die Systemsteuerung: *Start > Einstellungen > Systemsteuerung.* Klicken Sie das Symbol *System* doppelt an. In der Mitte des Fensters sehen Sie den aktuellen Computernamen und die aktuelle Arbeitsgruppe. Klicken Sie auf *Einstellungen ändern,* um hier Änderungen vorzunehmen. Es erscheint das Fenster *Systemeigenschaften*. Hier können Sie auch eine Beschreibung des Computers eingeben. Sie dient aber nur der einfacheren Zuordnung des Computers für den Netzwerkadministrator. Um Änderungen vorzunehmen, klicken Sie auf *Ändern.* In das Feld *Computername* können Sie nun einen neuen Namen für den Computer vergeben. Obwohl Sie hier kaum Restriktionen unterliegen, sollte der Computername nicht mehr als 15 Zeichen lang sein. Außerdem darf der Computername keine Leerzeichen enthalten. Sonderzeichen u. Ä. sollten Sie auch vermeiden. Das Feld *Arbeitsgruppe* sollten Sie nun mit dem gewünschten Arbeitsgruppennamen versehen. Es gelten vergleichbare Regeln wie beim Feld Computername.

Tipp

Beachten Sie: Es ist empfehlenswert, alle Ihre Computer in Ihrem Heimnetzwerk der gleichen Gruppe zuzuordnen. Achten Sie daher darauf, dass der Gruppenname auf allen Computern gleich geschrieben wird.

Tipp

Neben der Arbeitsgruppe kennt Windows noch die Domäne. Die Domäne wird typischerweise in Firmen mit vielen (meist mehreren Hundert) Computern verwendet. Eine Domäne enthält einen oder mehrere Server. Ein Administrator kann die Computer zentral verwalten. Für den privaten Bereich ist eine Domäne nicht erforderlich und auch nicht empfehlenswert.

Wenn Sie eine Änderung am Computernamen oder der Arbeitsgruppe vorgenommen haben, klicken Sie auf *OK*. Der Rechner wird neu gestartet. Erst danach ist der Computer der neuen Arbeitsgruppe zugeordnet.

Auch wenn das Fenster unter Windows XP ohne Aero-Oberfläche nicht so schick aussieht wie unter Windows 7, ist der Vorgang für das Ändern des Computernamens und der Arbeitsgruppe fast unverändert geblieben. Auch hier wählen Sie in der *Systemsteuerung* das Symbol *System*. Nur müssen Sie unter XP noch auf den Karteireiter *Computername* klicken, um das Fenster mit den Einstellungen aufzurufen.

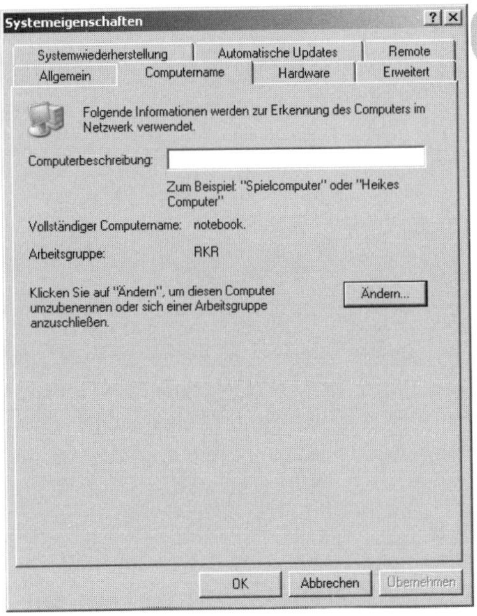

Windows XP

Ändern des Computernamens und der Arbeitsgruppe unter XP

Sie können Gruppen- und Computername auch ändern, wenn Sie einen Ausflug über das *Netzwerk- und Freigabecenter* machen. Mehr dazu lesen Sie im nächsten Abschnitt.

Netzwerk- und Freigabecenter

Das *Netzwerk- und Freigabecenter* ist Ihnen ja beim Einrichten und Konfigurieren Ihres Netzwerks schon des Öfteren begegnet. Höchste Zeit also, sich dieser Netzwerk-Schaltzentrale einmal intensiver zu widmen:

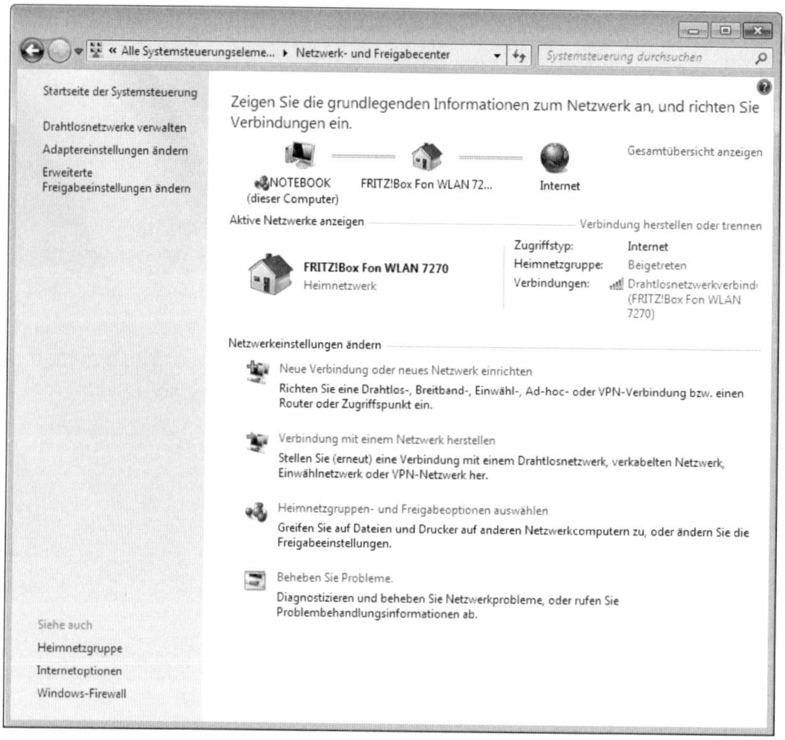

Das Netzwerk- und Freigabecenter

Dazu starten Sie wie gewohnt die *Systemsteuerung* und klicken dann auf das Symbol mit der Beschriftung *Netzwerk- und Freigabecenter*. Dieses Fenster ist eines der besten Beispiele für die problem- und aufgabenorientierte Ausrichtung von Windows 7. Dieses 'Netzwerkcockpit' präsentiert übersichtlich alle Informationen, die für die Kommunikation nach außen benötigt werden. Diese Informationen, die noch in Windows XP quer über die gesamte Systemsteuerung verteilt waren, sind hier unter Windows 7 in einem Fenster übersichtlich dargestellt und können so bequem verändert werden. Das Fenster im Detail:

Die Grafik im oberen Teil des Fensters zeigt Ihnen, wie Ihr Computer mit dem Internet verbunden ist. Das Pfiffige daran: Sie können jedes Element (Computer, Router & Internet) anklicken.

Klicken Sie auf *Computer*, öffnet sich der Explorer und präsentiert Ihnen alle Laufwerke und Geräte, die an Ihren PC angeschlossen sind.

Mit einem Klick auf den Router (hier die FRITZ!Box) öffnet sich ebenfalls der Explorer, doch diesmal präsentiert er direkt die Netzwerkinfrastruktur, als Laufwerke und andere Computer, die mit Ihrem PC verbunden sind.

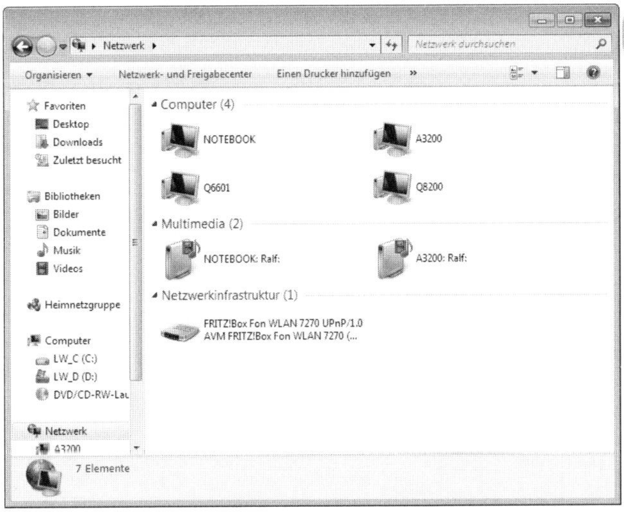

Windows 7

Die Elemente im Netzwerk, wie sie sich nach einem Klick auf das Symbol FRITZ!Box *präsentieren.*

Schließlich öffnen Sie mit einem Klick auf das Internet Ihren voreingestellten Internetbrowser.

Die Schaltfläche *Gesamtübersicht anzeigen* präsentiert Ihnen eine Grafik, die Ihr gesamtes Netzwerk übersichtlich darstellt. Auch hier können Sie die einzelnen Elemente in der Grafik direkt anklicken und gelangen so direkt zu den wichtigsten Informationen zu dem jeweiligen Gerät.

Unterhalb von *Aktive Netwerke anzeigen* werden Ihnen die aktuellen Verbindungen ins Netzwerk und ins Internet präsentiert. Sie sehen hier auch, ob Sie mit Kabel oder WLAN verbunden sind.

Die Schaltfläche *Verbindung herstellen oder trennen* offeriert Ihnen eine bequeme Möglichkeit, z. B. eine WLAN-Verbindung sofort zu trennen oder einem anderen WLAN-Netzwerk beizutreten.

Außerdem können Sie mit der Schaltfläche *Heimnetzgruppe beigetreten* sehr schnell aus einer Gruppe austreten bzw. sich dort wieder anmelden.

Mit dem klickbaren Link *Drahtlosnetzwerkverbindung* haben Sie die Möglichkeit, die Qualität der aktuellen Drahtlosverbindung zu analysieren.

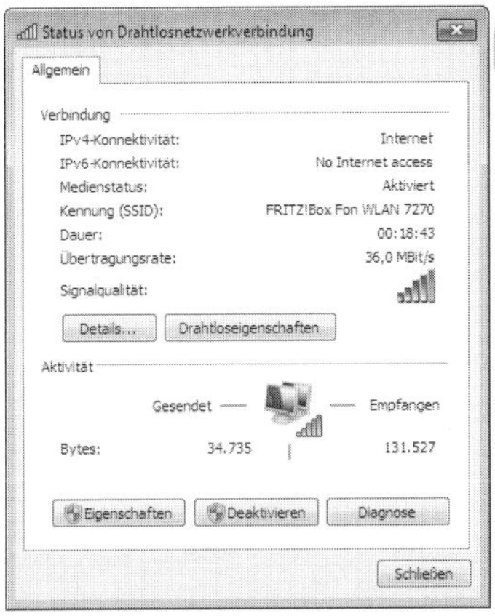

Windows 7

Der aktuelle Status der Drahtlosverbindung

Unterhalb der aktiven Netzwerke sehen Sie einige Möglichkeiten, mit denen Sie die *Netzwerkeinstellungen ändern* können.

Neue Verbindung oder neues Netzwerk einrichten: Diese Option steht vom Verständnis in Konkurrenz mit der zweiten Option *Verbindung mit einem Netzwerk herstellen*. Der Unterschied: Mit der ersten Option erstellen Sie ein neues Netzwerk, während die zweite Option Sie mit einem schon bestehenden Netzwerk verbindet. Wenn Sie also ein neues Netzwerk oder eine neue Verbindung anlegen wollen, wählen Sie Option 1. Möchten Sie einem bestehenden Netzwerk oder einer bestehen Verbindung beitreten, dann wählen Sie Option 2.

Tipp

Sie finden hier als Option auch die Möglichkeit, ein VPN einzurichten. Ein VPN (Virtuelles Privates Netzwerk) ist eine Möglichkeit, sich mit dem Netzwerk Ihrer Firma zu verbinden. Es ermöglicht Ihnen, auf alle Ressourcen des Firmennetzwerks zuzugreifen, ohne selbst vor Ort zu sein. Sie können auf alle für Sie freigegebenen Daten zugreifen, firmeninterne Nachrichten empfangen und sogar auf den vielleicht kilometerweit entfernten Druckern drucken. Nur um den Ausdruck abzuholen, müssen Sie trotzdem noch in die Firma fahren.

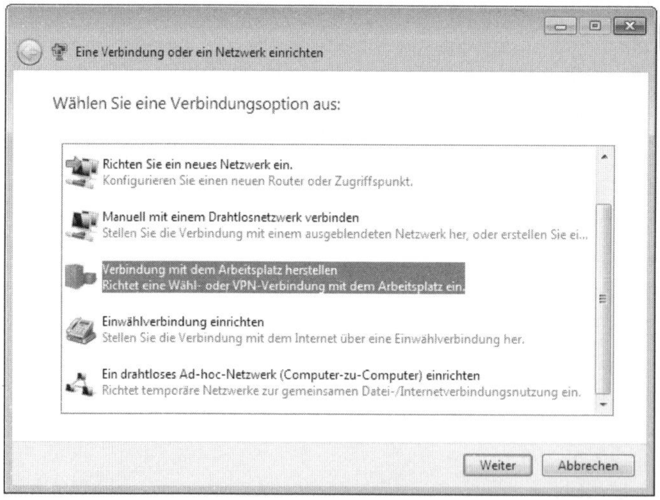

Windows 7

Hier können Sie sich mittels VPN mit Ihrem Arbeitsplatz verbinden.

Heimnetzgruppen und Freigabeoptionen auswählen: Hier wählen Sie, welche Dateitypen Ihres Rechners im Netzwerk sichtbar gemacht werden. Außerdem können Sie sich mit Ordnern oder Druckern der anderen Rechner verbinden

Beheben Sie Probleme: Wenn das WLAN streikt, andere Computer nicht sichtbar sind oder Probleme mit dem Netzwerk auftreten, klicken Sie diese Schaltfläche an. Windows 7 wird versuchen, die Probleme zu analysieren und gibt Ihnen hoffentlich ein paar Ratschläge, wie Sie die Probleme beseitigen können, wenn es der Assistent nicht selbst erledigen kann.

Der linke Bereich des *Netzwerk- und Freigabecenters* ist den *Aufgaben* reserviert. Unter *Aufgaben* versteht Windows 7 in diesem Zusammenhang Shortcuts (also 'Schnellzugriffsschaltflächen') zu wichtigen Funktionen, die im Zusammenhang mit dem Netzwerk stehen.

Startseite der Systemsteuerung: Öffnet die Systemsteuerung

Drahtlosnetzwerke verwalten: Besonders dann, wenn Sie sich des Öfteren mit verschiedenen WLAN-Netzen verbinden, werden Sie dieses Fenster schätzen. Hier können Sie festlegen, mit welchen Netzen Sie automatisch verbunden werden möchten und können auch die Zugangsdaten direkt hinterlegen.

Die *Adaptereinstellungen ändern* öffnet ein Fenster, in dem alle installierten Netzwerkkarten angezeigt werden. Dies können LAN-Anschlüsse als auch WLAN-Karten sein.

Der umfangreiche Bereich *Erweiterte Freigabeeinstellungen ändern* bietet in einer sehr ausführlichen Darstellung zahlreiche weitere Einstellmöglichkeiten rund um das Thema Datenfreigabe. Mit den dort gebotenen Schaltflächen und Optionen können Sie ganz gezielt bestimmen, ob und welche Daten und Geräte Sie öffentlich machen möchten. Das gilt z. B. für Medien (Bilder, Songs und Videos), Drucker oder Dokumente und Dateien. Für jedes dieser Medien können Sie konkret festlegen, ob diese exponiert (d.h. innerhalb des Netzwerks zugreifbar) gemacht werden sollen.

Tipp

Der Freigabe von Mediendateien ist ein eigenes Unterkapitel gewidmet. Lesen Sie dazu den Abschnitt *Die Medienfreigabe unter Windows 7.*

Die *Internetoptionen*, die Sie mit der gleichnamigen Schaltfläche im unteren Bereich des Aufgabencenters aufrufen können, sind die gleichen, die Sie über die *Start > Systemsteuerung > Internetoptionen* aufrufen.

Windows 7

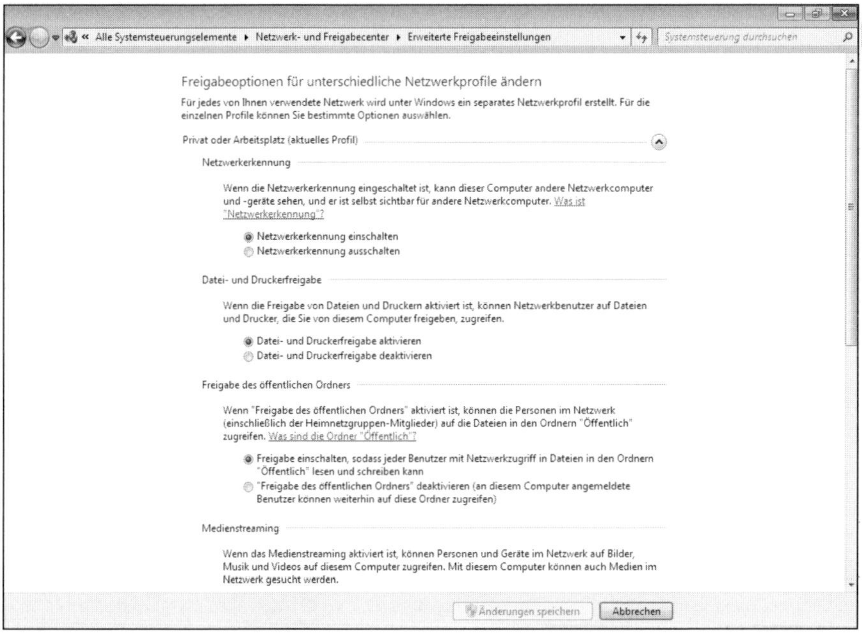

Das Freigabecenter von Windows 7

Tipp

Der Explorer in Windows 7 hat eine sehr hilfreiche neue Funktion 'gelernt': Direkt in der Menüzeile können Sie nun ausgewählte Ordner und Dateien freigeben. Mit einem Klick auf *Freigeben für* können Sie festlegen, ob Daten nur lesbar oder auch änderbar sind und wer diese Dateien überhaupt zu Gesicht bekommt.

Und schließlich bietet der Link *Windows-Firewall* noch einen Schnellzugriff auf die Einstellmöglichkeiten der Windows-internen Firewall.

Die Medienfreigabe unter Windows 7

Wie Sie einzelne Dateien und Ordner freigeben, haben Sie ja bereits kennen gelernt. Auf diesem Weg könnten Sie natürlich auch Ihre MP3- und Videosammlung allen anderen Computern im Netzwerk bekannt machen. Dieses Verfahren hat allerdings einen großen Haken, denn damit müssten Sie auf jedem Rechner quasi eine identische Datenbank aufbauen, die jedes Mal, wenn Titel hinzukommen oder entfernt werden, auf jedem Computer erst wieder zeitaufwändig aktualisiert werden müsste.

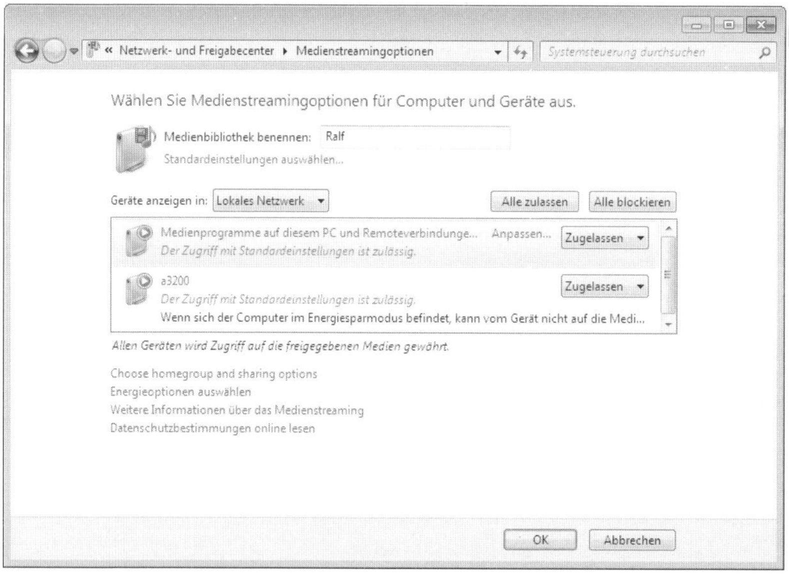

Windows 7

Das Optionsfenster der Medienfreigabe

Um dieses Problem zu umgehen, können Sie medienrelevante Inhalte (Songs, Bilder, Videos) innerhalb des *Windows Media Players* direkt freigeben. Die Media Player der einzelnen Rechner kommunizieren dann praktisch direkt miteinander und können so die Inhalte einfacher abgleichen. Ein weiterer, enormer Vorteil ist, dass der *Windows Media Player* die Daten so transparent macht, dass z. B. auch Wohnzimmergeräte unmittelbar auf die Daten zugreifen können. Das kann beispielsweise eine Spielkonsole wie die Sony Playstation 3 oder die XBOX 360 sein. Oder aber ein so genannter

HiFi-Streamingclient. Dabei handelt es sich um ein Gerät, das spezialisiert darauf ist, Songs und Videos, die im Netzwerk liegen, auf der heimischen Stereoanlage oder dem Fernseher wiedergeben.

Und so funktioniert die Freigabe der Medien:

1. Öffnen Sie das *Netzwerk- und Freigabecenter.*
2. Klicken Sie auf den Link *Erweiterte Freigabeeinstellungen ändern.*
3. In dem Fenster *Erweiterte Freigabeeinstellungen* aktivieren Sie das *Medienstreaming*.
4. Wenn Sie nun auf *Medienstreamingoptionen auswählen* klicken, können Sie detailliert festlegen, wer auf Ihre Medien zugreifen darf. Um Änderungen daran vorzunehmen, klicken Sie auf *Anpassen*.

Sobald Sie die Freigabe erteilt haben, ist auf anderen Rechnern innerhalb der gleichen Netzwerkgruppe im Windows Media Player eine neue Medienbibliothek sichtbar. Diese existiert parallel zu der Medienbibliothek, die die lokalen Daten des jeweiligen Rechners verwaltet.

Tipp

Die Freigabe von Medieninhalten unter Windows XP ist in erster Linie Sache des Windows Media Players. Während der Windows Media Player 11, der aktuell mit Windows XP ausgeliefert wird, die Medienfreigabe ähnlich handhabt wie der Media Player 12, der sein Debüt mit Windows 7 gab, beherrscht der Windows Media Player 9 aus dem Jahre 2002 diese Aufgabe nur sehr rudimentär. Zwar beherrscht er schon einige Streamingprotokolle, aber eine einheitliche Freigabe von Musik, Bild & Video konnte er noch nicht bieten.

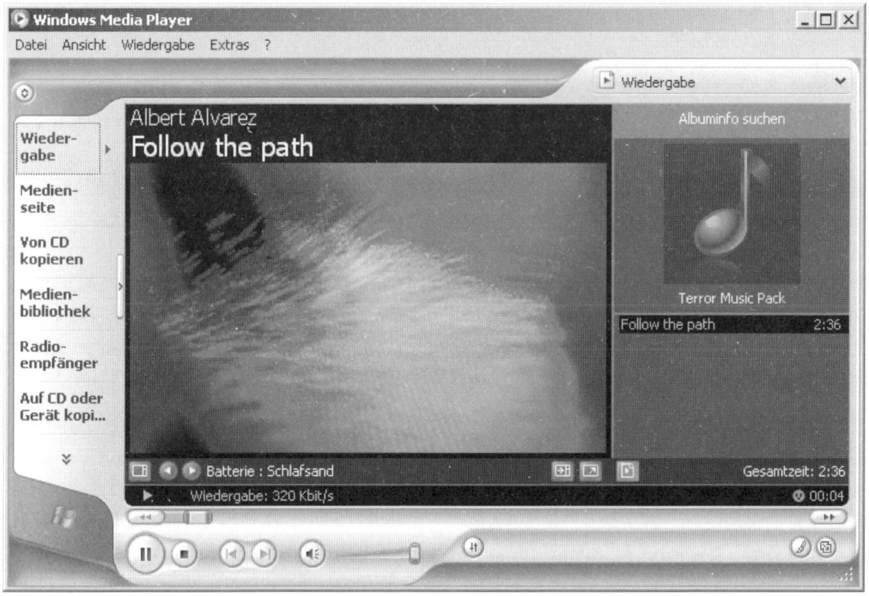

Windows XP

Der Windows Media Player 9, *wie er im Jahre 2002 auf Windows XP-Rechnern zu finden war*

Drucker im Netzwerk freigeben

Damit ein Drucker auch von anderen Personen in Ihrem Netzwerk genutzt werden kann, müssen Sie zuerst die *Datei- und Druckerfreigabe* aktivieren, sofern dies noch nicht auf Ihrem Computer passiert ist.

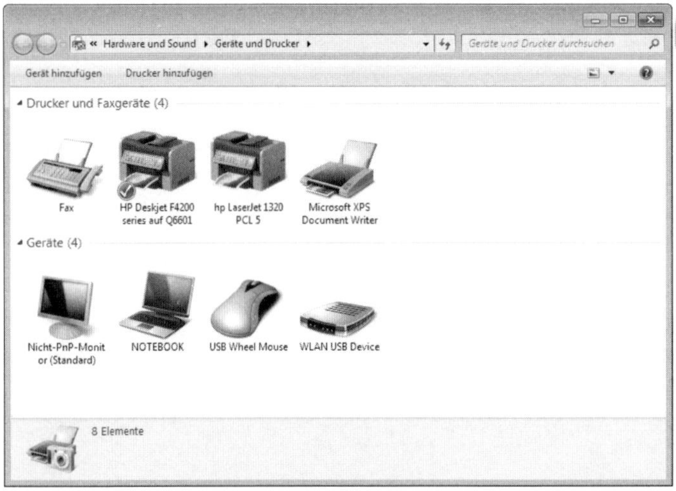

Windows 7

Die an den Computer angeschlossenen Geräte

Öffnen Sie dazu das *Netzwerk- und Freigabecenter.* Klicken Sie auf *Erweiterte Freigabeeinstellungen ändern.* Aktivieren Sie die *Datei- und Druckerfreigaben.* Speichern Sie die Änderungen mit der Schaltfläche *Änderungen speichern.*

Um nun einen speziellen Drucker im Netzwerk freizugeben, folgen Sie diesen Schritten:

Klicken Sie im *Startmenü* auf den Eintrag *Geräte und Drucker.* Wählen Sie den Drucker aus, den Sie freigeben möchten und rufen Sie das Kontextmenü auf. Wählen Sie den Menüpunkt *Druckereigenschaften.* Öffnen Sie die Seite *Freigabe.* Aktivieren Sie die Auswahlschaltfläche *Drucker freigeben.* Es wird automatisch ein Freigabename generiert unter dem der Drucker für die anderen Nutzer sichtbar sein wird. Sie können den Namen aber auch nach Belieben anpassen. Zusätzliche Treiber: Wenn Sie in Ihrem Netzwerk Computer mit unterschiedlichen Versionen von Windows besitzen, sollten Sie unter *Zusätzliche Treiber* die alternativen Gerätetreiber aktivieren. Nach einem Klick auf *Übernehmen* ist der Drucker für die anderen Teilnehmer Ihrer Netzwerkgruppe sichtbar.

Einen Netzwerkdrucker zu installieren, ist kaum schwieriger als einen lokalen Drucker anzuschließen. Die ist in wenigen Handgriffen erledigt:

Öffnen Sie wieder das Fenster *Geräte und Drucker* aus dem Startmenü heraus. Klicken Sie auf den Menüpunkt *Drucker hinzufügen.* Wählen Sie den Menüpunkt *Einen Netzwerk-, Drahtlos- oder Bluetoothdrucker hinzufügen.* Alle im Netz verfügbaren Drucker werden Ihnen übersichtlich angezeigt. Wählen Sie den gesuchten Drucker aus und klicken Sie auf *Weiter.* Nach einer Sicherheitsabfrage ('Vertrauen Sie diesem Drucker') wird der neue Drucker installiert und ist sofort einsatzbereit.

Tipp

Die Druckerfreigabe unter Windows XP unterscheidet sich nicht grundsätzlich von *der unter Windows 7. Über das Startmenü wählen Sie aus dem Menü Start > Einstellungen > Drucker- und Faxgeräte* den Drucker aus, den Sie freigeben wollen. Klicken Sie ihn mit der rechten Maustaste an und wählen Sie *Freigabe* aus dem Kontextmenü. In diesem Fenster klicken Sie die Option *Drucker freigeben* an und vergeben einen Druckernamen.

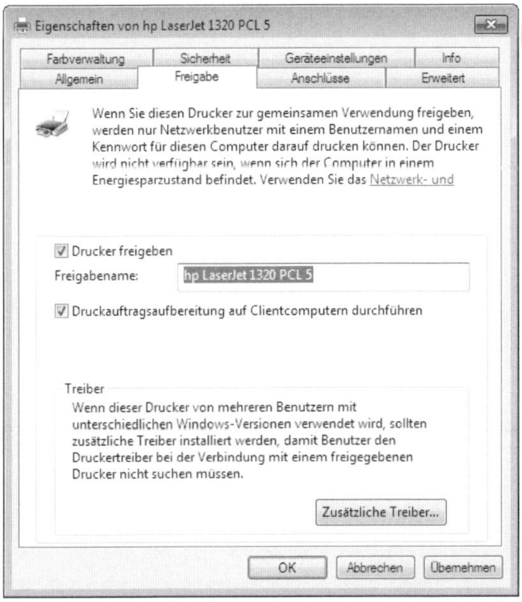

Windows 7

Die Freigabe des Druckers in den Druckereigenschaften

Windows XP

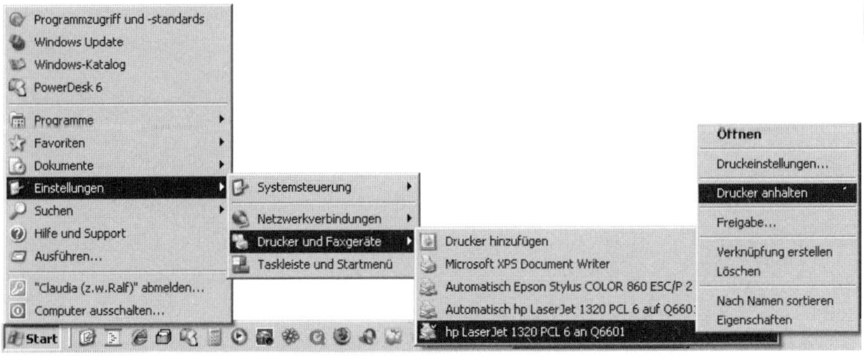

So öffnen Sie die Druckerfreigabe unter Windows XP.